国际物流通关实务
（第二版）

陆洲艳 钱华 李人晴 编著

清华大学出版社
北京

内容简介

本书依据海关总署 2018 年最新的管理规定进行了内容更新,删除了部分陈旧的内容。全书共分 14 章,内容主要涉及海关与报关规定、对外贸易管制、海关主要监管货物的通关规定、进出口税费和进出口货物报关单等。其中,进出口货物报关单根据 2018 年 8 月 1 日执行的海关总署第 60 号规定进行了全面更新。

本书适合高等学校、高职院校国际商务、国际贸易专业的师生作为教材使用。

本书封面贴有清华大学出版社防伪标签,无标签者不得销售。
版权所有,侵权必究。举报: 010-62782989, beiqinquan@tup.tsinghua.edu.cn。

图书在版编目(CIP)数据

国际物流通关实务/陆洲艳,钱华,李人晴编著. —2 版. —北京:清华大学出版社,2019(2024.8重印)
(高等学校商科教育应用系列教材)
ISBN 978-7-302-52162-4

Ⅰ. ①国… Ⅱ. ①陆… ②钱… ③李… Ⅲ. ①国际贸易—物流—海关手续—中国—高等学校—教材 Ⅳ. ①F252 ②F752.52

中国版本图书馆 CIP 数据核字(2019)第 013863 号

责任编辑:陈凌云
封面设计:傅瑞学
责任校对:赵琳爽
责任印制:沈 露

出版发行:清华大学出版社
　　　　　网　　址:https://www.tup.com.cn,https://www.wqxuetang.com
　　　　　地　　址:北京清华大学学研大厦 A 座　　邮　编:100084
　　　　　社 总 机:010-83470000　　　　　　　　　邮　购:010-62786544
　　　　　投稿与读者服务:010-62776969, c-service@tup.tsinghua.edu.cn
　　　　　质量反馈:010-62772015, zhiliang@tup.tsinghua.edu.cn
　　　　　课件下载:https://www.tup.com.cn, 010-62770175-4278
印 装 者:三河市龙大印装有限公司
经　　销:全国新华书店
开　　本:185mm×260mm　　　印　张:20　　　字　数:483 千字
版　　次:2013 年 1 月第 1 版　2019 年 5 月第 2 版　印　次:2024 年 8 月第 5 次印刷
定　　价:52.00 元

产品编号:080156-02

前言(第二版)

由于世界经济形势的急剧变化以及美国贸易保护主义的抬头,中国的外贸形势面临前所未有的挑战。中国政府于 2018 年 11 月在上海举办了第一届中国国际进口博览会。面对美国在技术贸易上的各种封锁,中国企业只有加快自主创新,才能提高自身在全球市场中的核心竞争力。为了适应新形势,中国海关在过去 5 年中出台了一系列政策和措施,力求维护本国企业的利益并应对外部竞争压力。

海关总署 2013 年第 54 号《关于改革报关员资格管理制度的公告》的发布,以及海关总署令第 221 号《中华人民共和国海关报关单位注册登记管理规定》的发布,标志着海关对报关单位和报关员的管理有了全新的变化,取消了全国报关员资格统一考试,新增了报关员水平测试。本书再版如实呈现了这种变化。海关总署于 2016 年决定对进出口货物报关单结构进行分期修改,涉及进出口货物报关单和进出境备案清单的预录入界面、展示界面以及打印模板。两年后,海关总署 2018 年第 60 号《关于修订〈中华人民共和国海关进出口货物报关单填制规范〉的公告》再次对报关单填制规范进行修订,自 2018 年 8 月 1 日执行。本书对相应内容进行了更新。

本次再版删除了第一版中难度较大的内容,缩减了章节,简化了结构,更适用于高等院校、高职院校的学生情况。

本书的主要特点包括以下三个方面。

1. 结构新颖

本书主要包括理论综述、归纳总结、课内练习、课后实践。其中的归纳总结,即"咬文嚼字"部分,是编著者多年一线教学经验的精华总结,主要对通关知识中一些容易混淆的知识点进行归纳,以更加通俗易懂的语言,使读者充分理解晦涩的通关法律制度,这在同类教材中十分少见。课内练习,即"课内热身"部分,通过小案例阅读和习题训练,使课堂教学增加了更多的主动学习时间。课后实践是对课堂教学内容的延伸,能使学生对教材知识点有更多的感性认识,也使教材内容与社会实践同步,改变传统教材落后于实际操作的现象。此种编写结构更加符合学生学习规律,同时也方便教师讲授。

2. 图文并茂

本书包含由编著者精心绘制的近 100 张表格和图,内容涵盖通关知识难点,让读者从传统的文字阅读转变为直观的图表学习,尤其是通关程序部分的示意图,均为同类教材中的首创。为了提高学生学习专业英语的兴趣,书中还包含了一部分通关英语专业词汇和短文学习,即"专业术语"部分。其中,还有编著者特意引入的计算机电子表格制作和数据统计与分析的内容,以此提高学生的学习兴趣。

3. 课件、教案及讲稿服务

本书作者将进行课程网站建设,届时,教师和读者可以通过网站进行学习和巩固,网站将提供课件、教案及讲稿下载服务。关于网站构建及服务,读者可以直接和编著者联系并提供宝贵意见。

本书的编写宗旨是使相关专业的学生尽快了解海关通关业务的核心基础知识,培养具有基础通关理论和技能的从业人员。同时,也为在职人员,包括其他专业的人士,在短时间内掌握通关基础技能,为从事通关业务做好准备。

本书由陆洲艳、钱华、李人晴编著,三位教师均具有丰富的教学经验和多年的企业实践经验。具体分工如下:第1章、第10~13章由陆洲艳编写;第3章和第4章由李人晴编写;第2章、第5~9章、第14章由钱华编写。

由于编著者学识和经验有限,书中难免存在疏漏和不妥之处,敬请专家和读者批评指正。书中部分内容参考了海关总署及业内同行的资料,在此表示感谢。读者、同行和专家的建议是我们改进工作的动力与源泉,我们将继续努力,不断提高编写质量,使本书成为一本有生命力的教材。

编著者联系方法:rayqianhua@126.com,luzhouyan@126.com。

编著者

2018年11月

目 录

第 1 章　国际物流通关概述 ………………………………………………………… 1
　1.1　国际物流概述 ………………………………………………………………… 1
　1.2　我国海关通关制度概述 ……………………………………………………… 2
　精选习题 …………………………………………………………………………… 9

第 2 章　报关与海关监管概述 …………………………………………………… 11
　2.1　通关与报关 ………………………………………………………………… 11
　2.2　海关监管 …………………………………………………………………… 23
　精选习题 ………………………………………………………………………… 28

第 3 章　报关单位与报关员 ……………………………………………………… 30
　3.1　报关单位 …………………………………………………………………… 30
　3.2　报关员 ……………………………………………………………………… 41
　3.3　海关对报关单位和报关员管理的其他规定 ……………………………… 44
　精选习题 ………………………………………………………………………… 48

第 4 章　对外贸易管制 …………………………………………………………… 50
　4.1　对外贸易管制概述 ………………………………………………………… 50
　4.2　我国货物、技术进出口许可管理制度 …………………………………… 50
　4.3　其他贸易管制制度 ………………………………………………………… 56
　精选习题 ………………………………………………………………………… 67

第 5 章　海关监管货物通关概述 ………………………………………………… 69
　5.1　海关监管货物概述 ………………………………………………………… 69
　5.2　报关程序概述 ……………………………………………………………… 70
　精选习题 ………………………………………………………………………… 72

第 6 章　保税物流货物通关 ……………………………………………………… 73
　6.1　保税物流货物海关监管概述 ……………………………………………… 73

6.2 保税仓库货物通关 ·· 75
6.3 出口监管仓库货物通关 ······································ 79
6.4 保税物流中心货物通关 ······································ 82
6.5 海关特殊监管区域通关 ······································ 85
精选习题 ··· 87

第 7 章 一般进出口货物通关 ······································ 90

7.1 一般进出口货物海关监管概述 ··························· 90
7.2 一般进出口货物报关程序 ·································· 91
精选习题 ··· 98

第 8 章 保税加工货物通关 ·· 101

8.1 保税加工货物海关监管概述 ······························· 101
8.2 电子化手册保税加工货物报关 ··························· 107
8.3 电子账册保税加工货物报关 ······························· 121
8.4 出口加工区货物通关 ··· 126
8.5 珠海园区货物通关 ··· 132
精选习题 ··· 160

第 9 章 减免税货物通关 ·· 163

9.1 特定减免税货物海关监管概述 ··························· 163
9.2 特定减免税货物报关程序 ·································· 164
精选习题 ··· 169

第 10 章 暂准进出境货物通关 ······································ 171

10.1 暂准进出境货物海关监管概述 ························· 171
10.2 暂准进出境货物报关 ······································· 172
精选习题 ··· 176

第 11 章 其他进出境货物通关 ······································ 177

11.1 过境、转运、通运货物通关 ···························· 177
11.2 货样、广告品通关 ··· 178
11.3 租赁进口货物通关 ··· 179
11.4 加工贸易不作价设备通关 ································ 181
11.5 出料加工货物通关 ··· 183
11.6 无代价抵偿货物通关 ······································· 184
11.7 进出境修理货物通关 ······································· 187
11.8 溢卸货物和误卸货物通关 ································ 188
11.9 退运货物通关 ·· 189

11.10 进口放弃货物通关 191
11.11 超期未报关货物通关 192
精选习题 193

第12章 海关监管货物特殊通关 194

12.1 进出境快件通关 194
12.2 进出境货物集中申报通关 195
12.3 进出口转关货物通关 197
精选习题 200

第13章 进出口税费 202

13.1 进出口税费概述 202
13.2 进出口货物完税价格的确定 209
13.3 进出口货物原产地的确定 217
13.4 税率的适用 225
13.5 进出口税费的计算 227
13.6 进出口税费减免 234
13.7 进出口税费的缴纳与退补 237
精选习题 250

第14章 进出口货物报关单填制 254

14.1 进出口货物报关单概述 254
14.2 进出口货物报关单表头各栏目的填报 260
14.3 进出口货物报关单表体各栏目的填报 285
14.4 其他进出境申报单 294
精选习题 302

参考文献 311

第1章

国际物流通关概述

1.1 国际物流概述

1.1.1 国际物流的含义

国际物流是国内物流的延伸和进一步发展,是跨国界的、流通范围扩大的"物的流通",是实现货物在两个或两个以上国家(地区)间的物理性移动而发生的国际贸易活动。因此,国际物流实质上是国际贸易活动的一部分,是为国际贸易活动服务的。国际贸易促进了国际物流的产生,是国际物流产生的前提,并推动国际物流的发展。随着国际贸易的发展,贸易双方对国际物流服务的专业化、一体化要求加强,尤其是供应链思想的普及,使国际物流由早期的仅指将货物由一国供应者向另一国需求者的物理性流通,发展成为今天的集全球采购、国际分拨、国际配送、转口贸易、国际中转、保税仓储、流通加工、商品展示、检测与维修、港口作业等为一体的综合性国际物流服务。

1.1.2 国际物流发展历史

国际物流主要经历了以下几个历史阶段。

(1) 第二次世界大战以后,各国经济交往越来越活跃。尤其在20世纪70年代石油危机以后,原有运送货物的运输观念已不适应新的要求,系统物流就是在这个时期进入国际领域的。

(2) 20世纪60年代开始形成国际大数量物流,在物流技术上出现了大型物流工具,如20万吨的油轮、10万吨的矿石船等。

(3) 20世纪70年代,受石油危机的影响,国际物流不仅在数量上进一步发展,船舶大型化趋势进一步加强,而且出现了提高国际物流服务水平的要求,其标志是国际集装箱及国际集装箱船的发展,国际各主要航线的定期班轮都投入集装箱船,散杂货的物流水平得以提高,物流服务水平也获得很大提高。

(4) 20世纪70年代中后期,航空物流大幅度增加,同时出现了更高水平的国际联运。船舶大型化的趋势发展到一个高峰,出现了50万吨的油船、30万吨左右的散装船。

(5) 20世纪80年代前期,国际物流的突出特点是在物流量基本不继续扩大情况下出现了"精细物流",物流的机械化、自动化水平提高。同时,伴随新时代人们需求观念的变化,国际物流着力于提供"小批量、高频度、多品种"服务,现代物流不仅覆盖了大量货物、集装杂货,而且也覆盖了多品种的货物,基本覆盖了所有物流对象,解决了所有物流对象的现代物流问题。

(6) 20 世纪八九十年代,国际物流领域的另一大发展是伴随国际联运式物流出现的物流信息和电子数据交换(EDI)系统。信息现代化使物流向更低成本、更高服务、更大量化、更精细化方向发展,这在国际物流中表现得更为突出,物流的几乎每一活动都有信息支撑,物流质量取决于信息,物流服务依靠信息。可以说,国际物流已进入物流信息时代。

(7) 20 世纪 90 年代至今,国际物流依托信息技术发展,实现了"信息化"。信息对国际物流的作用,依托互联网公众平台,向各个相关领域渗透,同时又出现了全球卫星定位系统、电子报关系统等新的信息系统。在这个基础上,构筑国际供应链,形成国际物流系统,使国际物流水平进一步得到了提高。

1.2 我国海关通关制度概述

1.2.1 我国海关新型通关模式

海关为国际物流货物、运输工具、物品进入和离开我国的"守门人",其实施的通关模式直接影响相关企业的国际物流活动。

通关是国际物流链条中的重要一环,也是最容易形成瓶颈的环节。海关通关模式要遵循国际物流运作规律,顺应物流链条各环节,尽量减少海关监管对国际物流运作的影响。

中国海关对进出口货物的通关模式主要分为口岸清关、转关运输和"属地报关,口岸清关"等区域通关模式。口岸清关由来已久,与外贸进出口行为相伴而生。转关运输是对口岸清关模式的发展,增加了内陆海关对进出口货物的监管功能。随着外贸进出口量的不断增加,传统的转关运输监管方式已不能适应外贸进出口发展的需要,"属地申报,口岸验放"的区域通关模式应运而生,海关为实现"管得住,通得快"的监管目标,在有效监管前提下提高通关速度是今后一项长期艰巨的任务,也是建设现代海关制度的关键所在,因此有必要建立一套适合现代国际物流发展需要的新型通关模式。

现代新型的通关模式要充分发挥内陆的国际物流中心、监管点的作用,实施对 A 类和 AA 类企业非限定口岸报关,而对非 A 类和 AA 类企业限定在属地海关报关的新型进出口货物通关模式。新型通关模式下的属地报关改变了传统区域通关的"属地申报,口岸验放"模式,如果属地海关与口岸海关是分离的,在属地海关完成报关、查验等必要的海关手续,在口岸海关对出口货物做"卡口"放行上船,对进口货物在海关的监管区内完成分拨和在"卡口"施封,两地海关借助现代通信技术、互联网技术、物联网技术、电子关锁和电子卡口等现代信息技术,对进出口货物实施"非侵入"式全程监管。两地海关的"卡口"完全实现电子化操作,各种单证的核注、核销完全依靠电子数据来完成;如果属地海关与口岸海关是一致的,仅在一个海关完成所有通关手续。

现代国际物流是基于 EDI、INTERNET 和电子商务技术的发展而得以迅速发展的,其发展的关键是物流各环节的整合优化,通过降低物流成本,加快物流速度,被广大企业所接受,这是未来的发展趋势。而中国海关对国际物流的监管职能主要集中在国内运输环节,如果海关为了实现其监管职能而影响了物流速度,或者增加了物流成本,那么海关的通关模式将阻碍国际物流的发展。因此,海关的通关模式应顺应现代国际物流的发展,适应现代国际物流高效、低碳的需求,才能被广大的进出口企业和各国际物流主体认同。

随着经济全球化的深化,国际分工合作不断深入,国际贸易也从传统的商品买卖转向以供应链为核心的跨国经营。我国海关对进出关境的货物、物品的监管重点也由传统的以具体货物和报关单为主,逐步转变为以监管企业为主,通过管好"企业"达到管住"货物"的目的,以企业代码为基础,将分散的各业务部门涉及企业的信息统一集中,为评定企业信用等级服务,根据不同的企业信用等级和不同的货物特性适用不同监管方式,这就是海关"由企及物"的管理理念。在新型的海关通关模式下,根据科学合理的企业评定信用等级的标准,确定企业的分类等级。

在新型海关通关模式下,进出口企业以及与进出口物流相关的主体的进出口货物通关手续可以在属地完成,实现"操作便捷化"的需求,在属地完成出口货物的订舱、装箱、报关、结关退单等一系列手续,对进口货物的报关、提货、放行、结关退单等手续,也可以在属地完成出口散货的拼箱和进口拼箱货物的口岸分拨与属地提货,并通过逆向运输的进出口配套运输,有效降低物流成本,扩大利润空间,使与进出口货物相关的物流主体诸如货代公司、车队、船代、报关公司均能从中受益,实现"利润最大化"。

新型海关通关模式的实施,必须将口岸功能延伸至内陆国际物流中心,在内陆国际物流中心建立国际物流信息平台,成立以船公司为主导的一系列服务公司、中介结构,建设集装箱堆场等,在内陆国际物流中心实现口岸各项功能,诸如属地订舱、口岸分拨、属地提箱等操作性功能。

综上所示,国际物流通关的内涵如图1-1所示。

1.2.2 我国新型海关通关模式下的国际物流监管

国际物流监控是对海关监管场所、进出境运输工具、进出境货物在海关监管的时空范围内的全方位、全过程的管理和控制,是海关监管链条中最基础的环节,是海关监管是否有效最直接的体现,同时,也是目前海关监管链条中最为薄弱的环节。从打牢业务基础、紧密监管链条、提高监管效能的视角出发,构建海关大监管体系,应从完善和优化物流监控入手,真正实现海关监管与国际物流各环节的有机衔接,在夯实有效监管的基础上努力实现高效运作,保障海关各项职能得到全面履行。

(一)物流监控在海关大监管体系中的地位和作用

在1995年的通关作业改革中,物流监控工作逐渐受到重视,"物流监控体系"的概念被首次提出,并于1998年写入《海关总署关于建立现代海关制度的决定》,作为现代海关制度需要建立的八大体系之一。2001年的《全国海关通关作业改革指导方案》对物流监控体系作了全面的阐述,2002年全国海关监管工作会议对物流监控体系建设工作进行了部署。2006年修订的《现代海关制度第二步发展战略规划》提出了要"继续推进物流监控模式改革"。2007年的《海关通关监管现代化建设指导方案》进一步明确了"健全物流信息监控机制,创新物流监控模式"的部署和要求。

多年来,随着物流监控模式改革的不断深入,物流的实体监控和信息监控都得到了有效加强,但仍然比较薄弱。一方面,我国关境线漫长曲折,监管场所点多面广,长期以来,在强

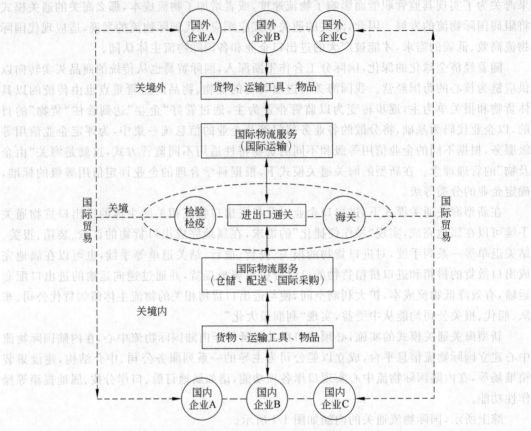

图 1-1　国际物流通关的内涵

调单证审核的背景下对舱单的审核、分析比较漠视,舱单、船舶、监管场所等各项监管制度并未形成一个相互衔接的严密监管链条,实际监管仍有不少漏洞。另一方面,全国海关物流监控整体信息化管理水平较低,与国际物流标准化、信息化发展趋势不相适应;已开发应用的物流监控系统与通关监管系统之间缺乏联动,信息交换不充分,远远未能实现对口岸物流的全程有效监控,也未能实现更进一步的"前推后移"式的物流实时监控。近年来查获的走私大要案中,走私分子的疯狂走私行为之所以能屡屡得逞,往往就是利用了海关在实际监管时空中存在的盲点。

构建大监管体系,应该从解决工作中最薄弱的环节入手,突出重点,整体推进。物流监控是整个海关监管链条中最基础的环节,也是目前最为薄弱的环节,如何完善和优化物流监控以加强实际监管,是构建大监管体系需要解决的主要问题之一,也是探索构建大监管体系的最佳切入点。

(二)完善和优化海运物流监控模式的原则

我国对外贸易以海运为主,海运物流监控是海关物流监控的主体。根据《中华人民共和国海关法》(以下简称《海关法》)有关规定,海运物流监控就是在海关监管区域内(包括监管海域,不包括非设关地)监管一切进出境船舶、货物和物品,监督其履行《海关法》规定的义务,保障其合法进出境和装卸货物、物品的活动,制止走私违法行为,同时为物流畅通提供优质服务。现行海关法律法规已经确立了物流监控的主要制度,但从实际运行效果来看,仍需进一步完善落实。按照构建海关大监管体系的要求完善和优化海运物流监控模式,就是要建立健全舱单、船舶、监管场所等各项物流监控制度,并实现各项监管制度之间的相互衔接、相互配合,构成严密高效的监管网络,充分发挥物流监控在海关大监管体系中的基础性地位和作用。

在新形势、新要求下,完善和优化海运物流监控模式要遵循以下四条原则。

1. 整体监管原则

在全面掌握各类信息资源的基础上,以海关申报信息为基础,实现海关申报信息与海事、国检、港务、外理等部门的相关信息相互校验、印证,进一步加强物流监控部门与通关、查验、缉私等部门的协同配合,实现彼此支撑和相互促进,确保对船舶、监管场所、货物物品的24小时全方位、全过程有效监控。

2. 主动监管原则

改变过去物流监控中普遍存在的"申报才监管,不申报不监管"的情况,实行主动监管,督促及时申报,堵住监管漏洞,确保一切进出境船舶、货物物品和监管场所都处于海关的有效监管之下。

3. 顺势监管原则

海关是国际物流链条中的重要一环,也是最容易形成瓶颈的环节。海关物流监控要尊重国际物流运作规律,顺应海运物流链条各环节实施并完成物流监控,尽量减少海关监管对国际物流运作的影响。

4. 科技监管原则

充分发挥现代科技的基础性和先导性作用,进一步提高物流监控中的科技应用水平,依托信息化系统和科技设备的应用,搭建完善物流监控系统,实现与其他系统的互联互通,实现物流监控严密和高效,满足构建海关大监管体系对物流监控提出的新要求。

(三)完善和优化海运物流监控模式的四大任务

船舶、舱单和货物是海运物流监控的主要指向对象。海运物流监控是否做到位,可以从以下四方面考核:一是能否保证一切进出境船舶都向海关申报,能否及时发现未申报的船舶,能否有效制止未申报的行为;二是能否确定船方的申报是否真实,尤其是舱单是否真实准确;三是能否管住海关监管货物,能否及时发现并制止擅自提取、偷运海关监管货物的行为,能否防止海关监管货物短少、灭失现象的发生,能否及时发现并制止倒箱换货以逃避海关查验的行为;四是能否有效防控两大风险(执法风险和廉政风险),能否既保证完成监管任务,又保证队伍不出廉政问题。概括起来,要构建符合大监管体系要求的海运物流监控体系,就必须强化实际监管,做到船舶、舱单、货物监管以及两大风险防控的四个100%。

1. 船舶申报率100%

船舶管理是海运物流监控的源头。要变被动等待申报为主动监管,实现实时监控,及时发现进出境船舶违法违规行为,主动把船舶进出境申报、停泊地点、更换停泊地点、装卸货物物品、上下进出境旅客及船员自用物品等管理起来,确保船舶的一切活动在海关的有效监管之下。实行全天候、无缝高效运作的船舶管理,顺应现代物流和国际贸易发展的需要。

2. 舱单准确率、核销率100%

舱单是贯穿整个海运物流监控业务的主线。通过对舱单数据的全面分析、比对、验核发现货物监管中的风险点,增强物流监控的风险指向性,实现以舱单为主线对货物信息的跟踪监控,实现单证作业与实际监管的对接、匹配。变纯粹的单证操作为单货核对,将船舶申报管理与舱单申报结合起来,解决舱单不申报、漏报的问题,确保船方申报真实准确,确保舱单到期能全部核销。

3. 监管货物账物相符率100%

货物监管是海运物流监控的核心。要变点状的孤立监管为网状的联动监管,及时发现并制止擅自提取、偷运海关监管货物的行为,防止海关监管货物短少、灭失,及时发现并制止倒箱换货以逃避海关查验的行为。把监管场所管理、仓储企业管理、卡口管理联系对应起来,形成一张严密顺畅的监管网。建立进出总账,核实放行库存,严密卡口管理,实施重点监控,管好经营企业,按期盘点清账,实现监管货物滚动盘点的账物相符。

4. 两大风险防控率100%

在研究业务改革时同步设计防控两大风险的机制,同步推进业务建设和廉政建设,做到制约规范权力运用,压缩规范自由裁量权,工作流程既相互协调,又相互监督制约,各岗位职权明确,能实施问责追究,确保在有效完成监管任务的同时,保证队伍不出廉政方面的问题。

(四)完善和优化海运物流监控模式

建设九项监管重点和一个中心建设,即船舶监管、舱单管理、进口货物账册管理、出口货物跟踪监管、转关运输货物监管、出口集装箱拼箱货物管理、空箱监管、转运过境货物监管、船舶自用物料和船员自用物品监管以及物流监控指挥中心建设。

1. 船舶监管

船舶监管的目标是掌握一切进出境船舶、货物、物品的信息,实施有效监管,防止船舶擅自进出境及擅自装卸货物、物品。

具体措施如下:

(1)充分运用联检单位的力量做好船舶监管。将海关船舶信息与海事船舶信息进行比对,全面掌握进出境船舶、货物和物品的信息;完善船舶监管的业务流程,做到能够有效监督当事人完全履行船舶申报规定,有效监管货物物品的装卸,制止不按规定申报、不按指定路线行驶停靠、擅自装卸货物物品及上下人员旅客、擅自进出境等违反《海关法》的行为。

(2)建立应急处置制度。建立物流监控、监管通关、缉私部门以及海事执法部门的联动机制,做到一旦发现船舶擅自进出境、装卸货物物品或者走私逃逸等违法违规情事时,能够依法及时有效处理。

(3)建立监管码头巡查制度。登轮检查、视频巡查、码头人工巡查三者相结合,通过开展常规和突击检查,切实加强对集装箱码头和自用码头的监管。

2. 舱单管理

舱单管理的目标是全面收取、准确核对、及时核销进出口舱单,与进口通关紧密衔接,为出口通关把好最后一关。

具体措施如下:

(1) 完善进口舱单申报制度,做到百分之百收取舱单。通过与外轮代理公司的装载信息的比对,及时发现逾期未申报的船舶舱单;提高舱单信息的准确性,对于进口舱单申报不准确的,坚决予以处罚。

(2) 建立出口货物监装及信息比对制度。通过与港务部门的装载信息进行比对,适当开展船边监装,确保出口货物全部经海关放行后方可装船。

(3) 建立舱单核销制度。及时发现未核销舱单,查找原因,及时纠正,做到进口舱单核销率100%,4个月内清零;出口舱单核销率100%,1个月内清零。

(4) 完善舱单管理系统。在海关总署舱单管理系统的基础上,研究开发自动核对中英文货物品名的系统。

(5) 探索利用出口提单数据来比对舱单和报关单数据,争取实现"三单(报关单、舱单、提单)核对",以提高"单货相符"的可靠度。

3. 进口货物账册管理

进口货物账册管理的目标是建立进口货物总账,核实放行库存,按期盘点清账,确保进口货物自进境起至办结海关手续止,始终处于海关严密监管之下。

具体措施如下:

(1) 严密卡口管理制度。卡口严格凭海关放行手续验放运出监管区的货物,确保货物在放行前始终处于海关监管之下。

(2) 完善对监管区内的仓库、堆场以及有关场所存放进口货物的管理制度,由海关监管场所的经营单位向海关负责,确保海关掌握所有进口货物的库存、提取情况;管住待查验的进口货物,确保货物保持查验前的原始状态。

(3) 建立其他监管点存放海关监管的进口货物的管理制度,对此类货物严格审批、严密监管、按期核销。

(4) 建立进口货物逾期未报关的预警处置制度,做到依法及时处理,及时核销舱单。

(5) 对进口货物按贸易方式建立流水账进行监管和核销,定期将逾期未核销舱单与实际在港货物进行比对,及时清理,确保总账滚动核销的准确性。

4. 出口货物跟踪监管

出口货物跟踪监管的目标是建立自出口货物运抵海关监管区到装船出境的全过程监管制度,确保有货报关、经海关放行后装船并出境。

具体措施如下:

(1) 核查运抵报告,保证运抵报告信息真实准确,确保有货报关、申报规范,为出口舱单核销打好基础。

(2) 出口货物装船前核对预配舱单,船舶离境前核对清洁舱单,做到核对率100%,确保出口货物经海关放行后方可装船,并监督放行后的货物必须装船出境。

(3) 建立监管区内仓库、场站存放出口货物管理制度,掌握出口货物的存放、装船、转场、退关等情况;管住待查验的出口货物(集装箱),防止"掉包"。

(4) 建立出口货物申报放行后退关的预警、处理制度,防止发生走私违规情事。

5. 转关运输货物监管

转关运输货物监管的目标是确保符合海关总署规定的转关监管条件,保证途中监管,及时核销。

具体措施如下：

（1）充分运用总署卡口联网监管系统，做好包含"属地申报，口岸验放"模式的转关监管工作。对符合总署规定监管条件的进口转关运输申请要及时审核批准，做到"应转尽转"；对"属地申报，口岸验放"模式的进口货物，应审核货物去向与属地是否一致，完税价格与本口岸是否一致，防止"税往低处流"；做好出口关封验封和进口施加关封工作。

（2）对出口转关运输监管，建立申报、卡口验放制度，以及与启运地（属地）海关联系配合制度；严格按规定的比例查验，确保单货相符。

6. 出口集装箱拼箱货物管理

出口集装箱拼箱货物管理的目标是建立集中管理制度，以集装箱为单元施行集中申报、集中审核、集中放行。

具体措施如下：

（1）集中申报。拼箱货物必须在所有货物运抵港区后，由港务部门统一向海关发送货物运抵报告，由报关企业统一向海关提交全部报关单和随附拼箱清单，确保实现"有货报关"。

（2）集中审核。统一将拼箱货物的所有报关单集中派至同一现场的同一接单窗口，由同一审单关员审核。

（3）集中布控、查验和放行。对拼箱货物报关单一次性集中布控查验，避免出现对拼箱货物多次实施查验；经审核放行的，由业务现场对拼箱的全部出口报关单集中加盖海关放行章后放行；对拼箱货物实施装船前"船货核对"，加强实货信息与报关单放行信息的比对，减少数据信息不一致的货物被装船出运的隐患。

7. 空箱监管

空箱监管的目标是加强管理，杜绝空箱夹带走私。

具体措施如下：

（1）对空箱均实行申报验放制度，空箱在提箱或装船前须向海关申报，并接受海关监管；

（2）加强空箱舱单风险分析和异常查验，不定期对空箱进行整船核查；

（3）实行电子放行模式，港区凭海关发送的电子放行信息放行空箱；

（4）加强与外理、港务部门的联系配合，建立共管体系，进一步规范港区进、提箱制度及卡口管理；

（5）充分利用港区现有称重设备强化对空箱的监管，并积极探索改造港区吊机，配置称重装置，拓展监管时空。

8. 转运过境货物监管

转运过境货物监管的目标是严格监控，确保按时出境。

具体措施如下：

（1）对转运货物建立进境申报、出境核销制度，做到核销率100%。在转运货物计算机管理系统上对转运货物作出专门标示，设立专门堆场，监督其按期出境、及时核销。

（2）对过境货物建立进境申报审批、境内监管、出境核销制度，确保过境货物按指定路线、时间出境。

9. 船舶自用物料和船员自用物品监管

船舶自用物料和船员自用物品监管的目标是实施规范有序的监管验放。

具体措施如下：

（1）建立涵盖对外供公司和免税品公司货物在内的船舶自用物料从申报到装卸的全程监管制度；

（2）做好船供企业的日常管理工作；

（3）加强对在本口岸公休船员自用物品的验放，联合口岸联检部门做好对船员上下船的监管工作，重点做好船员自用物品监管验放工作。

10．物流监控指挥中心建设

物流监控指挥中心建设的目标是汇总整合港区监管信息，对物流监控和突发事件进行协调指挥、统一处置。

具体措施如下：

（1）开发集视频监控、卡口电子监控、运抵报告管理、船舶管理、监管场所管理及各类进出境货物管理等于一体的管理平台（即物流监控系统），通过整合海事部门的船舶进出境动态、港务部门的作业动态与海关的物流业务数据、视频监控图像等各方面信息，采取多样化技术手段，实现实时主动监控；

（2）由物流监控指挥中心统一对外，办理船舶申报、收取舱单和舱单核销工作；

（3）由物流监控指挥中心负责对进出境船舶、码头、卡口、监管场所实行一体化的日常监控，协调指挥、统一处置各种突发事件。

精 选 习 题

一、单选题

1．国际物流服务的前提是（　　）。
　　A．国际运输　　　　B．国际配送　　　　C．国际贸易　　　　D．全球采购

2．电子数据交换出现在国际物流服务中是在（　　）。
　　A．20 世纪 80 年代　　　　　　　　　B．20 世纪 80 年代末至 90 年代初
　　C．20 世纪 90 年代末　　　　　　　　D．21 世纪

3．我国海关对进出关境的货物、物品的监管重点由传统的以具体货物和报关单为主，逐步转变为以监管企业为主，主要基础是（　　）。
　　A．货物进出口数量　　　　　　　　　B．企业代码
　　C．货物进出口口岸　　　　　　　　　D．海关数据库

二、多选题

1．国际物流服务范围包括（　　）。
　　A．国际配送　　　B．全球采购　　　C．保税仓储　　　D．国际贸易

2．中国海关对进出口货物的通关模式主要包括（　　）。
　　A．口岸清关　　　　　　　　　　　　B．属地报关，口岸清关

C. 一站式清关　　　　　　　　D. 快速通关
3. 信息技术在海关通关中的应用包括（　　）。
A. 现代通信技术　B. 物联网技术　C. 电子关锁　D. 电子卡口

三、判断题

1. 新型海关通关模式的实施，必须将口岸功能延伸至内陆国际物流中心，在内陆国际物流中心建立国际物流信息平台。（　　）
2. 国际物流监控是对海关监管场所、进出境运输工具、进出境货物在海关监管的时空范围内的全方位、全过程的管理和控制，是海关监管链条中最基础的环节，也是目前海关监管链条中最为薄弱的环节。（　　）
3. 新型海关通关模式要充分发挥内陆的国际物流中心、监管点的作用，实施对 A 类和 AA 类企业限定在属地海关报关的新型进出口货物通关模式。（　　）

第2章

报关与海关监管概述

2.1 通关与报关

2.1.1 通关与报关的含义

在国际贸易、国际物流活动中,往往存在货物、运输工具、物品和人员进出境的情况。国际贸易合约的履行是通过国际物流活动完成的。《海关法》规定:"进出境运输工具、货物、物品,必须通过设立海关的地点进境或者出境。"

报关是指进出口货物收发货人、进出境运输工具负责人、进出境物品的所有人或者他们的代理人向海关办理货物、物品或运输工具进出境手续及相关海关事务。

通关不仅包括报关过程,还包括海关对进出口货物、进出境运输工具、进出境物品依法进行监督管理,核准其进出境的管理过程。

我国基本的通关模式是"先报检,后报关"。海关行政管理相对人在办理报关手续之前,先要向出入境检验检疫机构办理报检手续。

1. 通关和报关的当事人

通关和报关的当事人即海关行政管理相对人,共有以下四类。

(1) 进出口货物收发货人。进出口货物收发货人是指拥有进出口经营权的公司,包括进出口公司(外贸公司)、工厂、外商投资企业(外企)等。

(2) 进出境运输工具负责人。进出境运输工具负责人是指船公司、航空公司、陆路运输公司(铁路和公路运输公司),它们也被称为承运人。

(3) 进出境物品的所有人。进出境物品的所有人是指个人,不是公司。

(4) 代理人。代理人是指前面三个当事人的代理人,包括报关公司、货代公司、快件公司。

2. 通关和报关的对象

(1) 进出口货物。进出口货物是指实际的进出口货物,不包括所有的进出境货物(如过境货物)。

(2) 进出境运输工具。进出境运输工具是指进出境的船、飞机、火车、汽车。

(3) 进出境物品。进出境物品是指个人进出境时携带的物品(包括行李物品、邮递物品和其他物品)。

注：境外集装箱箱体暂准进境，无论是否装载货物，承运人或其代理人应当向海关申报。境内生产的集装箱箱体，无论是否装载货物，运营人在所在地海关办理登记手续后，无须对箱体单独向海关办理报关手续。

3. 通关和报关当事人与其对象的对应关系

通关和报关当事人与其对象的对应关系：

(1) 进出口货物收发货人→进出口货物；

(2) 进出境运输工具负责人→进出境运输工具；

(3) 进出境物品所有人→进出境物品；

(4) 以上的代理人→货物、运输工具、物品。

4. 通关和报关的内容

通关和报关的内容：

(1) 进出境手续；

(2) 相关海关事务。

5. 通关和报关的异同

(1) 相同点：通关和报关的对象是相同的(进出口货物、进出境运输工具和进出境物品)。

(2) 不同点：通关是双向的，报关是单向的。

通关与报关的过程见图2-1。

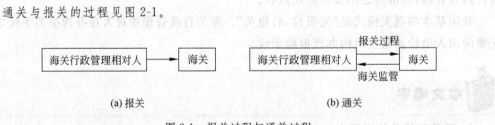

图2-1 报关过程与通关过程

6. 进出境和进出口的区别

进出境是指进出关境，包括实际进出口(一般和外商签订了外贸合同，我方是合同的当事人之一)和非实际进出口(如过境)。因此，进出境的范畴大于进出口。

7. 关境和国境的关系

关境是指适用于同一海关法或实行同一关税制度的领域，关境同国境一样，包括其领域内的领水、领陆和领空，是一个立体的概念。对于关税同盟的签署国，如欧盟成员国，其关境大于国境。我国的关境范围包括除享有单独关境以外的全部领水、领陆和领空，我国关境小于国境。

8. 我国基本通关模式

先由报检人(报检单位+报检员)向出入境检验检疫机构报检(申请检验检疫)，取得《入境货物通关单》或《出境货物通关单》,再向海关报关。

9. 报关与申报的区别

报关是指进出口货物收发货人、进出境运输工具负责人、进出境物品的所有人或者他们的代理人向海关办理货物、运输工具、物品的进出境手续及相关海关事务的过程。而申报专指进出口货物的收发货人或其代理人,在规定的期限、地点,采用电子数据报关单和纸质报关单形式向海关报告进出口货物的情况,并接受海关审核的行为。应该说,申报是报关的一部分。

专业术语

1. 扩展词汇

报关 customs declaration　通关 customs clearance　承运人 carrier　个人物品 personnel　货物 cargo　商品 commodity　船公司 shipping company　货代公司 freight forwarder　发货人 consignor　收货人 consignee　海关 customs　船 vessel

2. 短句阅读

Customs procedures for arriving passengers at many international airports, and some road crossings, are separated into Red and Green Channels. Passengers with goods to declare (carrying items above the permitted customs limits and/or carrying prohibited items) should go through the Red Channel. Passengers with nothing to declare (carrying goods within the customs limits only and not carrying prohibited items) can go through the Green Channel.

课内热身

【例2-1】 上海食品进出口有限公司X采购苏州佳佳食品厂Y生产的草莓果酱罐头,出口至美国ABC公司,X委托上海金盛货代公司Z办理出口托运手续,Z向MSC SHIPPING COMPANY办理租船订舱,并将报关手续委托上海欣海报关公司W办理,货物在上海外高桥码头装船出运。请问以上公司所扮演的角色分别是什么?

【答案】

(1) 出口货物发货人:上海食品进出口有限公司X。

(2) 国内供应商:苏州佳佳食品厂Y。

(3) 外贸合同卖方:上海食品进出口有限公司X。

(4) 外贸合同买方:美国ABC公司。

(5) 运输工具负责人:MSC SHIPPING COMPANY。

(6) 出口托运代理人:上海金盛货代公司Z。

(7) 出口报关代理人:上海欣海报关公司W。

(8) 出境地海关:上海外高桥海关。

2.1.2 报关的分类

海关对于接受进出口货物收发货人的委托,代为办理进出境货物报关手续的代理人,根据其报关行为性质的不同,分为自理报关和代理报关。

(一) 自理报关

进出口货物收发货人自行办理报关业务称为自理报关。根据我国海关目前的规定,进出口货物收发货人必须依法向海关注册登记后方能自行办理报关业务。

(二) 代理报关

代理报关是指接受进出口货物收发货人的委托,代理其办理报关业务的行为。我国海关法律把有权接受他人委托办理报关业务的企业称为报关企业。报关企业必须依法取得报关企业注册登记许可,并向海关注册登记后,方能从事代理报关业务。

根据代理报关法律行为责任承担者的不同,代理报关又分为直接代理报关和间接代理报关。直接代理报关是指报关企业接受委托人(即进出口货物收发货人)的委托,以委托人的名义办理报关业务的行为。间接代理报关是指报关企业接受委托人的委托,以报关企业自身的名义向海关办理报关业务的行为。

在直接代理中,报关企业代理行为的法律后果直接作用于委托人;而在间接代理中,报关企业应当承担与进出口货物收发货人自己报关时所应当承担的连带法律责任。目前,我国报关企业大多采取直接代理形式报关,经营快件业务的营运人等国际货物运输代理企业适用间接代理报关。

咬文嚼字

1. 采用自理报关或代理报关的报关当事人

(1) 自理报关的报关当事人为进出口货物收发货人。

(2) 代理报关的报关当事人统称为报关企业,包括报关行、货代公司、快件公司。代理报关又可细分为以下两种情形。

直接代理报关:X(进出口货物收发货人)委托Y(报关企业)办理报关业务,Y以X的名义向海关报关,法律后果由X承担,Y承担风险较小。其中,X是委托人(或称为被代理人),Y是被委托人(或称为代理人)。

间接代理报关:X(进出口货物收发货人)委托Y(报关企业)办理报关业务,Y以Y自己的名义向海关报关,法律后果由X和Y共同承担,Y承担风险较大。

2. 我国报关企业大多采用的模式

我国报关企业大多采用"直接代理"模式,如报关行、货代公司,原因是这样做风险较小。

3. 快件公司采用"间接代理"的原因

因为不同快件往往属于不同客户,很多是个人快件且总数量巨大。快件公司如果采用直接代理报关即以客户的名义报关,一个客户就需要一张报关单,导致数据处理量巨大。因此,可以把目的地相同的快件合并成一票货物,快件公司以自己的名义向海关报关。在填制报关单时,经营单位和申报单位都应该填写快件公司。

专业术语

1. 扩展词汇

委托人 principal   代理人 agent   快件 express

2. 短文阅读

Custom brokers may be employed by or affiliated with freight forwarders, but may be independent businesses or may be employed by shipping lines, importers, exporters, trade authorities and customs brokerage firms.

课内热身

【例2-2】 上海食品进出口有限公司 X 委托上海欣海报关公司 W 向海关办理报关业务,W 以 X 的名义向海关报关。问 W 采用的是何种代理报关形式?在报关业务操作中产生的法律后果由谁承担?

【答案】

直接代理报关,法律后果由 X 承担。

2.1.3 报关的基本内容

(一)进出境运输工具报关的基本内容

我国海关法律规定,进出境运输工具负责人或其代理人在运输工具进入或驶离我国关境时均应如实向海关申报运输工具所载旅客人数、进出口货物数量、装卸时间等基本情况。进出境运输工具负责人或其代理人就以上情况向海关申报后,有时还需应海关的要求配合海关检查,经海关审核确认符合海关监管要求的,可以上下旅客、装卸货物。

进出境运输工具舱单(以下简称舱单)是指反映进出境运输工具所载货物、物品及旅客信息的载体,包括原始舱单、预配舱单、装(乘)载舱单。进出境运输工具载有货物、物品的,舱单内容应当包括总提(运)单及其项下的分提(运)单信息。进出境运输工具负责人即舱单电子数据传输义务人应当按照海关备案的范围在规定时限向海关传输舱单电子数据。

进境运输工具载有旅客的,舱单传输人应当在规定时限向海关传输原始舱单电子数据。海关接受原始舱单主要数据传输后,收货人、受委托的报关企业方可向海关办理货物、物品的申报手续。

出境运输工具预计载有货物、物品的,舱单传输人应当向海关传输预配舱单主要数据,舱单传输人应当向海关传输装载舱单电子数据。舱单传输人应当在旅客办理登机(船、车)手续后,运输工具上客以前向海关传输乘载舱单电子数据。

(二)进出境货物报关的基本内容

进出境货物的报关业务包括:①按照规定填制报关单,如实申报进出口货物的通关信息;②申请办理缴纳税费和退税、补税事宜;③申请办理加工贸易合同备案、变更和核销及保税监管等事宜;④申请办理进出口货物减税、免税等事宜;⑤办理进出口货物的查验、结关等事宜;⑥办理应当由报关单位办理的其他事宜。上述六个方面是对货物报关内容的概述,本书后续章节主要讲的就是货物报关。海关对不同性质的进出境货物规定了不同的报关程序和报关规范。

(三)进出境物品报关的基本内容

海关监管进出境物品包括行李物品、邮递物品和其他物品,三者在报关要求上有所不同。《海关法》规定,个人携带进出境的行李物品、邮寄物品,应当以自用合理数量为限。自用合理数量,对于行李物品而言,"自用"是指进出境旅客本人自用、馈赠亲友而非为出售或出租;"合理数量"是指海关根据进出境旅客旅行目的和居留时间所规定的正常数量。对于邮递物品,是指海关对进出境邮递物品规定的征、免税限制。其他物品包括暂时进出境免税物品和外交人员公务用品、自用物品。

1. 进出境行李物品的报关

我国海关规定,进出境旅客在向海关申报时,可以在分别以红色和绿色作为标记的两种通道中进行选择。带有绿色标志的通道称为"无申报通道"(又称"绿色通道"),适用于携运物品在数量和价值上均不超过免税限额,且无国家限制或禁止进出境物品的旅客;带有红色标志的通道称为"申报通道"(又称"红色通道"),适用于携带有应向海关申报物品的旅客。对于选择红色通道的旅客,必须填写《中华人民共和国海关进出境旅客行李物品申报单》(以下简称《申报单》)。

2. 进出境邮递物品的报关

进出境邮递物品的申报方式由其特殊的邮递运输方式决定。我国是《万国邮政公约》的签约国,根据《万国邮政公约》的规定,进出口邮包必须由寄件人填写"报税单"(小包邮件填写绿色标签),列明所寄物品的名称、价值、数量,向邮包寄达国家的海关申报。进出境邮递物品的"报税单"和绿色标签随同物品通过邮政企业或快递公司呈递给海关。

3. 其他进出境物品的报关

(1)暂时免税进出境物品。个人携带进出境的暂时免税进出境物品须由物品携带者在进境或出境时向海关作出书面申报,并经海关批准登记,方可免税携带进出境,而且,应由本人复带出境或进境。

(2)享有外交特权和豁免权的外国机构或者人员进出境物品。外国驻中国使馆和使馆人员进出境公用、自用物品应当以海关核准的直接需用数量为限。

公务用品是指使馆执行职务直接需用的进出境物品,包括使馆使用的办公用品、办公设备、车辆等。

自用物品是指使馆人员和与其共同生活的配偶及未成年子女在中国居留期间的生活必

需用品,包括自用机动车辆(限摩托车、小轿车、越野车、9座以下的小客车)。

使馆和使馆人员运进、运出公用、自用物品,应当填写《中华人民共和国海关外交公/自用物品进出境申报单》,向主管海关提出申请,并附提(运)单、发票、装箱单、身份证件复印件等有关单证材料。其中,运进机动车辆的,还应当递交使馆照会。

1. 运输工具申报形式
进出境运输工具申报是通过舱单向海关申报的,不是通过报关单。

2. 运输工具申报和货物申报的关系
海关接受进出境运输工具舱单申报电子数据后,进出口货物收发货人或其代理人方可向海关办理货物、物品的申报手续,即先舱单申报后货物、物品申报。

3. 运输工具各种舱单的使用
进境运输工具舱单使用"原始舱单",出境运输工具舱单先使用"预配舱单"后使用"装/乘载舱单"(货物、物品用装载舱单,旅客用乘载舱单),即"一进二出"。

4. 物品报关总结
进出境物品报关总结见表2-1。

表2-1 进出境物品报关总结

类 型	海关监管基本原则	申报方式	适用条件	申报单据
行李物品	自用+合理数量	绿色通道(无申报通道)	数量+价值不超过免税限额,且非限制或禁止类	无
		红色通道(申报通道)	不满足上述条件之一的	《申报单》
邮递物品	规定征、免税限制	寄件人填写报税单或绿色标签,由邮政企业或快递公司呈递给海关	邮递方式	"报税单"
暂时免税进出境物品	由本人复带出境或进境	红色通道		
外交人员物品(公务+自用)	直接需用数量为限	红色通道		《中华人民共和国海关外交公/自用物品进出境申报单》

1. 扩展词汇
舱单 cargo manifest　电传 telex　行李 luggage　车辆 vehicle　外交的 diplomatic　免税 duty free

2. 短句阅读

Exporters must declare to the Director-General of Customs the nature of the goods as well as the quantity, price, and any other necessary particulars. An export permit must also be obtained after the necessary physical examination.

课内热身

【例 2-3】 上海欣海报关行受上海食品进出口有限公司委托办理进口报关手续，运输工具名称 S/S：Moon River，航次 Voyage No.：028S，提单号 B/L No.：QH0809。假设你是该公司的报关员，请上网查询舱单数据，确认海关已经接受舱单电子数据，而后办理货物进口报关手续。

操作提示：在搜索引擎中输入关键词"舱单查询"，选定查询网站（如中国海关网上服务大厅/www.customs.gov.cn，界面见图 2-2），输入相关信息。

图 2-2 中国海关网上服务大厅舱单查询界面

提示：由于查询数据来源于海关数据中心，因此可以通过 Excel 模拟数据库进行演练。首先制作 Excel 舱单查询表单，随后连接本地数据库，基础好的学生可以建立 Access 数据库进行演练。

【例 2-4】 填制《进出境旅客行李物品申报单》（见表 2-2）。

表 2-2 进出境旅客行李物品申报单

姓　　名		性　　别	
国　　籍		来自/前往	
护照号码		旅行目的	

1. 本申报单背面所列必须办理申报手续的旅客,请详细填报有关物品并签名。填单后交海关验核签章。在设有双通道的现场,务必选择"申报"(红色)通道通关。
2. 上述以外的旅客,无须填写申报单,并可选择"无申报"(绿色)通道通关。如进境后需办理提货券、外汇商品、分运行李等手续,不能一次结清的,请在办理有关手续处填写本单向海关申请。

品名/币种	数量/数额	规格型号	海关记录

我已阅知本申报单背面所列事项,并保证以上申报属实。

申报人签名：　　　　　　（与有效通关证件上姓名一致）　　　年　月　日

海关记事栏

经办关员签字：　　　年　月　日

【案例阅读】

iPad 的进口关税怎么计算

1. 进境居民旅客携带在境外获取的个人自用进境物品,单一品种限自用、合理数量,总值在 5 000 元人民币以内(含 5 000 元)的;非居民旅客携带拟留在中国境内的个人自用进境物品,单一品种限自用、合理数量,总值在 2 000 元人民币以内(含 2 000 元)的,海关予以免税放行。但烟草制品、酒精制品以及国家规定应当征税的 20 种商品等另按有关规定办理。

2. 进境居民旅客携带超出 5 000 元人民币的个人自用进境物品,经海关审核确属自用的;进境非居民旅客携带拟留在中国境内的个人自用进境物品,超出 2 000 元人民币的,海关仅对超出部分的个人自用进境物品征税。对不可分割的单件物品,全额征税。

3. 税率：我国对进出境商品主要区分为货物、物品两大类,个人携带入境的 iPad 属于物品,按货值征收 10% 的进口关税。

4. 免税限值：我国规定的免税限值是 5 000 元,但包括电子类产品在内的 20 类商品不予免税,iPad 属于其中一类。

5. 完税价格：iPad 被海关归入笔记本电脑,商品编码(税则号列)8471.3000,不论售价多少,笔记本电脑适用的一般完税价格是 5 000 元。

6. 应纳税额：个人携带 iPad 入境的应纳关税为 5 000×10%＝500 元。

课后实践

【实践 2-1】 根据教师提供的信息,学习进出境旅客通关、个人邮递物品通关规定并撰写报告。同时可以观看进出境旅客通关视频链接和个人邮递物品通关视频链接,由此可以全面了解我国海关对进出境各类物品的通关规定。

【实践 2-2】 根据教师提供的信息,学习填写《进出境自用物品申请表》(见表 2-3 和表 2-4)。

表 2-3 进出境自用物品申请表

N7　　　　　　　　　　　　　　　　　　　　　　　　　海关编号
　　　　　　　　　　　　　　　　　　　　　　　　　　Customs Serial No. _____

中 华 人 民 共 和 国 海 关
CUSTOMS OF THE PEOPLE'S REPUBLIC OF CHINA
进 出 境 自 用 物 品 申 请 表
APPLICATION FORM FOR IMPORT/EXPORT OF ARTICLES FOR PERSONAL USE

申请人姓名(中、英文) _____ 性别 ___ 国籍 ___ 出生年月 ___年__月__日	
Applicant's Name(Chinese and/or English) _____ Sex ___ Nationality ___ Date of Birth Year ___ Month ___ Date ___	
所在机构名称及海关代码 _____ 住址 _____	
Organization and Customs Code _____ Address _____	
护照或通行证号码 _____ 居留证件号码 _____ 身份证件号码 _____ 物品批文号 _____	
Passport/Pass No. _____ Residence Permit No. _____ ID No. _____ Permit No. of Articles _____	
电话 _____ 进/出境 _____ 进出境口岸 _____	
Telephone _____ Entry/Exit _____ Entry/Exit Port _____	
起运/运抵国(地区) _____ 装货/指运港 _____	
Departure/Destination Country(Region) _____ Port of Loading/Delivery _____	
运输方式(江海 铁路 汽车 航空 邮政 其他) _____ 运输工具名称 _____	
Means of Transport(water rail road air mail other) _____ Carrier's Name _____	
航次(班)号 _____ 提运单号 _____ 件数 _____ 毛重(千克) _____	
Voyage/Flight No. _____ Bill of Lading No. _____ Number of Piece(s) _____ Gross Weight(kg) _____	
备注 _____	
Remarks _____	

以下内容可委托代理公司(人)填写
The following may be completed by the Agency (Agent) entrusted

申请人身份类别 ___ 进/出境日期 ___年__月__日 包装种类 ___ 体积 ___ 标箱数 ___	
Status of Applicant ___ Entry/Exit Date Year ___ Month ___ Date ___ Type of Package ___ Volume ___ Number of TEU ___	
内包装件数 _____ 受托方名称及海关代码(身份证件号码) _____	
Quantity of Inside Packages _____ Agency/Agent and Customs Code/ID No. _____	

本人申报进/出境下列行李物品,并保证所有申报属实。
I, the undersigned, hereby apply for the importation/exportation of the following luggage items and guarantee that all my declaration is true.

项号 Item No.	物品税号 Tariff Code	物品名称 Descriptions	规格/型号 Speci./Model	数量 Quantity	单位 Unit	币制 Currency	总价 Total Value	备注 Remarks

申请人签名　　　　　　　　　　　　　　　　海关批注
Applicant's Signature　　　　　　　　　　　Customs Remarks
机构签章
Seal of Organization　　　　　　　　　　　有效期至 ___年__月__日
申报日期 ___年__月__日　　　　　　　　　Valid until Year ___ Month ___ Date ___
Date of Application Year ___ Month ___ Date ___
附 ___ 页　　　　　　　　　　　　　　　　海关签章
___ Pages Attached　　　　　　　　　　　　Customs Seal

表 2-4　进出境自用物品申请表附页

海关编号
Customs Serial No.　　　　

附　页
Attachment

第__页,共__页
Page __ of __ Pages

项号 Item No.	物品税号 Tariff Code	物品名称 Descriptions	规格/型号 Speci. / Model	数量 Quantity	单位 Unit	币制 Currency	总价 Total Value	备注 Remarks

签名：　　　　　　　　　　　　　　　日期：___年__月__日
Signature: _____　Date: Year ____ Month __ Date __

填表说明(带＊项目必须填)。

＊1. 申请人姓名(中英文)：按进出境有效证件填写。

＊2. 性别：按进出境有效证件填写。

＊3. 国籍：按进出境有效证件填写(中国驻外使领馆馆员不填写国籍,填写原驻在国及驻在城市)。

＊4. 出生年月：按进出境有效证件填写。

5. 所在机构名称及海关代码：境内所在机构的规范中文全称及海关十位数代码。

6. 住址：境内住址。

＊7. 护照或通行证号码：进出境有效证件的号码。

＊8. 居留证件号码：有效期一年期以上居留许可证号码或华侨、港澳同胞暂住证号码或台湾居民居留签注号码等。

9. 身份证件号码：外国(地区)企业常驻代表机构工作证、外国人就业证、外国专家证等证件的号码(中国驻外使领馆馆员填写驻外使领馆人员身份证明号码)。

10. 物品批文号：填写相关部门批准进出境禁限物品的批准文号,无禁限物品的免填。

＊11. 电话：境内联系电话。

以下内容按提货单填写(进口物品带＊项目必须填写,出口物品如已取得场站收据等货运单据必须填写,如尚未取得相关货运单据可暂缓填写)

＊12. 进出境：进境、出境、其他(写明原因,如报废等)。

＊13. 进出境口岸：物品实际进出我国关境口岸海关的名称。

续表

*14. 起运/运抵国(地区):起运国(地区)是指进口货物直接运抵我国的起始发出的国家(地区)。运抵国(地区)是指出口货物离开我国关境直接运抵的国家。无实际进出境的,本栏目填报中国。请按海关规定的《国别(地区)代码表》选择填报相应的起运/运抵国(地区)的中文名称。

*15. 装货/指运港:装货港是指进口物品在运抵我国关境前的最后一个境外装运港,指运港是指出口物品运往境外的最终目的港。无实际进出境的,本栏目填报"中国境内"。请按海关规定的《港口航线代码表》选择填报相应的港口中文名称。

*16. 运输方式:江海运输;铁路运输;汽车运输;航空运输;邮政运输;其他运输(须注明具体方式)。

注:非邮政方式进出口的快递物品,按实际运输方式填报,如航空运输;进出境旅客随身携带的自用物品,应填报其他运输。

*17. 运输工具名称:江海运输填报船舶编号或船舶英文名称;铁路运输填报车厢编号或交接单号;汽车运输填报该跨境运输车辆的国内行驶车牌号;航空运输免予填报;邮政运输填报邮政包裹单号;其他运输填报具体运输方式名称。

*18. 航次(班)号:江海运输填报船舶的航次号;铁路运输填报进出境日期;汽车运输填报该跨境运输车辆的进出境日期(8位);航空运输免予填报;邮政运输填报进出境日期;其他各类运输方式免予填报。

19. 提运单号:江海运输填报进出口提运单号,如有分提运单的,填报进出口提运单号+""+分提运单号;铁路运输填报运单号;汽车运输免予填报;航空运输填报总运单号+"_"(下划线)+分运单号,无分运单的填报总运单号;邮政运输填报邮运包裹单号;其他各类运输方式免予填报。

*20. 件数:按提货单或场站收据填写。

*21. 毛重(千克):按提货单或场站收据填写。计量单位为千克,不足1千克的填报为"1"。

22. 备注:需向海关说明的其他情况。(中国驻外使领馆馆员在此栏填报离任回国证明书号、境外购车日期、发票号码)

*23. 申请人身份类别:选择以下一种身份填写。

常驻人员;非居民长期旅客;来华定居旅客;中国驻外使领馆馆员;其他人员。

24. 进/出境日期:运输工具进/出境的日期,无实际进出境的填申报日期。

25. 包装种类:选择以下一种内包装填报。木箱;纸箱;桶装;散装;托盘;包;其他。

26. 体积:按提货单或场站收据填写,计量单位为立方米。

27. 标箱数:标准集装箱数量(散货填报为"0",1个20英尺集装箱填报为"1",1个40英尺集装箱填报为"2",以此类推)。

28. 内包装件数:内包装箱(如纸板箱)件数。

29. 受托方名称及海关代码(身份证件号码):委托代理公司申请的,填报代理公司名称及海关代码;委托他人申请的,填报受托人姓名和身份证件号码。

以下内容按装箱清单、发票填写(带*项目必须填写)。

30. 项号:物品序列号。

31. 物品税号:按《入境旅客行李物品和个人邮递物品进口税税则归类表》归类填写。

32. 物品名称:物品规范的中文商品名称。汽车申报为:车辆牌名(如捷达、佳美等)+排气量(以"CC"为单位)+车型(如越野车、小轿车等),旧车应在车辆牌名前加"旧"字,新车不加。

33. 规格/型号:如普通电视机应申报荧幕尺寸,冰箱应申报容积数,汽车申报型号,如E320、750I等。

*34. 数量:按申请物品的实际数量填报。如计算机主机1台、CD片20片、家具5件。

*35. 单位:按法定计量单位填写。

*36. 币制:按发票币制填写。

*37. 总价:该项物品的总价。

*38. 申请人签名:由申请人本人按进出境有效证件签字样式签名。

39. 机构签章:申请人所在机构公章。

*40. 申请日期:向海关呈交申请表的日期。

41. 附页数:附页总页数(无附页的填"0")。

2.2 海关监管

2.2.1 我国海关的性质与任务

《海关法》规定:"中华人民共和国海关是国家的进出关境监督管理机关。"

(一)海关的性质

1. 海关是国家行政机关

我国的国家机关包括享有立法权的立法机关、享有司法权的司法机关和享有行政管理权的行政机关。海关是国家的行政机关之一,是国务院的直属机构,从属于国家行政管理体制。

2. 海关是国家进出境监督管理机关

海关履行国家行政制度的监督职能,是国家宏观管理的一个重要组成部分。海关依照有关法律、行政法规并通过法律赋予的权力,制定具体的行政规章和行政措施,对特定领域的活动开展监督管理,以保证其按国家的法律规范进行。

3. 海关的监督管理是国家行政执法活动

海关通过法律赋予的权力,对特定范围内的社会经济活动进行监督管理,并对违法行为依法实施行政处罚,以保证这些社会经济活动按照国家的法律规范进行。因此,海关的监督管理是保证国家有关法律、法规实施的行政执法活动。海关执法的依据是《海关法》和其他有关法律、行政法规。

(二)海关的任务

1. 监管

海关监管是指海关运用国家赋予的权力,通过一系列管理制度与管理程序,依法对进出境货物、运输工具、物品的进出境活动所实施的一种行政管理。海关监管不是"海关监督管理"的简称,"海关监督管理"是海关全部行政执法活动的统称。

2. 征税

海关征税工作的基本法律依据是《海关法》《中华人民共和国进出口关税条例》(以下简称《关税条例》)以及其他有关法律、行政法规。征税工作包括征收进出口关税和进口环节海关代征税(增值税和消费税)。关税的征收主体是国家,《海关法》明确将征收关税的权力授予海关,由海关代表国家行使征收关税的职能。关税的课税对象是进出口货物、进出境物品。

3. 缉私

查缉走私是海关为保证顺利完成监管和征税等任务而采取的保障措施。查缉走私是指海关依照法律赋予的权力,在海关监管场所和海关附近的沿海沿边规定地区,为发现、制止、打击、综合治理走私活动而进行的一种调查和惩处活动。《海关法》规定:"国家实行联合缉私、统一处理、综合治理的缉私体制。"

根据我国的缉私体制,除了海关以外,公安、市场监管、税务、烟草专卖等部门也有查缉走私的权力,但这些部门查获的走私案件,必须按照法律规定,统一处理。各有关行政部门查获的走私案件,应当给予行政处罚的,移送海关依法处理;涉嫌犯罪的,应当移送海关侦查走私犯罪公安机构或地方公安机关依据案件管辖分工和法定程序办理。

4. 统计

我国海关的统计制度规定,实际进出境并引起境内物质存量增加或者减少的货物,列入海关统计;进出境物品超过自用、合理数量的,列入海关统计。对于部分不列入海关统计的货物和物品,则根据我国对外贸易管理和海关管理的需要,实施单项统计。

2.2.2 我国海关的法律体系

海关法律体系根据制定的主体和效力的不同,分为法律、行政法规、部门规章和规范性文件4个基本组成部分。

(一)《海关法》

《海关法》于1987年1月22日由第六届全国人民代表大会常务委员会第十九次会议通过,同年7月1日起实施。2000年7月8日第九届人大第十六次会议对《海关法》进行了较大范围的修改,修正后的《海关法》于2001年1月1日起实施。《海关法》是我国现行法律体系的一个重要组成部分,是管理海关事务的基本法律规范。

(二)行政法规

国务院根据《中华人民共和国宪法》和法律,制定行政法规。目前在海关管理方面主要的行政法规有:《关税条例》《海关稽查条例》《知识产权海关保护条例》《海关行政处罚实施条例》《海关统计条例》《进出口货物原产地条例》等。

(三)海关行政规章

行政规章主要是由海关总署单独或会同有关部门制定的,是海关日常工作中引用数量最多、内容最广、操作性最强的法律依据,其效力等级低于法律和行政法规。海关行政规章以海关总署令的形式对外公布。

(四)规范性文件

规范性文件是指海关总署及各直属海关按照规定程序制定的涉及行政管理相对人权利、义务,是具有普遍约束力的文件。海关总署制定的规范性文件要求行政管理相对人遵守或执行的,应当以海关总署公告形式对外发布,但不得设定对行政管理相对人的行政处罚。

2.2.3 海关的权力

海关权力是指国家为保证海关依法履行职责,通过《海关法》和其他法律、行政法规赋予海关的对进出境运输工具、货物、物品的监督管理权能。海关权力属于公共行政职权,其行使受一定范围和条件的限制,并应当接受执法监督。

(一)海关权力内容

1. 检查权

海关有权检查进出境运输工具,检查有走私嫌疑的运输工具和有藏匿走私货物、物品嫌疑的场所,检查走私嫌疑人的身体。

海关对进出境运输工具的检查不受海关监管区域的限制。对走私嫌疑人身体的检查，应在海关监管区和海关附近沿海沿边规定地区（以下简称"两区"）内进行。对于有走私嫌疑的运输工具和有藏匿走私货物、物品嫌疑的场所，在两区内，海关人员可直接检查，超出这个范围，在调查走私案件时，须经海关关长批准，才能进行检查，但不能检查公民住处。

2. 查阅、复制权

海关有权查阅进出境人员的证件，查阅、复制与进出境运输工具、货物、物品有关的合同、发票、账册、单据、记录、文件、业务函电、录音录像制品和其他有关资料。

3. 查问权

海关有权对违反《海关法》或者其他有关法律、行政法规的嫌疑人进行查问，调查其违法行为。

4. 查验权

海关有权查验进出境货物、行李物品和邮递物品。海关查验货物认为必要时，可以径行提取货样。

5. 查询权

海关在调查走私案件时，经海关关长批准，可以查询案件涉嫌单位和涉嫌人员在金融机构、邮政企业的存款、汇款。

6. 稽查权

海关在法律规定的年限内（自进出口货物放行之日起 3 年内或者在保税货物、减免税进口货物的海关监管期限内及其后的 3 年内），对企业进出境活动及进出口货物有关的账务、记账凭证、单证资料等有权进行稽查。

7. 行政强制权

海关行政强制包括行政强制措施和行政强制执行。

1) 行政强制措施

行政强制措施是指海关为制止违法行为、防止证据损毁、避免危害发生、控制危险扩大等情形，依法对公民的人身自由实施暂时性限制，或者对公民、法人或其他组织的财物实施暂时性控制的行为。

（1）限制公民人身自由。在"两区"内，对走私犯罪嫌疑人，经海关关长批准，可以扣留，扣留时间不得超过 24 小时，在特殊情况下可以延长至 48 小时。

个人违抗海关监管逃逸的，海关可以连续追至"两区"外，将其带回。

受海关处罚的当事人在出境前未缴清罚款、违法所得和依法追缴的货物、物品、走私运输工具的等值价款，又未提供担保的，海关可以通知出境管理机关阻止其出境。

（2）扣留财物。对违反《海关法》或者其他有关法律、行政法规的进出境运输工具、货物和物品以及与之有关的合同、发票、账册、单据、记录、文件、业务函电、录音录像制品和其他资料，可以扣留。

在"两区"内，对有走私嫌疑的运输工具、货物、物品和走私犯罪嫌疑人，经关长批准，可以扣留。

在"两区"外，对有证据证明有走私嫌疑的运输工具、货物、物品，可以直接扣留。

有违法嫌疑的货物、运输工具、物品,无法扣留的,当事人又未提供等值担保的,海关可以扣留当事人等值的其他财产。

纳税义务人在规定的纳税期限内有明显的转移、藏匿其应税货物以及其他财产迹象的,海关可以责令其提供担保,如不能提供纳税担保的,海关可以采取两种税收保全措施。如不能使用通知当事人开户银行暂停支付相当于应纳税款的存款方式实施税收保全时,则可以扣留其价值相当于应纳税款的货物或者其他财产。

纳税义务人、担保人自规定的纳税期限届满之日起超过3个月未缴纳税款的,经关长批准,海关可以扣留其价值相当于应纳税款的货物或者其他财产。

对涉嫌侵犯知识产权的货物,海关可以依法扣留。

(3) 冻结存款、汇款。纳税义务人在规定的纳税期限内有明显的转移、藏匿其应税货物以及其他财产迹象的,海关可以责令其提供担保,如不能提供纳税担保的,海关可以采取两种税收保全措施,即经关长批准,海关可以通知当事人开户银行暂停支付相当于应纳税款的存款,如不行,则行使扣留财物方式。

(4) 封存货物或者账簿、单证。海关进行稽查时,发现被稽查人的进出口货物有违法嫌疑的,经关长批准,可以封存有关货物。

海关进行稽查时,发现被稽查人有可能篡改、转移、隐匿、毁弃账簿和单证的,经关长批准,在不妨碍被稽查人正常生产经营活动的前提下,可以暂时封存其账簿、单证。

(5) 其他强制措施。进出境运输工具违抗海关监管逃逸的,海关可以连续追至"两区"外,将其带回。对于海关监管货物,海关可以加施封志。

2) 行政强制执行

海关行政强制执行是指当事人不按照上述海关行政强制措施执行时,海关可以依法强制执行。

(1) 加收滞纳金。纳税义务人逾期缴纳税款的,海关强制征收滞纳金;纳税义务人违反规定造成少征或漏征税款的,海关可以强制追征并加征滞纳金。

(2) 强制扣缴税款。纳税义务人、担保人自规定的纳税期限届满之日起超过3个月未缴纳税款的,经关长批准,海关可以书面通知其开户银行从其暂停支付的存款中强制扣缴税款。

(3) 强制抵缴、变价抵缴。当事人逾期不缴纳罚款的,又不申请复议或提起诉讼的,海关可以将其保证金抵缴或者将其被扣留的货物、运输工具物品依法变价抵缴。

纳税义务人自规定的纳税期限届满之日起超过3个月未缴纳税款的,经关长批准,海关可以依法变卖应税货物,或者变卖与税款等值的其他货物或财产,以变卖所得抵缴税款。

海关以扣留财物方式实施税收保全措施时,纳税义务人在规定纳税期限内未缴纳税款的,经关长批准,海关可以依法变卖所扣留货物,以变卖所得抵缴税款。

进口货物的收货人自运输工具申报进境之日起超过3个月未向海关申报的,其进口货物由海关提取,依法变卖处理。

确属误卸或者溢卸的进境货物,原运输工具负责人或者货物的收发货人逾期未办理退运或者进口手续的,由海关提取,依法变卖处理。

综上所述,对于行政强制权,海关先采取强制措施,如当事人仍不按照海关要求履行义务,则由海关强制执行,两者多数情况下存在前后对应关系。

8. 行政处罚权

海关有权对违法当事人予以行政处罚,包括对走私货物、物品及违法所得处以没收,对有走私行为和违反海关监管规定行为的当事人处以罚款,对有违法情事的报关企业和报关员处以暂停或取消报关资格的处罚等,具体内容参照报关员的法律责任。

2.2.4 海关的管理体制与机构

(一)海关的管理体制

《海关法》规定,"国务院设立海关总署,统一管理全国海关","海关依法独立行使职权,向海关总署负责",将海关集中统一的垂直领导体制以法律的形式予以确立。《海关法》以法律形式明确了海关的设关原则:"国家在对外开放的口岸和海关监管业务集中的地点设立海关。"

(二)海关的组织机构

海关机构的设置为海关总署、直属海关和隶属海关三级。隶属海关由直属海关领导,向直属海关负责;直属海关由海关总署领导,向海关总署负责。

1. 征税的课税对象

课税对象包括进出口货物、进出境物品,不包括进出境运输工具。

2. 征税的主体和纳税义务人

征收主体是国家,纳税义务人是进出口货物收发货人、进出境物品所有人。

3. 检查权和扣留权

检查权和扣留权的总结见表2-5。

表2-5 检查权和扣留权总结

权力	对象	行使范围		备注
		"两区"内	"两区"外	
检查权	进出境运输工具	不受限制		有匿藏走私嫌疑货物、物品的场所,即使关长批准,也不能检查公民住所
	走私嫌疑运输工具	不需要关长批准	需要关长批准	
	匿藏走私嫌疑货物、物品的场所			
	走私嫌疑人			
扣留权	合同、发票等资料	不受限制		
	走私嫌疑进出境运输工具、货物、物品	需要关长批准	不需要关长批准	
	走私犯罪嫌疑人	需要关长批准		最长不超过24小时

4. 各种权力的行使对象的异同

海关对货物和物品可以行使查验权和扣留权,对存款可以行使查询权,对运输工具可以行使检查权和扣留权,对嫌疑人可以行使检查权和扣留权,对场所则只能行使检查权。

5. 需要关长批准的权力

需要关长批准的权力:

(1) 检查有走私嫌疑的运输工具和匿藏走私货物、物品的场所,在"两区"外需要关长批准;

(2) 扣留有走私嫌疑的运输工具、货物、物品和走私犯罪嫌疑人,在"两区"内需要关长批准;

(3) 查询企业存款,需要关长批准;

(4) 超过3个月未纳税的,扣留价值相当的货物或其他财产,需要关长批准;

(5) 冻结存款,需要关长批准;

(6) 稽查时,封存货物、账簿、单证,需要关长批准;

(7) 扣缴税款,需要关长批准;

(8) 变卖应税货物、变卖扣留货物,需要关长批准。

1. 扩展词汇

监管 supervise　关税 tariff　统计 statistics　关境 the customs territory　权力 power
消费税 excise　扣留 detain　处罚 punish　检查 check　伪造品 counterfeits　盗版 piracy

2. 短文阅读

Customs is an authority or agency in a country responsible for collecting and safeguarding customs duties and for controlling the flow of goods including animals, transports, personal effects and hazardous items in and out of a country. Depending on local legislation and regulations, the import or export of some goods may be restricted or forbidden, and the customs agency enforces these rules. The customs authority may be different from the immigration authority, which monitors persons who leave or enter the country, checking for appropriate documentation, apprehending people wanted by international arrest warrants, and impeding the entry of others deemed dangerous to the country. In most countries customs are attained through government agreements and international laws.

精选习题

一、单选题

1. 我国是《万国邮政公约》的签约国之一,根据这一公约的规定,进出境邮递物品的"报税单"和"绿色标签"应随同物品通过(　　)或当事人呈递给海关。

　　A. 专业报关企业　　B. 代理报关企业　　C. 邮政企业　　D. 收发货人

2. 根据我国缉私体制,不具有查缉走私权力的单位是(　　)。

　　A. 海关　　　　　　B. 公安部门　　　　C. 税务部门　　D. 检察部门

3. 海关对有走私嫌疑的运输工具和有藏匿走私货物、物品嫌疑的场所行使检查权时,(　　)。

　　A. 不能超出海关监管区和海关附近沿海沿边规定地区的范围

B. 不受地域限制，但不能检查公民住处
C. 在海关监管区和海关附近沿海规定地区，海关人员可直接检查；超出这个范围，只有在调查走私案件时，才能直接检查，但不能检查公民住处
D. 在海关监管区和海关附近沿海规定地区，海关人员可直接检查；超出这个范围，只有在调查走私案件时，经直属海关关长或其授权的隶属海关关长批准才能进行检查，但不能检查公民住处

二、多选题

1. 根据进出境旅客行李物品"双通道制"的通关规定，下列表述中正确的有（　　）。
   A. 旅客携带按规定应征税物品进境应选择"申报"通道
   B. 不明海关规定或不知如何选择通道的旅客可选择"无申报"通道
   C. 旅客携带须登记复带出（进）境物品，可选择"无申报"通道
   D. 旅客携带物品超出规定免税限量的，应选择"申报"通道

2. 下列属于报关对象的有（　　）。
   A. 从美国进口的设备　　　　　　B. 从国内采购的棉布
   C. 从日本入境的船舶　　　　　　D. 携带出国的行李

3. 报关公司可以从事（　　）业务。
   A. 自理报关　　B. 直接代理报关　　C. 间接代理报关　　D. 代理报关

三、判断题

1. 进出口货物的报关是指进出口货物收发货人或其代理人在货物进出口时，采用电子数据报关单和纸质报关单形式向海关申报的行为。（　　）

2. 我国报关企业目前大都采用直接代理报关形式，即接受委托人的委托，以报关企业自身的名义向海关办理进出口报关手续。（　　）

3. 海关调查人员在调查走私案件时，可以径行查询案件涉嫌单位和涉嫌人员在金融机构、邮政企业的存款、汇款。（　　）

第3章

报关单位与报关员

3.1 报关单位

3.1.1 报关单位的概念

报关单位是指依法在海关注册登记的进出口货物收发货人和报关企业。《海关法》规定:"进出口货物收发货人、报关企业办理报关手续,必须依法经海关注册登记。"

3.1.2 报关单位的类型

(一)进出口货物收发货人

进出口货物收发货人是指依法向国务院对外贸易主管部门或者其委托的机构办理备案登记的对外贸易经营者。对于一些未取得《对外贸易经营者备案登记表》但需要从事非贸易性进出口活动的单位,如境外企业、新闻、经贸机构、文化团体等依法在中国境内设立的常驻代表机构,少量货样进出境的单位,国家机关、学校、科研院所等组织机构,临时接受捐赠、礼品、国际援助的单位,国际船舶代理企业等,在进出口货物时,海关也视其为进出口货物收发货人。

进出口货物收发货人经向海关注册登记后,只能为本单位进出口货物报关。

(二)报关企业

报关企业是指按照规定经海关准予注册登记,接受进出口货物收发货人的委托,以进出口货物收发货人的名义(直接代理)或者以自己的名义(间接代理),向海关办理代理报关业务,从事报关服务的境内企业法人。

3.1.3 报关单位的注册登记概述

《海关法》规定,进出口货物,除另有规定的外,可以由进出口货物收发货人自行办理报关纳税手续,也可以由进出口货物收发货人委托海关准予注册登记的报关企业办理报关纳税手续。进出口货物收发货人、报关企业办理报关手续,必须依法经海关注册登记。

(一)报关注册登记制度的概念

报关注册登记制度是指进出口货物收发货人、报关企业依法向海关提交规定的注册登记申请材料,经注册地海关依法对申请注册登记的材料进行审核,准予其办理报关业务的管理制度。海关对从事非贸易性进出口活动的有关单位,允许其向进出口口岸地或者海关监管业务集中地海关办理临时注册登记手续。临时注册登记单位,海关一般不予核发注册登记证书,仅出具《临时报关单位注册登记证明》,临时注册登记有效期最长为7日。

(二)进出口货物收发货人注册登记

进出口货物收发货人应当按照规定到所在地海关办理报关单位注册登记手续。进出口货物收发货人申请办理注册登记,应当提交的文件材料包括:《企业法人营业执照》副本复印件;《对外贸易经营者登记备案表》复印件;《企业章程》复印件;《银行开户证明》复印件;《报关单位情况登记表》《报关单位管理人员情况登记表》;其他有关材料。

注册地海关依法对申请注册登记材料进行审核。审核通过,由注册地海关核发《中华人民共和国海关进出口货物收发货人报关注册登记证书》(以下简称《收发货人登记证书》),进出口货物收发货人凭证办理报关业务。

(三)报关企业注册登记

报关服务是一项专业性、技术性很强的工作,是进出口贸易中重要的中介服务环节。报关企业作为提供报关服务的企业,要有一定的经营规模、相当数量的报关专业人员和有经验的管理人员,并具备健全的组织机构和财务管理制度。为此,海关对报关企业规定了更为具体的设立条件。报关企业注册登记前,应首先依法获得报关企业注册登记许可。

1. 报关企业注册登记许可

(1)报关企业设立条件。报关企业注册登记许可应当具备的条件包括:具备境内企业法人资格条件;企业注册资本不低于150万元人民币;健全的组织机构和财务管理制度;报关员人数不少于5名;投资者、报关业务负责人、报关员均无走私记录;报关业务负责人具有5年以上从事对外贸易工作经验或者报关工作经验;无因走私违法行为被海关撤销注册登记许可的记录;有符合从事报关服务所必需的固定经营场所和设施。

(2)报关企业注册登记许可程序。

① 报关企业注册登记许可申请。申请报关企业注册登记许可的申请人应当到所在地直属海关对外公布受理申请的场所向隶属海关提出申请。

申请材料包括:《报关企业注册登记许可申请书》;《企业法人营业执照》副本或者企业名称预先核准通知书复印件;企业章程;出资证明文件复印件;从事报关服务业可行性研究报告;报关业务负责人工作简历;报关服务营业场所所有权证明、租赁证明。

申请人可以委托代理人提出注册登记许可申请。申请人委托代理人代为提出申请的,应当出具《授权委托书》。

② 隶属海关受理申请后,于受理注册登记许可申请之日起20日内审查完毕,将审查意见和全部申请材料报送直属海关。直属海关应当自收到接受申请的海关报送的审查意见之日起20日内作出决定。

③ 行政许可的作出。申请人的申请符合法定条件的,海关应当依法作出准予注册登记许可的书面决定,并通知申请人。

(3)报关企业跨关区分支机构注册登记许可。报关企业如需要在注册登记许可区域外(即另一直属海关关区)从事报关服务的,应当依法设立分支机构,并且向拟注册登记地海关递交报关企业分支机构注册登记许可申请。

申请分支机构注册登记许可的报关企业(本部)应当符合的条件包括：报关企业自取得海关核发的《报关企业登记证书》之日起满2年；报关企业自申请之日起最近两年未因走私受过处罚。同时，报关企业每申请一项跨关区分支机构注册登记许可，应当增加注册资本50万元人民币。

报关企业跨关区设立的分支机构(分公司)拟取得注册登记许可的，应当具备的条件包括：符合境内企业法人分支机构设立条件；报关员人数不少于3名；有符合从事报关服务所必需的固定经营场所和设施；分支机构负责人应当具有5年以上从事对外贸易工作经验或者报关工作经验；报关业务负责人、报关员均无走私行为记录。

海关比照报关企业注册登记许可程序规定，作出是否准予跨关区分支机构注册登记许可的决定。

(4) 报关企业及其跨关区分支机构注册登记许可期限。报关企业及其跨关区分支机构注册登记许可期限均为2年。被许可人需要延续注册登记许可有效期的，应当办理注册登记许可延续手续。

(5) 报关企业注册登记许可的变更和延续。报关企业及其分支机构注册登记许可中如有：企业名称及其分支机构名称、企业注册资本、法定代表人(负责人)有变更的，应以书面形式到注册地隶属海关申请变更注册登记许可。隶属海关初审后上报直属海关决定。直属海关依法审查通过后，作出准予变更决定。报关企业及其分支机构凭直属海关的《变更决定》到相关管理部门办理变更手续。

报关企业及其分支机构注册登记许可需要进行延续的，应当在有效期届满40日前向海关提出延续申请并递交海关规定的材料，延续的有效期为2年。

(6) 报关企业注册登记许可的注销。有下列情形之一的，海关应当依法注销注册登记许可：①有效期届满未延续的；②报关企业依法终止的；③注册登记许可依法被撤销、撤回，或者注册登记许可证件被吊销的；④因不可抗力导致注册登记许可事项无法实施的。

(7) 报关企业注册登记许可的撤销。有下列情形之一的，直属海关可以撤销注册登记许可：①海关工作人员滥用职权、玩忽职守作出准予注册登记许可决定的；②超越法定职权作出准予注册登记许可决定的；③违反法定程序作出准予注册登记许可决定的；④对不具备申请资格或者不符合法定条件的申请准予注册登记许可的；⑤被许可人以欺骗、贿赂等不正当手段取得注册登记许可的。

海关依照规定撤销注册登记许可，可能对公共利益造成重大损害的，不予撤销。

2. 报关企业注册登记程序

报关企业申请人经直属海关注册登记许可后，应当到市场监督管理部门办理许可经营项目登记，并且自市场监督管理部门登记之日起90日内到企业所在地海关办理注册登记手续。逾期，海关不予注册登记。

申请材料包括：直属海关《注册登记许可文件》复印件；《企业法人营业执照》副本复印件(分支机构提交营业执照)；《银行开户证明》复印件；报关单位情况登记表、报关单位管理人员《情况登记表》；报关企业与所聘报关员签订的用工《劳动合同》复印件；其他文件材料。

注册地海关审核通过后核发《中华人民共和国报关企业注册登记证书》(以下简称《报关企业登记证书》)。

（四）报关单位注册登记证书的时效及换证管理

1. 报关单位注册登记证书的时效

《收发货人登记证书》的有效期限为3年,《报关企业登记证书》的有效期限为2年。

2. 报关单位注册登记换证手续

进出口货物收发货人应当在《收发货人登记证书》有效期届满前30日到注册地海关办理换证手续。

报关企业应当在办理注册登记许可延期的同时办理换领报关企业登记证书手续。

（五）报关单位注册登记的变更和注销

1. 注册登记的变更

进出口货物收发货人单位名称、企业性质、企业住所、法定代表人（负责人）等海关注册登记内容发生变更的,应当自批准变更之日起30日内,向注册地海关提交变更后的营业执照或者其他批准文件及复印件,办理变更手续。

报关企业名称及其分支机构名称、企业注册资本、法定代表人有变更的,首先到注册地海关办理注册登记许可的变更手续并且到市场监督管理部门办理营业执照变更,然后自批准变更之日起30日内,回到原注册地海关提交新的营业执照或者其他批准文件及复印件,办理注册登记变更手续。

2. 注册登记的注销

报关单位有下列情形之一的,应当以书面形式向注册地海关报告,海关在办结有关手续后,依法办理注册登记的注销手续：

(1) 破产、解散、自行放弃报关权或者分立成两个以上新企业的；

(2) 被市场监督管理部门注销登记或吊销营业执照的；

(3) 丧失独立承担责任能力的(可选)；

(4) 报关企业丧失注册登记许可的(可选)；

(5) 进出口货物收发货人的对外贸易经营者备案登记表或者外商投资企业批准证书失效的。

3.1.4 海关对报关单位的分类管理

海关将报关单位按照AA类、A类、B类、C类、D类5个管理类别进行管理。其中AA类企业为经海关验证的信用突出企业,A类企业为信用良好企业,适用相应的通关便利措施；B类企业为信用一般企业,适用常规管理措施；C类企业为信用较差企业；D类企业为信用很差企业,适用严密监管措施。

海关对进出口货物收发货人管理类别的设定条件和对报关企业管理类别的设定条件详见海关总署令第197号。

 咬文嚼字

1. 报关单位注册登记及报关权限总结

报关单位注册登记及报关权限总结见表 3-1。

表 3-1 报关单位注册登记及报关权限总结

报关单位类型	报关注册登记许可	报关注册登记	报关权限
贸易性进出口货物收发货人	无	向企业所在地海关办理注册登记	在我国关境内各个口岸或业务集中地,办理本企业报关业务(自理报关)
非贸易性进出口货物收发货人	无	向拟进出境口岸或业务集中地海关办理临时注册登记	在临时注册地口岸或业务集中地办理非贸易性进出口报关业务
报关企业	需要向所在地海关办理注册登记许可	向企业所在地海关办理注册登记(关区内各口岸建立分支机构的须向直属海关备案)	在直属海关关区内各口岸或业务集中地从事代理报关
	跨关区分支机构向拟注册登记海关办理注册登记许可	向跨关区分支机构所在地海关办理注册登记	在所在地口岸或业务集中地从事代理报关业务

2. 报关企业(本部)与跨关区分支机构办理注册登记许可手续的异同

报关企业与跨关区分支机构办理注册登记许可手续的异同见表 3-2。

表 3-2 报关企业与跨关区分支机构办理注册登记许可手续的异同

	报关企业(本部)注册登记许可手续	报关企业跨关区分支机构注册登记许可手续	注册登记手续
申请许可前提	—	① 报关企业自取得海关核发的《报关企业登记证书》之日起满 2 年;★ ② 报关企业自申请之日起最近两年未因走私受过处罚;★ ③ 每申请一项跨关区分支机构注册登记许可,应当增加注册资本 50 万元人民币★	
主要设立条件	① 具备境内企业法人资格; ② 注册资本不低于 150 万元人民币;★ ③ 报关员人数不少于 5 名;★ ④ 报关业务负责人具有 5 年以上从事外贸或报关工作经验;★ ⑤ 投资者、报关业务负责人、报关员均无走私记录; ⑥ 无因走私违法行为被海关撤销注册登记许可的记录	① 具备境内企业法人分支机构设立条件; ② 报关员人数不少于 3 名;★ ③ 分支机构负责人应当具有 5 年以上从事外贸或报关工作经验;★ ④ 报关业务负责人、报关员均无走私行为记录	

续表

	报关企业(本部)注册登记许可手续	报关企业跨关区分支机构注册登记许可手续	注册登记手续
申请主要提交材料	①《报关企业注册登记许可申请书》； ②《企业法人营业执照》副本； ③ 所聘报关从业人员的《报关员资格证书》复印件； ④ 从事报关服务业可行性研究报告； ⑤ 报关业务负责人工作简历	①《报关企业跨关区分支机构注册登记许可申请书》； ②《报关企业登记证书》；★ ③ 分支机构从事报关服务业可行性研究报告； ④ 拟聘报关从业人员的《报关员资格证书》复印件；★ ⑤ 分支机构负责人等工作简历； ⑥ 由报关企业所属直属海关出具的符合申请分支机构的证明材料	① 直属海关注册登记许可文件复印件；★ ②《企业法人营业执照》副本； ③ 报关单位情况登记表；★ ④ 报关单位管理人员情况登记表；★ ⑤ 报关企业与所聘报关员签订的劳动合同复印件
基本程序	① 报关企业注册登记许可申请； ② 海关对申请的处理； ③ 海关对申请的审查； ④ 海关依法作出行政许可决定	海关比照报关企业注册登记许可程序规定作出行政许可	

注：★代表重点。
为方便记忆，本表罗列的是部分重要申请材料，注意横向比较各自差别。

3. 报关企业注册登记许可与注册登记流程

报关企业注册登记许可与注册登记流程见图 3-1。

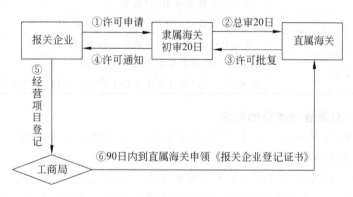

图 3-1 报关企业注册登记许可与注册登记流程

报关企业异地分支机构注册登记许可与注册登记流程见图 3-2。

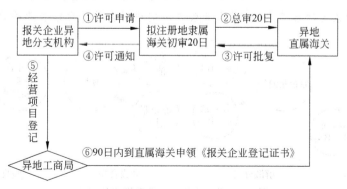

图 3-2 报关企业异地分支机构注册登记许可与注册登记流程

4. 报关单位的限时、限额归纳总结

报关单位的限时、限额归纳总结见表 3-3。

表 3-3　报关单位的限时、限额归纳总结

项　目	限时或限额规定
报关企业注册资本	报关企业（本部）注册资金需 150 万元
	报关企业每申请一个异地分支机构需增加 50 万元
报关员人数	报关企业（本部），不少于 5 名
	异地分支机构，不少于 3 名
报关企业负责人资历	5 年以上外贸或报关工作经验
海关对申请注册登记许可的审查时限	受理海关：20 日
	直属海关：20 日
报关注册登记许可及延期的期限	报关企业（本部）及其异地分支机构： ① 有效期均为 2 年； ② 延续申请均应在有效期届满 40 日前； ③ 延续许可的有效期均为 2 年
报关企业申请异地分支机构注册登记许可的期限	报关企业（本部）自取得《报关企业登记证书》之日起满 2 年
报关注册登记的时效	《收发货人登记证书》有效期 3 年
	《报关企业登记证书》有效期 2 年
报关注册登记证书换证的期限	《收发货人登记证书》有效期届满前 30 日
	《报关企业登记证书》有效期届满 40 日前
报关注册登记的变更	收发货人自批准变更之日起 30 日内
	报关企业先取得变更注册登记许可后，自批准变更之日起 30 日内

5. 报关单位分类管理措施的实施

（1）AA 类或 A 类企业涉嫌走私的，海关暂停其与管理类别相应的管理措施；暂停期内，按照 B 类企业实施管理。

（2）企业仅名称或者海关注册编码发生变化的，其管理类别可以继续适用，但是有下列情形之一的，按照下列方式调整（见图 3-3）：①企业发生存续分立，分立后的存续企业承继分立前企业的管理类别，其余的分立企业视为首次注册企业即 B 类；②企业发生解散分立，分立企业视为首次注册企业，即 B 类；③企业发生新设合并，合并企业视为首次注册企业，即 B 类；④企业发生吸收合并，合并企业管理类别适用合并后存续企业的管理类别。

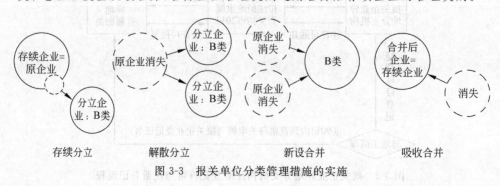

图 3-3　报关单位分类管理措施的实施

(3)在代理报关业务中:①进出口货物收发货人和报关企业如均为B类及以上的,办理报关业务,海关按照报关企业类别管理;②如果两者均为C类或者D类,海关按照较低类别管理。

(4)在加工贸易中,经营企业和加工企业如果管理类别不一致的,海关按照较低类别管理。

6. 届满40日前和届满前30日的区别

报关企业注册登记许可延期,应当在有效期2年到期40日前向海关申请,因为隶属海关初审需20日,直属海关总审需20日,因此需预留40日给海关审核。收发货人注册登记有效期3年到期前30日向海关申请,不需要预留时间给海关审核。

1. 扩展词汇

注册登记 register　复印件 copier　副本 in duplicate　许可 permit　资格 qualifications　注册资本 registered capital　关区 customs jurisdictions　变更 modification　期限 deadline　有效期 validity　延期 extension　注销 cancellation　撤销 revoke

2. 短句阅读

The customs house was typically located in a seaport or in a city on a major river with access to the ocean. These cities acted as a port of entry into a country. The government had officials at such locations to collect taxes and regulate commerce.

课内热身

【例3-1】 在北京注册登记的京东报关行、在上海注册的欣海报关行及在天津注册的滨海货代公司均为A类企业,下列关于海关调整该报关单位的管理类别的表述,正确的是(　　)。

A. 京东报关行名称发生了变化,视为首次注册企业,管理类别调整为B类

B. 在上海注册的欣海报关行收购了上海远达报关行(B类),欣海报关行的管理类别调整为B类

C. 天津滨海货代公司解散,新成立娄山报关行和塘沽报关行,娄山报关行和塘沽报关行管理类别都为B类

D. 京东报关行的其中一个业务部新成为一个报关行(长安报关行),京东报关行和长安报关行的管理类别都为B类

【答案】

A项错误,管理类别可以继续适用,京东报关行管理类别仍为A类。

B项错误,其变动属于吸收合并,合并后企业适用存续企业类别,即欣海报关行仍为A类。

C项正确,其变动属于解散分立,分立企业视为首次注册企业,即娄山报关行和塘沽报关行都为B类。

D项错误,其变动属于存续分立,存续企业适用分立前企业类别,分立企业视为首次注

册企业,即京东报关行仍为 A 类,长安报关行为 B 类。

因此,正确答案为 C。

 课后实践

【实践3-1】 上网调研上海 AA 类、A 类的报关企业各 5 家,制作 Excel 电子表格(见表3-4),并进行数据分析。

表3-4 上海 AA 类、A 类报关企业调研

	企业名称	企业网址	联系电话	年报关单总量	年报关单差错率
AA 类					
A 类					

【实践3-2】 学习以下与报关单位有关的法律文书(见表3-5~表3-7)。

表3-5 报关单位情况登记表

填表单位(盖章): 日期: 年 月 日

海关注册编码		1		预录入号		2
工商注册日期		3		海关注册日期		4
名称	工商注册全称	5				
	对外英文名称	6				
地址	工商注册地址	7			邮政编码	8
	对外英文地址	9				
注册资本(万元)	10	资本币制	11		投资总额(万美元)	12
备案或批准机关	13	备案或批准文号	14		生产类型	15
开户银行	16	银行账号	17		行业种类	18
法定代表人(负责人)	19	证件及证号	20		法定代表人电话	21
联系人	22	联系人电话	23		报关类别	24
纳税人识别号		25		营业执照编号		26
组织机构代码		27		报关有效期		28
进出口企业代码		29		工商注册有效期		30
经营范围		31				
主要产品		32				
	投资者	投资国别	投资方式	投资金额		到位金额
1	33	34	35	36		37

续表

2				
3				
4				
5				

以上填写保证无讹,请贵关(办)办理单位报关登记手续,我单位保证遵守海关的法律、法规和其他有关制度,承担相应的法律责任。

备注	

填制说明：

为了确保海关注册企业资料真实有效,填表人应当参照以下须知如实完整地填写表格中每一项内容,表格内容除特别规定外不得为空。

1. 海关注册编码：《中华人民共和国海关报关企业报关注册登记证书》或《中华人民共和国海关进出口货物收发货人报关注册登记证书》中的海关注册编码,新企业注册可不填。

2. 预录入号：可不填。

3. 工商注册日期：以《企业法人营业执照》或《营业执照》核定的内容为准。

4. 海关注册日期：海关同意企业海关注册登记并核发《中华人民共和国海关报关企业报关注册登记证书》或《中华人民共和国海关进出口货物收发货人报关注册登记证书》的日期。

5. 工商注册全称：以《企业法人营业执照》或《营业执照》核定的内容为准。

6. 对外英文名称：企业对外提供的英文名称。

7. 工商注册地址：以《企业法人营业执照》或《营业执照》核定的内容为准。

8. 邮政编码：根据企业注册地址所在的邮政编码区划录入。

9. 对外英文地址：企业对外提供的英文地址。

10. 注册资本(万元)：以《企业法人营业执照》或《营业执照》核定的内容为准,以万元为单位,报关企业跨关区分支机构、个体工商户等非法人可不填。

11. 资本币制：根据注册资本表明的币值录入,以《企业法人营业执照》或《营业执照》核定的内容为准。

12. 投资总额(万美元)：企业的各投资方投资金额的总数。外商投资企业根据《中华人民共和国台港澳侨投资企业批准证书》或《中华人民共和国外商投资企业批准证书》的"投资总额"栏填写,以万美元为单位,其他报关单位和企业若无法提供,以注册资本按当日外汇汇率折算成美元。

13. 备案(批准)机关：核发《对外贸易经营者备案登记表》《中华人民共和国台港澳侨投资企业批准证书》或《中华人民共和国外商投资企业批准证书》《中华人民共和国南京海关行政许可决定书》的机关。

14. 备案(批准)文号：《中华人民共和国台港澳侨投资企业批准证书》或《中华人民共和国外商投资企业批准证书》《中华人民共和国南京海关行政许可决定书》的批准文号或《对外贸易经营者备案登记表》备案登记表编号。

15. 生产类型：根据《企业法人营业执照》或《营业执照》经营范围选定,用1、2、3、4分别表示技术先进(以当地政府评定的高新技术企业为准)、产品出口、服务、其他型。

16. 开户银行：开设企业人民币基本账户的银行,应根据《开户许可证》标注的信息详细填写开户银行的全称,不得填写银行缩写名称。

17. 银行账号：人民币基本账户的账号,按照《开户许可证》标注的实际情况准确填写。

18. 行业种类：参阅《行业分类国际标准》填写对应代码。

19. 法人代表(负责人)：《企业法人营业执照》或《营业执照》核定的法定代表人或负责人。

20. 证件及证号：法定代表人(负责人)的身份证件编号,身份证件包括：身份证、护照、军官证等。

21. 法定代表人电话：固定电话按照"区号"＋"-"＋"具体电话号码"、移动电话按照 11 位号码的格式填写。

22. 联系人：向海关申请企业注册的负责人。

23. 联系人电话：固定电话按照"区号"＋"-"＋"具体电话号码"、移动电话按照 11 位号码的格式填写。

24. 报关类别：进出口货物收发货人的企业填"自理报关"，报关企业填"专业报关"，来料加工企业、船舶代理企业等无报关权的单位填"无报关权"。

25. 纳税人识别号：一般贸易企业纳税人识别号为国税号，无国税号的纳税人识别号为地税号，其后 9 位与组织机构代码一致。

26. 营业执照编号：申请企业的《企业法人营业执照》或《营业执照》的注册号。

27. 组织机构代码：申请企业的《中华人民共和国组织机构代码证》的代码号。

28. 报关有效期：填写《中华人民共和国海关报关企业报关注册登记证书》或《中华人民共和国海关进出口货物收发货人报关注册登记证书》中的报关有效期终止日期，新企业注册可不填；报关企业注册或延续时，报关有效期应该分别根据《注册许可决定书》或《延续许可决定书》所标注的有效期录入；进出口企业收发货人的报关有效期分别根据其注册登记或换证的日期顺延 3 年。但如果顺延后的报关有效期超过了企业工商注册有效期，则应该将报关有效期调整为企业工商注册有效期。

29. 进出口企业代码：《中华人民共和国台港澳侨投资企业批准证书》《中华人民共和国外商投资企业批准证书》或《对外贸易经营者备案登记表》的进出口企业代码，其后 9 位与组织机构代码一致。

30. 工商注册有效期：《企业法人营业执照》或《营业执照》标注的经营期限终止日期，其中《企业法人营业执照》或《营业执照》中营业期限标注"永续经营"的，其工商有效期填写为工商注册日期顺延 50 年的日期，工商注册有效期必须大于上述海关注册日期。

31. 经营范围：《企业法人营业执照》或《营业执照》核定的经营范围。

32. 主要产品：企业生产的主要产品的 H.S. 编码前 4 位，编码相连的分别输入最前和最后的编码，中间以"-"连接，编码不相连的以","间隔，非生产型企业此项可不填。

33. 投资者：投资企业的股东（自然人或法人）。

34. 投资国别：投资企业投资者的国别。

35. 投资方式：按实际情况填写，分别有：1-产权、2-物权、3-实物＋产权、4-现汇、5-现汇＋产权、6-现汇＋实物、7-现汇＋实物＋产权。

36. 投资金额：以《企业法人营业执照》或《营业执照》核准的金额为准，以"万美元"为单位。

37. 到位金额：以《企业法人营业执照》核定的实收资本为准。

38. 备注：备注信息，如无须要说明的可不填。

表 3-6　报关企业注册登记许可申请书

_____海关：
　　本申请人已具备《中华人民共和国海关对报关单位注册登记管理规定》所列报关企业注册登记许可条件，并备齐申请材料，承诺所提交的材料真实、有效。现向你关提出报关企业注册登记许可申请，请予以受理。
　　联系人：
　　联系电话：

申请人：
（签印）
　　月　日

表 3-7 报关企业跨关区分支机构注册登记许可申请书

_____海关：
本申请人已具备《中华人民共和国海关对报关单位注册登记管理规定》所列报关企业跨关区分支机构注册登记许可（延续）条件，并备齐申请材料，承诺所提交的材料真实、有效。现向你关提出报关企业跨关区分支机构注册登记许可（延续）申请，请予以受理。 联系人： 联系电话： 　　　　　　　　　　　　　　　　　　　　　　　　　　申请人： 　　　　　　　　　　　　　　　　　　　　　　　　　　（签印） 　　　　　　　　　　　　　　　　　　　　　　　　　年　月

填制说明：

1. 海关，报关企业跨关区分支机构提出申请注册登记许可的直属海关名称；
2. 联系人，报关企业跨关区分支机构办理注册登记许可事项的联系人；
3. 联系电话，报关企业跨关区分支机构联系人电话；
4. 申请人，填写报关企业跨关区分支机构名称；
5. 签印，报关企业跨关区分支机构盖章；
6. 年月，填写实际申请的日期。

3.2　报　关　员

3.2.1　报关员的概念

报关员是指经海关批准注册，代表所属报关企业向海关办理进出口货物报关纳税等通关手续，且以此为职业的人员。报关员是联系报关单位与海关之间的桥梁，在进出口货物的通关工作中起重要作用。

根据海关规定，只有向海关注册登记的进出口货物收发货人和报关企业才可以向海关报关，报关员必须受雇于一个依法向海关注册登记的进出口货物收发货人或者报关企业，并代表该企业向海关办理报关业务。因此，报关员不是自由职业者。我国有关法律规定，禁止报关员非法接受他人委托从事报关业务。

3.2.2　报关员资格考试与报关员水平考试

（一）报关员资格考试

由于进出口货物的报关手续比较复杂，办理人员需要熟悉法律、税务、外贸、商品等知识，报关职业要求报关员必须具备一定的学识水平、专业知识和业务能力。为了统一海关对报关员业务水平的要求，提高报关员队伍素质，规范对报关员的管理，从 1997 年起，中华人民共和国海关总署决定实行报关员全国统一考试制度。想从事报关工作的人员，首先必须通过报关员资格全国统一考试，取得《报关员资格证书》。考试是测试应试者从事报关工作必备业务知识水平和能力的职业资格考试，实行平等竞争的原则，采取全国统一报名日期、统一命题、统一时间闭卷笔试和统一评分标准、统一录取的方式进行。考试内容包括报关专业知识、报关专业技能、报关相关知识（外贸业务基础知识）以及与报关相关的法律、行政法规及海关总署规章。

为了落实简政放权,海关总署自2014年起取消了报关员资格全国统一考试,取消报关员资格核准审批,对报关人员从业不再设置门槛和准入条件。今后,报关从业人员由企业自主聘用,由报关协会自律管理,海关通过指导、督促报关企业加强内部管理,实现对报关从业人员的间接管理。这一做法符合简政放权、转变职能的要求以及行政审批制度改革的方向,有利于降低就业门槛,释放就业活力,营造就业创业的公平竞争环境。但报关工作专业性又很强,具有全国统一性和规范一致性的特点,报关质量也直接关系通关效率和企业经营,而且报关从业人员队伍建设是报关行业建设与发展的重要基础。因此,对新入职的报关人员进行统一测试并出示相应的报告,还是必要的。这样不仅有利于报关企业选聘人才,也会缩短报关新人适应工作的周期。同时,全国统一的报关水平测试工作也会给相应的职业院校提供培训方向,有助于提高整个行业的职业素养,有利于进一步推进报关行业职业技能建设。因此,该考试目前改名为中国报关协会报关员水平测试,由民间机构中国报关协会组织。

(二)报关员水平测试

报关员水平测试的内容包括两个方面:报关基础知识(300分),主要包括对外贸易及对外贸易管理、海关及海关管理、报关及报关管理等与报关工作密切相关的基础理论知识;报关业务技能(200分),主要包括进出境报关、保税加工报备报核、商品归类、报关单填制、报关核算等与报关从业密切相关的基本技能操作(含模拟操作)。参加测试的考生可申领《报关水平测试成绩分析报告书》(以下简称《报告书》)。《报告书》由办公室统一印制,各地方报关协会、考试点颁发。其内容包括:测试分数、成绩评价与分析、职业发展指导建议等。《报告书》是考生基础知识和职业技能水平的证明,可作为企业选人用人、职业院校学生职业能力水平评价和社会中介机构向企业推荐报关从业人员的基本依据之一。《报告书》有效期为3年。职业院校在校学生的相应课程的考试成绩可申请作为"报关基础知识"成绩,免试计入《报告书》。

与之前的报关员资格考试不同的是,报关员水平测试不再是行政强制考试,而是自愿参加,有需要的人员可以自行决定是否参加考试。考试内容更广泛,除必备的基础知识外,突出了进出境现场报关、保税加工报备报核、商品归类、报关单填制、报关核算等基本操作技能测评。成绩发放也不同,不再是通过或者不通过,而是就报关基础知识及报关业务技能水平进行综合的评价与定量分析,特别是以"技能模块"为单元给出相应的水平评价与分析。这样企业可有针对性地选人用人,考试人员也会清楚自己的优劣之处。成绩的有效期不同,报关测试水平的有效期只有3年,之前报关员资格证书是长期有效,测试内容根据对外贸易和海关业务的变化及时调整。

参加报关员水平测试的条件如下:具有中华人民共和国国籍、年满16周岁,具有完全民事行为能力;具有高中毕业证书或同等学力,包括高中、中专、技校、职高的应届毕业生;持有有效"港澳居民来往内地通行证"的港澳居民和"台湾居民来往大陆通行证"的台湾居民,可以报名参加考试。但以下人员无法报名参加应试或者报上名也视为无效:因刑事犯罪受过处罚的;因在报关活动中向海关工作人员行贿,被海关依法处理的;在测试中发生作弊行为,被宣布测试结果无效的。测试每年一次,一般安排在每年11月,采取网上报名、网上缴费、网上自行打印准考证的方式,可密切关注中国报关协会官方网站;测试结果发布之日起

6个月内可向所在地考试点申领《报告书》。

3.2.3 报关员管理的变化

海关新政对报关员的管理,取消了报关员的注册登记,改为以报关单位名义对其所属从事报关业务人员进行备案,海关予以核发备案证明;取消了报关员记分考核管理,不再对报关人员进行记分和考核管理,改为对报关单位报关差错进行记录。

企业可以同时申请报关企业注册登记许可和办理所属报关人员备案,也可以分开申请两项业务。为了简化办事手续,申请人可以在申请报关企业注册登记许可时,向所在地海关同时递交所属报关人员备案材料。申请报关人员备案,应当提交下列材料:①《企业注册登记业务申请书》;②《报关单位情况登记表》(所属报关人员);③拟备案报关人员有效身份证件原件(交海关验核)。

对申请人的申请符合法定条件的,海关将在核发《中华人民共和国海关报关单位注册登记证书》时,一并核发《报关人员备案证明》。

根据海关总署令第216号的规定,2004年11月30日以海关总署第119号令发布的《中华人民共和国海关对报关员记分考核管理办法》、2006年3月20日以海关总署第146号令公布的《中华人民共和国海关报关员执业管理办法》以及2010年3月1日以海关总署第187号令公布的《中华人民共和国海关报关员资格考试及资格证书管理办法》均废止。不再对报关人员实行记分管理,并且取消了原来报关员记分满30分中止报关的限制。海关总署第221号令实施后,海关对报关人员的直接管理将改为通过报关单位实施间接管理,报关人员发生的申报不规范或者走私、违规行为,报关单位对其所属报关人员的报关行为应当承担相应的法律责任。海关将对报关单位办理海关业务中出现的报关差错予以记录,并且公布记录情况的查询方式。报关单位对报关差错记录有异议的,可以自报关差错记录之日起15日内向记录海关以书面方式申请复核。海关应当自收到书面申请之日起15日内进行复核,对记录错误的予以更正。

按照宽进严管原则,对报关差错率高的报关单位,海关将通过风险管理等手段加大对报关单位的规范管理力度。因此,报关单位要加强对所属报关人员的管理,要求报关人员按照《中华人民共和国海关进出口商品规范申报目录》的要求规范申报,降低报关差错率。

报关单位所属报关人员备案内容发生变更的,报关单位应当在变更事实发生之日起30日内,到注册地海关办理变更手续,提交下列材料:《企业注册登记业务申请书》《报关人员备案证明》《报关单位情况登记表》(所属报关人员)以及变更证明文件。经审查符合条件的,海关办理变更手续,换发《报关人员备案证明》。

对所属报关人员不再从事报关业务、辞职或者报关单位注销等情况,报关单位可以到注册地海关申请所属报关人员备案注销,提交下列材料:《企业注册登记业务申请书》《报关人员备案证明》《报关单位情况登记表》(所属报关人员)。经审查符合条件的,海关办理注销手续,收回《报关人员备案证明》。

报关人员在海关备案后,只需要备齐相关资料(如企业法人营业执照、劳动合同、申请书等),即可在海关申请报关员卡。报关人员在报关时,根据不同情况,在交验报关单及有关单据时,应同时出示报关员证或交验报关员条码卡。如果报关员条码卡显示的身份与报关单位有关数据不符,海关将不接受报关。海关对进出口收发货人和报关企业的报关员分别发两种不同颜色的报关员证,以便能一目了然地区分其报关业务范围,对其实施不同的管理措施。

3.2.4 报关员的权利与义务

(一) 报关员的权利

报关员的权利:

(1) 以所在报关单位名义执业,办理报关业务;
(2) 向海关查询其办理的报关业务情况;
(3) 拒绝海关工作人员的不合法要求;
(4) 对海关对其作出的处理决定享有陈述、申辩、申诉的权利;
(5) 依法申请行政复议或者提起行政诉讼;
(6) 合法权益因海关违法行为受到损害的,依法要求赔偿;
(7) 参加执业培训。

(二) 报关员的义务

报关员的义务:

(1) 熟悉所申报货物的基本情况,对申报内容和有关材料的真实性、完整性进行合理审查;
(2) 提供齐全、正确、有效的单证,准确、清楚、完整地填制进出口货物报关单,并按有关规定办理进出口货物的报关手续及相关手续;
(3) 海关检查进出口货物时,配合海关查验;
(4) 配合海关稽查和对涉嫌走私违规案件的查处;
(5) 按照规定参加直属海关或者直属海关授权组织举办的报关业务岗位考核;
(6) 持报关员证办理报关业务,海关核对时,应当出示;
(7) 妥善保管海关核发的报关员证和相关文件;
(8) 协助落实海关对报关单位管理的具体措施。

3.3 海关对报关单位和报关员管理的其他规定

3.3.1 报关单位和报关员的行为规则

(一) 进出口货物收发货人行为规则

(1) 进出口货物收发货人直接到所在地海关办理注册登记手续后,可以在关境内各口岸或者海关监管业务集中的地点办理本单位的报关业务,但不能代理其他单位报关。
(2) 进出口货物收发货人应当通过本单位所属的报关员办理报关业务,或者委托海关准予注册登记的报关企业,由报关企业所属的报关员代为办理报关业务。
(3) 进出口货物收发货人办理报关业务时,向海关递交的纸质进出口货物报关单必须加盖本单位在海关备案的报关专用章。
(4) 进出口货物收发货人对所属报关员的报关行为应当承担相应的法律责任。报关员离职,未按规定办理注销的,进出口企业应自其离职之日起 7 日内向注册地海关报告并注销其报关员证;报关员未交还报关员证的,应在报刊上声明作废,并向海关注销。

（二）报关企业的行为规则

（1）报关企业可以在取得注册登记许可的直属海关关区内各口岸或者海关监管业务集中的地点从事报关服务，但是应当在拟从事报关服务的口岸或海关监管业务集中的地点依法设立分支机构，并且在开展报关服务前向直属海关备案。

（2）报关企业如需在注册登记许可区域外从事报关服务的，应依法设立分支机构，并向拟注册登记地海关递交报关企业分支机构注册登记许可申请，并对其分支机构的行为承担法律责任。

（3）遵守法律、法规、海关的各项规定，履行代理人职责，配合海关监管工作，不得滥用报关权。

（4）依法建立账簿和营业记录，真实、正确、完整地记录其办理报关业务的所有活动，完整保留委托单位提供的各种单证、票据、函电，接受海关稽查。

（5）报关企业应当与委托方签订书面的委托协议，载明必要事项，由双方签章确认。

（6）报关企业应当对委托人所提供情况的真实性、完整性进行合理审查，并承担相应的法律责任。审查内容包括：证明进出口货物的实际情况的资料；有关进出口货物的合同、发票、运输单据、装箱单、许可证及海关要求的加工贸易手册等。

（7）不得出借其名义，供他人办理报关业务。

（8）对于代理报关的货物涉及走私违规的，应当接受或者协助海关进行调查。

（9）报关企业递交的纸质报关单须加盖在海关备案的报关专用章。报关专用章仅限在其标明的口岸地或者海关监管业务集中地使用，每一口岸地或者海关监管业务集中地报关专用章只有一枚。

（10）报关企业对所属报关员的报关行为应当承担相应的法律责任。

（三）报关员的行为规则

（1）报关员应当在一个报关单位执业，不得同时兼任两个或两个以上报关单位的报关工作。首次申请报关员，注册人员在报关单位实习期间，不得以报关员的名义办理报关业务。

（2）应在所属报关单位规定的报关地域范围内办理本企业授权承办的报关业务。

（3）应持有效的报关员证件办理报关业务，其签字应在海关备案。报关员证件不得转借、涂改。报关企业的报关员办理报关业务，应交验委托单位的委托书。

（4）不得故意制造海关与报关单位、委托人之间的矛盾和纠纷。

（5）不得假借海关名义，以明示或暗示的方式向委托人索要委托合同约定以外的酬金或者其他财务、虚假报销；不得私自接受委托办理报关业务，或者私自收取委托人酬金及其他财物。

3.3.2 报关单位、报关员和报关活动相关人的法律责任

（一）报关单位的法律责任

报关单位在办理报关业务时，应遵守国家有关法律、行政法规和海关的各项规定，并对所申报货物、物品的品名、规格、价格、数量等的真实性、合法性负责，承担相应的法律责任。报关单位违法且构成犯罪的，依法追究刑事责任。违法且构成走私但不构成犯罪的，没收走私货物、物品及违法所得，可并处罚款；没收用于掩护走私的货物、物品、运输工具；拆毁或没

收藏匿走私货物、物品的特制设备。违法但未构成走私,海关按《中华人民共和国海关行政处罚实施条例》的有关规定处理。报关单位违反海关监管规定的具体处罚措施如下:

(1) 违反国家进出口管理规定,进出口国家禁止进出口的货物,责令退运,处100万元以下罚款。

(2) 违反国家进出口管理规定,进出口国家限制进出口的货物的,进出口货物的收发货人向海关申报时不能提交许可证件的,进出口货物不予放行,处货物价值30%以下罚款。

(3) 违反国家进出口管理规定,进出口属于自动进出口许可管理的货物,进出口货物的收发货人向海关申报时不能提交自动许可证明的,进出口货物不予放行。

(4) 对应申报项目未申报或申报不实的,按下列规定予以处罚,没收违法所得:①影响海关统计准确性的,予以警告或处1 000~10 000元的罚款;②影响海关监管秩序的,予以警告或处1 000~30 000元的罚款;③影响国家许可证件管理的,处货物价值5%~30%的罚款;④影响国家税款征收的,处漏缴税款30%以上2倍以下罚款;⑤影响国家外汇、出口退税管理的,处申报价格10%~50%的罚款。

(5) 未经海关许可,擅自处置货物或未按照海关监管规定处置货物的,处货物价值5%~30%的罚款,有违法所得的,没收违法所得。

(6) 报关单位有下列行为之一的,予以警告,可以处3万元以下罚款:①擅自开启或者损毁海关封志的;②遗失海关制发的监管单证、手册等凭证,妨碍海关监管的。

(7) 伪造、变造、买卖海关单证的,处5万~50万元罚款,有违法所得的,没收违法所得;构成犯罪的,依法追究刑事责任。

(8) 进出口侵犯知识产权的货物的,没收侵权货物,并处货物价值30%以下罚款;构成犯罪的,依法追究刑事责任。

(9) 报关企业有下列情形之一的,责令改正,给予警告,可暂停6个月内从事报关业务:①拖欠税款或不履行纳税义务的;②出让其名义供他人办理进出门货物报关纳税事宜的;③有需要暂停其从事报关业务的其他违法行为的。

(10) 报关企业有下列情形之一的,海关可以撤销其注册登记:①构成走私犯罪或者1年内有2次以上走私行为的;②所属报关员1年内3人次以上被海关暂停执业的;③被海关暂停报关业务,恢复业务后1年内再次发生上述第(9)条规定情形的;④有需要撤销其注册登记的其他违法行为的。

(11) 报关企业非法代理他人报关或超出从业范围,责令改正,处5万元以下罚款,暂停6个月内从事报关业务;情节严重的,撤销其报关注册登记。

(12) 报关单位向海关工作人员行贿的,撤销报关注册登记,并处10万元以下罚款;构成犯罪的,依法追究刑事责任,并不得重新注册登记为报关企业。

(13) 未经注册登记从事报关的,予以取缔,没收违法所得,可并处10万元以下罚款;提供虚假资料骗取海关注册登记的,撤销其注册登记,并处30万元以下罚款。

(14) 报关单位有下列情形之一,予以警告,责令改正,并可处1 000~5 000元人民币罚款:①报关单位注册登记的内容发生变更,未按规定办理变更手续的;②未向海关备案,擅自变更或启用"报关专用章"的;③所属报关员离职,未按规定报告并办理相关手续的。

(二) 报关员的法律责任

报关员在报关活动中,违反《海关法》和相关法律、行政法规的,由海关或其他部门给予相应处理和行政处罚;构成犯罪的,依法移送司法机关追究刑事责任。报关员构成走私犯罪,或1年内有2次以上走私行为的,海关可以取消其报关从业资格。具体处罚如下:

(1) 因疏忽或对委托人所提供情况的真实性未进行合理审查,致使应申报项目未申报或申报不实,海关可暂停其6个月内报关执业;情节严重的,取消其从业资格。

(2) 被海关暂停报关执业,恢复后1年内再次被暂停的,海关可取消其报关资格。非法代理他人报关或者超出范围进行报关活动的,责令改正,处5万元以下罚款,暂停6个月内报关执业;情节严重的,取消其报关从业资格。

(3) 向海关工作人员行贿的,取消报关资格,并处以10万元以下罚款;构成犯罪的,依法追究刑事责任,并不得重新取得报关资格。

(4) 提供虚假资料骗取注册登记、报关从业资格的,撤销注册登记,取消从业资格,并处30万元以下罚款。

(5) 有报关员执业禁止行为,或者报关员海关注册内容发生变更,未按照规定向海关办理变更手续的,海关予以警告,责令其改正,并可以处2 000元以下罚款。

(三) 报关活动相关人的法律责任

报关活动相关人是指经营海关监管货物仓储、加工、境内转运等业务的企业。这些企业虽不具有报关权,也不直接参与进出境报关纳税活动,但其经营活动与海关监管货物及海关监控要求有密切关联。因此,报关活动相关人在从事与报关相关的活动中,违反《海关法》和相关法律法规的,由海关责令改正,可以给予警告、暂停其从事有关业务,直至撤销注册,并承担相应的行政、刑事法律责任。其理由有以下几方面:

(1) 海关监管货物是尚未办结海关手续的货物,在未缴纳关税和进口环节税,属国家限制进口、未交验进口许可证件等情况下,应当由控制货物的当事人向国家承担在该货物被用于境内使用或消费时缴纳税款和交验许可证的责任。

(2) 如果货物在收发货人的控制下,收发货人应当承担上述责任。但如果收发货人将货物交由海关监管的仓储企业储存或加工贸易生产企业加工或境内承运企业转关运输等,则货物应处于保管人或加工人或承运人的实际控制之下,收发货人无法预见,也无法防止货物灭失的情形发生,保管人或加工人或承运人应当对海关监管货物的收发货人承担控制的责任,并对非因不可抗力造成的灭失向国家承担纳税和呈验许可证件的责任。

(3) 海关监管货物总是在某一特定当事人的实际控制之下。因此,对该货物负有保管或加工或承运义务的境内企业(报关活动相关人)不仅对货物本身负有保管的民事责任,而且更应当对国家负有不让该货物擅自被投入境内使用的义务和一旦被投入境内使用向海关纳税、呈验许可证件的责任。

(4) 在某些情况下,海关尚无法知晓货物的收发货人,更应由货物的实际控制人,即报关活动相关人承担相应的法律责任。

专业术语

1. 扩展词汇

申请书 application　　劳动合同 labor contract　　辞职 resignation　　走私 smuggling
行贿 bribery

2. 短文阅读

Customs brokerage is a profession that involves the "clearing" of goods through customs barriers for importers and exporters (usually businesses). This involves the preparation of documents and/or electronic submissions, the calculation (and usually the payment) on behalf of the client of taxes, duties and excises, and facilitating communication between the importer/exporter and governmental authorities.

课内热身

【例3-2】（单选题）长春市某进出口公司A，购买韩国产新闻纸一批。货物进口时由大连口岸转关至长春海关办理该批货物的报关纳税手续。承担该批货物境内转关运输的是大连某运输公司B。在运输途中，因汽车驾驶员王某吸烟，不慎引发火灾，致使该批新闻纸全部灭失。在这种情况下，关于该批货物的纳税义务，下列表述正确的是（　　）。

A. 新闻纸虽已灭失，但A公司是该批货物的收货人，故应由A公司承担纳税义务
B. 因火灾是由王某个人造成的，应由王某个人承担该批货物的纳税义务
C. 因货物已灭失，不会对国内经济造成任何冲击，故该批货物无须缴纳任何税费
D. 因货物的转关运输是由B公司负责的，且该批货物的灭失发生在运输途中，故应由B公司承担纳税义务

【答案】 A

课后实践

【实践3-3】 上网查询报关单位招聘报关员的岗位要求，制作演示文档，并在课堂演示。

精选习题

一、单选题

1. 下列企业、单位中，不属于报关单位的是（　　）。
    A. 经海关批准在海关临时注册登记的境内某大学
    B. 在海关注册登记的经营进出境快件业务的某快递公司
    C. 在海关注册登记的某外商投资企业
    D. 在海关注册登记的经营转关运输货物境内运输业务的某承运人

2. 西安某具有对外贸易经营权的进出口企业，常年在西安、上海、深圳口岸进出口货物，该企业应（　　）。
    A. 在西安向海关申请办理报关注册登记手续
    B. 在上海向海关申请办理报关注册登记手续
    C. 在深圳向海关申请办理报关注册登记手续
    D. 在西安向海关申请办理报关注册登记手续，并分别在上海、深圳向海关办理分支结构注册登记手续

3. AA类报关企业被海关暂停从事报关业务的，其企业管理类别应当调整为（　　）。

        A. A 类　　　　　B. B 类　　　　　C. C 类　　　　　D. D 类

4. 在 1 年内,某 AA 类报关企业所属 1 名报关员因工作中未对委托人所提供情况的真实性进行审查,致使货物数量申报不实,被海关暂停 3 个月报关执业。按照对报关单位分类管理的规定,该企业的管理类别(　　)。

        A. 不作调整　　B. 调整为 A 类　　C. 调整为 B 类　　D. 调整为 C 类

二、多选题

1. 某进出口企业报关员因遗失加工贸易手册,妨碍了海关进行后续监管,对此海关可以实施的行政处罚包括(　　)。

        A. 对企业予以警告　　　　　　　B. 对责任报关员予以警告
        C. 对责任报关员一次记 20 分　　D. 对企业主管人员予以警告

2. 报关员 1 年内累计有 2 次以上走私行为的,海关(　　)。

        A. 暂停其 6 个月报关执业　　　B. 可以取消其报关从业资格
        C. 不再准予其报关员注册　　　D. 可以撤销其所在单位的注册登记

3. (　　)不得设定对管理相对人的处罚。

        A. 法律　　　　B. 行政法规　　　　C. 海关总署公告　　　　D. 直属海关公告

4. 在海关注册登记的某进出口公司自行进口货物,可以(　　)办理报关手续。

        A. 由企业自身的报关员　　　　B. 委托其他进出口公司
        C. 委托国际货运代理公司　　　D. 委托报关行

5. (　　),海关应注销其注册登记。

        A. 具有报关权的公司分立成两个新的公司的
        B. 报关企业在全国设立多家分支机构的
        C. 进出口贸易公司自行放弃报关权的
        D. 报关企业的营业执照被吊销的

6. 报关企业(　　),海关可以暂停其从事报关业务。

        A. 构成走私犯罪的
        B. 损坏海关监管货物,不能提供正当理由的
        C. 向海关工作人员行贿的
        D. 拒绝履行纳税义务的

三、判断题

1. 某进出口公司为首次注册登记企业,海关对其按 A 类企业实施企业管理。（　　）

2. 报关员于某所在报关公司因更换法定代表人,由公司向海关办理了报关企业注册登记许可的变更和注册登记变更手续,丁某个人不需要向海关办理注册变更。（　　）

3. 报关企业在依法取得注册登记许可的直属海关关区内各口岸从事报关服务,应当在拟从事报关服务的口岸地依法设立分支机构,并且向拟注册地海关申请报关企业分支机构注册登记许可。（　　）

4. 报关企业对其跨关区分支机构的报关行为不承担法律责任。（　　）

第4章

对外贸易管制

4.1 对外贸易管制概述

4.1.1 基本框架

我国对外贸易管制制度由以下几方面组成:
(1) 海关监管制度;
(2) 进出口许可制度;
(3) 关税制度;
(4) 出入境检验检疫制度;
(5) 贸易救济制度;
(6) 对外贸易经营者管理制度;
(7) 进出口货物收付汇管理制度。

我国对外贸易管制制度的主要内容可以概括为"单""证""备""检""核""救"六个字。"单"表示报关单,"证"表示许可证件,"备"表示外贸经营者备案制度,"检"表示出入境检验检疫制度,"核"表示外汇核销制度,"救"表示贸易救济措施。

4.1.2 法律体系

我国对外贸易管制是一种国家管制,所涉及的法律渊源只限于宪法、法律、行政法规、部门规章以及相关的国际条约,不包括地方性法规、规章及各民族自治区政府的地方条例和单行条例。

我国目前所缔结或者参加的各类国际条约、协定,虽然不属于我国国内法范畴,但就其效力而言可视为我国的法律渊源之一。

4.2 我国货物、技术进出口许可管理制度

4.2.1 禁止进出口管理

(一)《禁止进出口货物目录》管理

禁止进出口货物目录对比见表4-1。

表 4-1 禁止进出口货物目录对比

批次	禁止进口货物目录(共6批)	禁止出口货物目录(共5批)
第1批	四氯化碳、犀牛角、虎骨、麝香	同禁止进口＋发菜、麻黄草
第2批	涉及安全的和环境保护的旧机电(如压力容器、电器、医疗设备、汽车、工程及车辆机械)	木炭
第3批	污染环境的固体废物(如废动物产品、废动植物油脂、矿类废料、废药物、废特种纸等)	长纤维青石棉、二恶英
第4批		硅砂、石英砂及其他天然砂
第5批		草炭
第6批	长纤维青石棉、二恶英	

(二)法律、法规明令及其他原因禁止进出口

法律、法规明令及其他原因禁止进出口货物对比见表 4-2。

表 4-2 法律、法规明令及其他原因禁止进出口货物对比

	禁止进口	禁止出口
法律、法令禁止的	① 来自动植物疫区的动植物及其产品； ② 动植物病源及有害生物、动物尸体、土壤； ③ 带有违反"一个中国"原则内容的货物及其包装； ④ 以氯氟烃物质为制冷剂的家用电器及家用电器用压缩机； ⑤ 滴滴涕、氯丹等； ⑥ 莱克多巴胺和盐酸莱克多巴胺； ⑦ 列入《废弃电器电子产品目录》的电视机、电冰箱、空调、计算机等5类	① 未定名或新发现的野生植物； ② 原料血浆； ③ 野生红豆杉及其部分产品； ④ 劳改产品； ⑤ 以氯氟烃物质为制冷剂的家用电器及家用电器用压缩机； ⑥ 滴滴涕、氯丹等； ⑦ 莱克多巴胺和盐酸莱克多巴胺
其他原因禁止的	① 以 CFC-12 为制冷工质的汽车及汽车空调压缩机(含汽车空调器)； ② 旧服装； ③ Ⅷ因子制剂等血液制品； ④ 氯酸钾、硝酸钾	

(三)禁止进出口技术管理

《中国禁止进口限制进口技术目录》和《中国禁止出口限制出口技术目录》列明的技术禁止进出口。

4.2.2 限制进出口管理

(一)限制进口管理

进口属于国家实行限制进口管理的货物、技术的报关单位,必须申领相应的许可证件方可进口。

1. 限制进口货物管理

目前,我国限制进口货物管理方式分为许可证件管理和关税配额管理两种(见表4-3)。

表 4-3 限制进口货物管理方式比较

管理方式	证件名称	适用进口商品	签证部门	有效期
进口许可证件管理	《进口许可证》	① 消耗臭氧层物质(CFC-11,CFC-12);② 重点旧机电	各地外经贸局、商务局(在京企业由配额许可证事务局办理)	1年,若跨年度使用,最长不超过次年3月31日
	《两用物项和技术进口许可证》	① 监控化学品;② 易制毒化学品;③ 放射性同位素	配额许可证事务局和省级商务主管部门	1年,若跨年度使用,最长不超过次年3月31日
	其他进口许可证件	包括固体废物进口、密码产品进口、音箱制品进口等		
关税配额管理	《农产品进口关税配额证》	① 小麦、稻谷、大米、玉米、棉花;② 食糖、羊毛、毛条	① 发改委;② 商务部授权机构	1年,当年有效,若跨年度使用,最长不超过次年2月底
	《化肥进口关税配额证》	尿素、磷酸氢二铵、复合肥	商务部授权机构	

2. 限制进口技术管理

进口属于限制进口的技术,应当向国务院商务主管部门提出技术进口申请,技术进口申请经批准的,由国务院商务主管部门签发《中华人民共和国技术进口许可意向书》。进口经营者取得技术进口许可意向书后,可以对外签订技术进口合同。进口经营者签订技术进口合同后,应当向国务院商务主管部门申请《技术进口许可证》。经审核符合发证条件的,由国务院商务主管部门颁发《中华人民共和国技术进口许可证》,企业持证向海关办理进口通关手续。

(二) 限制出口管理

出口属于国家实行限制出口管理的货物、技术的报关单位,必须申领相应的许可证件方可出口。

1. 限制出口货物管理

目前,我国限制出口货物管理方式分为出口配额许可证管理、出口配额招标管理、出口非配额限制管理(即出口许可证件管理)三种(见表4-4)。

2. 限制出口技术管理

我国目前限制出口的技术目录主要有《两用物项和技术进出口许可证管理目录》和《中国禁止出口限制出口技术目录》等。出口属于上述限制出口的技术,应当向国务院商务主管部门提出技术出口申请,经国务院商务主管部门审核批准后取得《中华人民共和国技术出口许可证》,企业持证向海关办理出口通关手续。

3. 《进出口许可证》和其他进出口许可证件的报关规范

《进出口许可证》和其他进出口许可证件的报关规范见表4-5。

表 4-4　限制出口货物管理方式比较

管理方式	证件名称	适用出口商品	签证部门	有效期
出口配额许可证管理	《出口配额证明》和《出口许可证》	① 玉米、小麦、棉花等6类；② 大米、玉米粉、小麦粉等16类	① 配额许可证事务局；② 各地特派员办事处	《出口许可证》有效期为6个月，当年有效，截止日不超过当年12月31日
出口配额招标管理	《出口配额证明》和《出口许可证》	蔺草、碳化硅等8类	各地特派员办事处	
出口非配额限制管理（即出口许可证件管理）	《出口许可证》	① 活牛、活猪、活鸡（港澳地区以外）等8类；② 消耗臭氧层物质、石蜡等11类	① 各地特派员办事处；② 各地方商务主管部门	
	《两用物项和技术出口许可证》	① 监控化学品；② 易制毒化学品；③ 核两用品、生物两用品等8类	配额许可证事务局和省级商务主管部门	1年，若跨年度使用，最长不超过次年3月31日
	其他出口许可证件	包括进出口野生动植物种、进出口药品、美术品进出口等		

表 4-5　《进出口许可证》和其他进出口许可证件的报关规范

涉及类别	通关凭证（及代码）	报关规范	签证机构
国家进出口许可证管理商品目录	《进口许可证》*1	① "一证一关"；② "一批一证"；③ "非一批一证"，分批累计不得超过12次；④ 不得擅自更改证面内容	各地外经贸局、商务局（在京企业由配额许可证事务局办理）
	《出口许可证》*4xy		① 配额许可证事务局；② 各地特派员办事处

备注："一证一关"是指许可证只能在一个海关报关，"一批一证"是指许可证在有效期内一次报关使用，如要实行"非一批一证"的，是指许可证在有效期内可多次报关使用，发证机关应当在备注栏打印"非一批一证"字样，可在同一口岸多次报关，最多可使用12次

两用物项和技术进出口许可管理	《两用物项和技术进口许可证》*2	① "一证一关"；② "非一批一证"	配额许可证事务局和省级商务主管部门
	《两用物项和技术出口许可证》*3G	① "一证一关"；② "一批一证"	
野生动植物进出口管理	《公约证明》*EF	"一批一证"	濒危物种进出口管理办公室
	《非公约证明》		
	《物种证明》	① "一次使用"；② "多次使用"	

备注：
1. 《公约证明》是指列入《野生动植物物种商品目录》又属《濒危野生动植物国际贸易公约》的物种，海关凭证（出口交副本联，进口交正本联）验放；
2. 《非公约证明》是指列入《野生动植物物种商品目录》，不属国际公约保护的物种；
3. 《物种证明》是指列入《野生动植物物种商品目录》，在《公约证明》和《非公约证明》以外的物种；
4. *号表示监管代码

续表

涉及类别	通关凭证(及代码)	报关规范	签证机构
进出口药品管理	《精神药品进出口准许证》*I	①"一证一关" ②"一批一证",仅限注明口岸海关使用	国家市场监督管理总局,《兴奋剂目录》内的由国家体育总局主管
	《麻醉药品进出口准许证》*W		
	《兴奋剂进出口准许证》*L		
	《进口药品通关单》*Q		国家市场监督管理总局授权的口岸药品检验检疫机构

备注:
1. 精神类药品是指咖啡因、去氧麻黄碱、复方甘草片等;
2. 麻醉类药品是指鸦片、可卡因、吗啡、海洛因、合成麻醉药类;
3. 兴奋剂类药品是指蛋白同化制剂品种、肽类激素、麻醉药品品种、刺激剂(含精神药品)品种、药品类易制毒化学品品种等

涉及类别	通关凭证(及代码)	报关规范	签证机构
农药进出口管理	《农药进出口登记管理放行通知单》*S	"一批一证"	农业农村部农药检定所
有毒化学品进出口管理	《有毒化学品环境管理放行通知单》*X	—	生态环境部
兽药进口管理	《进口兽药通关单》	"一单一关" "一次性使用"	农业农村部
固体废物进口许可管理	《废物进口许可证》*P	"一证一关" "非一批一证"(默认) "一批一证"(备注)	生态环境部

备注:
1. 固体废物包括工业固体废物、城市生活垃圾、危险废物、液态废物、气态废物;
2. 国家禁止进口不能用作原料的固体废物,限制进口和允许进口列入《限制进口类可用作原料的废物目录》或《自动进口许可管理类可用作原料的废物目录》,签发两种许可证,统称为《废物进口许可证》;
3. 进口的固体废物不能转关(废纸除外),但废特种纸不能进口(因为列入《禁止进口货物目录》);
4. 进口固体废物需申领《入境货物通关单》;
5. 对废金属、废塑料、废纸进口实施分类装运,不得与其他非重点固体废物混装在同一个集装箱内;
6. 进口废钢铁、废铝、废纸需另行申领《自动进口许可证》

涉及类别	通关凭证(及代码)	报关规范	签证机构
黄金进出口管理	《黄金及其制品进出口准许证》*J		中国人民银行
音像制品进口	《进口音像制品批准单》*Z	—	中央宣传部
密码产品进口管理	《密码进口许可证》*M		中央密码工作领导小组办公室
进口关税配额管理	《关税配额证》*t	"一证多批"	商务部及发改委
自动进口许可管理(本项理应放到自由进出口管理中)	《自动进口许可证》*7Ov 有效期6个月,年内有效	"一批一证"; "非一批一证"制分批累计不得超过6次	商务部、地方机电进出口办公室

4.2.3 自由进出口管理

除上述国家禁止、限制进出口货物、技术外的其他货物、技术,均属于自由进出口范围。

自由进出口货物、技术的进出口不受限制,但基于监测进出口情况的需要,国家对部分属于自由进口的货物实行自动进口许可管理,对自由进出口的技术实行技术进出口合同登记管理。

1. 货物自动进口许可管理

进口属于自动进口许可管理的货物,进口经营者应当在办理海关报关手续前,向国务院商务主管部门或者国务院有关经济管理部门提交自动进口许可申请,凭相关部门发放的《自动进口许可证》,向海关办理报关手续。

2017年实施自动进口许可管理的商品包括非机电产品、机电产品(包括旧机电产品)两大类,分为2个目录。

(1) 目录一(非机电产品):废纸、废钢、废铝、原油、成品油、化肥、钢材、肉鸡、植物油等27类。

(2) 目录二(机电产品)。

① 由商务部发证的机电产品涉及光盘生产设备、烟草机械、移动通信产品、汽车产品、飞机、船舶、游戏机等8类。

② 地方、部门机电产品进出口办公室发证的涉及锅炉、汽轮机、发动机(非87章车辆用)、食品机械、汽车产品、飞机、船舶、医疗设备等17类。

2. 技术进出口合同登记管理

进出口属于自由进出口的技术,应当向国务院商务主管部门或者其委托的机构办理合同备案登记。国务院商务主管部门应当自收到规定的文件之日起3个工作日内,对技术进出口合同进行登记,颁发《技术进出口合同登记证》,申请人凭技术进出口合同登记证,办理外汇、银行、税务、海关等相关手续。

3. 主要许可证件的免交情形

主要许可证件的免交情形见表4-6。

表4-6 主要许可证件的免交情形

许可证件名称	免交情形
《进口许可证》《出口许可证》	① 对实行"一批一证"进出口许可证管理的大宗、散装货物,其溢装数量在货物总量的5%以内的予以免征; ② 对实行"非一批一证"的,在最后一批货物进出口时,按实际剩余数量溢装上限,即5%以内计算免征数额; ③ 以上情况对于原油、成品油两种货物的百分比调整为3%; ④ 出口货样每批货值3万元人民币以下
《自动进口许可证》	① 加工贸易项下进口并复出口的(原油、成品油除外); ② 外商投资企业投资总额内进口的自用设备(旧机电产品除外); ③ 货样广告品、试验品进口,每批次价值不超过5 000元人民币的; ④ 暂时进口的海关监管货物; ⑤ 进入海关特殊监管区域及保税监管场所的货物; ⑥ 加工贸易项下进口的不作价设备监管期满后留在原企业使用的; ⑦ 对实行"一批一证"的货物溢装数量在货物总量5%以内的免征;

续表

许可证件名称	免 交 情 形
《自动进口许可证》	⑧ 对实行"非一批一证"的,在最后一批货物进出口时,按实际剩余数量溢装上限,即 5% 以内计算免征数额; ⑨ 以上⑦⑧两种情况,对于大宗散装货物、原油、成品油、化肥、钢材四种货物的百分比调整为 3%
《密码进口许可证》	① 加工贸易项下为复出口而进口的; ② 由海关监管,暂时进口后复出口的; ③ 从境外进入海关特殊监管区域和保税监管场所的,或之间的(不包括区内→区外)

4.3 其他贸易管制制度

4.3.1 对外贸易经营者管理制度

目前,我国对对外贸易经营者的管理,实行备案登记制,也就是法人、其他组织或者个人在从事对外贸易经营活动前,必须按照国家的有关规定,依法定程序在国务院商务主管部门备案登记,取得对外贸易经营资格后,方可在国家允许的范围内从事对外贸易经营活动。但实行国营贸易管理的货物的进出口业务只能由经授权的企业经营。

目前我国实行国营贸易管理的商品主要包括:玉米、大米、棉花、煤炭、原油、成品油、锑及锑制品、钨及钨制品、白银等。

4.3.2 出入境检验检疫制度

由于我国基本的通关模式是"先报检,后报关",因此,报关单位在办理进出口报关手续之前,首先要向出入境检验检疫部门申请检验检疫。报检是指报检单位向检验检疫机构申请办理对进出境货物、物品、运输工具、集装箱、人员的检验检疫和鉴定、签证放行工作。

(1) 检验检疫的执法依据:《中华人民共和国进出口商品检验法》《中华人民共和国动植物检疫法》《中华人民共和国国境卫生检疫法》《中华人民共和国食品安全法》及相关的实施条例。

(2) 检验检疫的对象:进出境货物、物品、运输工具、集装箱、人员。

(3) "三检合一":为了加快通关速度,将商品检验(商检)、动植物检疫(动检)和国境卫生检疫(为检)合三为一,一次性向检验检疫部门办理。

(4) 检验检疫签发证单:《入境货物通关单》《出境货物通关单》。

(5) 法定检验检疫:简称法检,即强制性检验检疫。对于列入《法检目录》的商品,必须根据其检验检疫类别代码办理相应的报检手续,申领《出入境货物通关单》,后办理报关手续,海关验放通关单。

(6)《入境货物通关单》实行"一批一证"制,其适用范围包括:①列入《法检目录》的货物;②对外索赔时,其赔付的进境货物;③外商投资财产价值鉴定;④进口可用作原料的废物;⑤进口旧机电产品;⑥捐赠的医疗器械。

(7)《出境货物通关单》实行"一批一证"制,其适用范围包括:①列入《法检目录》的货物;②出口纺织品标识查验;③对外经济技术援助物资。

4.3.3 贸易救济措施

对外贸易救济措施是 WTO 成员在进口产品倾销、补贴和过激增长等给其国内产品造成损害的情况下使用的措施手段,目的是保护国内产业不受损害。对外贸易救济措施主要包括反倾销、反补贴和保障措施。其基本目的是要限制外国进口产品在本国市场上的恶意竞争或所谓的"不公平贸易或不公平竞争",防止本国经济和本国市场受到进一步损害。主要的贸易救济措施见表 4-7。

表 4-7 主要的贸易救济措施

前提	措施	原因	具体实施形式	实施期限
不公平竞争	反倾销措施	出口商的行为造成低价	① 临时阶段:征收临时反倾销税、保证金; ② 最终阶段:征收反倾销税	临时阶段:不超过 4 个月,可延长至 9 个月
	反补贴措施	因政府补贴造成低价	① 临时阶段:保证金或保函; ② 最终措施:征收反补贴税	临时阶段:不超过 4 个月(不能延长)
公平条件下进口产品数量激增	保障措施	数量激增	① 临时提高关税; ② 最终提高关税、数量限制	① 临时阶段:不超过 200 天; ② 不超过 4 年; 全部期限不超过 10 年(满足四项条件)

1. 既禁止进口又禁止出口的货物种类

既禁止进口又禁止出口的货物种类包括四氯化碳、犀牛角、麝香、虎骨、长纤维青石棉、二恶英、以氯氟烃物质为制冷剂的家用电器及家用电器用压缩机、滴滴涕、氯丹、莱克多巴胺和盐酸莱克多巴胺。

2. 旧机电产品的进口管理分类

(1) 禁止进口管理:列入《禁止进口货物目录》(第二批),如旧压力容器、旧医疗设备。

(2) 限制进口管理:实施《进口许可证》管理的重点旧机电产品(如旧化工设备、旧船舶等)。

(3) 自动进口管理:实施《自动进口许可证》管理的旧机电产品只涉及胶印机一类(2012 年)。

3. 任何方式进出口都不能免证的情况

(1) 需要《两用物项和技术进口许可证》《两用物项和技术出口许可证》的情况。

(2) 需要《公约证明》《非公约证明》的情况。

(3) 需要《精神药品进出口准许证》《麻醉药品进出口准许证》《进口药品通关单》的情况。

(4) 需要《废物进口许可证》的情况。

4. 实行《进出口许可证》或《自动进口许可证》管理的大宗、散装货物溢装数量免证异同

(1) 相同点:对于件杂货,"一批一证"的按货物总量的 5% 以内免证,"非一批一证"的按剩余数量的5%以内免证。

（2）不同点：实行《进出口许可证》的散装货物，原油、成品油两种货物免证数额均按3%以内计算；实行《自动进口许可证》的原油、成品油、化肥、钢材四种货物免证数额均按3%以内计算。

专业术语

1. 扩展词汇

禁止 prohibit　　限制 restriction　　辞职 resignation　　许可证 licence　　配额 quota　　检验 inspection　　检疫 quarantine　　外汇 foreign exchange　　反倾销 anti-dumping

2. 短文阅读

A standard technical definition of dumping is the act of charging a lower price for a good in a foreign market than one charges for the same good in a domestic market. This is often referred to as selling at less than "fair value". Under the World Trade Organization (WTO) Agreement, dumping is condemned (but is not prohibited) if it causes or threatens to cause material injury to a domestic industry in the importing country.

课内热身

【例4-1】 某企业持一份证面数量为200吨的钢材自动进口许可证（"非一批一证"），以海运散装形式分两批进口钢材200吨，在第一批实际进口数量100吨的情况下，该企业凭该份自动进口许可证最多可进口（　　）钢材。

A. 210吨　　　　B. 205吨　　　　C. 203吨　　　　D. 206吨

【答案】 首先确定是按5%还是3%计算。由于是《自动进口许可证》下货物，应按3%以内计算。其次确定是按货物总量还是按剩余数量计算溢装免证数额。由于实行"非一批一证"，应按剩余数量计算，即溢装(200-100)×3%=3(吨)以内的免证，也就是凭一张证最多可以进口100+103=203(吨)。答案选C。

衍生思考：如果该题改为《出口许可证》，那么钢材或化肥的溢装免证数量无论是实行"一批一证"还是"非一批一证"，均为5%，而不是3%以内。因为《进出口许可证》只对原油、成品油实行3%以内免证，《自动进口许可证》对原油、成品油、化肥、钢材实行3%以内免证。

课后实践

【实践4-1】 根据教师提供信息，拓展学习《2011版出口许可证Web申领系统使用指南》。

【实践4-2】 根据教师提供信息，拓展学习《两用物项和技术进出口许可证企业网上申领系统使用指南》。

【实践4-3】 根据教师提供信息，拓展学习《自动进口许可证企业网上申领系统使用指南》。

【实践4-4】 根据教师提供信息，拓展学习《2011年出口许可证管理货物分级发证目录》和《2011年进口许可证管理货物分级发证目录》,比对教材内容进行学习。

【**实践 4-5**】 根据教师提供信息,拓展学习《关于2012年羊毛、毛条进口关税配额管理实施细则》的公告,结合《羊毛、毛条进口关税配额申请表》和《2012年羊毛、毛条进口税目表》进行实战训练,教师可进行举例指导。

【**实践 4-6**】 根据教师提供信息,拓展学习《〈允许进出口证明书〉申请表和填表说明》,即了解《非公约证明》的申领程序和填写规范。

【**实践 4-7**】 学习以下与贸易管制有关的表单和证件(见表 4-8~表 4-13)。

表 4-8 中华人民共和国进口许可证申请表

1. 进口商: 代码	3. 进口许可证号:
2. 收货人:	4. 进口许可证有效截止日期: 年 月 日
5. 贸易方式:	8. 出口国(地区):
6. 外汇来源:	9. 原产地国(地区):
7. 报关口岸:	10. 商品用途:
11. 商品名称:	商品编码:

12. 规格、型号	13. 单位	14. 数量	15. 单价(币别)	16. 总值(币别)	17. 总值折美元
18. 总计:					

19. 领证人姓名: 联系电话: 申请日期: 下次联系日期:	不能获准原因: 1. 公司无权经营;　　　　　　8. 第( )项须补充说明函; 2. 公司编码有误;　　　　　　9. 第( )项与批件不符; 3. 到港不妥善;　　　　　　　10. 其他。 4. 品名与编码不符; 5. 单价(高)低; 6. 币别有误; 7. 漏填第( )项;

中华人民共和国商务部监制　　　　　　　　　　　　　　　　第二联(副本)取证凭证

表 4-9　中华人民共和国自动进口许可证申请表

1. 进口商：　　代码：13位企业代码 ×××公司 （该企业必须具有进出口经营资格）	3. 自动进口许可证申请表号： 　　　　　　　　　　　（企业不填） 自动进口许可证号：
2. 进口用户： ×××公司 （进口产品的最终使用单位）	4. 申请自动进口许可证有效截止日期： 　　　　　　　　　　　（企业不填） 　　　年　　　月　　　日
5. 贸易方式： （例如：一般贸易）	8. 贸易国（地区）： ××国（地区）（指出口该产品的国家或地区）
6. 外汇来源： （例如：银行购汇）	9. 原产地国（地区）： ××国（地区）（指该产品的生产国家或地区）
7. 报关口岸： ××口岸（只能填一个）	10. 商品用途： （例如：销售）

11. 商品名称： 　　×××	商品编码： 海关 H.S. 码		设备状态： 　　　新
12. 规格、等级	13. 单位	14. 数量	15. 单价（币别）	16. 总值（币别）	17. 总值折美元
A 型	千克	×××	××.×× （请注明币种）	×××××	×××××
B 型	千克	×××	××.×× （请注明币种）	×××××	×××××
18. 总计		×××		××××××	××××××

19. 备注： （加盖进口商公章） 联系人：×× 联系电话：××××××× 申请日期：××××年××月××日	20. 签证机构审批意见： （企业不填）

中华人民共和国商务部监制（2006）

表 4-10　中华人民共和国进口许可证

1. 进口商： Importer			3. 进口许可证号： Import licence No.		
2. 收货人： Consignee			4. 进口许可证有效截止日期： Import licence expire date		
5. 贸易方式： Terms of trade			8. 出口国（地区）： Country/Region of exportation		
6. 外汇来源： Terms of foreign exchange			9. 原产地国（地区）： Country/Region of origin		
7. 报关口岸： Place of clearance			10. 商品用途： Use of goods		
11. 商品名称： Description of goods			商品编码： Code of goods		
12. 规格、型号 Specification	13. 单位 Unit	14. 数量 Quantity	15. 单价（ ） Unit price	16. 总值（ ） Amount	17. 总值折美元 Amount in USD
18. 总计 Total					
19. 备注 Supplementary details			20. 发证机关签章 Issuing authority's stamp & signature		
			21. 发证日期 Licence date		

中华人民共和国商务部监制(2006)

填制说明。

第一项：进口商是指进口合同签订单位。进口商代码为《中华人民共和国进出口企业资格证书》《对外贸易经营者备案登记表》或《外商投资企业批准证书》中的 13 位企业代码。

接受赠送、无偿捐赠、援助进口的货物，该项为"赠送"，编码为"0000000000001"。

第二项：收货人是指实际进口用货单位。

第三项：进口许可证号结构为：××-××-×××××××。

(1)-(2)-(3)

(1) 为年份。

(2) 为发证机构代码。

(3) 为顺序号，由发证系统自动生成。

第四项：进口许可证有效截止日期按《货物进口许可证管理办法》确定的许可证有效期，由发证系统自第五项：贸易方式是指该项进口货物的贸易性质，包括：一般贸易、进料加工、来料加工、外资企业进口、边境贸易、赠送等，只能填报一种。

第六项：外汇来源，常见的有：银行购汇、现金、外资等，只能填报一种。

第七项：报关口岸是指进口口岸，只能填报一个。

进口许可证实行"一证一关"制。对指定口岸的进口商品，按国家有关规定执行。

第八项：出口国（地区）是指签约国（地区）名称，只能填报一个。不能使用区域名，如欧盟等。如从中国保税区进口，出口国（地区）应填报"中国"。

第九项：原产地国（地区）是指商品进行实质性加工的国家（地区）。

第十项：商品用途包括自用、生产用、内销、维修、样品、加工后返回、加工复出口、加工贸易内销，只能填报一种并应与批准文件一致。

第十一项：商品名称、商品编码。

商品名称由系统自动生成，商品编码按商务部公布的年度《进口许可证管理货物目录》中的10位商品编码填报。只能填报一个商品编码并应与进口批准文件一致。

第十二项：规格、型号只能填报同一商品编码下的4种不同规格型号，超过4种规格型号的，另行申请许可证。

第十三项：单位是指计量单位。按商务部公布的年度《进口许可证管理货物目录》中的计量单位执行，由发证系统自动生成。如合同使用的计量单位与规定的计量单位不一致，应换算成规定的计量单位。无法换算的，可在备注栏注明。

第十四项：数量是指申请进口的商品数量，最大位数为9位阿拉伯数字，最小保留小数点后1位。如数量过大，可分证办理；如数量过小，可在备注栏内注明。计量单位为"批"的，此栏均为"1"。

第十五项：单价（币别）是指与第十三项"单位"所使用的计量单位相应的单价和货币种类。计量单位为1批的，此栏为总金额。

第十六、十七、十八项：总值、总值折美元、总计由发证系统自动计算。

第十九项：备注用于注明其他需要说明的情况。如不是"一批一证"报关的进口许可证，在此栏注明"非一批一证"。

第二十项：发证机关签章。发证机构在发放进口许可证前此栏加盖《中华人民共和国进口许可证专用章》。

第二十一项：发证日期由发证系统自动生成。

表4-11　中华人民共和国出口许可证

1. 出口商： Exporter	3. 出口许可证号： Export licence No.
2. 发货人： Consignor	4. 出口许可证有效截止日期： Export licence expiry date
5. 贸易方式： Terms of trade	8. 进口国（地区）： Country /Region of purchase
6. 合同号： Contract No.	9. 支付方式： Payment conditions

续表

7. 报关口岸： Place of clearance				10. 运输方式： Mode of transport			
11. 商品名称： Description of goods				商品编码： Code of goods			
12. 规格、等级 Specification	13. 单位 Unit	14. 数量 Quantity	15. 单价（ ） Unit price		16. 总值（ ） Amount		17. 总值折美元 Amount in USD
18. 总计 Total							
19. 备注 Supplementary details				20. 发证机关签章 Issuing authority's stamp & signature			
				21. 发证日期 Licence date			

中华人民共和国商务部监制（2006）

填制说明。

第一项：出口商是指出口合同签订单位，应与出口批准文件一致。出口商代码为《对外贸易经营者备案登记表》《中华人民共和国进出口企业资格证书》或者《中华人民共和国外商投资企业批准证书》中的13位企业代码。

第二项：发货人是指具体执行合同发货报关的单位。配额以及配额招标商品的发货人应与出口商保持一致。

第三项：出口许可证号结构为：××-××-××××××。

(1)-(2)-(3)

(1)为年份。

(2)为发证机构代码。

(3)为顺序号，由发证系统自动生成。

第四项：出口许可证有效截止日期按《货物出口许可证管理办法》确定的有效期，由发证系统自动生成。

第五项：贸易方式是指该项出口货物的贸易性质，包括：一般贸易、进料加工、来料加工、出料加工、外资企业出口、捐赠、赠送等。只能填报一种。

第六项：合同号是指申请出口许可证时提交出口合同的编号，长度为17个英文字符。只能填报一个合同号。

第七项：报关口岸是指出口口岸，只允许填报一个关区。

出口许可证实行"一证一关"制。对指定口岸的出口商品，按国家有关规定执行。

第八项：进口国（地区）是指合同目的地。只能填报一个国家（地区）。不能使用地区名，如欧盟等。如对中国保税区出口，进口国（地区）应打印"中国"。

第九项：付款方式包括：信用证、托收、汇付等。只能填报一种。

第十项：运输方式是指货物离境时的运输方式。包括：海上运输、铁路运输、公路运输、航空运输等。

只能填报一种。

如对远洋出口冷冻商品,运输方式不得打印陆运,包括铁路运输、公路运输。

第十一项:商品名称、商品编码。商品名称由发证系统自动生成,商品编码按商务部公布的年度《出口许可证管理货物目录》中的10位商品编码填报。只能填报一个商品编码并应与出口批准文件一致。

第十二项:规格、等级。只能填报同一商品编码下的4种不同规格等级,超过4种规格等级的,另行申请许可证。

第十三项:单位是指计量单位。按商务部公布的年度《出口许可证管理货物目录》中的计量单位执行,发证系统自动生成。如合同使用的计量单位与规定的计量单位不一致,应换算成规定的计量单位。无法换算的,可在备注栏注明。

第十四项:数量是指申请出口商品数量。最大位数为9位阿拉伯数字,最小保留小数点后1位。如数量过大,可分证办理;如数量过小,可在备注栏内注明。计量单位为"批"的,此栏均为"1"。

第十五项:单价(币别)是指与第十三项"单位"所使用的计量单位相应的单价和货币种类。计量单位为1批的,此栏为总金额。

第十六、十七、十八项:总值、总值折美元、总计由发证系统自动计算。

第十九项:备注用于注明其他需要说明的情况。如不是"一批一证"报关的出口许可证,在此栏注明"非一批一证"。

第二十项:发证机关签章。发证机构发放出口许可证前在此栏加盖《中华人民共和国出口许可证专用章》。

第二十一项:发证日期由发证系统自动生成。

表4-12　中华人民共和国野生动植物及其产品《允许进出口证明书》申请表

1a. 发货人及地址(中英文):				2a. 收货人及地址(中英文):			
1b. 发货口岸(中英文)		1c. 发货国家(地区)(中英文)		2b. 到达口岸(中英文)		2c. 到达国家(地区)(中英文)	
3. 物种名称(中文名及拉丁学名)	4. 货物类型(中英文)	5. 海关商品编码	6. 公约级别	7. 我国保护级别	8. 目的	9. 来源	10. 数量及单位	11. 规格及含量	12. 单价
13. 原产地:	14. 申请单位地址及邮政编码			15. 联系人姓名、电话及传真		16. 装运期	17. 货物总金额:
18. 附件:	19. 每证进出口物种和数量:			20. 填表日期及申请单位签字或盖章:		21. 备注:	

表 4-13 濒危野生动植物种国际贸易公约允许进出口证明书

CONVENTION ON INTERNATIONAL TRADE IN ENDANGERED SPECIES OF WILD FAUNA AND FLORA
濒危野生动植物种国际贸易公约
PERMIT/CERTIFICATE FOR IMPORT/EXPORT & RE-EXPORT
允许进出口证明书

☐ EXPORT 出口 ☐ RE-EXPORT 再出口 ☐ IMPORT 进口 ☐ OTHER 其他	1 PERMIT/CERTIFICATE NO. 证号 2 Valid Until 有效期至
3 Importer (Name, Address and Country) 进口者(名称、地址和国家)	4 Exporter (Name, Address and Country) 出口者(名称、地址和国家)
3a Import Port 进口口岸	4a Export Port 出口口岸
5 HS Code and Special Conditions 海关协调制度编码及特殊条件 For live animals, this permit or certificate is only valid if the transport conditions confirm to the Guidelines for Transport of Live Animals or in case of air transport, to the IATA Live Animals Regulations. **This permit/certificate is only valid for ONE consignment.** 对于活体动物,只有当运输条件符合《活体动物运输指南》或空运条件符合 IATA《活体动物运输规则》要求的情况下,本证明书方为有效。本证书仅限一次性使用。	6 Name, Address, National Seal of Management Authority 管理机构名称、地址、国家印记 **The Endangered Species Import and Export Management Office of the People's Republic of China** Add: 18 Hepingli Dongjie, Beijing 100714 the People's Republic of China Tel: 86-10-84239001,84239010 Fax: 86-10-64214180,64299515 中华人民共和国濒危物种进出口管理办公室 地址:中华人民共和国北京市东城区和平里东街18号 邮政编号:100714 电话: 86-10-84239001,84239010 传真: 86-10-54214180,64299515

5a Purpose of Transaction 贸易目的		5b Security Stamp No. 安全印花号				
7 No. 序号	7a Species(Chinese & Scientific) Name (中文名、学名)	7b Appendix 附录	7c Source 来源	7d Description 标本类型	7e Quantity or Weight/Unit 数量或净重、单位	7f Country/Region of Origin 原产国/地区

续表

8 THIS PERMIT/CERTIFICATE IS SUED BY 发证机关			
9 For Customs Official Use Only 海关签证			
Place 地点	Date 日期	Signature 签名	Security Stamp and Official Seal 安全印花及公章
9a Bill of Lading/Airway-bill Number 提单/空运单号			
Block 栏目	Quantity/Unit 数量/单位		
A			
B			
C			
D			
	Port of Im/Export 进出境口岸	Date 日期	Signature 签名	Official Stamp and Title 公章

单位报关编码：

精选习题

一、单选题

1. 下列证件中,实行"非一批一证"管理的是(　　)。
   A. 濒危野生动植物种国际贸易公约允许进口说明书
   B. 出境货物通关单
   C. 废物进口许可证
   D. 精神药品进口准许证

2. 进口许可证的有效期是(　　),当年有效。特殊情况需要跨年度使用时,有效期最长不得超过次年(　　),逾期自行失效。
   A. 1年　3月31日　　　　　　B. 6个月　1月31日
   C. 1年　1月31日　　　　　　D. 6个月　3月31日

3. WTO规则允许成员方使用贸易救济手段保护国内产业不受损害,其中(　　)既可以采取提高关税的形式也可以采取数量限制的形式。
   A. 反倾销　　　B. 反补贴　　　C. 保障措施　　　D. 关税配额

4. 不属于我国货物、技术进出口许可管理制度规定的证件证明等是(　　)。
   A. 关税配额证　　　　　　　　B. 入境货物通关单
   C. 有毒化学品环境管理放行通知单　D. 进口农药登记证明

5. 某进出口企业进口一批"已配剂量头孢菌素制剂"(同时列入《进口药品目录》和《进口兽药管理目录》),用于治疗畜禽疾病,该企业向海关申报时应提交(　　)。
   A. 进口药品通关单
   B. 进口兽药通关单
   C. 进口药品通关单和进口兽药通关单
   D. 进口药品通关单或进口兽药通关单

6. (　　)属于我国限制进口的商品。
   A. 虎骨　　　B. 成品油　　　C. 汽车　　　D. 抗生素

7. 国家根据不同时期的经济利益、公共安全或者政治形势的需要,实行相应的贸易管制。目前,我国基于经济利益需要实行的贸易管制制度是(　　)。
   A. 出口配额许可证管理　　　　B. 进口许可证管理
   C. 两用物项和技术出口许可证管理　D. 农药进口管理

二、多选题

1. 下列商品类别中,既属于两用物项和技术进口许可证管理又属于两用物项和技术出口许可证管理的是(　　)。
   A. 监控化学品　　　　　　　　B. 放射性同位素
   C. 生物两用品　　　　　　　　D. 易制毒化学品

2. 在下列进出口商品中,(　　)系《麻醉药品管制品种目录》所列麻醉物品,货物所有人应当凭麻醉药品进出口准许证向海关办理报关手续。
   A. 咖啡因　　　B. 去氧麻黄碱　　　C. 鸦片　　　D. 可卡因

3. 我国对部分旧机电产品的进口实行严格控制,分别实施(　　)管理。
   A. 进口许可证　　　　　　　　B. 自动进口许可证

C. 废物进口许可证 D. 禁止进口
4. 国家禁止进口( )。
   A. 犀牛角　　　　B. 天然砂　　　　C. 木炭　　　　D. 旧服装
5. 2010年实施进口许可证管理的货物种类包括( )。
   A. 配额机电产品 B. 重点旧机电产品
   C. 消耗臭氧层物质 D. 监控化学品
6. 实行( )管理的货物,从境外进入保税区予以免证。
   A. 自动进口许可证 B. 废物进口许可证
   C. 两用物项许可证 D. 密码进口许可证
7. 以"一般贸易"监管方式申报进口废铝,应向海关提交( )。
   A. 入境货物通关单 B. 废物进口许可证
   C. 自动进口许可证 D. 进口许可证
8. 下列关于关税配额管理的表述,正确的是( )。
   A. 关税配额管理是一种绝对数量的限制
   B. 关税配额管理以关税为杠杆限制进口
   C. 配额内进口的,按照关税配额税率征税
   D. 配额外进口的,按照配额外税率征税
9. 从境外进入保税区的( ),免于提交相应许可证件。
   A. 钢材(自动进口许可管理)
   B. 黄金首饰(黄金制品进口管理)
   C. 鳄鱼皮(野生动植物进口管理)
   D. 加密电话机(密码产品进口许可证管理)

三、判断题

1. 进口属于进口许可证管理的货物,收货人在货物进境后,办理海关报关手续前,应向相应的发证机构提交进口许可证申请,并取得进口许可证。　　　　　　　　　(　　)
2. 海关特殊监管区域和保税监管场所之间进出的黄金及其产品,应办理黄金及其制品进出口准许证,并由海关实施监管。　　　　　　　　　　　　　　　　　(　　)
3. 国家禁止进出口滴滴涕。　　　　　　　　　　　　　　　　　　　　(　　)
4. 我国固体废物管理范围中不包括液态废物。　　　　　　　　　　　　(　　)
5. 自由进出口货物,与之相关技术的进出口不受限制。　　　　　　　　(　　)
6. 临时保障措施可以采取提高关税、数量限制等形式。　　　　　　　　(　　)
7. 同一进口合同项下,收货人可以申领多份自动进口许可证。　　　　　(　　)

第5章

海关监管货物通关概述

5.1 海关监管货物概述

5.1.1 海关监管货物的定义

海关监管货物是指自进境起到办结海关手续止的进口货物,自向海关申报起到出境止的出口货物,以及自进境起到出境止的过境、转运和通运货物等应当接受海关监管的货物,包括一般进出口货物、保税货物、特定减免税货物、暂准进出境货物,以及过境、转运、通运货物和其他尚未办结海关手续的货物。这是海关对进出境货物实施监督管理在法律意义上的时间、范围的限制规定。

5.1.2 海关监管货物的分类

根据货物进出境目的的不同,海关监管货物可以分为五大类。

（一）一般进出口货物

一般进出口货物包括一般进口货物和一般出口货物。一般进口货物是指办结海关手续进入国内生产、消费领域流通的进口货物;一般出口货物是指办结海关手续到境外生产、消费领域流通的出口货物。

（二）保税货物

保税货物是指经海关批准未办理纳税手续进境,在境内储存、加工、装配后复运出境的货物。保税货物又分为保税加工货物和保税物流货物两大类。

（三）特定减免税货物

特定减免税货物是指经海关依法准予免税进口的用于特定地区、特定企业,有特定用途的货物。

（四）暂准进出境货物

暂准进出境货物包括暂准进境货物和暂准出境货物。暂准进境货物是指经海关批准凭担保进境,在境内使用后原状复运出境的货物;暂准出境货物是指经海关批准凭担保出境,在境外使用后原状复运进境的货物。

（五）其他进出境货物

其他进出境货物是指由境外起运,通过中国境内继续运往境外的货物,以及其他尚未办结海关手续的进出境货物,包括加工贸易不作价设备、出料加工货物、修理货物和租赁货物等。

海关按照对各种监管货物的不同要求,分别建立了相应的海关监管制度。

5.2 报关程序概述

5.2.1 报关程序

(一)报关程序的含义

报关程序是指进出口货物收发货人、运输工具负责人、物品所有人或其代理人按照海关的规定,向其办理货物、运输工具、物品进出境手续及相关所指的报关程序主要限于进出境货物的报关程序。

报关程序按时间先后可以分为3个阶段:前期阶段、进出口阶段、后续阶段。

(1)前期阶段是指进出口货物收发货人或其代理人在货物进出口之前,向海关办理备案手续的过程。

(2)进出口阶段是指进出口货物收发货人或其代理人根据海关对进出境货物的监管要求,在货物进出关境时,向海关办理进出口申报、配合查验、缴纳税费、提取或装运货物手续的过程。

(3)后续阶段是指进出口货物收发货人或其代理人根据海关对进出境货物的监管要求,在货物进出境储存、加工、装配、使用、维修后,在规定的期限内,按照规定的要求,向海关办理上述进出口货物核销、销案、申请解除监管等手续的过程。

(二)主要通关货物的报关程序

不同的通关货物,报关程序不同,对应的海关监管制度也不同(见表5-1)。

表5-1 主要通关货物报关程序的异同

主要通关货物类型	前期阶段	进出口阶段	后续阶段
一般进出口货物	—	申报→配合查验→(交、保、减免税费)→提取或装运货物	—
保税加工货物	加工贸易备案,申领手册或建立账册		报核
特定减免税货物	申领征免税证明		申请解除监管
暂准进出境货物	备案申请		申请销案
加工贸易不作价设备	备案申请,申领手册		申请解除监管
出料加工货物	备案申请,申领手册		报核
修理货物	—		申请销案
部分租赁货物	—		申请解除监管
货样、广告品	—		—
无代价抵偿货物	—		—
溢卸、误卸货物	—		—
退运货物	—		—

5.2.2 电子报关及电子通关系统

(一) 电子报关

电子报关是指进出口货物收发货人或其代理人通过计算机系统,按照《报关单填制规范》的要求,向海关传送报关单电子数据,并备齐随附单证的申报方式。

《海关法》规定:"办理进出口货物的海关申报手续,应当采用纸质报关单和电子数据报关单的形式。"这一规定确定了电子报关的法律地位,使电子数据报关单和纸质报关单具有同等法律效力。

一般情况下,进出口货物收发货人或其代理人应当采用纸质报关单形式和电子数据报关单形式向海关申报,即进出口货物收发货人或其代理人先向海关计算机系统发送电子数据报关单,接收到海关计算机系统返回的表示接受申报的信息后,再打印向海关提交的纸质报关单,并准备必需的随附单证。

特殊情况下经海关同意,允许先采用纸质报关单形式申报,电子数据事后补报。在向未使用海关信息化管理系统作业的海关申报时,可以采用纸质报关单申报形式。在特定条件下,进出口货物收发货人或其代理人可以单独使用电子数据报关单向海关申报,保存纸质报关单证。

(二) 电子通关系统

我国海关已经在进出境货物通关作业中全面使用计算机进行信息化管理,成功地开发运用了多个电子通关系统。

1. 海关 H2000 通关系统

H2000 通关系统是对 H883/EDI 通关系统的全面更新换代。

H2000 通关系统在集中式数据库的基础上建立了全国统一的海关信息作业平台,不但提高了海关管理的整体效能,而且使进出口企业真正享受到简化报关手续的便利。进出口企业可以在其办公场所办理加工贸易登记备案、特定减免税证明申领、进出境报关等各种海关手续。

2. 中国电子口岸系统

中国电子口岸系统又称口岸电子执法系统,简称电子口岸,是利用现代计算机信息技术,将与进出口贸易管理有关的政府机关分别管理的进出口业务信息电子底账数据集中存放在公共数据中心,为管理部门提供跨部门、跨行业联网数据核查,为企业提供网上办理各种进出口业务的国家信息系统。

电子口岸系统和 H2000 通关系统连接,构成覆盖全国的进出口贸易服务和管理的信息网络系统。进出口企业在办公室就可以上网向海关及其他有关国家管理机关办理与进出口贸易有关的各种手续,与进出口贸易有关的海关及其他有关国家管理机关也能在网上对进出口贸易进行有效管理。

3. 口岸大通关

口岸大通关是指口岸各部门、单位、企业等,采取有效的手段,使口岸物流、单证流、资金流、信息流高效、顺畅地运转,口岸管理部门实现有效监管和高效服务。它是涉及海关、外经贸主管部门、运输、仓储、海事、银行、保险等各个国家执法机关和商业机构的系统。上海已形成长三角地区联网协作的口岸大通关平台(见图 5-1)。

图 5-1　上海口岸大通关协作示意

精 选 习 题

一、单选题

1. 海关监管货物中,属于放行即结关的货物有(　　)。
   A. 保税货物　　　　　B. 一般进出口货物　C. 特定减免税货物　D. 暂准进出境货物
2. 所有通关货物都必须经历的报关程序是(　　)。
   A. 报关前期阶段　　　B. 进出口阶段　　　C. 后续阶段　　　　D. 申报
3. 下列货物有报关前期阶段的是(　　)。
   A. 保税加工货物　　　B. 一般进口货物　　C. 进出境修理货物　D. 租赁货物

二、多选题

1. 既有报关前期阶段,又有后续阶段的货物是(　　)。
   A. 特定减免税货物　　　　　　　B. 保税加工货物
   C. 暂准进出境货物　　　　　　　D. 出料加工货物
2. 以下有后续阶段而没有报关前期阶段的货物是(　　)。
   A. 一般进出口货物　　　　　　　B. 不作价设备
   C. 出境修理货物　　　　　　　　D. 部分租赁货物
3. 我国海关所使用的电子通关系统包括(　　)。
   A. 海关 H883/EDI 通关系统　　　B. 海关 H2000 通关系统
   C. 中国电子口岸　　　　　　　　D. 电子报关软件

三、判断题

1. 有报关前期阶段的货物一定有后续阶段。　　　　　　　　　　　　　(　　)
2. 有后续阶段的货物一定有报关前期阶段。　　　　　　　　　　　　　(　　)
3. 所有的货物都有进出口阶段。　　　　　　　　　　　　　　　　　　(　　)

第6章

保税物流货物通关

6.1 保税物流货物海关监管概述

6.1.1 保税物流货物概述

（一）含义

保税物流货物是指经海关批准未办理纳税手续进境，在境内进行分拨、配送或者储存后复运出境的货物，也称作保税仓储货物。

已办结海关出口手续尚未离境，经海关批准存放在海关保税监管场所或特殊监管区域的货物，具有保税物流货物的性质。

（二）特征

保税物流货物有以下几个特征：

（1）进境时暂缓缴纳进口关税及进口环节海关代征税，复运出境免税，内销应当缴纳进口关税和进口环节海关代征税，不征收缓税利息；

（2）进出境时除国家另有规定外，免于交验进出口许可证件；

（3）进境海关现场放行不是结关，进境后必须进入海关保税监管场所或特殊监管区域，运离这些场所或区域必须办理结关手续。

（三）范围

保税物流货物包括以下几类：

（1）进境经海关批准进入海关保税监管场所或特殊监管区域，保税储存后转口境外的货物；

（2）已经办理出口报关手续尚未离境，经海关批准进入海关保税监管场所或特殊监管区域储存的货物；

（3）经海关批准进入海关保税监管场所或特殊监管区域保税储存的加工贸易货物，供应国际航行船舶和航空器的油料、物料和维修用零部件，供维修外国产品所进口寄售的零配件，外商进境暂存货物；

（4）经海关批准进入海关保税监管场所或特殊监管区域保税的其他未办结海关手续的进境货物。

6.1.2 保税物流货物海关监管

海关对保税物流货物的监管模式有两大类:一类是非物理围网的监管模式,包括保税仓库、出口监管仓库;另一类是物理围网的监管模式,包括保税物流中心、保税物流园区、保税区、保税港区、综合保税区。

对各种监管形式的保税物流货物的管理,主要可以归纳为以下五点。

(一)设立审批

保税监管场所包括保税仓库、出口监管仓库、保税物流中心,要经过海关审批,并核发批准证书;特殊监管区域包括保税物流园区、保税区、保税港区,要经过国务院审批。

(二)准予保税

保税物流货物通过准予进入保税监管场所或特殊监管区域实现保税。海关对于保税物流货物的监管通过对保税监管场所和特殊监管区域的监管实现,海关应当依法监管这些场所或者区域,按批准存放范围准予货物进入这些场所或者区域,不符合规定存放范围的货物不准进入。

(三)纳税暂缓

凡是进境进入保税物流监管场所或特殊监管区域的保税物流货物在进境时都可以暂不办理进口纳税手续,等到运离海关保税监管场所或特殊监管区域时才办理纳税手续,或者征税,或者免税。在这一点上,保税物流监管制度与保税加工监管制度是一致的,但是保税物流货物在运离海关保税监管场所或特殊监管区域征税时不需同时征收缓税利息,而保税加工货物(特殊监管区域内的加工贸易货物和边角料除外)内销征税时要征收缓税利息。

(四)运离结关

除暂准运离(维修、测试、展览等)需要继续监管以外,每一批货物运离保税监管场所或者特殊监管区域,都必须根据货物的实际流向办结海关手续。

(五)监管要点

各种监管形式下的保税物流货物监管要点比较见表6-1。

表6-1 保税物流货物监管要点比较

类型	存货范围	存储期限	功能	审批权限	入区退税
保税仓库	进口	1年+1年	储存	直属海关	否
出口监管仓库	出口①	半年+半年	储存/出口配送/国内结转	直属海关	否②
保税物流中心	进出口	2年+1年	储存/全球采购配送/国内结转/转口/中转③	海关总署等四部委	是
保税物流园区	进出口	无期限	储存/国际转口贸易/全球采购配送/中转/展示	国务院	是
保税区	进出口	无期限	物流园区功能+维修/加工	国务院	离境退税(天津关区入区即退税)
保税港区	进出口	无期限	保税功能+港口功能	国务院	是

注:① 出口配送型仓库可以存放为拼装出口货物而进口的货物。
② 经批准享受入仓即退税政策的除外。
③ 保税物流中心的经营者不得开展物流业务。

6.2 保税仓库货物通关

6.2.1 保税仓库海关监管

(一) 含义

保税仓库是指经海关批准设立的专门存放保税货物及其未办结海关手续货物的仓库。我国的保税仓库根据使用对象分为公用型和自用型两种。

1. 公用型保税仓库

公用型保税仓库由主营仓储业务的中国境内独立企业法人经营,专门向社会提供保税仓储服务。

2. 自用型保税仓库

自用型保税仓库由特定的中国境内独立企业法人经营,仅存储供本企业自用的保税货物。

根据所存货物的特定用途,公用型保税仓库和自用型保税仓库下面还衍生一种专用型保税仓库,即专门用来存储具有特定用途或特殊种类商品的保税仓库,包括液体危险品保税仓库、备料保税仓库、寄售维修保税仓库和其他专用保税仓库。其中液体危险品保税仓库是指符合国家关于危险化学品存储规定的,专门提供石油、成品油或者其他散装液体危险化学品保税仓储服务的保税仓库。

(二) 功能

保税仓库的功能单一,就是仓储,而且只能存放进境货物。

经海关批准可以存入保税仓库的进境货物有下列几种:

(1) 加工贸易进口货物;

(2) 转口货物;

(3) 供应国际航行船舶和航空器的油料、物料和维修用零部件;

(4) 供维修外国产品所进口寄售的零配件;

(5) 外商进境暂存货物;

(6) 未办结海关手续的一般贸易进口货物;

(7) 经海关批准的其他未办结海关手续的进境货物。

(三) 设立

申请设立保税仓库的企业,应当是已在海关办理进出口收发货人注册登记的、不同时拥有报关企业身份的企业,同时还应当具备下列条件:

(1) 经市场监督管理部门注册登记,具有企业法人资格;

(2) 注册资本最低限额为 300 万元人民币;

(3) 具备向海关缴纳税款的能力;

(4) 经营特殊许可商品存储的,应当持有规定的特殊许可证件;

(5) 经营备料保税仓库的加工贸易企业,年出口额最低为 1 000 万美元。

（四）管理

保税仓库经营企业应于每月前5个工作日内，向海关提交月报关单报表、库存总额报表及其他海关认为必要的月报单证，将上月仓库货物入、出、转、存、退等情况以计算机数据和书面形式报送仓库主管海关。

6.2.2 保税仓库货物报关

保税仓库货物在报关前首先需要建立保税仓库电子账册，该电子账册系统是海关为适应保税仓库的发展需要，加强和规范保税仓库管理，建立健全保税仓库管理电子底账，最终实现全国统一的保税仓库和海关计算机联网监管模式而采取的一项重要举措。保税仓库电子账册是企业开展保税仓储业务前必须向主管海关申请建立的电子文档，是企业向海关申报进出仓货物的电子凭证，是海关为控制和记录企业申报进出及存仓保税货物所建立的电子数据账册。

（一）保税仓库电子账册的优点

电子账册具有以下优点：

（1）使海关对保税仓库管理工作规范统一，促进保税仓库业务的健康发展；

（2）通过该系统，企业可以方便、快捷地办理与保税仓库相关的海关业务；

（3）该系统大大提高了保税仓库管理和进出口通关的工作效率，方便了企业外网与海关内网之间的沟通，加大了海关对保税仓库的监管力度；

（4）企业可以通过网络向海关申请办理审批备案等手续，满足现代企业快节奏的生产及进出口要求。

（二）企业办理保税仓库电子账册应具备的条件

企业申请保税仓库电子账册的，除本身已在海关注册登记和取得《中华人民共和国保税仓库注册登记证书》以外，还要向海关企业管理部门办理保税仓库注册登记手续，经审核合格的，海关制发"保税仓库注册编码"。该注册编码为10位数，前5位按企业注册编码设置，第6位为企业性质代码，第7位为保税仓库类别代码，其中：D为公用型保税仓库，E为液体危险品保税仓库，F为寄售维修保税仓库，H为特殊商品保税仓库，I为备料保税仓库；第8位至第9位为顺序号。

保税仓库货物的主要报关类型见图6-1。

1. 保税仓库电子账册备案

从用途上讲，保税仓库的电子账册分为经营范围电子账册和通关电子账册。

（1）经营范围电子账册。经营范围电子账册是描述企业进出口货物类别的一份清单，保税仓库必须在经营范围电子账册列明货物类别范围之内进行经营。也就是说，海关通过经营范围电子账册对保税仓库进、出口报关的货物种类进行管理。海关对一个企业只设立一个经营范围电子账册。经营范围电子账册为12位，第1～2位为标记代码(IK)，第3～6位为关区代码，第7～12位为顺序号。

企业首先在电子口岸的保税仓库系统中录入经营范围各项，录完后单击"生成报文"，即实现向海关进行备案申请。海关对此进行确认审核。海关审批同意后，分别给出经营范围账册编号和批准编号，由系统自动返填到经营范围中"账册编号"和"保税仓批准编号"两项中。企业再录入电子账册各项。电子账册中"批文账册号"即为经营范围中的"账册编号"。

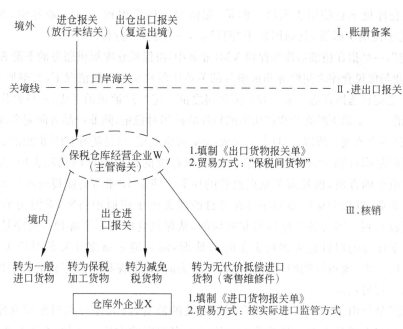

图 6-1 保税仓库主要报关类型示意图

录完后单击"生成报文"生成经营范围 IK 账册,即实现向海关进行备案申请。

海关审批同意后,给出统一的"账册编号"(注意:此处的"账册编号"和经营范围中的"账册编号"含义不同,经营范围中的"账册编号"在电子账册和账册分册中为"批文账册号"),是由系统自动返填到电子账册的"账册编号"一项中。

企业要进行异地报关的,则在电子账册备案的基础上,还需进行账册分册的备案。账册分册中的"账册编号"即为电子账册中的"账册编号",账册分册中的"批文账册号"即为经营范围的"账册编号"。海关审批同意后,给出统一的账册分册号,由系统自动返填到账册分册的"分册号"一项中。

(2) 通关电子账册。通关电子账册是企业办理货物进出口的凭证,是海关管理、控制、记录保税仓库进口、出口和存仓货物数据的电子文档。一般情况下,海关对一家保税仓库只给设立一本通关电子账册,但根据保税仓库的实际经营情况,也可以给予设立多本通关电子账册。通关电子账册有两种:一种是备案式通关电子账册(K 账册);另一种是记账式通关电子账册(J 账册)。通关电子账册号为 12 位,第 1 位为标记代码(K 或 J),第 2~5 位为关区代码,第 6 位为年份,第 7 位为仓库类型代码,第 8~12 位为顺序号。

备案式通关电子账册(K 账册)是传统的通关电子账册,保税仓库经营企业要在货物进口报关之前将准备进库的货物品种数量资料等向海关申请在通关电子账册中备案,进仓货物必须限定在通关电子账册备案范围内,否则海关通关系统将在审单过程中不予通过报关单。该账册比较适用备料库和液体库。

记账式通关电子账册(J 账册)是不需要预先备案的电子账册,而是在报关完成、海关放行之后,货物数据自动进入电子账册表体。由于公用型保税仓库储存的货物有很大的不确定性,且品种很多,备案将会很烦琐,所以记账式通关电子账册比较适用于公用型保税仓库。

既然 J 账册不必在报关前预先在账册中进行备案,使用起来比较方便,与 K 账册比较,公用型保税仓库更愿意使用J账册。但是,在精细运作型保税VMI[①]业务中,保税仓库使用K账册优于使用J账册,其原因在于"两稳定,一有利,一方便"。

"两稳定",一是指在精细运作型保税VMI业务中,由保税仓库提供服务的下游客户,即大型加工贸易企业与保税仓库之间服务和被服务的关系比较稳定。一般情况下,大型加工贸易企业在采用VMI之前和选择合适的第三方物流公司之前一定经过慎重的考虑,一旦合作关系确立,不会轻易取消。二是指下游客户生产所需的料件品种相对稳定,除非产品方向完全改变,否则基本所需的料件不会改变。所以,一旦备案完成,不必经常变更,只是随时有所增加而已。

"一有利"是指有利于海关监管。保税仓库所存放的保税料件的出库去向,是海关监管的一个非常重要的方面,也是海关重点监管的环节。使用K账册的保税仓库与使用E账册的加工贸易企业,以相对应的备案序号在各自的通关电子账册中备案,对海关的日常监管、核查来说比较有利。因为备案序号是相对应的,从保税仓库出库了哪种备案序号的料件,必然有哪种备案序号的料件进入加贸企业的E账册,海关通过备案序号的对应关系,对照两家企业的一进一出,就可以随时掌握保税料件的去向,保证保税仓库存放的特定保税料件进入特定的加工贸易企业。

"一方便"是指由于对应备案比较有利于海关的监管,海关才可以对保税仓库和保税仓库服务的下游加工贸易企业在通关等方面给予一定程度的方便。比如,在入仓进口报关、出仓形式出口报关等环节,如果没有海关在满足监管条件的前提下给予一定的方便,精细运作型保税VMI业务是很难开展得很好的。

所以,对于从事精细运作型保税VMI业务的公共保税仓库来说,使用K账册虽然在备案环节上多了一道手续,但如果运用得好,会换来海关提供的一定程度的通关便利。对于保税VMI业务来讲,备案带来的麻烦与通关便利带来的好处相比,就不算什么了。

2. 进仓报关

保税仓库货物进境入仓,经营企业应当在仓库主管海关办理报关手续,经主管海关批准,也可以直接在进境口岸海关办理报关手续。保税仓库货物进境入仓,除易制毒化学品、监控化学品、消耗臭氧层物质外,免领进口许可证件。

如果仓库主管海关与进境口岸海关不是同一直属海关的,经营企业可以按照"提前报关转关"的方式,先到仓库主管海关申报,再到口岸海关办理转关手续,货物运到仓库,由主管海关验放入仓;或者按照"直接转关"的方式,先到口岸海关转关,货物运到仓库,向主管海关申报,验放入仓。

如果仓库主管海关与进境口岸海关是同一直属海关的,经直属海关批准,可不按照转关运输方式办理。由经营企业直接在口岸海关办理报关手续,口岸海关放行后,企业自行提取货物入仓。

3. 出仓报关

保税仓库货物出仓可能出现进口报关和出口报关两种情况,可以逐一报关,也可以集中报关。

---

① VMI全称Vendor Managed Inventory,即供应商管理库存,是一种在供应链环境下的库存运作模式。现阶段,VMI管理模式在大型电子制造行业应用广泛,并大多涉及保税业务。

(1) 出口报关。保税仓库出仓复运出境货物,应当按照转关运输方式办理出仓手续。仓库主管海关和口岸海关是同一直属海关的,经直属海关批准,可以不按照转关运输方式,由经营企业自行提取货物出仓到口岸海关办理出口报关手续。

(2) 进口报关。保税仓库货物出仓运往境内其他地方转为正式进口的,必须经主管海关保税监管部门审核同意。转为正式进口的同一批货物,要填制两张报关单;一张用于办结出仓报关手续,填制《出口货物报关单》,"贸易方式"栏填"保税间货物"(代码1200);一张用于办理进口申报手续,按照实际进口监管方式,填制《进口货物报关单》。进口手续如下:

① 出仓用于加工贸易的,由加工贸易企业或其代理人按保税加工货物的报关程序办理进口报关手续;

② 出仓用于可以享受特定减免税的特定地区、特定企业和特定用途的,由享受特定减免税的企业或其代理人按特定减免税货物的报关程序办理进口报关手续;

③ 出仓进入国内市场或使用于境内其他方面,包括保修期外维修,由保税仓库经营企业按一般进口货物的报关程序办理进口报关手续;

④ 保税仓库内的寄售维修零配件申请以保修期内免税出仓的,由保税仓库经营企业办理进口报关手续,填制《进口货物报关单》,"贸易方式"栏填"无代价抵偿"(代码3100),并确认免税出仓的维修件在保修期内且不超过原设备进口之日起3年,维修件由外商免费提供,更换下的零部件合法处理。

(3) 集中报关。保税货物出仓批量少、批次频繁的,经海关批准可以办理定期集中报关手续。

集中报关出仓的,保税仓库经营企业应当向主管海关提出书面申请,写明集中报关的商品名称、发货流向、发货频率、合理理由。

集中报关由主管海关的分管关长审批,并按以下要求办理手续:①仓库主管海关可以根据企业资信状况和风险度收取保证金;②集中报关的时间根据出货的频率和数量、价值合理设定;③为保证海关有效监管,企业当月出仓的货物最迟应在次月前5个工作日内办理报关手续,并且不得跨年度申报。

4. 流转报关

保税仓库与海关特殊监管区域或其他海关保税监管场所往来流转的货物,按转关运输的有关规定办理相关手续。

保税仓库和特殊监管区域或其他海关保税监管场所在同一直属关区内的,经直属海关批准,可不按转关运输方式办理。

保税仓库货物转往其他保税仓库的,应当各自在仓库主管海关报关,报关时应先办理进口报关,再办理出口报关。

6.3 出口监管仓库货物通关

6.3.1 出口监管仓库海关监管

(一)含义

出口监管仓库是指经海关批准设立,对已办结海关出口手续的货物进行存储、保税货物配送，提供流通性增值服务的海关专用监管仓库。出口监管仓库分为以下两种：

(1) 出口配送型仓库是指存储以实际离境为目的的出口货物的仓库；

(2) 国内结转型仓库是指存储用于国内结转的出口货物的仓库。

(二) 功能

出口监管仓库的功能也只有仓储，主要用于存放出口货物。

经海关批准可以存入出口监管仓库的货物有以下几种：

(1) 一般贸易出口货物；

(2) 加工贸易出口货物；

(3) 从其他海关特殊监管区域、场所转入的出口货物；

(4) 其他已办结海关出口手续的货物。

出口配送型仓库还可以存放为拼装出口货物而进口的货物。

(三) 设立

申请设立出口监管仓库的经营企业，应当具备下列条件：

(1) 经市场监督管理部门注册登记，具有企业法人资格；

(2) 具有进出口经营权和仓储经营权；

(3) 注册资本在 300 万元人民币以上；

(4) 具备向海关缴纳税款的能力；

(5) 具有专门存储货物的场所，其中，出口配送型仓库的面积不得低于 5 000 平方米，国内结转型仓库不得低于 1 000 平方米。

出口监管仓库验收合格后，经直属海关注册登记并核发《中华人民共和国出口监管仓库注册登记证书》，可以投入运营。

(四) 管理

(1) 出口监管仓库必须专库专用，不得转租、转借给他人经营，不得下设分库。

(2) 出口监管仓库经营企业应当如实填写有关单证、仓库账册，真实记录并全面反映其业务活动和财务状况，编制仓库月度进、出、转、存情况表和年度财务会计报告，并定期报送主管海关。

(3) 出口监管仓库所存货物是海关监管货物，未经海关批准并按规定办理有关手续，任何人不得出售、转让、抵押、质押、留置、移作他用或者进行其他处置。

(4) 货物在仓库储存期间发生损毁或者灭失，除不可抗力原因外，出口监管仓库应当依法向海关缴纳损毁、灭失货物的税款，并承担相应的法律责任。

(5) 经主管海关同意，可以在出口监管仓库内进行品质检验、分级分类、分拣分装、印刷运输标志、改换包装等流通性增值服务。

6.3.2 出口监管仓库货物报关

出口监管仓库货物通关，大体可以分为进仓报关、出仓报关、结转报关和更换报关（见图 6-2）。

(一) 进仓报关

出口货物存入出口监管仓库时，发货人或其代理人应当向主管海关办理出口报关手续，

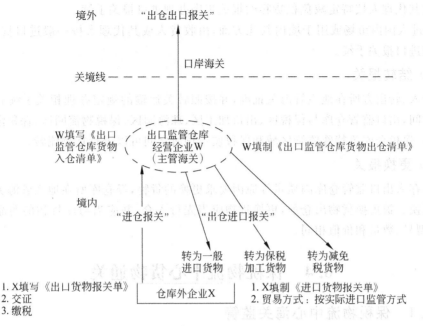

图 6-2 出口监管仓库主要报关类型示意

填制《出口货物报关单》,按照国家规定提交需要的出口许可证件和缴纳出口关税。

发货人或其代理人提交报关必需的单证和仓库经营企业填制的《出口监管仓库货物入仓清单》。

对经批准享受入仓即退税政策的出口监管仓库,海关在货物入仓办结出口报关手续后予以签发《出口货物报关单退税证明联》;对不享受入仓即退税政策的出口监管仓库,海关在货物实际离境后签发《出口货物报关单退税证明联》。

经主管海关批准,对批量少、批次频繁的入仓货物,可以办理集中报关手续。

(二)出仓报关

出口监管仓库货物出仓可能出现出口报关和进口报关两种情况。

1. 出口报关

出口监管仓库货物出仓出境时,仓库经营企业或其代理人应当向主管海关申报,提交报关必需的单证,并提交仓库经营企业填制的《出口监管仓库货物出仓清单》。

出仓货物出境口岸不在仓库主管海关的,经海关批准,可以在口岸所在地海关办理相关手续,也可以在仓库主管海关办理相关手续。

入仓没有签发《出口货物报关单退税证明联》的,出仓离境后由海关签发。

2. 进口报关

出口监管仓库货物转进口的,应当经海关批准,按照进口货物的有关规定办理相关手续。

(1)用于加工贸易的,由加工贸易企业或其代理人按保税加工货物的报关程序办理进口报关手续。

(2)用于可以享受特定减免税的特定地区、特定企业和特定用途的,由享受特定减免税的企业或其代理人按特定减免税货物的报关程序办理进口报关手续。

(3) 进入国内市场或用于境内其他方面,由收货人或其代理人按一般进口货物的报关程序办理进口报关手续。

(三) 结转报关

经转入、转出方所在地主管海关批准,并按照转关运输的规定办理相关手续后,出口监管仓库之间,出口监管仓库与保税区、出口加工区、珠海园区、保税物流园区、保税港区、保税物流中心、保税仓库等特殊监管区域和保税监管场所之间可以进行货物流转。

(四) 更换报关

对已存入出口监管仓库因质量等原因要求更换的货物,经仓库所在地主管海关批准,可以进行更换。被更换货物出仓前,更换货物应当先行入仓,并应当与原货物的商品编码、品名、规格型号、数量和价值相同。

6.4 保税物流中心货物通关

6.4.1 保税物流中心海关监管

(一) 含义

保税物流中心是指经海关总署批准,由中国境内一家企业法人经营,多家企业进入并从事保税仓储物流业务的海关集中监管场所。

(二) 功能

保税物流中心的功能是保税仓库和出口监管仓库功能的叠加,既可以存放进口货物,也可以存放出口货物,还可以开展多项增值服务。

1. 存放货物的范围

存放货物的范围为:
(1) 国内出口货物;
(2) 加工贸易进出口货物;
(3) 转口货物和国际中转货物;
(4) 外商暂存货物;
(5) 供应国际航行船舶和航空器的物料、维修用零部件;
(6) 供维修外国产品所进口寄售的零配件;
(7) 未办结海关手续的一般贸易进口货物;
(8) 经海关批准的其他未办结海关手续的货物。

2. 开展业务的范围

(1) 保税物流中心可以开展以下业务:
① 保税存储进出口货物及其他未办结海关手续货物;
② 对所存货物开展流通性简单加工和增值服务;
③ 全球采购和国际分拨、配送;
④ 转口贸易和国际中转业务;

⑤ 经海关批准的其他国际物流业务。
(2) 保税物流中心不得开展以下业务：
① 商业零售；
② 生产和加工制造；
③ 维修、翻新和拆解；
④ 存储国家禁止进出口货物，以及危害公共安全、公共卫生或者健康、公共道德或者秩序的国家限制进出口货物；
⑤ 法律、法规明确规定不能享受保税政策的货物；
⑥ 其他与物流中心无关的业务。

（三）设立
1. 保税物流中心的设立
保税物流中心应当设在靠近海港、空港、陆路枢纽，以及内陆国际物流需求量较大、交通便利、设有海关机构且便于海关集中监管的地方。
(1) 经营企业需满足的资格条件：
① 经市场监督管理部门注册登记，具有独立的企业法人资格；
② 注册资本不低于5 000万元人民币；
③ 具备对中心内企业进行日常管理的能力；
④ 具有协助海关对进出保税物流中心的货物和中心内企业的经营行为实施监督的能力。
(2) 申请设立保税物流中心需满足的条件：
① 符合海关对保税物流中心的监管规划建设要求；
② 仓储面积：东部地区不低于10万平方米，中部地区不低于5万平方米；
③ 经省级人民政府确认，符合地方发展总体布局，满足加工贸易发展对保税物流的需求；
④ 建立符合海关监管要求的计算机管理系统，提供海关查阅数据的终端设备，并按照海关规定的认证方式和数据标准，通过电子口岸平台与海关联网，以便海关在统一平台上与国税、外汇管理等部门实现数据交换及信息共享；
⑤ 设置符合海关监管要求的安全隔离设施、视频监控系统等监管、办公设施。
保税物流中心的申请由直属海关受理，报海关总署审批，并由海关总署出具批准申请企业筹建保税物流中心的文件。
保税物流中心验收合格后，由海关总署向企业核发《保税物流中心验收合格证书》和《保税物流中心注册登记证书》，颁发保税物流中心标牌。
保税物流中心在验收合格后方可开展有关业务。

2. 保税物流中心内企业的设立
企业进入保税物流中心的条件如下：
(1) 具有独立的法人资格或者特殊情况下的中心外企业的分支机构；
(2) 具有独立法人资格的企业注册资本最低限额为500万元人民币，属企业分支机构的，该企业注册资本不低于1 000万元人民币；

(3) 具备向海关缴纳税款和履行其他法律义务的能力;
(4) 建立符合海关监管要求的计算机管理系统并与海关联网;
(5) 在保税物流中心内有专门储存海关监管货物的场所。

主管海关受理后报直属海关审批。直属海关对经批准的企业核发《中华人民共和国海关保税物流中心企业注册登记证书》。

(四) 管理

(1) 保税物流中心经营企业不得在本中心内直接从事保税仓储物流的经营活动。

(2) 企业根据需要经主管海关批准,可以分批进出货物,月度集中报关,但集中报关不得跨年度办理。实行集中申报的进出口货物,应当适用每次货物进出口时海关接受申报之日实施的税率、汇率。

(3) 未经海关批准,保税物流中心不得擅自将所存货物抵押、质押、留置、移作他用或者进行其他处置。保税物流中心内的货物可以在中心内企业之间进行转让、转移,但必须办理相关海关手续。

(4) 保税仓储货物在存储期间发生损毁或者灭失的,除不可抗力外,保税物流中心经营企业应当依法向海关缴纳损毁、灭失货物的税款,并承担相应的法律责任。

6.4.2 保税物流中心货物报关

(一) 物流中心与境外之间的进出货物报关

(1) 物流中心与境外之间进出的货物,应当在物流中心主管海关办理相关手续。物流中心与口岸不在同一主管海关的,经主管海关批准,可以在口岸海关办理相关手续。

(2) 物流中心与境外之间进出的货物,除实行出口被动配额管理和中华人民共和国参加或者缔结的国际条约及国家另有明确规定的以外,不实行进出口配额、许可证件管理。

(3) 从境外进入物流中心内的货物,凡属于规定存放范围内的货物予以保税;属于物流中心企业进口自用的办公用品、交通运输工具、生活消费品等,以及物流中心开展综合物流服务所需进口的机器、装卸设备、管理设备等,按照进口货物的有关规定和税收政策办理相关手续。

(二) 物流中心与境内之间的进出货物报关

物流中心内货物运往所在关区外,或者跨越关区提取物流中心内货物,可以在物流中心主管海关办理进出中心的报关手续,也可以按照境内监管货物转关运输的方式办理相关手续。

物流中心与境内之间的进出货物报关按下列规定办理。

1. 出中心

(1) 出中心进入关境内的其他地区。保税物流中心货物出中心进入关境内的其他地区视同进口,按照货物进入境内的实际流向和实际状态填制《进口货物报关单》,办理进口报关手续;属于许可证件管理的商品,企业还应当向海关出具有效的许可证件。

进口申报流程同保税仓库出库进入境内货物的报关手续一样,具体手续见保税仓库有关内容。

从保税物流中心进入境内用于在保修期限内免费维修有关外国产品并符合无代价抵偿

货物有关规定的零部件,或者用于国际航行船舶和航空器的物料,或者属于国家规定可以免税的货物,免征进口关税和进口环节海关代征税。

(2) 出中心运往境外。保税物流中心货物出中心运往境外填制《出口货物报关单》,办理出口报关手续,具体流程与保税仓库和出口监管仓库运往境外货物的报关流程相似。

2. 进中心

货物从境内进入保税物流中心视同出口,办理出口报关手续。如需缴纳出口关税的,应当按照规定纳税;属于许可证件管理的商品,还应当向海关出具有效的出口许可证件。

从境内运入保税物流中心的原进口货物,境内发货人应当向海关办理出口报关手续,经主管海关验放;已经缴纳的关税和进口环节海关代征税,不予退还。

从境内运入物流中心已办结报关手续的货物,或者从境内运入中心供中心企业自用的国产机器设备、装卸设备、管理设备、检测检验设备等及转关出口货物(起运地海关在已收到物流中心主管海关确认转关货物进入物流中心的转关回执后),海关签发出口货物报关单退税证明联。

从境内运入保税物流中心的下列货物,海关不签发出口货物报关单退税证明联:

(1) 供中心企业自用的生活消费品、交通运输工具;

(2) 供中心企业自用的进口的机器设备、装卸设备、管理设备、检测检验设备等;

(3) 物流中心之间,物流中心与出口加工区、保税物流园区和已实行国内货物入仓环节出口退税政策的出口监管仓库等海关特殊监管区域或者海关保税监管场所往来的货物。

6.5 海关特殊监管区域通关

以上分别阐述了保税物流货物监管场所(保税仓库、出口监管仓库、保税物流中心)的相关通关规定,以下对保税物流海关特殊监管区域(保税物流园区、保税区、保税港区)的通关规定进行综述。

6.5.1 功能综述

海关特殊监管区域功能综述见表 6-2。

表 6-2 海关特殊监管区域功能综述

保税物流园区	保 税 区	保 税 港 区
① 存储进出口货物及其他未办结海关手续的货物; ② 流通加工; ③ 转口贸易; ④ 国际采购、分配和配送; ⑤ 国际中转; ⑥ 检测、维修; ⑦ 商品展示; ⑧ 经海关批准的其他国际物流业务	① 出口加工; ② 转口贸易; ③ 商品展示; ④ 仓储运输(保税加工+保税物流)	① 存储进出口货物及其他未办结海关手续的货物; ② 转口贸易; ③ 国际采购、分配和配送; ④ 国际中转; ⑤ 检测和售后服务维修(仅限我国出口机电产品售后维修); ⑥ 商品展示; ⑦ 研发、加工、制造; ⑧ 港口作业 具备目前中国海关所有特殊监管区域具备的全部功能

6.5.2 通关制度综述

海关特殊监管区域通关制度综述见表6-3。

表6-3 海关特殊监管区域通关制度综述

保税物流园区	保 税 区	保税港区
① 除园区自用的免税进口货物、国际中转货物外，实行备案制，适用进出境备案清单，进出境货物应向园区海关申报； ② 货物的进出口境口岸不在园区海关辖区的，经海关批准，可在口岸海关办理申报手续	报关制＋备案制 ① 属自用的货物，采用报关制； ② 属非自用的，即保税加工、保税仓储、转口贸易、商品展示进出境的货物，采取备案制	① 实行备案制管理，进出境货物应向港区海关申报； ② 货物进出境口岸不在保税港区海关辖区的，经海关批准，可以在口岸海关办理申报手续

6.5.3 报关综述

（一）区内↔境外

特殊监管区域进出境货物报关综述见表6-4。

表6-4 特殊监管区域进出境货物报关综述

类别		保税物流园区、保税区、保税港区
从境外进入区内货物	保税	与各自监管区域功能相符，为开展业务而从境外进入区内的货物可以保税
	免税	① 园区的基础设施建设项目所需的设备、物资等； ② 区内企业为开展业务所需机器、装卸设备、仓储设施、管理设备及其维修用消耗品、零部件及工具； ③ 区内行政机构及其经营主体、区内企业自用合理数量的办公用品
	征税	区内行政机构及其经营主体、区内企业自用交通运输工具、生活消费品，按一般进口货物办理申报手续
	许可管理	境外运入区内的货物"免证"（保税区企业开展加工贸易，进口易制毒化学品、监控化学品、消耗臭氧层物质除外）
区内→境外		除法律、法规另有规定外，免征出口关税，不实行许可证件管理

（二）区内→区外

特殊监管区域出区货物报关综述见表6-5。

表6-5 特殊监管区域出区货物报关综述

出区货物	保税物流园区、保税区、保税港区
货物出区、报进口	由区外企业（物流园区与保税港区也可由区内企业）按货物的实际流向向区内海关办理相关手续：① 一般进口的、征税、交证；② 保税加工进口的、保税、免证；③ 特定减免税进口的、减免税、交证
区内企业在区外举办商品展示	比照海关对暂准进境货物的管理规定办理有关手续
运往区外检测、维修机器设备和办公用品	比照进境维修货物的有关规定，不得留在区外使用，并自运出之日起60天内运回区内，可申请延长30天（物流园区为届满前10天提出延期申请，其他监管区为届满前7天）

续表

出区货物	保税物流园区、保税区、保税港区	
出区外发加工	由区外企业向区外海关以加工贸易进口货物申报（6个月，可延长6个月）	由区内企业向区内海关办理出区外发加工手续（6个月）

（三）区外→区内

特殊监管区域进区货物报关综述见表6-6。

表6-6 特殊监管区域进区货物报关综述

类 别	进 区 货 物
保税物流园区、保税港区	进区、报出口，由区内企业或者区外的收发货人或其代理人向区内海关办理申报手续、缴税、交证，海关签发《出口货物报关单退税证明联》
保税区	① 进区、报出口，有电子化手册或电子账册，填写《出口货物报关单》，交证，出口应当征收出口关税的，须缴税，海关不签发《出口货物报关单退税证明联》； ② 进区外发加工，提交外发加工合同向保税区海关备案，加工出区后核销，不填写《进出口货物报关单》，不缴纳税费； ③ 设备（不管是施工还是投资设备）进区，均需向保税区海关备案，不填写报关单，免出口关税，海关不签发《出口货物报关单退税证明联》

精 选 习 题

一、单选题

1. 海关对从事保税物流货物企业的监管模式中，采用非物理围网监管模式的是（　　）。
   A. 保税仓库　　　B. 保税物流中心　　　C. 保税区　　　D. 保税港区
2. 保税物流货物在海关税收管理上的主要特征是（　　）。
   A. 进境时暂缓缴纳进口关税　　　　　B. 进境时缴纳进口环节海关代征税
   C. 复运出境征税　　　　　　　　　　D. 内销时征收缓税利息
3. 保税物流货物在证件管理上的主要特征是（　　）。
   A. 免予交验进出口许可证件
   B. 除国家另还有规定外，免予交验进出口许可证件
   C. 一律交证
   D. 不涉及许可证件管理
4. 保税仓库存放保税物流货物的时间是（　　）。
   A. 半年　　　　　B. 1年　　　　　C. 2年　　　　　D. 无期限
5. 保税物流中心存放保税物流货物的时间是（　　），可以申请延长（　　）。
   A. 1年　1年　　B. 半年　半年　　C. 2年　1年　　D. 2年　2年
6. 保税区进出境备案清单适用于（　　）。
   A. 保税区与境外非保税区之间进出口的货物
   B. 保税区从境外进口的转口货物
   C. 保税区企业从境外进口自用的机器设备

D. 保税区工作人员从境外进口的自用应税物品

7. 下列货物中,不得存入保税仓库的是( )。
   A. 加工贸易出口货物　　　　　　　　B. 进境转口货物
   C. 供应国际航行船舶的进口油料　　　D. 外商进境暂存货物

8. 从境内运入物流中心的原进口货物,应当( )。
   A. 办理出口报关手续,退还原进口税　　B. 办理出口报关手续,不退原进口税
   C. 办理进口报关手续,退还原进口税　　D. 办理进口报关手续,不退原进口税

9. 海关特殊监管区域外的保税仓库经营企业( )。
   A. 可以自理报关,不能代理报关
   B. 既可以自理报关,也可以代理报关
   C. 可以代理报关,不能自理报关
   D. 既不可以自理报关,也不可以代理报关

10. 经海关批准设立的保税仓库,可以存放于其中的货物是( )。
    A. 进口货物　　　　　　　　B. 进口货物和出口货物
    C. 出口货物　　　　　　　　D. 加工贸易进出口货物

11. 下列货物中,不是存入保税仓库的是( )。
    A. 加工贸易出口货物　　　　　　　　B. 进境转口货物
    C. 供应国际航行船舶的进口油料　　　D. 外商进境暂存货物

12. 出口监管仓库所存货物的储存期限为( ),如因特殊情况需要延长储存期限,应在到期之前向主管海关申请延期,延长的期限最长不超过( )。
    A. 6个月　6个月　　　　　　B. 6个月　3个月
    C. 1年　1年　　　　　　　　D. 2年　1年

13. 保税区进出境货物备案清单适用于( )。
    A. 保税区与境内非保税区之间进出口的货物
    B. 保税区从境外进口的转口货物
    C. 保税区区内企业从境外进口自用的机器设备
    D. 保税区管理机构从境外进口的办公用品

二、多选题

1. 保税物流中心属于( )。
   A. 非物理围网监管　　　　　　B. 物理围网监管
   C. 保税监管场所　　　　　　　D. 特殊监管区域

2. 保税物流货物运离海关保税监管场所或特殊监管区域内销时,下列说法不正确的有( )。
   A. 需要缴纳进口税费　　　　　B. 免税
   C. 不缴纳缓税利息　　　　　　D. 缴纳缓税利息

3. 下列各项中,可以享受入区退税的有( )。
   A. 保税仓库　　B. 保税物流中心　　C. 保税区　　D. 保税港区

4. 保税区进境的( )使用进出境货物备案清单报关。
   A. 加工贸易料件　　　　　　　B. 加工贸易设备

C. 转口贸易货物　　　　　　　　　D. 仓储货物
5. 保税港区可以开展（　　）业务。
   A. 对外贸易、国际采购、分销和配送　　B. 商品加工、制造
   C. 商品展示与商业零售　　　　　　　D. 港口作业
6. 海关对保税物流货物监管的基本特征,除监管延伸、纳税暂缓外,还有（　　）。
   A. 设立审批　　B. 准入保税　　C. 复运出境　　D. 运离结关

三、判断题
1. 保税物流中心存放保税货物没有时间限制。　　　　　　　　　　　　　（　）
2. 对已存入出口监管仓库因质量等原因要求更换的货物,经仓库所在地主管海关批准,可以更换货物。更换货物入仓前,被更换货物应当先行出仓。　　　（　）
3. 公用保税仓库由主管仓储业务的中国境内独立企业法人经营,专门向社会提供保税仓储服务,其面积最低为2 000平方米。　　　　　　　　　　　　　　（　）
4. 保税仓库货物出库内销时,保税物流货物需征收缓税利息。　　　　　　（　）
5. 企业设立保税仓库应向仓库所在地主管海关提交书面申请,由主管海关初审,报海关总署审批。　　　　　　　　　　　　　　　　　　　　　　　　　　（　）
6. 可以在保税仓库内进行实质性加工。　　　　　　　　　　　　　　　　（　）
7. 某保税物流中心企业从境外进口自用办公用品以及为开展综合物流服务所需进口的机器、装卸设备等,按照规定,进口这些物资可予以免税。　　　　　　　（　）
8. 从境内运入物流中心已办结报关手续或者从境内运入物流中心供中心内企业自用的各种国产设备以及转关出口货物,海关签发出口货物报关单退税证明联。（　）
9. 保税物流中心的经营企业不得在中心直接从事保税仓储物流的经营活动。（　）
10. 保税区与境外之间进出境货物,属自用的,填写进出境备案清单。　　（　）

第7章

一般进出口货物通关

7.1 一般进出口货物海关监管概述

7.1.1 一般进出口货物概述

一般进出口货物是指在进出口环节缴纳了应征的进出口税费并办结了所有必要的海关手续,海关放行后不再进行监管,可以直接进入生产和消费领域流通的进出口货物。

一般进出口货物并不完全等同于一般贸易货物。一般贸易是国际贸易中的一种交易方式。一般进出口货物是指按照海关一般进出口监管制度监管的进出口货物。一般贸易货物在进口时可以按一般进出口监管制度办理海关手续,这时它就是一般进出口货物;也有可能按特定减免税监管制度办理海关手续,这时它就变成了特定减免税货物;还可以按保税监管制度办理海关手续,这时它就是变成了保税货物。也就是说,不同监管制度的通关货物可能采用同一种贸易方式。

7.1.2 一般进出口货物海关监管

（一）特征

一般进出口货物具有以下特征。

1. 进出境时缴纳进出口税费

一般进出口货物的收发货人应当在货物进出境时向海关缴纳全额税费。

2. 进出口时提交相关的许可证件

一般进出口货物进出口如需要申领进出口许可证件的,进出口货物收发货人或其代理人应当向海关提交相关的进出口许可证件。

3. 海关放行即办结海关手续

海关征收了全额税费,审核了相关的进出口许可证件,并对货物进行实际查验(或作出不予查验的决定)以后,按规定签章放行。这时,进出口货物收发货人或其代理人才能办理提取进口货物或者装运出口货物的手续。

对一般进出口货物来说,海关放行就意味着海关结关,货物可以直接进入生产和消费领域流通。

(二)范围

海关监管货物按货物进境、出境后是否复运出境、复运进境,可以分为两大类:一类是实际进出口的货物,即进境后不再复运出境或者出境后不再复运进境;另一类是非实际进出口的货物,即进境后复运出境或者出境后复运进境。

一般进出口货物主要包括以下几类。

(1)一般贸易进口货物。

(2)一般贸易出口货物。

(3)转变为实际进口的保税货物、暂准进境货物,转变为实际出口的暂准出境货物(注:不包括在监管期内结转的特定减免税进口货物)。

(4)易货贸易、补偿贸易进出口货物。

(5)不批准保税的寄售代销贸易货物。

(6)承包工程项目实际进出口货物。

(7)外国驻华商业机构进出口陈列用的样品(注:无商业价值的货样广告品属法定免检,按免税品申报;暂时进出的货样广告品,按暂准进出境货物申报;贸易进出口的货样广告品,按货样广告品 A 或货样广告品 B 申报)。

(8)外国旅游者小批量订货出口的商品。

(9)随展览品进境的小卖品(注:不包括随展览品出境的小卖品)。

(10)免费提供的进口货物,例如:①外商在经济贸易活动中赠送的进口货物;②外商在经济贸易活动中免费提供的试车材料等;③我国在境外的企业、机构向国内单位赠送的进口货物(注:外国政府、国际组织赠送的进口货物,属法定减免货物;无偿援助的,或扶贫慈善赠送的,或救灾赠送的进口货物,属特定减免税进口货物)。

7.2 一般进出口货物报关程序

一般进出口货物报关程序没有前期阶段和后续阶段,只有进出口阶段,由四个环节构成,即进出口申报→配合查验→缴纳税费→提取或装运货物。

所有的进出境货物报关程序都有进出口阶段,因此一般进出口货物的报关程序除缴纳税费环节有别外,适用于其他所有进出境货物的报关。

7.2.1 进出口申报

(一)概述

1. 申报含义

申报是指报关单位在规定的期限和地点,采用电子数据报关单和纸质报关单形式,向海关报告实际进出口货物的情况,并接受海关审核的行为。

2. 申报地点

(1)对于非转关货物,进口货物应当由收货人或其代理人在货物的进境地海关申报;出口货物应当由发货人或其代理人在货物的出境地海关申报。

(2)对于转关货物,经收发货人申请,海关同意,进口货物的收货人或其代理人可以在设有海关的货物指运地申报；出口货物的发货人或其代理人可以在设有海关的货物起运地申报。

（3）以保税货物、特定减免税货物和暂准进境货物申报进境的货物，因故改变使用目的从而改变货物通关属性转为一般进口货物时，进口货物的收货人或其代理人应当在货物所在地的主管海关申报。

3. 申报期限

进口货物的申报期限为自装载货物的运输工具申报进境之日起14日内（从运输工具申报进境之日的第二天开始算，下同）。

进口货物自装载货物的运输工具申报进境之日起超过3个月仍未向海关申报的，货物由海关依法变卖。对属于不宜长期保存的货物，海关可以根据实际情况先行变卖处理。

出口货物的申报期限为货物运抵海关监管区后、装货的24小时以前。经电缆、管道或其他特殊方式进出境的货物，进出口货物收发货人或其代理人按照海关规定定期申报。

4. 申报日期

申报日期是指申报数据被海关接受的日期（见表7-1）。

表 7-1　确定申报日期归纳

申 报 情 形	申 报 日 期	申报期限最后一天
① 采用先电子数据报关单申报，后提交纸质报关单，或者仅以电子数据报关单方式申报的	海关接受电子数据申报的日期	运输工具申报进境之日起第14日（从第二天开始算，下同）
② 电子数据报关单经过海关计算机检查被退回，改单后重报的	海关接受重新申报电子数据的日期	
③ 海关已接受申报的电子数据，但未按时提交纸质报关单，海关撤单后重报的		
④ 海关已接受申报的电子数据，送人工审单后，退单要求对部分内容改单重报的	仍为海关原接受电子数据申报的日期	
⑤ 海关已接受申报的电子数据，送人工审单后，撤单要求重新申报的	海关接受重新申报的日期	撤销电子数据报关单之日起第14日
⑥ 先纸质报关单申报，后补报电子数据，或只提供纸质报关单申报的	海关工作人员在报关单上进行登记处理的日期	运输工具申报进境之日起第14日

注：1. ④和⑤条的区别在于，退单修改重报和撤单重报性质是不同的。

2. 申报期限表示一段时间，而申报日期表示某一天。申报日期在申报期限内不产生滞报，反之则产生滞报。滞报金的征收，以运输工具申报进境之日起第15日（适用表中的第①②③④⑥情况）或海关撤销电子数据报关单之日起第15日（适用表中的第⑤种情况）为起征日，以海关接受申报或重新申报之日为截止日。

5. 滞报金

进口货物收货人超过规定期限向海关申报的，滞报金的征收以自运输工具申报进境之日起第15日为起征日，以海关接受申报之日为截止日。

进口货物滞报金按日计征。起始日和截止日均计入滞报期间。关于滞报金的征收主要有以下三种情况。

（1）进口货物收货人在向海关传送报关单电子数据申报后，未在规定期限内提交纸质报关单，海关予以撤销电子数据报关单处理，进口货物收货人因此重新向海关申报产生滞报的,滞报金的征收以自运输工具申报进境之日起第 15 日为起征日,以海关重新接受申报之日为截止日。

(2) 进口货物收货人申请并经海关依法审核,必须撤销原电子数据报关单重新申报,产生滞报的,滞报金的征收以撤销原电子数据报关单之日起第 15 日为起征日,以海关重新接受申报之日为截止日。

(3) 进口货物因收货人在运输工具申报进境之日起超过 3 个月未向海关申报,被海关作变卖处理后,收货人申请发还余款的,滞报金的征收以自运输工具申报进境之日起第 15 日为起征日,以该 3 个月期限的最后一日为截止日。

滞报金的日征收金额为进口货物完税价格的 0.5‰,以人民币"元"为计征单位,不足 1 元人民币的部分免予计收。

征收滞报金的计算公式为

$$滞报金 = 进口货物完税价格 \times 0.5‰ \times 滞报天数$$

滞报金的起征点为 50 元人民币。

滞报金的起征日如遇法定节假日或休息日,则顺延至其后第 1 个工作日。

因完税价格调整等原因需补征滞报金的,滞报金额应当按照调整后的完税价格重新计算,补征金额不足 50 元人民币的,免予征收。

因不可抗力等特殊情况产生的滞报可以向海关申请减免滞报金。

(二) 步骤

1. 准备申报单证

申报单证可以分为报关单和随附单证两大类,其中随附单证包括基本单证和特殊单证。

(1) 报关单是由报关员按照海关规定格式填制的申报单,是指《进出口货物报关单》或者带有进出口货物报关单性质的单证,如特殊监管区域的《进出境备案清单》《进出口货物集中申报清单》《ATA 单证册》《过境货物报关单》《快件报关单》等。一般来说,任何货物的申报,都必须有报关单。

(2) 随附单证包括基本单证和特殊单证。

基本单证包括货运单证和商业单据,主要有进口提货单据(D/O)、出口装货单据(S/O)、商业发票(C/I)、装箱单(P/L)等。

特殊单证主要有进出口许可证件、加工贸易手册(包括电子化手册、电子账册和电子化手册)、特定减免税证明、作为有些货物进出境证明的原进出口货物报关单证、出口收汇核销单、原产地证明书、贸易合同等。某些货物的申报,必须有特殊单证,比如租赁贸易货物进口申报,必须有租赁合同,其他货物进口申报则不一定需要贸易合同,所以贸易合同对于租赁贸易货物申报来说是一种特殊单证。

报关单位应向报关员提供基本单证、特殊单证,报关员审核这些单证后据以填制报关单。

2. 进口申报前看货取样

进口货物的收货人在向海关申报前,为了确定货物的品名、规格、型号等,可以向海关提交查看货物或者提取货样的书面申请。海关审核同意的,派员到场监管。

涉及动植物及其产品和其他须依法提供检疫证明的货物,如需提取货样,应当事先取得检验检疫部门签发的书面批准证明。提取货样后,到场监管的海关工作人员与进口货物的收货人在海关开具的取样记录和取样清单上签字确认。

3. 申报方式

(1) 电子数据申报。进出口货物收发货人或其代理人可以选择终端申报方式、委托EDI方式、自行EDI方式、网上申报方式四种电子申报方式中适用的一种,将报关单内容录入海关电子计算机系统,生成电子数据报关单。

进出口货物收发货人或其代理人在委托录入或自行录入报关单数据的计算机上接收到海关发送的接受申报信息,即表示电子申报成功;接收到海关发送的不接受申报信息后,则应当根据信息提示修改报关单内容后重新申报。

(2) 提交纸质报关单及随附单证。海关审结电子数据报关单后,进出口货物收发货人或其代理人应当自接到海关"现场交单"或"放行交单"信息之日起10日内,持打印的纸质报关单,备齐规定的随附单证并签名盖章,到货物所在地海关提交书面单证,办理通关手续。

4. 修改申报内容或撤销申报

海关接受进出口货物申报后,电子数据和纸质的进出口货物报关单有正当理由的,经海关审核批准,可以修改或撤销。

修改或撤销申报有以下两种情况。

(1) 报关单位要求修改或撤销。报关单位确有如下正当理由的,可以向原接受申报的海关申请修改或者撤销进出口货物报关单:

① 由于报关人员操作或书写失误造成所申报的报关单内容有误,并且未发现有走私违规或者其他违法嫌疑的;

② 出口货物放行后,由于装运、配载等原因造成原申报货物部分或全部退关、变更运输工具的;

③ 进出口货物在装载、运输、存储过程中因溢短装,不可抗力的灭失、短损等原因造成原申报数据与实际货物不符的;

④ 根据贸易惯例先行采用暂时价格成文,实际结算时按商检品质认定或国际市场实际价格付款方式需要修改申报内容的;

⑤ 由于计算机、网络系统等方面的原因导致电子数据申报错误的。

海关已经决定布控、查验的,以及涉案的进出口货物的报关单在办结前不得修改或者撤销。

报关单位申请修改或者撤销进出口货物报关单的,应当向海关提交《进出口货物报关单修改/撤销申请表》,并相应提交可以证明进出口实际情况的合同、发票、装箱单等相关单证,外汇管理、税务、检验检疫、银行等有关部门出具的单证,应税货物的《海关专用缴款书》及用于办理收付汇和出口退税的《进出口货物报关单证明联》等海关出具的相关单证。

因修改或者撤销进出口货物报关单导致需要变更、补办进出口许可证件的,进出口货物收发货人或其代理人应当向海关提交相应的进出口许可证件。

(2) 海关发现报关单需要进行修改或者撤销。海关发现进出口货物报关单需要进行修改或者撤销,但报关单位未提出申请的,海关应当通知报关单位。报关单位在填写《进出口货物报关单修改/撤销确认书》后,由海关对进出口货物报关单进行修改或者撤销。

同样，因修改或者撤销进出口货物报关单导致需要变更、补办进出口许可证件的，报关单位应当向海关提交相应的进出口许可证件。

7.2.2 配合海关查验

（一）海关查验

1. 海关查验的含义

海关查验是指海关为确定进出境货物收发货人向海关申报的内容是否与进出口货物的真实情况相符，或者为确定商品的归类、价格、原产地等，依法对进出口货物进行实际核查的执法行为。

2. 查验地点

查验应当在海关监管区内实施。

因货物易受温度、静电、粉尘等自然因素影响，不宜在海关监管区内实施查验，或者因其他特殊原因，需要在海关监管区外查验的，经进出口货物收发货人或其代理人书面申请，海关可以派员到海关监管区外实施查验。

3. 查验时间

当海关决定查验时，即将查验的决定以书面通知的形式通知进出口货物收发货人或其代理人，约定查验的时间。查验时间一般约定在海关正常工作时间内。在一些进出口业务繁忙的口岸，海关也可接受进出口货物收发货人或其代理人的请求，在海关正常工作时间以外实施查验。

对于危险品或者鲜活、易腐、易烂、易失效、易变质等不宜长期保存的货物，以及因其他特殊情况需要紧急验放的货物，经进出口货物收发货人或其代理人申请，海关可以优先实施查验。

4. 查验方法

海关实施查验可以彻底查验，也可以抽查。彻底查验是指对一票货物逐件开拆包装，验核货物实际状况；抽查是指按照一定比例有选择地对一票货物中的部分货物验核实际状况。

查验操作可以分为人工查验和设备查验。

（1）人工查验。人工查验包括外形查验、开箱查验。外形查验是指对外部特征直观、易于判断基本属性的货物的包装、运输标志和外观等状况进行验核。开箱查验是指将货物从集装箱、货柜车厢等箱体中取出并拆除外包装后对货物实际状况进行验核。

（2）设备查验。设备查验是指以技术检查设备为主对货物实际状况进行的验核。

5. 复验（重新查验）

海关可以对已查验货物进行复验。

有下列情形之一的，海关可以复验：

（1）经初次查验未能查明货物的真实属性，需要对已查验货物的某些性状做进一步确认的；

（2）货物涉嫌走私违规，需要重新查验的；

（3）进出口货物收发货人对海关查验结论有异议，提出复验要求并经海关同意的。

已经参加过查验的查验人员不得参加对同一票货物的复验。

6. 径行开验

径行开验是指海关在进出口货物收发货人或其代理人不在场的情况下，对进出口货物进行开拆包装查验。

有下列情形之一的，海关可以径行开验：

（1）进出口货物有违法嫌疑的；

（2）经海关通知查验，进出口货物收发货人或其代理人届时未到场的。海关径行开验时，存放货物的海关监管场所经营人、运输工具负责人应当到场协助，并在查验记录上签名确认。

（二）查验具体工作

进出口货物收发货人或其代理人应该到场配合海关查验，做好如下工作。

（1）负责按照海关要求搬移货物，开拆包装，以及重新封装货物。

（2）预先了解和熟悉所申报货物的情况，如实回答查验人员的询问及提供必要的资料。

（3）协助海关提取需要做进一步检验、化验或鉴定的货样，收取海关出具的取样清单。

（4）查验结束后，认真阅读查验人员填写的《海关进出境货物查验记录单》，注意以下情况的记录是否符合实际：①开箱的具体情况；②货物残损情况及造成残损的原因；③提取货样的情况；④查验结论。

查验记录准确清楚的，配合查验人员应立即签名确认。配合查验人员如不签名，海关查验人员在查验记录中予以注明，并由货物所在监管场所的经营人签名证明。

（三）货物损坏赔偿

因进出口货物所具有的特殊属性，容易因开启、搬运不当等原因导致货物损毁，需要海关查验人员在查验过程中予以特别注意的，进出口货物收发货人或其代理人应当在海关实施查验前申明。

在查验过程中，或者证实海关在径行开验过程中，因为海关查验人员的责任造成被查验货物损坏的，报关单位可以要求海关赔偿。

海关赔偿的范围仅限于在实施查验过程中，由于查验人员的责任造成被查验货物损坏的直接经济损失。直接经济损失的金额根据被损坏货物及其部件的受损程度确定，或者根据修理费确定。

以下情况不属于海关赔偿范围：

（1）进出口货物的收发货人或其代理人搬移、开拆、封装货物或保管不善造成的损失；

（2）易腐、易失效货物在海关正常工作程序所需时间内（含扣留或代管期间）所发生的变质或失效；

（3）海关正常查验时产生的不可避免的磨损；

（4）在海关查验之前已发生的损坏和海关查验之后发生的损坏；

（5）由于不可抗拒的原因造成货物的损坏、损失。

进出口货物的收发货人或其代理人在海关查验时对货物是否受损坏未提出异议，事后发现货物有损坏的，海关不负赔偿责任。

7.2.3 缴纳税费

报关单位将报关单及随附单证提交给货物进出境地指定海关,海关对报关单进行审核,对需要查验的货物先由海关查验,然后核对计算机计算的税费,开具《税款缴款书》和收费票据。报关单位在规定时间内,持《税款缴款书》或收费票据向指定银行办理税费交付手续。

在试行中国电子口岸网上缴税和付费的海关,报关单位可以通过电子口岸接收海关发出的《税款缴款书》和收据票据,在网上向指定银行进行电子支付税费。一旦收到银行缴款成功的信息,即可报请海关办理货物放行手续。

有关税费缴纳的具体操作见第13章"进出口税费"有关内容。

7.2.4 提取或装运货物

(一)海关进出境现场放行和货物结关

(1)海关进出境现场放行是指海关接受进出口货物的申报,审核电子数据报关单和纸质报关单及随附单证,查验货物,征免税费或接受担保以后,对进出口货物作出结束海关进出境现场监管决定,允许进出口货物离开海关监管现场的工作环节。

海关进出境现场放行一般由海关在进口货物提货凭证或者出口货物装货凭证上加盖海关放行章。报关单位签收进口提货凭证或者出口装货凭证,凭以提取进口货物或将出口货物装上运输工具离境。

在实行"无纸通关"申报方式的海关,海关作出现场放行决定时,通过计算机将海关决定放行的信息发送给报关单位和海关监管货物保管人。进出口货物收发货人或其代理人在计算机上自行打印海关通知放行的凭证,凭以提取进口货物或将出口货物装运到运输工具上离境。

(2)货物结关是进出境货物办结海关手续的简称。进出境货物由收发货人或其代理人在海关办理完所有的海关手续,履行了法律规定的与进出口有关的一切义务,就办结了海关手续,海关不再进行监管。

(3)海关进出境现场放行有两种情况:一种情况是放行就等于结关,如一般进出口货物;另一种情况是放行不等于结关,如保税货物、特定减免税货物、暂准进出境货物、部分其他进出境货物,放行时报关单位并未办完所有的海关手续,海关在一定期限内还需进行监管。

(二)提取货物或装运货物

报关单位签收海关加盖海关放行章戳记的进口提货凭证,凭以到货物进境地的港区、机场、车站、邮局等地的海关监管仓库,办理提取进口货物的手续。

报关单位签收海关加盖海关放行章戳记的出口装货凭证,凭以到货物出境地的港区、机场、车站、邮局等地的海关监管仓库,办理将货物装上运输工具离境的手续。

(三)申请签发报关单证明联和办理其他证明手续

报关单位办理完提取进口货物或装运出口货物的手续以后,如需要海关签发有关货物的进口、出口报关单证明联或办理其他证明手续的,均可向海关提出申请。

1. 申请签发报关单证明联

常见的报关单证明联主要有以下三类：

(1) 进口付汇证明联；

(2) 出口收汇证明联；

(3) 出口退税证明联。

2. 办理其他证明手续

(1) 出口收汇核销单。

(2) 进口货物证明书。对进口汽车、摩托车，应当向海关申请签发《进口货物证明书》，进口货物收货人凭以向国家交通管理部门办理汽车、摩托车的牌照申领手续。海关放行汽车、摩托车后，签发《进口货物证明书》。同时，将《进口货物证明书》上的内容通过计算机发送给海关总署，再传输给国家交通管理部门。

精 选 习 题

一、单选题

1. 某公司按暂定价格申报进口完税价格为 270 000 元人民币的货物，滞报 3 天，支付滞报金后，完税价格调整为 300 000 元人民币，申请修改申报被海关接受，该公司应补交滞报金（　　）元。

　　A. 0　　　　　　　B. 45　　　　　　　C. 405　　　　　　　D. 450

2. 进口货物的申报期限为装载货物的运输工具申报进境之日起（　　）日内，进口货物装载货物的运输工具申报进境之日起超过（　　）个月仍未向海关申报的，货物由海关提取并依法变卖。

　　A. 15　3　　　　　B. 14　3　　　　　C. 15　1　　　　　D. 14　4

3. 出口货物的申报期限为货物运抵海关监管后（　　）。

　　A. 装货前的 24 小时　　　　　　　B. 装货的 24 小时前

　　C. 装货前的 48 小时　　　　　　　D. 装货的 48 小时前

4. 下列关于海关征收滞报金的表述，正确的是（　　）。

　　A. 计征起始日为运输工具申报进境之日起第 15 日，截止日为海关接受申报之日（即申报日期），起始日计入滞报期间，但截止日不计入滞报期间

　　B. 滞报金的日征收金额为进口货物完税价格的 5‰

　　C. 滞报金计算至人民币"分"

　　D. 滞报金的起征点为 50 元人民币

5. 一般情况下，进口货物应当在（　　）向海关申报。

　　A. 进境地　　　　　B. 起运地　　　　　C. 目的地　　　　　D. 指运地

6. 滞报金的征收，以人民币（　　）为计征单位。

　　A. 元　　　　　　　B. 角　　　　　　　C. 分　　　　　　　D. 50 元

7. 以下进出口货物中，不属于一般进出口货物的是（　　）。

　　A. 不批准保税的寄售代销贸易货物

B. 救灾捐赠物资

C. 外国驻华商业机构进出口陈列用的样品

D. 随展览品进境的小卖品

二、多选题

1. （　　）属于一般进出口货物。
   A. 暂准进境的货样
   B. 转为实际进口的保税料件
   C. 转为实际出口的暂准出境货物
   D. 加工贸易外商免费提供的进境试车材料

2. 径行开验是指海关在进出口货物收发货人不在场的情况下，对进出口货物进行打开拆包查验。海关可以径行开验的情形有（　　）。
   A. 进出口货物发货人对海关查验结论有异议的
   B. 进出口货物存在违法嫌疑的
   C. 经初次检查未查明货物的真实属性，需对已查验货的某些性状做进一步确认的
   D. 经海关通知检查，进出口货物收发货人届时未到场

3. 以下关于修改申报内容或者撤销申报的表述，正确的有（　　）。
   A. 对于海关已经决定布控、查看的货物，报关单在办结前不得修改
   B. 对于海关已经决定布控、查看的货物，报关单在办结前不得撤销
   C. 对于涉案的货物，报关单在办结前不得修改
   D. 对于涉案的货物，报关单在办结前不得撤销

4. 海关可以对已查验货物进行复验，海关可以复验的情形包括（　　）。
   A. 经初次查验未能查明货物的真实属性，需要对已查验货物的某些性状做进一步确认的
   B. 货物涉嫌走私违规，需要重新查验的
   C. 进出口货物收发货人对海关查验结论有异议，提出复验要求并经海关同意的
   D. 海关查验后，检验检疫部门提出复验要求的

5. 进出口货物收发货人或其代理人配合海关查验的工作主要包括（　　）。
   A. 负责按照海关要求搬移货物，开拆包装
   B. 回答查验关员的询问
   C. 负责提取需要做进一步检验、化验或鉴定的货样
   D. 签字确认查验记录

三、判断题

1. 一般进出口货物也称为一般贸易货物，是指在进出境环节缴纳了应征的进出口税费并办结了所有必要的海关手续，海关放行后不再进行监管，可以直接进入生产和流通领域的进出口货物。（　　）

2. 一般进口货物、特定减免税货物、保税货物均可以采用一般贸易方式进口。（　　）

3. 进出境货物的海关现场放行就是结关。（　　）

4. 电子数据报关单被海关退回后，进出口货物收发货人或其代理人应当按照要求修改后重新申报，申报日期为海关接受重新申报的日期。（　　）

5. 进出口货物收发货人申请修改或撤销报关单的,应当向海关提交《进出口货物报关单修改/撤销确认书》。　　　　　　　　　　　　　　　　　　　　(　　)

四、综合实务题

某外商独资经营企业(非鼓励类项目,A 类管理企业)使用其投资总额内资金向海关申报进口"立式数控车床"(商品编码 8458.9100,进口关税税率为 5％)数台。海关在审单时因对所报货物的商品编码有疑义,遂确定实施查验,并在查验时发现该批货物实为"立式加工中心"(商品编码 8457.1010,进口关税税率为 9.7％)。该货物列入《法检目录》和《自动进口许可管理货物目录》。海关要求该企业修改该批货物的商品编码,并因该企业实际申报归类错误,决定按"申报不实"对该企业罚款 12 万元人民币,并调整其管理类别。该企业表示,错报商品编码实属报关员不熟悉进口设备所致,并非企业故意,故不能接受海关处罚。

根据上述案例,回答下列各题。

1. 下列对于对"立式加工中心"实施进口贸易管制的表述,正确的是(　　)。
  A. 进口报关时应提交"自动进口许可证"
  B. 进口报关时应提交"入境货物通关单"
  C. 该企业应在报关前办理监管证件的申领手续
  D. 应提交的监管证件实行"一批一证"制
2. "立式加工中心"进口,该企业进口时属于(　　),其报关单"贸易方式"栏应填报为(　　)。
  A. 一般贸易货物　一般贸易
  B. 特定减免税进口货物　一般贸易
  C. 一般进口货物　外资设备物品
  D. 特定减免税进口货物　外资设备物品
3. 下列关于"立式加工中心"进口申报的表述,正确的是(　　)。
  A. 自装载货物的运输工具申报进境之日起 14 日内向海关申报,逾期申报的,应向海关缴纳滞报金
  B. 可自主选择电子数据报关单或纸质报关单的申报方式
  C. 应填写《进口货物修改/撤销报关单确认书》,修改商品名称和编码后重新向海关发送
  D. 申报日期为修改商品名称和编码重新发送并被海关接受的日期
4. 下列有关海关对甲企业予以行政处罚,并调整其管理类别的表述,正确的是(　　)。
  A. 甲企业商品归类"申报不实"系违反海关监管规定的行为
  B. 海关在作出行政处罚决定前,应告知甲企业有要求举行听证的权利
  C. 甲企业的海关管理类别应调整为"B"
  D. 甲企业的海关管理类别调整后,仍可适用通关便利措施
5. 某企业接到海关行政处罚决定,其获得救济渠道是(　　)。
  A. 向海关提出书面申辩　　　　　　B. 向海关复议机关申请行政复议
  C. 直接向人民法院提起行政诉讼　　D. 要求举行听证

第8章

保税加工货物通关

8.1 保税加工货物海关监管概述

8.1.1 保税加工货物概述

(一) 含义

保税加工货物是指经海关批准未办理纳税手续进境,在境内加工、装配后复运出境的货物。

保税加工货物通常被称为加工贸易保税货物。加工贸易保税货物不完全等同于加工贸易货物。加工贸易货物只有在海关批准保税进口时才成为保税加工货物。

加工贸易俗称"两头在外"的贸易,即原材料、零部件、元器件、包装物料、辅助材料等从境外进口,在境内加工装配后,成品运往境外的贸易。

加工贸易通常有以下两种形式。

1. 来料加工

来料加工是指由境外企业提供料件,经营企业不需要付汇进口,按照境外企业的要求进行加工或装配,只收取加工费,制成品由境外企业销售的经营活动。

2. 进料加工

进料加工是指经营企业用外汇购买料件进口,制成成品后外销出口的经营活动。

(二) 特征

保税加工货物具有以下特征:

(1) 料件进口时暂缓缴纳进口关税及进口环节海关代征税,成品出口时除另有规定外免关税;

(2) 料件进口时除国家另有规定外免证,成品出口时凡属许可证件管理的,必须交证;

(3) 进出境海关现场放行不等于海关结关。

(三) 范围

保税加工货物包括以下几类:

(1) 进口料件,专为加工、装配出口产品而从国外进口且海关准予保税的原材料、零部件、元器件、包装物料、辅助材料;

(2) 出口成品,用进口保税料件生产的成品、半成品;

(3) 副产品、残次品、边角料和剩余料件,在保税加工生产过程中产生的其他保税加工货物。

8.1.2 相关企业的海关监管

海关对从事保税加工货物的企业的监管模式有两大类:一是非物理围网的监管模式,采用电子化手册管理和电子账册管理;二是物理围网的监管模式,采用电子账册管理(包括出口加工区和珠海园区)。

(一) 电子化手册管理

1. 定义

电子化手册是以企业的"单个加工合同"为单元实施对保税加工货物的监管方式。电子化手册是海关以加工贸易合同(订单)为单元为联网企业建立的电子底账。实施电子化手册管理的,联网企业的每个加工贸易合同设立一个电子化手册,一个企业可以有多本电子化手册。

2. 适用范围

电子化手册是针对广大中小企业的,包括电子手册和电子化手册电子化(无纸化手册),新备案登记的加工贸易合同一律采用电子手册,原使用纸质登记手册的要进行电子化。电子化手册电子化是海关为适应当前保税进出口货物发展新形势需要、最终实现"电子申报、网上备案、无纸通关、网上报核、在线服务"的全程无纸化监管而推出的一种新型加工贸易监管模式。新型模式采用电子数据取代电子化手册,海关通过政策宣传、对外公告、业务流程培训等措施,协助加工贸易企业做好上线准备工作,确保电子化手册电子化备案模式顺利切换。

3. 管理特点

(1) 以合同(订单)为单元进行管理,商务部门审批每份加工贸易合同(订单),海关根据商务主管部门的批件审核企业申报的合同备案、变更等资料,通过后即可生成电子化手册,不再签发纸质《加工贸易登记手册》。

(2) 企业通过计算机网络向商务主管部门和海关申请合同审批和合同备案、变更等手续。企业向海关发送申请合同备案、变更等业务的电子数据并凭商务主管部门的批件到主管海关业务现场办理合同备案、变更等业务。同传统电子化手册相比,联网企业可以通过IC卡进行电子身份认证,在手册备案、变更、通关、核查、核销等环节实现电子化操作,海关凭电子账册和其他有关单证办理相关手续,不再验凭纸质《登记手册》,也不再进行手册核注。

(3) 海关对实施电子化手册管理模式的联网监管的企业设立了"银行保证金台账制度"。

(4) 纳入电子化手册的加工贸易货物全额保税。

(5) 无须调度手册,企业凭IC卡即可实现在全国口岸的通关。

(二) 电子账册管理

1. 定义

电子账册管理是以"企业整个加工贸易业务"为单元实施对保税加工货物的监管。电子账册是海关以企业为单元为联网企业建立的电子底账。实施电子账册管理的联网企业只设立一个电子账册。海关根据联网企业的生产情况和海关的监管需要确定核销周期,按照核销周期对实行电子账册管理的联网企业进行核销管理。

2. 适用范围

电子账册管理模式的适用对象是加工贸易进出口较为频繁、规模较大、原材料和产品较为复杂、管理信息化程度较高、较完善的大型加工贸易企业,以企业为单元进行管理,纳入电子账册的加工贸易货物全额保税。

对非物理围网的联网企业执行"银行保证金台账制度",对物理围网的区域内企业不执行"银行保证金台账制度"。

3. 管理特点

企业凭电子身份认证卡实现在全国口岸的通关。其特点如下:

(1) 一次审批,对企业经营资格、经营范围(商品编码前4位数)和加工生产能力一次性审批;

(2) 分段备案,先备案进口料件,在生产成品出口前(包括深加工结转)再备案成品及申报准确的单损耗情况;

(3) 滚动核销,建立以企业为单元的电子账册,实行与企业物流、生产实际接轨的滚动核销制度;

(4) 控制周转,对进出口保税货物的总价值(数量)按照企业生产能力进行周转量控制,取消对进出口保税货物备案数量的控制,满足企业在国际化大生产条件下的零库存生产需要,提高通关效率;

(5) 联网核查,企业通过计算机网络向商务主管部门和海关申请办理审批、备案以及变更手续。

(三) 各种监管模式的保税加工货物的管理概述

1. 商务部门前置审批

加工贸易业务必须经过商务主管部门审批才能进入海关备案程序,大体有以下两种情况。

(1) 商务主管部门审批加工贸易合同。加工贸易经营企业采用电子化手册从事保税加工货物业务的,应先到商务主管部门办理合同审批手续。凭商务主管部门出具的《加工贸易业务批准证书》和《加工贸易企业经营状况和生产能力证明》两个单证及加工贸易合同到海关备案,后取得电子化手册或建立电子手册,具体程序见后面内容。

(2) 商务主管部门审批经营范围。加工贸易经营企业采用电子账册从事保税加工货物业务的,应先要到商务主管部门办理审批加工贸易经营范围的手续,由商务主管部门对加工贸易企业与海关计算机联网监管的申请作出前置审批,凭商务主管部门出具的《经营范围批准证书》和《加工贸易企业经营状况和生产能力证明》到海关申请计算机联网监管并建立电子账册。

2. 电子底账监管

保税电子底账监管包括电子化手册(含分段式管理和以合同为单元的常规管理)和电子账册。随着信息化技术的提升,相信在不久的将来,电子账册将成为唯一的管理模式。原第二代标准版联网监管 H2000 电子手册的分段式手册模式仍然保留,形成分段式管理的电子化手册,原非分段式手册模式将不再使用。本书目前讲述以合同为单元的常规管理模式。

3. 备案保税

加工贸易料件经海关备案可以保税进口。非物理围网模式中的电子化手册管理和计算机联网监管下的保税加工货物报关都有备案程序,海关通过受理备案实现批准保税。物理围网模式中的出口加工区的保税加工货物报关也有备案程序,主要体现在建立加工贸易电子账册,同时还体现在进境申报使用《出口加工区进境备案清单》,把备案和进境申报融合在一起,简化了手续,也带有备案的性质。

海关受理加工贸易料件备案的原则是:①合法经营;②复运出境;③可以监管。

4. 暂缓纳税(保税)

进口料件暂缓纳税,即保税的原因是因为料件进口时还未加工,无法确定最终用于出口成品上所耗用料件的实际数量,海关只有先准予保税。

在成品实际出口并最终确定使用在出口成品上的料件数量后,再确定征免税的范围,即用于出口的部分免税,不出口的部分征税。

由于从料件进口到成品出口有一个较长的时间段,这就引出了两个问题。

(1) 保税加工货物经批准不复运出境,在征收进口关税和进口环节代征税时要征收缓税利息(边角料和特殊监管区域的保税加工货物除外)。

缓税利息计算公式为

$$\text{缓税利息} = \text{应征税费} \times \text{计息期限(天数)} \times \text{缓税利息率} \div 360 \qquad (8-1)$$

具体操作见进出口税费。

(2) 料件进口时未办理纳税手续,适用海关事务担保,具体担保手续按加工贸易银行保证金台账制度执行。

5. 银行保证金台账制度适用范围

银行保证金台账制度适用于非物理围网监管模式下采用电子化手册和电子账册管理的企业从事保税加工货物业务。

加工贸易银行保证金台账制度的核心是银行根据海关对不同地区、不同企业、不同货物许可管制这三方面运作台账。

(1) 不同地区。地区分为东部地区和中西部地区。东部地区包含辽宁省、北京市、天津市、河北省、山东省、江苏省、上海市、浙江省、福建省、广东省。中西部地区是指东部地区以外的中国其他地区。

(2) 不同企业。加工贸易经营企业按第 3 章报关单位分类管理中"收发货人的审定标准"分为 AA 类、A 类、B 类、C 类、D 类 5 个管理类别。

(3) 不同货物许可管制。进出口商品许可管制分为禁止类、限制类、允许类 3 类。

目前公布的加工贸易禁止类目录主要包括以下几类:

① 国家明令禁止进出口的商品(详见第 4 章禁止进出口货物管理);
② 为种植、养殖而进口的商品;
③ 高能耗、高污染的商品;
④ 低附加值、低技术含量的商品。

以上列入加工贸易禁止类进口商品目录的,凡用于深加工结转转入或转出,或从具有保税加工功能的海关特殊监管区域内企业经实质性加工后进入区外或从区外进来的商品,不按加工贸易禁止类进口商品管理,按照限制类商品管理。这些商品未经实质性加工不得直接出境。

目前公布的加工贸易进出口限制类商品见表8-1。

表8-1 加工贸易进出口限制类商品归类

商品类别	动物产品	植物产品(包括纺织品)	金属及其他	化工品	制成品
加工贸易限制进口商品(394个)	冻鸡	植物油、糖,棉、棉纱、棉坯布和混纺坯布、化学短纤	铁和非合金钢材、不锈钢	初级形状聚乙烯,聚酯切片,天然橡胶	
加工贸易限制出口商品(106个)		羊毛纱线、旧衣服	部分有色金属型材、玻璃管、棒等其他型材	线型低密度聚乙烯、初级形状聚苯乙烯、初级形状环氧树脂、初级形状氨基树脂	拉敏木家具、容器

以加工贸易深加工结转方式转出、转入的商品属于限制类的,按允许类商品管理。除禁止类和限制类以外的商品,均为允许类商品。

6. 银行保证金台账运作方式

根据不同地区、不同企业、不同货物许可管制的类别,银行保证金台账运作方法有四种,分别为"不转""空转""半实转""实转"。

"不转"是指不设台账。

"空转"是指设台账不付保证金。

"半实转"是指设台账付50%保证金。

"实转"是指设台账付100%保证金。

加工贸易银行保证金台账运作方式见表8-2。

表8-2 加工贸易银行保证金台账运作方式归类

	限制类商品		允许类商品	
	东部	中西部	东部	中西部
特殊监管区域内企业	"不转"			
AA类企业	"空转"		"不转"	
A类企业	"空转"		"空转"	
B类企业	"半实转"	"空转"		
C类企业	"实转"			
D类企业	不准开展加工贸易			

表8-2内容总结如下:

(1) AA类企业从事限制类商品为"空转",从事允许类商品为"不转";

(2) A类企业一律"空转";

(3) B类企业＋东部地区＋限制类商品为"半实转",其余一律"空转";
(4) C类企业一律"实转";
(5) 特殊监管区域内企业一律"不转"。

注：禁止类商品不准用于加工贸易(除深加工结转),D类企业一律不准从事加工贸易。

从表 8-2 可以看出,随着商品管理类别的从严到松,台账运作类别也相应从严到松;反之亦然。其严到松的基本顺序是"实转"→"半实转"→"空转"→"不转",且是逐级变化。

7. 银行保证金台账运作的特殊情况

(1) 适用 AA 类、A 类、B 类管理的企业,不管在什么地区,进口料件(不管是限制类还是允许类)金额在 1 万美元及以下的,台账"不转",但要领手册。

(2) 适用 AA 类、A 类、B 类管理的企业,进口金额在 5 000 美元及以下的客供服装辅料(拉链、纽扣、鞋扣等 78 种)的,台账"不转",手册免领。

8. "半实转"和"实转"情况下保证金计算方法

(1) 半实转。

① 进口料件属限制类或进口料件、出口成品均属限制类商品,计算公式为

$$保证金 = (进口限制类料件的关税 + 进口限制类料件的增值税) \times 50\% \qquad (8-2)$$

② 部分出口成品属限制类商品,计算公式为

$$保证金 = 进口料件备案总值 \times (限制类成品备案总值 \div 全部出口成品备案总值) \times 22\% \times 50\% \qquad (8-3)$$

(2) 实转,计算公式为

$$保证金 = (进口全部料件的进口关税 + 进口全部料件的进口增值税) \times 100\% \qquad (8-4)$$

9. 监管延伸

海关对保税加工货物的监管无论是地点,还是时间,都需要延伸。

从地点上说,保税加工的料件运离进境地口岸海关监管场所后进行加工、装配的地方,都是海关监管的场所。

从时间上说,保税加工的料件从进境地被提取到加工、装配后复运出境或者办结正式进口手续最终核销结案为止,海关一直要监管。这里涉及两个期限。

(1) 准予保税的期限。准予保税的期限是指经海关批准保税后在境内加工、装配、复运出境的时间限制。

非物理围网企业实行电子化手册管理的保税加工期限,原则上不超过 1 年,经批准可以延长,延长的最长期限原则上也是 1 年。

非物理围网企业实行电子账册管理的料件保税期限,从企业的电子账册记录第一批料件进口之日起到该电子账册被撤销止。

物理围网企业(如海关特殊监管区域内)实行电子账册管理的料件保税加工的期限,原则上是从加工贸易料件进区到加工贸易成品出区办结海关手续止。

(2) 申请核销的期限。申请核销的期限是指加工贸易经营人向海关申请核销的最后日期。

电子化手册管理的保税加工报核期限是在电子化手册或电子化手册有效期到期之日起或最后一批成品出运后 30 天内。

电子账册管理的保税加工报核期限一般以 180 天为 1 个报核周期,首次报核是从海关批准电子账册建立之日起算,满 180 天后的 30 天内报核;以后则从上一次的报核日期起算,满 180 天后的 30 天内报核。

10. 核销结关

保税加工货物经过海关核销后才能结关。

保税加工货物的核销是非常复杂的工作。保税加工的料件进境后要进行加工、装配,改变原进口料件的形态,复出口的商品不再是原进口的商品。因此,在向海关报核时,不仅要确认进出数量是否平衡,而且还要确认成品是否由进口料件生产。在报核的实践中,数量往往是不平衡的。正确处理报核中发生的数量不平衡问题,是企业报核必须解决的问题。

8.2 电子化手册保税加工货物报关

8.2.1 电子化手册概述

电子化手册建立的前提是要经过加工贸易经营企业的联网监管申请和审批、加工贸易业务的申请和审批、建立商品归并关系和电子化手册三个步骤,具体内容参照电子账册的建立。

其中,商品归并关系的建立作为一项关键工作,是针对联网企业的所有料号级保税加工货物的,是一项基础性预备工作。归并关系一经海关审核,即产生企业以后所有向海关申报的 H.S.编码级的基础数据,不需要每本电子化手册都进行申报审核。

电子化手册商品归并原则与后续的非物理围网电子账册中的"便捷通关电子账册"商品归并原则一致。海关审核通过企业提交的预归类、预归并关系后,企业将申报地海关、企业内部编号、经营单位、加工单位、主管海关、管理对象等企业基本信息,以及保税进口料件和出口成品的序号、货号、中文品名、计量单位、法定单位等企业料号级物料数据传送到电子口岸数据中心,海关对数据进行审核。审核通过后,系统自动向企业发送回执。企业接收回执后,再将包括归并关系列表、归并后物料信息、归并前物料信息列表等数据在内的料件归并关系和成品归并关系发送至电子口岸,海关予以审核通过,建立电子底账,生成电子化手册编号。

8.2.2 电子化手册报关程序

采用电子化手册管理的保税加工货物的报关程序见图 8-1。

(一)前期阶段——备案

电子化手册含以合同常规备案和分段式备案两种模式,以合同常规备案为例,包含以下内容。

1. 合同备案的含义

加工贸易合同备案是指加工贸易企业持合法的加工贸易合同到主管海关备案,申请保税并建立加工贸易电子化手册或领取其他准予备案凭证的行为。

海关受理合同备案是指海关根据国家规定在接受加工贸易合同备案后,批准合同约定

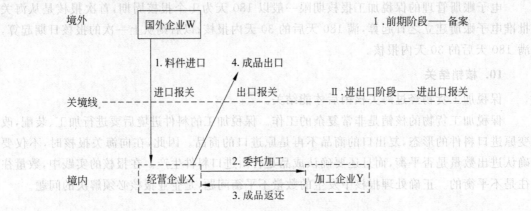

图 8-1　电子化手册保税加工货物报关程序示意

的进口料件保税,并把合同内容转化为手册内容,建立电子化手册或核发其他准予备案的凭证。

2. 合同备案的企业

国家规定开展加工贸易业务应当由经营企业到加工企业的所在地主管海关办理加工贸易合同备案手续。经营企业和加工企业有可能是同一个企业,也可能不是同一个企业,且两家企业可能属于同一直属海关关区,也可能属于不同的直属海关关区,由此产生了同关区的备案模式和跨关区的备案模式。

(1) 经营企业。经营企业是指负责对外签订加工贸易进出口合同的各类进出口企业和外商投资企业,以及经批准获得来料加工经营许可的对外加工装配服务公司。

(2) 加工企业。加工企业是指接受经营企业委托,负责对进口料件进行加工或者装配,且具有法人资格的生产企业,以及由经营企业设立的虽不具有法人资格,但实行相对独立核算并已经办理营业证(执照)的工厂。

3. 同关区合同备案程序

同关区合同备案程序见图 8-2。

如图 8-2 所示,企业办理加工贸易合同备案前需要根据商务主管部门审批合同,领取《加工贸易业务批准证》和《加工贸易企业经营状况和生产能力证明》;需要领取其他许可证件的还要向有关主管部门申领许可证件。然后进入海关合同备案的程序,其步骤如下。

(1) 将合同相关内容预录入与主管海关联网的计算机。

(2) 由海关审核确定是否准予备案,准予备案的,由海关确定是否需要开设加工贸易银行保证金台账。

(3) 需要开设台账的,应向银行(中国银行、工商银行)办理台账保证金专用账户设立手续。已设立台账保证金专用账户的企业,凭《海关注册登记证明》向银行进行一次性备案登记。

银行与海关目前采用台账联网管理。企业可以在预录入端收到回执后,直接凭银行签发的《银行保证金台账登记通知单》向海关办理合同备案手续,无须往返于海关和银行之间

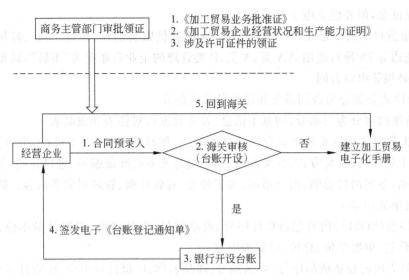

图 8-2 同关区合同备案程序

传递单证。

(4) 不需要开设台账的企业,直接由海关建立电子化手册或其他备案凭证。

4. 合同备案的内容

(1) 备案单证:①《加工贸易业务批准证》和《加工贸易企业经营状况和生产能力证明》;②加工贸易合同;③《合同备案申请表》及《合同备案呈报表》;④相关许可证件;⑤确定单耗和损耗所需资料;⑥其他备案所需要的单证。

(2) 须提供许可证件备案的商品。须提供许可证件备案的商品见表8-3。

表 8-3 合同备案需证备案商品归类

许可证件名称	需证备案商品
《进出口许可证》	消耗臭氧层物质
《两用物项进出口许可证》	易制毒化学品;监控化学品
《进口音像制品批准单》	音像制品
《废物进口许可证》	进口工业再生废料
其他	地图产品;印刷品

(3) 保税额度。加工贸易合同项下海关准予备案的料件,包括进口直接用于加工出口产品而在生产过程中消耗的数量合理的触媒剂、催化剂、磨料、燃料,全额保税。

加工贸易合同项下海关不予备案的料件,以及试车材料、未列名消耗性物料等,不予保税,进口时按照一般进口货物照章征税。

(4) 台账制度。一般情况下按照《加工贸易银行保证金台账运作方式归类表》操作。

特殊情况如下。

① 如果进口料件金额在1万美元及以下,适用AA类、A类、B类管理的企业台账变为"不转"或"空转"(即原为"空转"的转为"不转",原为"半实转"的转为"空转"),因此也不必向

银行交付保证金,但要建立电子化手册。

② 如果进口的料件是在5 000美元及以下的客供服装辅料(拉链、纽扣、鞋扣、扣绊、垫肩、胶袋、花边等78种),适用AA类、A类、B类管理的企业台账变为"不转",且免建电子化手册,但必须凭出口合同。

(5) 分段式备案分为合同备案和通关备案两部分。

合同备案内容分为三部分,即基本信息(表头数据)、料件表和成品表。

① 表头数据包括企业及企业合同的基本信息,如经营单位、加工单位、手册类型、主管海关、商务主管部门、贸易方式、征免性质、加工贸易业务批准证编号、进口合同、备案进口总额、进口币制、备案出口总额、出口币制、加工种类、有效日期、管理对象等内容。数据主要来自上述备案单证(6类)。

② 料件表(BOM①)内容包括料件序号、商品编号、商品名称、申报计量单位、法定计量单位、申报数量、申报单价、总价、币制等内容。

③ 成品表内容包括成品序号、商品编号、商品名称、申报计量单位、法定计量单位、申报数量、申报单价、总价、币值等内容。

电子化手册备案时,海关审核企业的备案申请内容与商务部门出具的《加工贸易业务批准证》是否相符,备案申请数量是否超出了商务部门确定的加工生产能力,企业的相关申请是否符合法律、行政法规的规定。电子化手册审核通过后,系统自动生成手册编号。

通关备案是建立在合同备案数据的基础上。通关备案环节有四个部分,即基础信息(表头数据)、料件表、成品表和单耗损表。表头数据、料件表、成品表的备案内容比合同备案多了申报数量,其余是一样的。

单耗损表内容包括成品序号、成品名称、成品规格、成品计量单位、料件序号、料件规格、料件计量单位、净耗、损耗率等内容。

合同备案手册产生时会直接生成通关备案的表头数据,所以通关备案时不需要利用通关备案手册审核功能,而是直接使用手册通关变更审核功能进行审核。

5. 合同备案的凭证

海关受理并准予备案后,企业应当领取海关准予备案的凭证。

(1) 电子化手册编号。按规定不设台账的合同,在准予备案后,由企业直接向受理合同备案的主管海关领取电子化手册编号。

按规定在银行开设了台账的合同,由企业凭银行签发的《银行保证金台账登记通知单》,到合同备案主管海关领取电子化手册编号。

(2) 其他准予备案的凭证。对于上述进口5 000美元及以下的78种客供服装辅料的,除C类企业外,免于建立电子化手册,直接凭出口合同备案准予保税后,凭海关在备案出口合同上的签章和编号直接进入进出口报关阶段。

6. 合同备案的变更

已经在海关完成登记备案的加工贸易合同,其品名、规格、金额、数量、加工期限、单耗、

---

① BOM 即物料清单(Bill of Material),是指产品所需零部件明细表及其结构。具体而言,物料清单是构成父项装配件的所有子装配件、零件和原材料的清单,也是制造一个装配件所需要每种零部件的数量的清单。

商品编码等发生变化的,须向主管海关办理合同备案变更手续,开设台账的合同还须变更台账。

合同变更应在合同有效期内报原商务审批部门批准。为简化合同变更手续,对贸易性质不变、商品品种不变,合同变更的金额小于1万美元(含1万美元)和合同延长不超过3个月的合同,企业可直接到海关和银行办理变更手续,不需再经商务主管部门重新审批。

合同变更的具体情况如下。

(1) 原1万美元及以下的备案合同,变更后进口金额超过1万美元的,适用AA类、A类、B类管理的企业,根据台账运作规则,需重新开设台账的,应重新开设台账(即"不转"的变更为"空转",其中东部地区B类企业的合同金额变更后,进口料件如果涉及限制类商品的,台账变更为"半实转")。

(2) 因企业管理类别调整,台账从"空转"转为"实转"的(即企业类别调整为C类),应对原备案合同交付保证金。经海关批准,可只对原合同未履行出口部分收取台账保证金,具体计算方法可参见前述的台账计算公式。

(3) 管理类别调整为D类的企业,经海关批准,对已备案合同,允许交付全额台账保证金后继续执行,但合同不得再变更和延期。

(4) 对允许类商品转为限制类商品的,已备案合同不再交付台账保证金。对原限制类或允许类商品转为禁止类的,对已备案合同按国家即时发布的规定办理。

7. 与合同备案有关的其他事宜

(1) 跨关区异地加工贸易合同备案。异地加工贸易是指一个直属海关的关区内加工贸易经营企业,将进口料件委托另一个直属海关关区内的加工生产企业加工,成品回收后,再组织出口的加工贸易。

开展异地加工贸易应在加工企业所在地设立台账,由加工贸易经营企业向加工企业所在地主管海关办理合同备案手续。

海关要对开展异地加工贸易的经营企业和加工企业实行分类管理,如果两者的管理类别不相同,按其中较低类别管理。

跨关区异地加工贸易的合同备案步骤如下。

① 经营企业凭所在地商务主管部门核发的《加工贸易业务批准证》和加工企业所在地县级以上商务主管部门出具的《加工贸易加工企业经营状况和生产能力证明》,并填制《异地加工贸易申请表》,向经营企业所在地主管海关提出异地加工贸易申请,经海关审核后,领取经营企业所在地主管海关的关封。

② 经营企业持关封和合同备案的必要单证,到加工企业所在地主管海关办理合同备案手续。

③ 其他规定,如台账运作,参照同关区合同备案内容。

(2) 加工贸易单耗申报。加工贸易单耗申报是指加工贸易企业在备案时,在货物出口、深加工结转、内销及报核前填写《中华人民共和国海关加工贸易单耗申报单》,向海关如实申报加工贸易单耗的行为。

单耗是指加工贸易企业在正常加工条件下加工单位成品所耗用的料件量,单耗包括净耗和工艺损耗。

净耗是指在加工后,料件通过物理变化或者化学反应存在或者转化到单位成品中的量。

工艺损耗是指因加工工艺原因,料件在正常加工过程中除净耗外所必需耗用,但不能存在或者转化到成品中的量,包括有形损耗和无形损耗。

工艺损耗率是指工艺损耗占所耗用料件的百分比。

上述几个概念涉及的公式及推导表示如下

$$单耗 = 净耗 + 工艺损耗 \tag{8-5}$$

$$工艺损耗 = 单耗 \times 工艺损耗率 \tag{8-6}$$

其中

$$单耗 = 净耗 + 单耗 \times 工艺损耗率$$

$$净耗 = 单耗 \times (1 - 工艺损耗率)$$

$$单耗 = \frac{净耗}{1 - 工艺损耗率} \tag{8-7}$$

《加工贸易单耗申报单》的具体填写内容包括:①料件和成品的商品名称、商品编码、计量单位、规格型号和品质;②加工贸易项下成品的单耗;③加工贸易同一料件有保税和非保税料件的,应当申报非保税料件的比例。

(3) 外发加工。外发加工是指经营企业本身具有一定的加工能力,但由于受到自身生产特点和条件限制,将部分工序委托给承揽企业加工,在规定期限内将加工后的产品运回经营企业并最终复出口的行为。

外发加工的成品、剩余料件及生产过程中产生的边角料、残次品、副产品等加工贸易货物,经经营企业所在地主管海关批准,可以不运回本企业,直接出口至境外、海关特殊监管区域或保税监管场所,或者以深加工结转方式出口。

经营企业申请开展外发加工业务,应当向海关提交下列主要单证:①经营企业签章的《加工贸易货物外发加工申请表》;②经营企业与承揽企业签订的加工合同或者协议;③承揽企业营业执照复印件;④经营企业签章的《承揽企业经营状况和生产能力证明》。

经营企业申请开展外发加工业务,应当如实填写《加工贸易货物外发加工申请审批表》和《加工贸易外发加工货物外发清单》,经海关审核批准后,方可进行外发加工。

经营企业或者承揽企业生产经营管理不符合海关监管要求,以及申请外发的货物属于涉案货物且案件未审结的,海关不予批准外发加工业务。

有下列情况之一的,申请开展外发加工业务的经营企业应当向海关提供相当于外发加工货物应缴税款金额的保证金或者银行保函:①外发加工业务跨关区的;②全部工序外发加工的;③外发加工后的货物不运回,直接出口的;④申请外发加工的货物未涉案,但经营企业或者承揽企业涉嫌走私、违规,已被海关立案调查、侦查且未审结的。

外发加工货物应缴税款金额是以外发加工货物所使用的保税料件应缴税款金额为基础予以确定。

申请外发加工的货物之前已向海关提供不低于应缴税款金额的保证金或者银行保函的,经营企业无须再向海关提供保证金或者银行保函。

承揽外发加工企业不得将加工贸易货物再次外发至其他企业进行加工。

企业已使用 H2000 外发系统对外发加工业务进行管理的,主管海关不再签发纸质《加工贸易货物外发加工申请审批表》,并应按照《海关总署 H2000 外发加工管理推广暂行办法》有关规定,使用外发系统办理相关海关手续。

(4) 加工贸易串料申请。加工贸易货物应当专料专用。

因加工出口产品急需，经海关核准，经营企业保税料件之间、保税料件与非保税料件之间可以进行串换，但料件串换限于同一企业，并应当遵循同品种、同规格、同数量、不牟利的原则。

来料加工保税进口料件不得串换。

(5) 加工贸易抵押申请。由经营企业申请，海关批准，加工贸易货物可以抵押。

但有下列情形之一的，不予办理抵押手续：

① 抵押影响加工贸易货物生产正常开展的；
② 抵押加工贸易货物或其使用的保税料件涉及进出口许可证件管理的；
③ 抵押加工贸易货物属来料加工货物的；
④ 以合同为单位进行管理，抵押期限超过手册有效期限的；
⑤ 以企业为单元进行管理，抵押期限超过1年的；
⑥ 经营企业或加工企业涉嫌走私、违规，已被海关立案调查、侦查，案件未审结的；
⑦ 经营企业或加工企业因为管理混乱被海关要求整改，在整改期内的；
⑧ 海关认为不予批准的其他情形。

经营企业在申请办理加工贸易货物抵押手续时，应向主管海关提交以下材料，主管海关按照上述条件进行审核：

① 正式书面申请；
② 银行抵押贷款书面意向材料；
③ 海关认为必要的其他单证。

经审核符合条件的，经营企业在缴纳相应保证金或者银行保函后，主管海关准予其向境内银行办理加工贸易货物抵押，并将抵押合同、贷款合同复印件留存主管海关备案。

保证金或者银行保函按抵押加工贸易货物对应成品所使用的全部保税料件应缴税款金额计算。

（二）进出口阶段——进出口报关

电子化手册管理下的保税加工货物报关，在进出口阶段有进出境货物报关、深加工结转货物报关和其他保税加工货物报关三种情形。

1. 进出境货物报关

如图8-3所示，保税加工货物当料件进口时要办理进口报关手续，成品出口时要办理出口报关手续；初加工的料件如果要深加工则要办理结转报关手续；余料、边角料、残次品、副产品等其他保税货物在内销、结转、退运、放弃时，同样要办理相关的报关手续。

保税加工货物进出境由加工贸易经营企业或其代理人向海关申报。

保税加工货物进出境申报时，必须凭电子化手册编号或持有其他准予合同备案的凭证。

保税加工货物进出境报关与一般进出口货物类似，需要完成4个环节，即申报、配合查验、保税、提取/装运。

加工贸易企业在主管海关备案的情况下，在计算机系统中已生成电子底账，有关电子数据通过网络传输到相应的口岸海关，因此企业在口岸海关报关时提供的有关单证内容必须与电子底账数据相一致。也就是说，报关数据必须与备案数据一致，一种商品报关的商品编

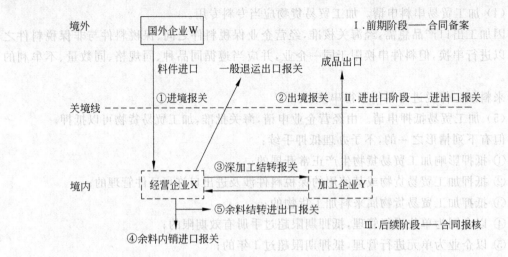

图 8-3 保税加工货物进出口阶段涉及的报关种类示意

码、品名、规格、计量单位、数量、币值等必须与备案数据无论在字面上还是计算机格式上都完全一致,若不一致,报关就不能通过。

企业按实际进出口的"货号"(料件号和成品号)填写报关单,并按照加工贸易货物的实际性质填报监管方式。

申报过程要注意以下几点。

(1)报关清单的生成。企业在加工贸易货物进出境报关前,应从企业管理系统导出料号级数据生成归并前的报关清单,或通过中国电子口岸电子化手册系统按规定格式录入当次进出境的料号级清单数据,并向电子口岸数据中心报送。

电子口岸数据中心按归并原则和其他合并条件进行自动归并后,将企业申报的清单分拆生成报关单发送回企业。企业通过中小企业模式联网监管系统的报关申报系统调出清单所生成的报关单信息后,将报关单上剩余各项填写完毕,即可生成完整的报关单,向海关进行申报。

如属跨关区报关的,本地企业将报关单补充完整后,将报关单上传,由跨关区报关单位下载报关单数据,进行修改、补充后向海关申报。

(2)报关单的修改、撤销。不涉及报关清单的报关单内容可以直接进行修改,涉及报关清单的报关单内容修改必须先修改报关清单,再重新进行归并。

报关单经海关审核通过后,一律不得修改,必须进行撤销重报。待报关清单的报关单撤销后,报关清单一并撤销,不得重复使用。

进口报关单放行或出口报关单办结前修改,内容不涉及报关单"表体"内容的,企业经海关同意可以直接修改报关单。涉及报关单"表体"内容的,企业必须撤销报关单,重新申报。

跨关区报关的报关单被退单,且涉及修改"表体"商品信息的,应由本地企业从清单开始修改,并重新上传报关单,跨关区下载后重新申报;如仅需修改表头数据的,则可跨关区直接修改报关单表头信息后,直接向海关申报。

(3)许可证件管理。

①进口料件,除易制毒化学品、监控化学品、消耗臭氧层物质、原油、成品油等个别规定

商品外,均可以免予交验进口许可证件。这里所称"免予交验进口许可证件",不包括涉及公共道德、公共卫生、公共安全所实施的进出口管制证件。

② 出口成品,属于国家规定应交验出口许可证件的,在出口报关时必须交验出口许可证件。

(4) 税收征管要求。准予保税的加工贸易料件进口时暂缓纳税。加工贸易项下出口应税商品,如系全部使用进口料件加工生产的产(成)品,不征收出口关税。加工贸易项下出口应税商品,如系部分使用进口料件、部分使用国产料件加工的产(成)品,则按海关核定的比例征收出口关税。

具体计算公式为

$$出口关税 = 出口货物完税价格 \times 出口关税税率 \times \frac{所使用的国产料件价值}{全部料件价值} \quad (8\text{-}8)$$

加工贸易出口的特殊商品,应征出口关税的,按照有关规定办理。例如,加工贸易出口未锻铝,不论是否有国产料件投入,一律按一般贸易出口货物从价计征出口关税。

2. 深加工结转货物报关

深加工结转俗称转厂,是指加工贸易企业将保税进口料件加工的产品转至另一直属海关关区内的加工贸易企业进一步加工后复出口的经营活动。其程序分为计划备案、收发货登记、结转报关三个环节(见图8-4)。

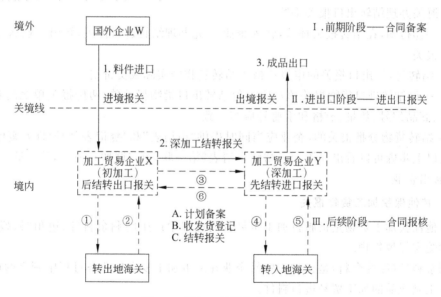

图 8-4 深加工结转报关示意

注:图中①②③④⑤⑥表示《深加工结转申请表》流转路线

(1) 计划备案。加工贸易企业开展深加工结转,转入企业 Y、转出企业 X 应当向各自主管海关提交《保税加工货物深加工结转申请表》,申报结转计划。

① 转出企业 X 在申请表(一式四联)中填写本企业的转出计划并签章,凭申请表向转出地海关备案。

② 转出地海关备案后,留存第一联,其余三联退给转出企业交给转入企业。

③ 转入企业 Y 自转出地海关备案之日起 20 日内,持申请表其余三联,填制本企业的相

关内容后,向转入地海关办理报备手续并签章。(超期或申报内容不符合手续,未被海关批准,则该申请表作废。)

④ 转入地海关审核后,将申请表第二联留存,第三联、第四联交转入、转出企业X凭以办理结转收发货登记及报关手续。

在计划备案环节中,简单地说,先是转出企业X办理,后是转入企业Y办理。与第三个结转环节的程序不同。

(2) 收发货登记。转出、转入企业办理结转计划申报手续后,应当按照经双方海关核准后的申请表进行实际收发货,并在《保税货物实际结转情况登记表》上如实登记,并加盖企业结转专用章。

如遇退货,也应在结转情况登记表上如实填写,并注明"退货",加盖企业结转专用章。

(3) 结转报关。转出、转入企业实际收发货后,应当按照以下规定办理结转报关手续。

① 转出、转入企业分别在转出地、转入地海关办理结转报关手续。转出、转入企业可以凭一份"申请表"分批或者集中办理报关手续。

转出(入)企业每批实际发(收)货后,应当在90日内办结该批货物的报关手续。

② 转入企业Y凭"申请表""登记表"等单证向转入地海关办理结转进口报关手续,并在结转进口报关后的第二个工作日内将报关情况通知转出企业。

③ 转出企业X自接到转入企业Y通知之日起10日内,凭"申请表""登记表"等单证向转出地海关办理结转出口报关手续。

从②③得知,在结转报关环节,转入企业Y先办理结转进口报关,转出企业X后办理结转出口报关。

④ 结转进口、出口报关的申报价格为结转货物的实际成交价格。

⑤ 一份结转进口货物报关单对应一份结转出口货物报关单,两份报关单之间对应的申报序号、商品编号、数量、价格和手册号应当一致。

⑥ 结转货物分批报关的,企业应当同时提供"申请表"和"登记表"的原件及复印件。

从以上步骤可以看出,《深加工结转申请表》第一联、第二联留存海关,第三联、第四联给转入、转出企业。

3. 其他保税加工货物报关

其他保税加工货物是指履行加工贸易合同过程中产生的剩余料件、边角料、残次品、副产品和受灾保税货物。

剩余料件(简称余料)是指加工贸易企业在从事加工复出口业务过程中剩余的可以继续用于加工制成品的加工贸易进口料件。

边角料是指加工贸易企业从事加工复出口业务,在海关核定的单耗标准内,加工过程中产生的、无法再用于加工该合同项下出口制成品的数量合理的废、碎料及下脚料。

残次品是指加工贸易企业从事加工复出口业务,在生产过程中产生的有严重缺陷或者达不到出口合同标准,无法复出口的制成品(包括完成品和未完成品)。

副产品是指加工贸易企业从事加工复出口业务,在加工生产出口合同规定的制成品(主产品)过程中同时产生的,且出口合同未规定应当复出口的一个或一个以上的其他产品。

受灾保税货物是指在加工贸易企业从事加工出口业务中,因不可抗力原因或其他经海关审核认可的正当理由造成损毁、灭失、短少等导致无法复出口的保税进口料件和加工制成品。

对于履行加工贸易合同中产生的上述剩余料件、边角料、残次品、副产品、受灾保税货物,企业必须在手册有效期内处理完毕。处理的方式有内销、结转、退运、放弃、销毁等。除销毁处理外,其他处理方式都必须填制报关单报关。有关报关单是企业报核的必要单证。

(1) 内销。内销应经商务主管部门审批,加工贸易企业凭《加工贸易保税进口料件内销批准证》办理内销料件正式进口报关手续,缴纳进口税和缓税利息。

转内销的保税加工货物属进口许可证件管理的,企业还应补交进口许可证件。

申请内销的剩余料件,如果金额占该加工贸易合同项下实际进口料件总额3%及以下且总值在1万元人民币及以下的,免予审批,免予交验许可证件。

在加工贸易中,属于商务主管部门审批的项目有:①加工贸易合同备案;②加工贸易合同备案变更;③撤销合同的报核;④保税加工货物内销。

内销征税应当遵循如下规定。

① 内销征税的数量确定方法见表8-4。

表8-4 内销征税的数量确定方法

内销货物种类	征税数量确定方法
A. 剩余料件和边角料内销	直接按申报数量计征进口税
B. 制成品和残次品内销	根据单耗关系折算耗用的保税进口料件数量征税
C. 副产品内销	按申报时实际状态的数量计征进口税

② 内销征税的完税价格确定方法见表8-5。

表8-5 内销征税的完税价格确定方法

内销货物种类	以原进口料件成交价格为基础	以同时或大约同时进口、相同或类似进口料件成交价格为基础	以同时或大约同时进口、相同或类似进口制成品成交价格为基础	以内销价为基础确定完税价格
A. 进料加工进口料件或其制成品(包括残次品)内销	√			
B. 价格不能确定的料件内销		√		
C. 来料加工进口料件或其制成品(包括残次品)内销			√	
D. 内销副产品、边角料				√

③ 征税的税率。经批准正常的转内销征税,适用海关接受申报办理纳税手续之日实施的税率。如内销商品属关税配额管理而在办理纳税手续时又没有配额证的,应当按该商品配额外适用的税率缴纳进口税。

④ 征税的缓税利息。保税加工货物包括加工贸易保税料件或制成品及剩余料件、残次品、副产品和受灾保税货物,经批准内销,凡依法需要征收税款的,除征收税款外,还应加征缓税利息。边角料不加征缓税利息。

缓税利息计算期限的起始日期为内销料件或制成品所对应的加工贸易合同项下首批料件进口之日,终止日期为海关填发《税款缴款书》之日。

关于内销时报关单的填写规范,参照进出口货物报关单填写。

(2)结转。余料结转仅适用剩余进口料件结转。其他保税货物,如边角料、残次品、副产品等因不符合"同样进口料件",故不能结转。海关审核后不予结转的,企业可以按规定作内销、退运、放弃、销毁处理。

① 对于将余料结转至另一个加工贸易合同项下生产出口,应当在同一经营单位、同一加工厂、同样的进口料件和同一加工贸易方式的情况下结转。结转时应向海关提供企业申请剩余料件结转的书面材料、企业拟结转的剩余料件清单、海关按规定需收取的其他单证和材料。

海关审核后,对符合规定的会作出准予结转的决定,并向企业签发《加工贸易剩余料件结转联系单》,由企业在转出手册的主管海关办理出口报关手续,在转入手册的主管海关办理进口报关手续。

② 对于特殊情况,将余料结转至另一个加工厂,海关还将收取相当于拟结转料件应缴税款金额的保证金或银行保函。(对海关收取担保后备案的手册或者已实行银行保证金台账实转的手册,担保金额或者台账实转金额大于拟结转保税料件应缴税款金额的,可免予收取保证金或银行保函。)

加工贸易企业因合同变更、外商毁约等原因无法履行原出口合同,申请将尚未加工的剩余保税料件结转到另一个加工贸易合同项下加工复出口的,可以比照上述余料结转的办法办理报关手续。

关于结转报关单的填写规范,参照进出口货物报关单填制。

(3)退运。加工贸易企业因故申请将剩余料件、边角料、残次品、副产品等保税加工货物退运出境的,应凭电子化手册编号等有关单证向口岸海关报关,办理出口手续,留存有关报关单证,以备报核。

(4)放弃。企业放弃剩余料件、边角料、残次品、副产品等,交由海关处理,应当提交书面申请。对符合规定的,海关将作出准予放弃的决定,开具《加工贸易企业放弃加工贸易货物交接单》。企业凭以在规定的时间内将放弃的货物运至指定的仓库,并办理货物的报关手续,留存有关报关单证以备报核。

主管海关凭接受放弃货物的部门签章的《加工贸易企业放弃加工贸易货物交接单》及其他有关单证,核销企业的放弃货物。

经海关核定,有下列情形的,海关将作出不予放弃的决定,并告知企业按规定将有关货物退运、征税内销、在海关或者有关主管部门监督下予以销毁或者进行其他妥善处理:①申请放弃的货物属于国际禁止或限制进口的废物;②申请放弃的货物属于对环境造成污染的。

但是,企业进口保税料件不属于国家禁止或限制进口的废物,在国内加工过程中产生的边角料、残次品、副产品属国家禁止或限制进口的废物的,海关应当依企业申请作出准予放弃的决定。

企业放弃半成品、残次品、副产品的,应按单耗关系折成料件,按"料件放弃"报关。企业放弃进口料件、半成品、残次品、副产品的,按照或折成原进口料件价格申报;放弃成品的,按照合同备案价格申报。企业放弃半成品、残次品、副产品的,应在报关单备注栏注明"半成品""残次品""副产品"相关字样。

(5) 销毁。被海关作出不予结转决定或不予放弃决定的加工贸易货物或涉及知识产权等原因企业要求销毁的加工贸易货物,企业可以向海关提出销毁申请,海关经核实同意销毁的,由企业按规定销毁,必要时海关可以派员监督销毁。货物销毁后,企业应当收取有关部门出具的销毁证明材料,以备报核。

(6) 受灾保税加工货物的处理。对于受灾保税加工货物,加工贸易企业须在灾后 7 日内向主管海关书面报告,并提供如下证明材料,海关可视情况派员核查取证:①商务主管部门的签注意见;②有关主管部门出具的证明文件;③保险公司出具的保险赔款通知书或检验检疫部门出具的有关检验检疫证明文件。

受灾保税加工货物处理时涉及的"证"和"税"见表 8-6。

表 8-6 受灾保税货物报关要点

受灾保税货物	税 收 管 理	证件管理
因不可抗力造成的受灾保税加工货物灭失,或者已完全失去使用价值无法再利用的	免税	免证
因不可抗力造成的受灾保税货物需销毁处理的	免税	免证
因不可抗力造成的受灾保税加工货物虽失去原使用价值但可再利用的	海关审定的受灾保税货物价格,按对应的进口料件适用的税率,缴纳进口税和缓税利息。如进口料件属于关税配额管理的,按照关税配额内税率计征税款	
对非不可抗力因素造成的受灾保税加工货物	海关按照原进口料件交价格审定完税价格照章征税,属关税配额管理的而无关税配额证,按关税配额外适用的税率计征税款	交证

(三) 后续阶段——合同报核

1. 报核和核销的含义

加工贸易合同报核是指加工贸易企业在加工贸易合同履行完毕或终止合同并按规定对未出口的货物进行处理后,按照规定的期限和规定的程序,向加工贸易主管海关申请核销、结案的行为。

加工贸易合同核销是指加工贸易经营企业加工复出口并对未出口的货物办妥有关海关手续后,凭规定单证向海关申请解除监管,海关经审查、核查属实且符合有关法律、行政法规的规定,予以办理解除监管手续的海关行政许可事项。

2. 报核的时间

经营企业应当在规定的期限内将进口料件加工复出口,并自加工贸易电子化手册项下最后一批成品出口之日起或者手册到期之日起 30 日内向海关报核。

经营企业对外签订的合同因故提前终止的,应当自合同终止之日起 30 日内向海关报核。

3. 报核的单证

企业报核所需的单证有:①企业合同核销申请表;②进出口货物报关单;③核销核算

表；④其他资料。

4. 报核的步骤

(1) 预报核。预报核是企业在合同履约后,及时将进出口报关单进行收集、整理、核对,以电子报文形式向海关申请报核。

海关通过计算机将企业的预报核报关单与电子化手册数据进行比对,对比对结果完全相同,海关计算机反馈"同意报核"的,企业向海关递交相关单证,可以进入正式报核。

企业通过电子口岸数据中心向主管海关传送报核表头、报关单、进口料件、出口成品、单耗五个方面的报核数据。

(2) 正式报核。正式报核是指企业预报核通过海关审核后,以预报核海关核准的报关数据为基础,填报本期保税进口料件应当留存数量、实际留存数量等内容,以电子数据向海关正式申请报核。

5. 特殊情况的报核

(1) 遗失进出口报关单的合同报核。按规定,企业应当用报关单留存联报核,在遗失报关单的情况下,可以凭报关单复印件向原报关地海关申请加盖海关印章后报核。

(2) 无须建立手册的5 000美元及以下的78种列名服装辅料的合同报核。企业直接持进出口货物报关单、出口合同、核销核算表报核。报核的出口货物报关单应当是注明备案编号的一般贸易出口货物报关单。

(3) 撤销合同报核。加工贸易合同备案后因故提前终止执行,未发生进出口而申请撤销的,应报商务主管部门审批,企业凭审批件和手册报核。

(4) 有走私违规行为的加工贸易合同报核。加工贸易企业因走私行为被海关缉私部门或者法院没收保税加工货物的,凭相关证明材料,如《行政处罚决定书》《行政复议决定书》《判决书》《裁决书》等向海关报核。

加工贸易企业因违规等行为被海关缉私部门或法院处以警告、罚款等处罚但不没收保税加工货物的,不予免除加工贸易企业办理相关海关手续的义务。

6. 海关受理报核和核销

海关审核报核企业的申请,对不符合规定的,应要求企业重新报核;符合规定的,予以受理。海关对报核的电子化手册进行数据核算,核对企业报核的料件、成品进出口数据与海关底账数据是否相同,核实企业申报的成品单损耗与实际耗用是否相符,企业内销征税情况与实际内销情况是否一致。海关核销除了对书面数据进行必要的核算外,还会根据实际情况采取盘点核库的方式进行核对。

海关核销的基本目的是掌握企业的某个电子化手册在某个时段下所进口的各项加工贸易保税料件的使用、流转、损耗的情况,确认是否符合以下平衡关系(见图8-5)。

7. 结案

经过核销情况正常,对未开设台账的,海关应向经营单位签发《核销结案通知书》;开设台账的,海关应当先签发《银行保证金台账核销联系单》,企业凭以到银行核销台账,并领取《银行保证金台账核销通知单》,凭此向海关领取《核销结案通知书》。

图 8-5 加工贸易保税料件平衡关系

注:"期初数量",在电子化手册管理中是指"余料结转量";首次核销的,期初数量为零。
成品退换、料件退换由于存在等量的一进一出,所以不体现在上面的平衡关系图中。

8.3 电子账册保税加工货物报关

8.3.1 电子账册概述

电子账册管理是加工贸易联网监管中海关以加工贸易企业的整体加工贸易业务为单元,对保税加工货物实施监管的一种模式。海关为联网企业建立电子底账,联网企业只设立一个电子账册。根据联网企业的生产情况和海关的监管需要确定核销周期,并按照该核销周期对实行电子账册管理的联网企业进行核销。

电子账册的建立要经过加工贸易经营企业的联网监管申请和审批、加工贸易业务的申请和审批、建立商品归并关系和电子账册三个步骤。

(一)联网监管的申请和审批

加工贸易企业在向海关申请联网监管前,应当先向企业所在地商务主管部门办理前置审批手续,由商务主管部门对申请联网监管企业的加工贸易经营范围依法进行审批,签发《经营范围批准证书》和《加工贸易企业经营状况和生产能力证明》,到海关申请建立电子账册。详见前述"各种监管模式的保税加工货物的管理概述"部分内容。

(1)具备以下列条件的加工贸易企业,可以向所在地直属海关申请加工贸易联网监管:①具有独立法人资格,具备加工贸易资格,在海关注册,以出口生产为主;②守法,实行全程计算机管理;③按照海关的要求提供真实、准确、完整并具有被核查功能的数据;④海关实行 AA 类管理;⑤有足够的资产或资本为本企业实行联网监管应承担的经济责任提供总担保。

(2)经商务主管部门审批同意后,加工贸易企业向所在地直属海关提出书面申请,并提供下列单证:①《加工贸易企业联网监管申请表》;②企业进出口经营权批准文件;③企业上一年度审计的会计报表;④营业执照复印件;⑤经营范围清单(含进口料件和出口制成品的品名及 4 位数的 H.S.编码);⑥海关认为需要的其他单证。

(3)主管海关审核,并做如下工作。

① 配置硬件。海关端以中国电子口岸数据中心为联网监管平台,企业通过数据中心向海关传输数据,进行电子账册的备案、变更、进出口报关、报核;企业需要在内部系统中配置一台用于数据转换的通信服务器,插入数字签名加解密卡,用于提取、存储和发送海关监管需要的数据。企业还应向电信部门申请开通有固定 IP 地址的数据传输通道,同时配置专用的服务器,托管在电信机房,用于保存海关对企业的全部监管信息。

② 配置软件。海关端程序为 H2010 电子底账管理系统，用于对企业保税加工货物的备案、进出口、监控和核销数据处理；企业端应安装相应的接口程序，如实向海关传送企业数据、企业内部通信服务器安装联网监管专用传输软件及专用传输程序，配置相关参数，托管服务器则需要安装统一的数据库和传输软件。

③ 主管海关作出决定。经审核符合联网监管条件的企业，海关制发《海关实施加工贸易联网监管通知书》。

（二）加工贸易业务的申请和审批

联网企业的加工贸易业务也由商务主管部门审批。商务主管部门总体审定联网企业的加工贸易资格、业务范围和加工生产能力。

商务主管部门收到联网企业申请后，对非国家禁止开展的加工贸易业务，予以批准，并签发《联网监管企业加工贸易业务批准证》。

（三）建立商品归并关系和电子账册

联网企业凭商务主管部门签发的《联网监管企业加工贸易业务批准证》，向所在地主管海关申请建立电子账册。

申请建立电子账册需要经过预审核、预归类、建立商品归并关系三个环节。

（1）预审核。对联网监管的企业进口料件、出口成品的归类和商品归并关系进行预先审核和确认。商品归并关系的建立是针对联网企业的所有料号级保税加工货物的，是一项基础性预备工作。归并关系一经海关审核，即产生企业以后所有向海关申报的 H.S. 编码级基础数据，不需要每份电子底账都进行申报审核。

（2）预归类。经海关批准实行联网监管的，海关应审核企业是否将保税与非保税、来料加工与进料加工的料件和成品分开管理，审核企业提交的料号级保税进口料件、出口成品清单的名称及对应的 H.S. 编码所需的资料，如有疑难，应按规定上报归类职能部门审定。

（3）建立商品归并关系。电子账册备案、变更时，联网企业应以内部管理的料号级商品为基础，按照《中华人民共和国进出口税则》规定的目录条文和归类总规则、类注、章注、子目注释以及其他归类注释，进行商品归类，并归入相应的税则号列，经海关审核确定后，在企业内部管理的料号级商品与电子账册备案的项号级商品之间建立一一对应关系；受海关监管资源限制无法实现料号级商品与项号级商品一一对应，需要建立多对一归并关系的，"料号级"商品是指企业进出口的保税料件和成品，"项号级"是办理通关备案的内容。

联网企业的计算机系统能够按照进口料件重要程度实施分类管理，并且经主管海关认定其进口料件可以区分主料与非主料实施监管的，主料建立一一对应关系，非主料海关运用加工贸易信息化管理辅助平台实现料号级核销核算的，料号级料件同时满足以下条件的，可予以归并建立多对一归并关系：10 位商品编码相同；申报计量单位相同；中文商品名称相同；符合规范申报的要求。

其中，根据相关规定可予保税的消耗性物料与其他保税料件，不得归并；因管理需要，海关或企业认为需要单列的商品，不得归并。

主料是指构成加工成品的主要进口料件，非主料是指构成加工成品的其他进口料件。采用计算机系统按照进口料件重要程度实施分类管理的联网企业，可向主管海关申请区分主料和非主料实施监管。主管海关以进口料件的贸易管制条件、价值、单耗等因素，按监管需要认定主料和非主料。

加工贸易信息化管理辅助平台是指配合加工贸易联网监管电子账册系统建立的、能够辅助海关对多个加工贸易联网监管企业实施料号级商品核销核算的信息化管理平台。该信息化管理平台投入运行前,应通过海关总署组织的验收。

出口成品按采用成品版本号进行备案和申报,如同时满足以下条件的可予以归并:10位商品编码相同;申报计量单位相同;中文商品名称相同;符合规范申报的要求。

其中,涉及单耗标准与不涉及单耗标准的料号级成品,不得归并;因管理需要,海关或企业认为需要单列的商品,不得归并。海关审批通关的,联网监管企业的加工贸易商品归类关系就建立起来。联网监管商品关系的建立,主要表现在经海关审批通过的在归并原则基础上产生的"企业物料表"及归并关系数据。在预归并的基础上,海关应审核企业提交的预归并关系是否准确,是否符合相应的归并原则。

海关以商务主管部门批准的加工贸易经营范围、年生产能力等为依据,建立电子账册。非物理围网企业的电子账册包括加工贸易"经营范围电子账册"和"便捷通关电子账册"。

"经营范围电子账册"用于检查控制"便捷通关电子账册"进出口商品的范围,不能直接报关。电子账册编码为12位。"经营范围电子账册"第一、二位为标记代码"IT",因此"经营范围电子账册"也叫"IT账册"。

"便捷通关电子账册"用于加工贸易货物的备案、通关和核销。电子账册编码为12位。"便捷通关电子账册"第一位为标记代码"E",因此"便捷通关电子账册"也叫"E账册"。

8.3.2 电子账册报关程序

(一)账册备案

1."经营范围电子账册"备案

企业凭商务主管部门的批准证,通过网络向海关办理"经营范围电子账册"备案手续,备案内容为:①经营单位名称及代码;②加工单位名称及代码;③批准证件编号;④加工生产能力;⑤加工贸易进口料件和成品范围(商品编码前4位)。

企业在收到海关的备案信息后,应将商务主管部门的纸质批准证交海关存档。

2."便捷通关电子账册"备案

企业可通过网络向海关办理"便捷通关电子账册"备案手续。"便捷通关电子账册"的备案包括以下内容。

(1)企业基本情况表,包括经营单位及代码、加工企业及代码、批准证编号、经营范围账册号、加工生产能力等。

(2)料件、成品部分,包括归并后的料件、成品名称、规格、商品编码、备案计量单位、币制、征免方式等。

(3)单耗关系,包括出口成品对应料件的净耗、损耗率等。

其他部分可同时申请备案,也可分阶段申请备案,但料件必须在相关料件进口前备案,成品和单耗关系最迟在相关成品出口前备案。

海关将根据企业的加工能力设定电子账册最大周转金额,并对部分高风险或需要重点监管的料件设定最大周转数量。电子账册进口料件的金额、数量,加上电子账册剩余料件的金额、数量,不得超过最大周转金额和最大周转数量。

每一个企业一般只能申请建立一份"便捷通关电子账册",但是如果企业设有无法人资格独立核算的分厂,料件、成品单独管理的,经海关批准,可另建立电子账册。

企业需在异地口岸办理进出口报关或异地深加工结转报关手续的,可以向海关申请办理"便捷通关电子账册",用于异地报关备案。

3. 备案变更

(1)"经营范围电子账册"的变更。企业的经营范围、加工能力等发生变更时,经商务主管部门批准后,企业可通过网络向海关申请变更,海关予以审核通过,并收取商务主管部门出具的《联网监管企业加工贸易业务批准证变更证明》等相关书面材料。

(2)"便捷通关电子账册"的变更。"便捷通关电子账册"的最大周转金额、核销期限等需要变更时,企业应向海关提交申请,海关批准后直接变更。"便捷通关电子账册"的基本情况表中的内容、料件成品发生变化的,包括料件、成品品种、单损耗关系的增加等,只要未超出经营范围和加工能力,企业不必报经商务部门审批,可通过网络直接向海关申请变更,海关予以审核通过。

(二)进出口报关

电子账册模式下联网监管企业的保税加工货物报关与电子化手册模式一样,适用进出口报关阶段程序的,也有进出境货物报关、深加工结转货物报关和其他保税加工货物报关三种情形。

1. 进出境货物报关

(1)报关清单的生成。使用"便捷通关电子账册"办理报关手续,企业应先根据实际进出口情况,从企业系统导出料号级数据生成归并前的报关清单,通过网络发送到电子口岸。报关清单应按照加工贸易合同填报监管方式,进口报关清单填制的总金额不得超过电子账册最大周转金额的剩余值,其余项目的填制参照报关单的填制规范。

(2)报关单的生成。联网企业进出口保税加工货物,应使用企业内部的计算机,采用计算机原始数据形成报关清单,报送中国电子口岸。电子口岸将企业报送的报关清单根据归并原则进行归并,并分拆成报关单后发送回企业,由企业填报完整的报关单内容后,通过网络向海关正式申报。

(3)报关单的修改、撤销。不涉及报关清单的报关单内容可直接进行修改,涉及报关清单的报关单内容修改必须先修改报关清单,再重新进行归并。

报关单申报后,一律不得修改,只能删除。

(4)填制报关单要求。联网企业备案的进口料件和出口成品等内容,是货物进出口时与企业实际申报货物进行核对的电子底账。因此,申报数据与备案数据应当一致。

企业按实际进出口的"货号"(料件号和成品号)填报报关单,并按照加工贸易货物的实际性质填报监管方式。

海关按照规定审核申报数据,进口货物报关单的总金额不得超过电子账册最大周转金额的剩余值,如果电子账册对某项下料件的数量进行限制,报关单上该项商品的申报数量不得超过其最大周转量的剩余值。

(5) 申报方式选择。联网企业可根据需要和海关规定分别选择有纸报关或无纸报关方式申报。

联网企业进行无纸报关的,海关凭同时盖有申报单位和其代理企业的提货专用章的放行通知书办理"实货放行"手续;报关单位凭同时盖有经营单位、报关单位及报关员印章的纸质单证办理"事后交单"事宜。

联网企业进行有纸报关的,应由本企业的报关员办理现场申报手续。

有关许可证件管理和税收征管的规定与电子化手册管理下的保税加工货物进出境报关一样,参照前述电子化手册的有关内容。

2. 深加工结转货物报关

电子账册管理模式下联网企业的深加工结转货物报关与电子化手册管理下的保税加工货物深加工结转报关一样,参照前述电子化手册的有关内容。

3. 其他保税加工货物报关

经主管海关批准,联网监管企业可按月度集中办理内销征税手续。

按月度集中办理内销征税手续的联网企业,在每个核销周期结束前,必须办结本期所有的内销征税手续。

联网企业以内销、结转、退运、放弃、销毁等方式处理保税进口料件、成品、副产品、残次品、边角料和受灾货物的报关手续,参照电子化手册管理。后续缴纳税款时,缓税利息计息日为电子账册上期核销之日(未核销过的为"便捷通关电子账册"记录首次进口料件之日)的次日至海关开具《税款缴纳证》之日。

(三) 报核和核销

电子账册采用的是以企业为单元的管理方式,一个企业只有一个电子账册,因此,对电子账册模式的核销实行滚动核销的形式,即对电子账册按照时间段进行核销,将某个确定的时间段内企业的加工贸易进出口情况进行平衡核算。

企业必须在规定的期限内完成报核手续,确有正当理由不能按期报核的,经主管海关批准可以延期,但延长期限不得超过 60 天。

企业报核和海关核销的程序如下。

1. 企业报核

(1) 预报核。预报核是加工贸易联网企业报核的组成部分。企业在向海关正式申请核销前,在电子账册本次核销周期到期之日起 30 天内,将本核销期内申报的所有的电子账册进出口报关数据按海关要求的内容,包括报关单号、进出口岸、扣减方式、进出标志等以电子报文形式向海关申请报核。

(2) 正式报核。正式报核是指企业预报核通过海关审核后,以预报核海关核准的报关数据为基础,准确、详细地填报本期保税进口料件的应当留存数量、实际留存数量等内容,以电子数据向海关正式申请报核。

海关认为必要时,可以要求企业进一步报送料件的实际进口数量、耗用数量、内销数量、结转数量、边角料数量、放弃数量、实际损耗率等内容;不相符且属于企业填报有误的,海关可以退单,企业必须重新申报。

经海关认定企业实际库存多于应存数,有合理正当理由的,可以计入电子账册下期核销,对其他原因造成的,依法处理。

联网企业不再使用电子账册的,应当向海关申请核销。电子账册核销完毕,海关予以注销。

2. 海关核销

海关核销的基本目的是掌握企业在某个时段所进口的各项保税加工料件的使用、流转、损耗情况,确认是否符合以下的平衡关系。

期初数量＋进口保税料件(含深加工结转进口)＝出口成品折料(含深加工结转出口)
　　　　　　　　　　　　　　　　　＋内销料件＋内销成品折料＋剩余料件
　　　　　　　　　　　　　　　　　＋损耗－退运成品折料　　　　　　(8-9)

式中:"期初数量"在电子账册中是上期期末结转量;首次核销的,"期初数量"为零。

海关核销,除了对书面数据进行必要的核算外,还会根据实际情况采取盘库方式核准。经核对,企业报核数据与海关底账数据及盘点数据相符的,海关通过正式报核审核,打印核算结果,系统自动将本期结余数转为下期期初数。期间可以出现下面三种情况:

(1) 企业实际库存量多于电子底账核算结果的,海关会按照实际库存量调整电子底账的当期结余数量;

(2) 企业实际库存量少于电子底账核算结果且可以提供正当理由的,对短缺部分,联网企业按照内销处理;

(3) 企业实际库存量少于电子底账核算结果且联网企业不能提供正当理由的,对短缺部分,海关将移交缉私部门处理。

8.4　出口加工区货物通关

8.4.1　出口加工区海关监管

(一) 含义

出口加工区是指经国务院批准在中华人民共和国境内设立的,由海关对保税加工进出口货物进行封闭式监管的特定区域。如上海金桥出口加工区、上海松江出口加工区、上海闵行出口加工区等。

(二) 功能概述

出口加工区具有保税加工、保税物流及研发、检测、维修等功能。

加工区内设置出口加工企业、仓储物流企业以及海关核准专门从事区内货物进出的运输企业。

(三) 管理概述

出口加工区是海关监管的特定区域。出口加工区与境内其他地区之间设置符合海关监管要求的隔离设施及闭路电视监控系统,在进出区通道设立卡口。海关在出口加工区内设立机构,并依照有关法律、行政法规,对进出加工区的货物及区内相关场所实行 24 小时监管。区内不得经营商业零售、不得建立营业性的生活消费设施。除安全人员和企业值班人员外,其他人员不得在加工区内居住。区内企业建立符合海关监管要求的电子计算机管理数据库,并与海关实行电子计算机联网,进行电子数据交换。

出口加工区与境外之间进出的货物,除国家另有规定的外,不实行进出口许可证件管理。国家禁止进出口的货物,不得进出出口加工区。因国内技术无法达到产品要求,须将国家禁止出口商品运至出口加工区内进行某项工序加工的,应报经商务主管部门批准,海关比照出料加工管理办法进行监管,其运入出口加工区的货物,不予签发出口退税报关单。

境内区外进入出口加工区的货物视同出口,办理出口报关手续,除属于取消出口退税的基建物资外,可以办理出口退税手续。

从境外运入出口加工区的加工贸易货物全额保税。出口加工区内企业开展加工贸易业务,不实行加工贸易银行保证金台账制度,适用电子账册管理。出口加工区内企业从境外进口自用的生产、管理所需设备、物资,除交通运输工具和生活消费用品外,予以免税。

8.4.2 出口加工区货物报关

出口加工区内企业在进出口货物前,应向出口加工区主管海关申请建立电子账册。其备案和报核参照前述内容,以下主要讲述进出口阶段。由于出口加工区实行物理围网管理,因此其账册与非物理围网管理的电子账册有所不同。出口加工区企业电子账册包括"加工贸易电子账册(H账册)"和"企业设备电子账册"。出口加工区进出境货物和进出区货物均通过电子账册办理报关手续。

(一)与境外之间(两个海关,一家企业)

出口加工区企业从境外运进货物或运出货物到境外,由收发货人或其代理人填写《进/出境货物备案清单》,向出口加工区海关备案(见图8-6)。

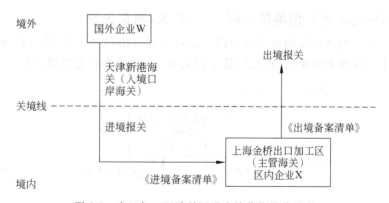

图8-6 出口加工区跨关区进出境货物报关示意

对于跨关区进出境的出口加工区货物,除邮递物品、个人随身携带物品、跨越关区进口车辆和出区在异地口岸拼箱出口货物以外,可以按转关运输中的直转转关方式办理转关。以图8-6为例,报关程序如下。

1. 境外→区内(进口直转转关)

(1)货物到天津新港后,收货人(区内企业X)或其代理人向天津新港海关录入转关申报数据,并持《进口转关货物申报单》《汽车载货登记簿》向天津新港海关物流监控部门办理转关手续。

(2) 天津新港海关审核同意企业转关申请后,向上海金桥出口加工区主管海关发送转关申报电子数据,并对运输车辆进行加封。

(3) 货物运抵上海金桥出口加工区后,区内企业X或其代理人向上海金桥出口加工区海关办理转关核销手续,出口加工区海关物流监控部门核销《汽车载货登记簿》,并向天津新港海关发送转关核销电子回执。

(4) 同时区内企业X或其代理人录入《出口加工区进境货物备案清单》,向出口加工区海关提交运单、发票、装箱单、电子账册编号、相应的许可证件等单证办理进境报关手续。

(5) 出口加工区海关审核有关报关单证,确定是否查验,对不需查验的货物予以放行;对需要查验的货物,由海关实施查验后,再办理放行手续,签发有关备案清单证明联。

2. 区内→境外(出口直转转关)

(1) 发货人(区内企业X)或其代理人录入《出口加工区出境货物备案清单》,向上海金桥出口加工区海关提交运单、发票、装箱单、电子账册编号等单证,办理出口报关手续。

(2) 同时向上海金桥出口加工区海关录入转关申报数据,并持《出口加工区出境货物备案清单》《汽车载货登记簿》向出口加工区海关物流监控部门办理出口转关手续。

(3) 上海金桥出口加工区海关审核同意企业转关申请后,向天津新港海关发送转关申报电子数据,并对运输车辆进行加封。

(4) 货物运抵出境地天津新港海关后,发货人或其代理人向天津新港海关办理转关核销手续,天津新港海关核销《汽车载货登记簿》,并向上海金桥出口加工区海关发送转关核销电子回执,货物实际离境后,天津新港海关核销《汽车载货清单》并反馈出口加工区海关,出口加工区海关凭以签发有关备案清单证明联。

(二) 与境内区外其他地区之间(一个海关,两家企业)

出口加工区货物运往境内区外或境内区外货物运入出口加工区,由区内企业填写《进/出境备案清单》,区外企业填写《进出口货物报关单》,图8-7为报关流程示意。

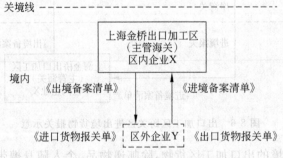

图8-7 出口加工区进出区货物报关示意

1. 区内→区外

(1) 如图8-7所示,出口加工区运往境内区外的货物,按照对进口货物的有关规定办理报关手续。由区外企业Y录入《进口货物报关单》,凭发票、装箱单、相应的许可证件等单证向出口加工区海关办理进口报关手续。

(2) 进口报关结束后,区内企业X填制《出口加工区出境货物备案清单》,凭发票、装箱单、电子账册编号等向出口加工区海关办理出区报关手续。

(3) 出口加工区海关放行货物后,向区外企业签发《进口货物报关单付汇证明联》,向区内企业签发《出口加工区出境货物备案清单收汇证明联》。

对于出口加工区内企业内销保税加工货物的税收管理和证件管理注意以下几点。

(1) 内销制成品,以接受内销申报的同时或者大约同时进口的相同货物或者类似货物的进口成交价格为基础确定完税价格。

(2) 内销副产品,以内销价格作为完税价格。

以上(1)、(2)两种情况,均由区外企业缴纳进口关税和进口环节海关代征税,免予交付缓税利息。属于许可证件管理的商品,应向海关出具有效的进口许可证件。

区内企业在保税加工过程中产生的边角料、残次品、废品等原则上应复运出境。如出区内销,应按照对区外其他加工贸易货物内销的相关规定办理。

(1) 边角料、废品内销,海关按照报验状态归类后适用的税率和审定的价格计征税款,免予提交许可证件。

(2) 边角料、废品以处置方式销毁的,或者属于禁止进口的固体废物需出区进行利用或者处置的,区内企业持处置单位的《危险废物经营许可证》复印件以及出口加工区管委会和所在地地(市)级环保部门的批准文件向海关办理有关手续。

(3) 对无商业价值且不属于禁止进口的固体废物的边角料和废品,需运往区外以处置之外的其他方式销毁的,应凭出口加工区管委会的批件,向主管海关办理出区手续,海关予以免税,并免予验核进口许可证件(即《废物进口许可证》)。

(4) 残次品出区内销,按成品征收进口关税和进口环节海关代征税,属于进口许可证件管理的,企业应当向海关提交相应的许可证件;对属于《法检目录》内的出区内销残次品,须经出入境检验检疫机构按照国家技术规范的强制性要求检验合格后,方可内销。

对于出口加工区内企业需要将有关模具、半成品运往区外用于加工生产,应当报经加工区主管海关关长批准,由接受委托的区外企业,向加工区主管海关缴纳货物应征关税和进口环节增值税等值的保证金或银行保函后,办理出区手续。加工完毕后,加工产品应按期(一般为6个月)运回加工区,区内企业向加工区主管海关提交运出加工区时填写的《委托区外加工申请书》及有关单证,办理验放核销手续。加工主管海关办理验放核销手续后,退还保证金或撤销保函。

出口加工区区内使用的机器、设备、模具和办公用品等,须运往境内区外进行维修、测试或检验时,区内企业或管理机构应向主管海关提出申请,并经主管海关核准、登记、查验后,方可将机器、设备、模具和办公用品等运往境内区外维修、测试或检验。区内企业将模具运往境内区外维修、测试或检验时,应留存模具所生产产品的样品,以备海关对运回加工区的模具进行核查。

运往境内区外维修、测试或检验的机器、设备、模具和办公用品等,按照"修理物品"监管,不得用于境内区外加工生产和使用。

运往境内区外维修、测试或检验的机器、设备、模具和办公用品等,应自运出之日起2个月内运回加工区。因特殊情况不能如期运回的,区内企业应于期限届满前7天内,向主管海关说明情况,并申请延期。申请延期以1次为限,延长期限不得超过1个月。

运往境内区外维修的机器、设备、模具和办公用品等,运回加工区时,要以海关能辨认其为原物或同一规格的新零件、配件或附件为限,但更换新零件、配件或附件的,原零件、配件或附件应一并运回加工区。

2. 区外→区内

境内区外运入出口加工区的货物,按照对出口货物的有关规定办理报关手续。由区外企业录入《出口货物报关单》,凭购销合同(协议)、发票、装箱单等单证向出口加工区海关办理出口报关手续。出口报关结束后,区内企业填制出口加工区《进境货物备案清单》,凭购销发票、装箱单、电子账册编号等单证向出口加工区海关办理进区报关手续。

出口加工区海关查验、放行货物后,向区外企业签发《出口货物报关单收汇证明联》和《出口退税证明联》,向区内企业签发出口加工区《进境货物备案清单付汇证明联》。

从境内区外运进加工区供区内企业使用的国产机器、设备、原材料、零部件、元器件、包装物料、基础设施,加工企业和行政管理部门生产、办公用房合理数量的国产基建物资等,按照对出口货物的管理规定办理出口报关手续,海关签发《出口报关单退税证明联》(除不予退税的基建物资外)。境内区外企业依据《出口货物报关单退税证明联》向税务部门申请办理出口退(免)税手续。

3. 出口加工区出区深加工结转

出口加工区货物出区深加工结转是指加工区内企业经海关批准并办理相关的手续,将本企业加工生产的产品直接或者通过保税仓库转入其他出口加工区、保税区等海关特殊监管区域内或者转入区外其他加工贸易企业进一步加工后复出口的经营活动(见图8-8)。

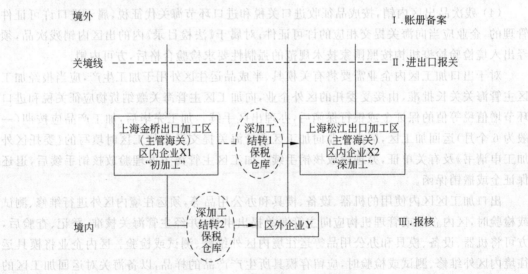

图 8-8 出口加工区两种深加工结转示意

出口加工区企业开展深加工结转时,转出企业凭出口加工区管委会批复,向所在地的出口加工区海关办理海关备案手续后,方可开展货物的实际结转。

(1) 对转入其他出口加工区、保税区等海关特殊监管区域的,转入企业凭其所在区域管委会的批复办理结转手续。转出、转入企业分别在自己的主管海关办理结转手续,且比照转关运输方式办理结转手续。不能比照转关运输方式办理结转手续的,在向主管海关提供相应的担保后,由企业自行运输。

(2) 对转入特殊监管区域外（即非物理围网管理加工贸易企业）的，转入企业凭商务主管部门的批复办理结转手续。海关按照对保税加工进口货物的有关规定办理手续，结转产品如果属于加工贸易项下进口许可证件管理商品的，企业应当向海关提供相应的有效进口许可证件。转出、转入企业在转出地主管海关办理结转手续，其深加工结转报关包含以下环节：

① 转入企业在《中华人民共和国海关出口加工区出区深加工结转申请表》（一式四联）中填写本企业的转入计划，凭申请表向转入地海关备案。

② 转入地海关备案后，留存申请表第一联，其余三联退还转入企业，由转入企业送交出口加工区转出企业。

③ 转出企业自转入地海关备案之日起 30 天内，持申请表其余三联，填写本企业的相关内容后，向主管海关办理备案手续。

④ 转出地海关审核后，留存申请表第二联，将第三、第四联分别交给转出企业、转入企业。

⑤ 转出、转入企业办理结转备案手续后，凭双方海关核准的申请表进行实际收发货。转出企业的每批次发货记录应当在一式三联的《出口加工区货物实际结转情况登记表》上如实登记，转出地海关在卡口签注登记表后，货物出区。

⑥ 转出、转入企业每批实际发货、收货后，可以凭申请表和转出地卡口海关签注的登记表分批或者集中办理报关手续。转出、转入企业每批实际发货、收货后，应当在实际发货、收货之日起 30 天内办结该批货物的报关手续。转入企业填报《结转进口报关单》，转出企业填报《结转出口备案清单》。一份《结转进口报关单》对应一份《结转出口备案清单》。

区内转出的货物因质量不符等原因发生退运、退换的，转入企业为特殊监管区以外的加工贸易企业的，按退运货物或退换货物办理相关手续。

4. 出口加工区机器设备出区处理

(1) 从境外进入出口加工区按规定予以免税的机器设备，海关在规定的监管年限内实施监管。监管年限自货物进境放行之日起计算，限期 5 年。使用完毕，原则上应退运出境。

需在监管年限内出区内销的，海关按照特定减免税货物的管理规定征收税款。监管年限届满的，出区时不再征收税款。从境外进入出口加工区时免予提交机电产品进口许可证件的机器设备，在其出区时，海关凭与其入境状态一致的机电产品进口许可证件验放。

在监管年限内转让给区外进口同一货物享受减免税优惠待遇的企业的，由区外企业按照特定减免税货物的管理规定办理进口手续，监管年限连续计算；如出区转为加工贸易不作价设备的，由区外企业按照加工贸易不作价设备的管理规定办理进口报关手续，监管年限连续计算。

(2) 从境内区外采购入区予以退税的机器设备，如需内销出区的，区外企业在办理进口手续时，按报验状态缴税，免予提交相应的进口许可证件。其中，从区外采购入区的海关监管年限内的特定减免税进口的机器设备和加工贸易不作价设备，监管年限连续计算，监管年限届满的，出区时不再征收税款；在海关监管年限内的，出区时海关按照特定减免税货物征收税款。

8.5 珠海园区货物通关

8.5.1 珠海园区海关监管

（一）含义

珠澳跨境工业区是指经国务院批准设立，在我国珠海经济特区和澳门特别行政区之间跨越珠海和澳门关境线，由中国海关和澳门海关共同监管的海关特殊监管区域。

珠澳跨境工业区由珠海园区和澳门园区两部分组成。

珠海园区是指经国务院批准设立的珠澳跨境工业区由中国海关按照《海关法》和其他有关法律、行政法规进行监管的珠海经济特区部分的园区。

澳门园区是指经国务院批准设立的珠澳跨境工业区由澳门海关按照澳门特别行政区的有关规定进行监管的澳门特别行政区部分的园区。

（二）功能

珠海园区具备从事保税物流、保税加工和国际贸易的功能。

珠海园区可以开展以下业务：

（1）加工制造；

（2）检测、维修、研发；

（3）储存进出口货物及其他未办结海关手续货物；

（4）国际转口贸易；

（5）国际采购、分销和配送；

（6）国际中转；

（7）商品展示、展销。

（三）管理

珠海园区实行保税区政策，与中华人民共和国关境内的其他地区之间进出货物在税收方面实行出口加工区政策。

1. 加工贸易管理

区内企业自开展业务之日起，应当每年向珠海园区主管海关办理报核手续，珠海园区主管海关应当自受理报核申请之日起30天内予以核销。区内企业有关账册、原始单证应当自核销结束之日起至少保留3年。

区内企业开展加工贸易，不实行加工贸易银行保证金台账制度。

区内加工贸易货物内销，不征收缓税利息。

2. 特殊情况处理

因不可抗力造成珠海园区内货物损坏、灭失的，区内企业应当及时书面报告珠海园区主管海关，并且提供保险、灾害鉴定部门的有关证明。经珠海园区主管海关核实确认后，按照以下规定处理（见表8-7）。

表 8-7　珠海园区受损货物海关处理方法

受损原因	特殊情况	处理方法
不可抗力造成损坏	货物灭失,或者虽未灭失但完全失去使用价值的	海关依法办理核销和免税手续
	进境货物损坏,失去原使用价值但可以再利用的	区内企业可以向海关办理退运手续,要求运往区外的,须海关核准后按出区实际状态办理海关手续
	区外进入区内的货物损坏,失去原使用价值但可以再利用,并且向区外出口企业进行退换的	可以退换为与损坏货物同一品名、规格、数量、价格的货物,并且向珠海园区主管海关办理退运手续
保管不善	从境外进入园区	由区内企业按一般进口货物缴纳受损货物原价值的进口代征税
	从区外进入区内	区内企业重新缴纳出口退还的国内环节税

8.5.2　珠海园区货物报关

(一) 与境外之间

海关对珠海园区与境外之间进出的货物,实行备案制管理,由货物的收发货人或其代理人填写《进出境货物备案清单》,向海关备案。

对于珠海园区与境外之间进出的货物,可以办理集中申报手续。

珠海园区与境外之间进出的货物应当向珠海园区主管海关申报。珠海园区与境外之间进出货物的进出境口岸不在园区主管海关管辖区域的,区内企业应当按照转关运输或者异地报关等方式办理有关手续。

珠海园区与境外之间进出的货物,不实行进出口配额、许可证件管理。

(二) 与境内区外其他地区之间

海关对珠海园区与境内区外之间进出货物的监管分出区和进区两种情况。

1. 出区

珠海园区内货物运往区外视同进口。

珠海园区内货物运往区外,由区内企业填制《出境货物备案清单》,向珠海园区主管海关办理申报手续;区外收货人或其代理人填制《进口货物报关单》,向珠海园区主管海关办理申报手续。

区内企业跨关区配送货物或者异地企业跨关区到珠海园区提取货物,可以在珠海园区主管海关办理申报手续,也可以按照规定在异地企业所在地海关办理申报手续。

海关按照货物进口的有关规定办理手续。需要征税的,按照货物出区时的实际状态征税;属于许可证件管理商品的,区内企业或者区外收货人还应当向海关出具进口许可证件。

(1) CEPA 货物出区。以一般贸易方式经珠海园区进入境内区外,并且获得我国香港或者澳门签证机构签发的《CEPA 优惠原产地证书》的货物,可以按照规定享受 CEPA 零关税优惠。

(2) 一般贸易和加工贸易货物出区。以一般贸易方式经珠海园区进入区外或者经园区企业加工进入区外的货物,按出区的实际流向办理进口报关手续:①用于加工贸易的,由加工贸易企业或其代理人按加工贸易货物的报关程序办理进口报关手续;②用于可以享受特定减免税的特定地区、特定企业和特定用途的,由享受特定减免税的企业或其代理人按特定减免税货物的报关程序办理进口报关手续;③进入国内市场或适用于境内其他方面,由收货人或其代理人按一般进口货物的报关程序办理进口报关手续。

（3）免税货物出区。从境外免税进入珠海园区的货物出区进入境内区外的，海关按照货物进口的有关规定办理手续；需要征税的，按照货物出区时的实际状态征税；属于进口配额、许可证件管理商品的，区内企业或者区外收货人还应当向海关出具进口配额、许可证件。

（4）残次品、边角料出区。区内企业在加工生产过程中产生的残次品内销出区的，海关按内销时的实际状态征税；属于进口配额、许可证件管理的，企业应当向海关出具进口配额、许可证件。

区内企业在加工生产过程中产生的边角料、废品，以及加工生产、储存、运输等过程中产生的包装物料，区内企业提出书面申请并且经海关批准的，可以运往区外，海关按出区时的实际状态征税；属于进口配额、许可证件管理商品的，免领进口配额、许可证件；属于列入《禁止进口废物目录》的废物及其他危险废物需出区进行处置的，有关企业凭珠海园区行政管理机构及所在地的市级环保部门批件等材料，向海关办理出区手续。

（5）出区外发加工（与出口加工区不同，参照非物理围网"外发加工"）。区内企业需要将模具、原材料、半成品等运往区外进行加工的，应当在开展外发加工前，凭承揽加工合同或者协议、承揽企业营业执照复印件和区内企业签章确认的承揽企业生产能力状况等材料，向珠海园区主管海关办理"外发加工"手续。

委托区外企业加工的期限不得超过6个月，加工完的货物应当按期运回珠海园区。在区外开展外发加工产生的边角料、废品、残次品、副产品不运回珠海园区的，海关将按照实际状态征税。

货物运回园区后，区内企业凭出区时的《委托区外加工申请书》及有关单证，向海关办理验放核销手续。

（6）出区展示（与出口加工区不同）。经珠海园区主管海关批准，区内企业可以在区外进行商品展示，并且比照海关对暂准进境货物的有关规定办理进出区手续。

（7）出区检测、维修。在珠海园区内使用的机器、设备、模具和办公用品等海关监管货物，区内企业或者珠海园区行政管理机构向珠海园区主管海关提出书面申请，并且经珠海园区主管海关核准、登记后，可以运往区外进行检测、维修。区内企业将模具运往区外进行检测、维修的，应当留存模具所生产产品的样品或者图片资料。

运往区外进行检测、维修的机器、设备、模具和办公用品等，不得在区外用于加工生产和使用，并且应当自运出之日起2个月内运回珠海园区。因特殊情况不能如期运回的，区内企业或者珠海园区行政管理机构应当在期限届满前7天内，以书面形式向海关申请延期，延长期限不得超过1个月。

检测、维修完毕运回珠海园区的机器、设备、模具和办公用品等应当为原物。有更换新零件、配件或者附件的，原零件、配件或者附件应当一并运回区内。

对在区外更换的国产零件、配件或者附件，需要退税的，由区内企业或者区外企业提出申请，园区主管海关按照出口货物的有关规定办理手续，签发《出口货物报关单证明联》。

（8）退运出区。需要退运到区外的货物，区内企业向珠海园区主管海关提出退运申请，提供注册地税务主管部门证明其货物未办理出口退税或者所退税款已退还税务主管部门的证明材料和出口单证，并且经珠海园区主管海关批准的，可以办理退运手续；属于已经办理出口退税手续并且所退税款未退还税务主管部门的，应当按照进口货物办理进口手续，需要征税的,按照货物出区时的实际状态征税;属于进口配额、许可证件管理商品的,区内企业或者区外收货人还应当向海关出具进口配额、许可证件。

(9) 出区深加工结转。园区企业将加工贸易成品发往境内区外其他特殊监管区域外加工贸易企业开展深加工结转业务,按照出口加工区出区深加工结转的程序办理有关手续。

2. 进区

货物从境内区外进入珠海园区视同出口。

(1) 一般贸易和加工贸易货物进区,海关按照货物出口的有关规定办理手续。属于出口应税商品的,按照有关规定进行征税;属于许可证件管理商品的,区内企业或者区外发货人还应当向海关出具出口许可证件。

从区外进入珠海园区供区内企业使用的国产机器、设备、原材料、零部件、元器件、包装物料及建造基础设施,企业和行政管理部门生产、办公用房所需合理数量的国产基建物资等,除属于取消出口退税的基建物资外,海关按照出口货物的有关规定办理手续,签发《出口货物报关单退税证明联》。

从区外进入珠海园区供区内企业和行政管理机构使用的生活消费用品、交通运输工具等,海关不予签发出口货物报关单退税证明联。

(2) 原进口货物进区。从区外进入珠海园区的进口机器、设备、原材料、零部件、元器件、包装物料、基建物资等,有关企业应当向海关提供上述货物或者物品的清单,并且办理出口报关手续;上述货物或者物品已经缴纳的进口环节税,不予退还。

(3) 出区外发加工运回。区内企业运往境内区外进行外发加工的货物,加工生产过程中使用国内料件并且属于出口应税商品的,加工产品运回区内时,所使用的国内料件应当按规定缴纳出口关税。

(4) 进区商品展示。经珠海园区主管海关批准,区内企业可以承接区外商品的展示,并且比照海关对暂准出境货物的有关规定办理进出区手续。

1. 保税加工货物特征

保税加工货物特征主要从"证件管理"和"税收征管"两个方面描述。

(1) 证件管理:进口料件免证(除易制毒化学品、监控化学品、消耗臭氧层物质、原油、成品油、音像制品、印刷品、地图产品、工业再生废料等)。其中,易制毒化学品和监控化学品需要《两用物项和技术进口许可证》(代码为2),消耗臭氧层物质需要《进口许可证》(代码为1),原油、成品油需要《自动进口许可证》(代码为v),出口成品须证的交证。

(2) 税收征管:进口料件保税(除不予备案的料件以及试车材料、未列名消耗性物料),出口成品免税(除部分使用国产料件生产的成品及出口未锻铝)。

2. 保税加工货物电子化手册类型

(1) B手册:加工贸易手册(来料加工)。

(2) C手册:加工贸易手册(进料加工)。

3. 保税加工货物电子账册类型

(1) 非物理围网企业电子账册包括IT账册(经营范围电子账册)和E账册(便捷通关电

子账册)。

(2) 物理围网企业电子账册包括企业设备电子账册和 H 账册(加工贸易电子账册)。

4. 异地加工、外发加工、跨关区深加工结转的区别

异地加工是指经营企业将进口料件直接运到关区以外备案加工贸易合同的加工企业进行加工。比如,上海的一家加工贸易经营企业进口料件,不是自己加工,而是把这些料件委托给了杭州的一家加工企业,让杭州的这家企业加工,加工成成品后回收,由上海的加工贸易经营企业组织出口的加工贸易。

外发加工即将某道工序或全部工序委托给没有进行加工贸易合同备案的其他企业进行加工。比如,上海的一家企业所进行的是服装加工贸易,将裁剪这道工序交给了上海的另外一家企业,或者是委托给杭州的某一家企业进行加工。

异地加工是两家企业在不同的直属关区,而外发加工中两家企业可以在同一关区,也可以在不同的关区。

深加工结转是指经营企业将初加工的料件或半成品,结转给另一加工企业加工为成品并出口。深加工结转中,两家企业在不同的直属关区,要办理结转手续;两家企业不在一个关区,其中一家加工贸易企业完成加工后,转给下一家加工贸易企业完成加工后出口。

5. 余料结转

余料结转属海关行政许可项目,仅适用剩余的保税料件结转。其他保税货物,如边角料、残次品、副产品等因不符合"同样进口料件",不能结转。海关审核后不予结转的,企业应按以下方法处理:退运、内销、放弃、销毁。

6. 深加工结转报关的两种类型

深加工结转报关的两种类型见表 8-8。

表 8-8 深加工结转报关的两种类型

程序	非物理围网企业	物理围网企业(出口加工区)
计划备案	转出企业先向所在地海关备案,20 天内转入企业应向所在地海关备案	转入企业向所在地海关备案,30 天内转出企业向出口加工区海关备案
收发货登记	转出企业自发货之日起,或转入企业自收货之日起 90 天内,向各自海关办结进出口报关手续	转出企业自发货之日起,或转入企业自收货之日起 30 天内,向出口加工区海关办结进出口报关手续
结转报关	转入企业先向所在地海关报进口,转出企业 10 天内向所在地海关报出口,转入、转出企业均填制报关单	转入企业先报进口,转出企业后报出口,均向出口加工区海关申报,转入企业填报关单,转出企业填备案清单

7. 特殊区域保税加工货物内销征税的完税价格确定方法

特殊区域保税加工货物内销征税的完税价格确定方法见表 8-9。

表 8-9 特殊区域保税加工货物内销征税的完税价格确定方法

适用	以原进口料件成交价格为基础	以同时或大约同时进口相同或类似进口料件成交价格为基础	以同时或大约同时进口相同或类似进口制成品成交价格为基础	以内销价为基础确定完税价格
A. 出口加工区制成品内销			√	

续表

适用	以原进口料件成交价格为基础	以同时或大约同时进口相同或类似进口料件成交价格为基础	以同时或大约同时进口相同或类似进口制成品成交价格为基础	以内销价为基础确定完税价格
B. 保税区进料加工或来料加工进口料件内销		√		
C. 保税区进料加工制成品(含国产料件)内销	√			
D. 保税区来料加工制成品(含国产料件)内销		√		
E. 保税区进料或来料加工制成品(不含国产料件)内销			√	
F. 边角料或副产品				√

8. 特定减免税货物、保税货物、暂准进出境货物的区别

(1) 性质不同。特定减免税货物是以进口为目的的实际进口货物,针对三个特定(特定的区域、特定的企业、特定的用途),在符合条件的情况下给予的税收优惠措施;保税货物是针对进境又复运出境的特点简化了海关税、证手续的一种制度,经海关批准,暂时不办理进境纳税手续,在境内存储、加工、装配后复运出境;暂准进出境货物在有担保的情况下,免纳关税、免许可证,此担保直至货物复运出境(进境)后核销。

(2) 前期准备不同。特定减免税货物是申领减免税证明;保税加工货物是向海关备案,由海关核发加工贸易登记手册等;暂准进出境货物中的展览品展览前需要报批备案。

(3) 后续监管不同。特定减免税货物是监管期满自动解除监管或监管期内做其他处理;保税货物及暂准进出境货物是根据去向不同分别办理相应的手续。

9. 特殊监管区域的功能比较

特殊监管区域的功能比较见表8-10。

表8-10 特殊监管区域的功能比较

功能	出口加工区	跨境工业园区	保税物流园区	保税区	保税港区	综合保税区
保税加工	√	√	√	√	√	√
保税仓储	√	√	√	√	√	√
保税物流	√	√	√	√	√	√
港口作业	—	—	—	—	√	—
制造、售后服务	—	√	√	√	√	√
国际转口贸易	√	√	√	√	√	√
商品展示	—	√	√	√	√	√
检测、维修、研发	√	√	√	√	√	√
出口退税	√	√	√	—	√	√

10. 海关特殊监管区域应注意的问题

(1) 海关不签发出口退税证明联的情况:

① 任何货物从区外进入保税区;

②从区外进入出口加工、珠海园区、保税物流中心、保税物流园区、保税港区的基建物资、生活消费品、办公用品(保税港区除外)、交通运输工具、原进口货物、包装物料、设备等,从其他监管区域、场所进区的货物。

(2)海关签发出口退税证明联的情况:国产货物及其包装材料、机器、设备进区的。

(3)对批量少、批次频繁的,可办理集中申报手续。其适用于以下情况:

①保税仓库,最迟应在次月前5个工作日办理集中申报手续;

②出口监管仓库,应在次月10日前办理集中申报手续,不得跨年度办理;

③保税物流园区内,不得超过1个月,且不得跨年度使用;

④保税港区,在次月月底前,办理集中申报手续。

(4)报关制和备案制的适用情况:

①保税区采用备案制与报关制相结合的运行机制,属自用的,采用报关制;属非自用的,即保税加工、保税仓储、转口贸易、商品展示进出境的货物,采用备案制。

②出口加工区及珠海园区、保税港区,采用备案制。

③保税物流园区除免税品、国际中转货物外,实行备案制。

(5)保税港区加工贸易货物出区内销与保税区内销有所不同。其加工贸易成品、残次品、副产品按内销时的实际状态征税,即内销价征税边角料、废品按实际状态征税。

(6)保税区企业开展加工贸易、进口易制毒化学品、监控化学品、消耗臭氧层物质、均要提供《进口许可证》。境外运入其他特殊监管区的不实行许可证件管理,但法律、行政法规规定"不论以何种方式进出口",均须"领证"的除外,例如:①两用物项和技术进出口;②废物进口;③濒危物种进出口;④药品;⑤农产品关税配额管理的农产品。

(7)除保税仓库与保税仓库可以相互结转外(双向),保税仓库只能结转到其他监管场所或特殊监管区域(单向),而其他监管场所、特殊监管区域不能结转到保税仓库。因此,保税仓库不能与其他监管场所、特殊监管区域之间相互结转货物。出口监管仓库、保税物流中心、出口加工区、珠海园区、保税物流园区、保税港区之间货物可以相互结转。

(8)出口加工区、珠海园区、保税区、保税物流园区、保税港区均可在园内开展维修业务,但保税港区仅限于我国出口的机电产品的售后维修。维修后的产品、更换的零配件及维修中产生的物料应复运出境。保税物流监管场所(保税仓库、出口监管仓库、保税物流中心)不得开展维修业务,但可以存放维修外国产品用的零配件。

专业术语

1. 扩展词汇

料件表 Bill of Material(BOM)　保税 duty suspension　结关放行 final clearance　报关手续 customs formalities　报关单 Customs Sheet　加工贸易 Improvement Trade

2. 短文阅读

Customs is an important part of the government involved in one of the three basic functions of a government, namely, administration, maintenance of law, order and justice and collection of revenue. However, in a bid to mitigate corruption, many countries have partly privatised its Customs. This has occurred by way of engagement of Pre-shipment

Inspection Agencies who examine the cargo and verify the declared value before importation is effected and the nation Customs is obliged to accept the report of the agency for the purpose of assessment of leviable duties and taxes at the port of entry. While engaging a pre-shipment inspection agency may appear justified in a country with an inexperienced or inadequate Customs establishment, the measure has not really been able to plug the loophole and protect revenue. It has been found that evasion of Customs duty escalated when pre-shipment agencies took over. It has also been alleged that such involvement of such agencies has been causing delays in the shipment process. Privatization of Customs has been viewed as a fatal remedy.

课内热身

【例 8-1】 浙江 X 公司 3201314321(经营企业)与美国 W 公司签订进口合同,进口松木板材 100PC(尺寸 2 000mm×1 200mm×20mm/PC),X 公司报关员张飞向浙江海关办理进口报关手续。海关放行后,货物委托加工企业 Y 上海家具厂加工成椭圆形桌面 50PC,并用国产料件铁质桌腿及若干固定螺栓,组装成餐桌出口至非洲。请计算单耗。

【答案】 利用 Excel 列表计算(见图 8-9)。

经营单位	浙江X公司									
加工企业	上海家具厂									
申报海关	浙江海关									
料件表BOM					成品表				单耗计算	
料件号	商品编码	商品名称	数量	单位	项号	商品编码	商品名称	数量	单位	净耗	工艺损耗	单耗
01	44021100	松木板材	100	PC						0.048	10%	0.053333
02	73031210	铁质支撑	400	PC	03	92031100	松木餐桌	50	只	4	3%	4.123711
03	73021100	5MM螺栓	1600	PC						16	10%	17.77778

图 8-9　Excel 列表计算

图 8-9 中显示了多个料件对于一个成品的"一对多"关系,对于相似的辅料可以利用 Excel 的分类汇总功能进行合并。当数据量到达一定规模时,Excel 自带各类统计函数如 SUM、SUMIF、COUNTIF、SUMPRODUCT 等,可以快速进行复杂的数据分析。

【例 8-2】 某公司进口一批货物,CIF 价 USD3 000(1USD＝6.2CNY),运输工具申报进境日为 8 月 9 日,报关单位 8 月 28 日向海关申报,海关次日受理,8 月 24 日至 8 月 25 日为节假日。请问:有没有滞报?滞报几天?滞报金多少?

【解析】 遇到时间问题,一般利用时间轴解题(见图 8-10)。

运输工具申报进境日为 8 月 9 日,按期申报期限从第二天开始算,往后加 14 天,即 8 月 10 日至 8 月 23 日(加 14 减 1)。滞报金起征日为第 15 日,即 8 月 24 日(因遇到节假日,则顺延至节假日结束之后第一个工作日,即 8 月 26 日)。报关单位 8 月 28 日向海关申报,海关次日受理,因此实际申报日期为 8 月 29 日,滞报天数为 4 天(尾减头加 1)。

滞报金＝进口货物完税价格×0.5‰×滞报天数
　　　　＝3 000×6.2×0.5‰×4＝37.2(元)≈37(元)

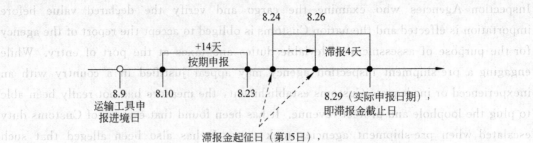

图 8-10 时间轴

滞报金计算至"元",不足1元的免收。由于滞报金的起征点为50元人民币,该题答案为有滞报,滞报4天,滞报金为0元。

该题还可以通过 Excel 进行进一步的计算训练。

【例 8-3】 广州大洋塑料制品有限公司(以下简称大洋公司)与香港纬元贸易有限公司(以下简称纬元公司)签订印花塑料餐具加工合同,由纬元公司向大洋公司免费提供 ABS 树脂一批,并支付加工费,成品由纬元公司在境外销售。大洋公司为此按海关要求建立了加工贸易电子化手册。在加工过程中,由于没有印花设备,大洋公司报经主管海关同意后,将半成品交深圳威龙胶印有限公司(以下简称威龙公司)印花后运回。在合同执行过程中产生的1 000千克边角料作内销处理,合同执行完毕,大洋公司向主管海关报核。

解答下列问题(不定项选择)。

1. 大洋公司与纬元公司之间、大洋公司与威龙公司之间的行为关系分别属于(　　)。

    A. 来料加工和外发加工　　　　　　B. 进料加工和进料深加工结转
    C. 来料加工和异地加工　　　　　　D. 来料加工和来料深加工结转

【解析】 大洋公司与纬元公司之间的行为属于来料加工,大洋公司与威龙公司之间的行为属于外发加工。答案选 A。

2. 关于该加工贸易合同的备案,下列表述正确的是(　　)。

    A. 大洋公司到威龙公司所在地海关备案
    B. 大洋公司到本企业所在地海关备案
    C. 威龙公司到大洋公司所在地海关备案
    D. 威龙公司到本企业所在地海关备案

【解析】 国家规定,开展加工贸易业务应当由经营企业到加工企业的所在地主管海关办理加工贸易合同备案。本题中,经营企业和加工企业是同一企业。答案选 B。

3. 大洋公司向海关申请将半成品交威龙公司加工时,应当提供的单证包括(　　)。

    A. 大洋公司签章的《加工贸易保税货物深加工结转申请表》
    B. 大洋公司签章的《加工贸易货物外发加工申请表》
    C. 大洋公司签章的《异地加工贸易申请表》
    D. 大洋公司签章的《承揽企业经营状况和生产能力证明》

【解析】 本题题干与办理加工贸易备案手续应递交的单证相关。按照海关对加工贸易外发加工的管理规定,大洋公司申请将半成品交威龙公司加工时,应向海关提交包括经营企业盖章的《加工贸易货物外发加工申请表》等列名单证4种。根据教材内容,答案选 B、D。

4. 大洋公司应在（　　）向海关报核。
   A. 加工贸易电子化手册到期之日起 15 日内
   B. 加工贸易电子化手册到期之日起 30 日内
   C. 加工贸易电子化手册项下最后一批成品出口之日起 15 日内
   D. 加工贸易电子化手册项下最后一批成品出口之日起 30 日内

【解析】 本题题干与办理加工贸易核销手续的期限有关。海关规定,加工贸易企业应当在规定期限内将进口料件加工成品复出口,并应在加工贸易电子化手册项下最后一批成品出口之日起或者手册到期之日起 30 日内向海关报核。答案选 B、D。

5. 下列关于加工贸易边角料内销征税的表述,正确的是（　　）。
   A. 按申报数量计征进口税
   B. 以内销申报时同时进口的相同货物的成交价格为基础确定完税价格
   C. 以料件的原进口成交价格为基础确定完税价格
   D. 适用海关接受申报办理纳税手续之日实施的税率

【解析】 本题题干是加工贸易货物转内销的税收征管。海关对边角料的内销报关有如下规定：①直接按申报数量计征进口税；②以内销价格作为完税价格；③适用海关接受办理纳税之日实施的税率；④免交缓税利息。答案选 A、D。

【例 8-4】 某公司从日本以快件方式进口传真机使用的传感器一批（5 纸箱,价值 9 万美元）；另外,供货方免费提供传真机使用说明书 200 份（1 纸箱,标明价值 50 美元）。

假设 1 美元＝8 元人民币；传真机使用说明书进口关税税率 7.5%,进口环节增值税税率 17%；传真机传感器属自动进口许可管理商品。

回答下列问题（由学生独立完成解析,教师点评）。

1. 进口传感器在向海关申报时,应使用（　　）。
   A. 进出境快件 KJ1 报关单　　B. 进出境快件 KJ2 报关单
   C. 进出境快件 KJ3 报关单　　D. 进口货物报关单

【答案】 D

2. 下列有关传真机使用说明书报关的表述中,正确的是（　　）。
   A. 应与传感器分单申报　　　B. 应与传感器在一份报关单上分项填报
   C. 进口报关手续由收货人办理　D. 进口报关手续由运营人代理

【答案】 AD

3. 在向海关申报进口传感器时,报关员应向海关提交的监管证件是（　　）。
   A. 代码为"7"的自动进口许可证　B. 代码为"O"的自动进口许可证
   C. 代码为"v"的自动进口许可证　D. 代码为"1"的进口许可证

【答案】 B

4. 下列关于传真机使用说明书进口关税与进口环节增值税的征收情况,正确的是（　　）。
   A. 进口关税免征；进口环节增值税免征
   B. 进口关税 30 元；进口环节增值税 73.1 元
   C. 进口关税免征；进口环节增值税 73.1 元
   D. 进口关税免征；进口环节增值税 68 元

【答案】 D

课后实践

【实践8-1】 根据教师提供的信息,拓展学习《加工贸易企业经营状况及生产能力证明企业端操作手册》,教师可以案例辅助教学。

【实践8-2】 根据教师提供的信息,拓展学习《加工贸易联网申领系统(企业端)用户手册》。

【实践8-3】 根据教师提供的信息,拓展学习《电子化手册(企业端)操作手册》。

【实践8-4】 根据教师提供的信息,拓展学习《海关电子账册EDI申报培训教程》。

【实践8-5】 根据教师提供的信息,拓展学习BOM表,学习企业物料清单Excel电子表格的制作方法。

【实践8-6】 根据教师提供的信息,拓展学习《31项加工贸易单耗标准文本》,对单耗有更直观的认识(见表8-11)。

表8-11 不锈钢丝加工贸易单耗标准　　　　　　　　　　　HDB/YB011-2009

序号	成品				原料				净耗/(千克/千克)	工艺损耗率/%
	名称	单位	商品编号	规格	名称	单位	商品编号	规格		
1	不锈钢丝	千克	72230000	直径≥3.0mm	不规则盘卷的不锈钢热轧条、杆(不锈钢热轧盘条)	千克	72210000		1	0.5
2	不锈钢丝	千克	72230000	直径1.5~3.0mm	不规则盘卷的不锈钢热轧条、杆(不锈钢热轧盘条)	千克	72210000		1	1
3	不锈钢丝	千克	72230000	直径≤1.5mm	不规则盘卷的不锈钢热轧条、杆(不锈钢热轧盘条)	千克	72210000		1	1.5
4	不锈钢丝	千克	72230000	冷镦不锈钢丝	不规则盘卷的不锈钢热轧条、杆(不锈钢热轧盘条)	千克	72210000		1	5

注:表中1~3项成品为普通五金材料,执行标准为GB/T 4240—2009;第4项成品为冷镦材料,执行标准为GB/T 4232—1993(冷镦是利用金属的塑性,采用冷态力学进行施压或冷拔,达到金属固态变形的目的。冷镦钢丝是指下游企业用冷镦加工成型工艺生产互换性较高的标准件用钢丝,基本用于制造螺栓、螺母、螺钉等各类紧固件,对钢丝的材质和加工方法都有较高的要求)。

【实践8-7】 根据教师提供的信息,拓展学习《中国电子口岸——出口退税系统操作指南》。

【实践8-8】 根据教师提供的信息,拓展学习以下与加工贸易有关的表单(见表8-12~表8-30)。

表8-12 加工贸易企业经营情况及生产能力证明
(由进出口经营企业填写)

企业名称:					
进出口企业代码:		海关注册编码:		法人代表:	
外汇登记号:		联系电话:		联系传真:	
税务登记号:		邮政编码:		工商注册日期:	年　月　日

续表

基本账号及开户银行:					
地址:					
企业类型(选中画"√"): □1. 国有企业 □2. 外商投资企业 □3. 其他企业					
海关分类评定级别(选中画"√"):□A 类 □B 类 □C 类 □D 类 （以填表时为准）					
是否对外加工装配服务公司或外经发展公司的加工企业 □是 □否					
(外商投资企业填写)(万$)	注册资本:	累计实际投资总额（截至填表时）:	实际投资来源地(按投资额度或控股顺序填写前五位国别/地区及累计金额): 1. 2. 3. 4. 5.	外商本年度拟投资额: 外商下年度拟投资额:	
(非外商投资企业填写)(万¥)	注册资本:	资产总额（截至填表时）:	净资产额（截至填表时）:	本年度拟投资额: 下年度拟投资额:	
研发机构: □改进型 □自主型 □核心 □外围				是□ 否□ 世界500强公司投资(选择"√") (根据美国《财富》杂志年评结果,主要考察投资主体)	
研发机构投资总额(万$):					
产品技术水平:□A 世界先进水平 □B 国内先进水平 □C 行业先进水平					
累计获得专利情况: 1. 国外(个) 2. 国内(个)					
企业员工总数:	文化程度：1. 本科以上( ) 2. 高中、大专( ) 3. 初中及以下( ) (在括号内填入人数)				
经营范围:（按营业执照）					

上年度	营业额(万¥):	利润总额(万¥):		
	纳税总额(万¥):	企业所得税(万¥):		
	工资总额(万¥):	个人所得税总计(万¥):		
	加工贸易进出口额(万$):	出口额(万$):		进口额(万$):
	进料加工进出口额(万$):	出口额(万$):		进口额(万$):
	来料加工进出口额(万$):	出口额(万$):		进口额(万$):
	加工贸易合同份数:	进料加工合同份数:		来料加工合同份数:
	进出口结售汇差额(万$):	出口结汇额(万$):		进口售汇额(万$):
	进料加工结售汇差额(万$):	进料加工结汇(万$):		进料加工售汇(万$):
	加工贸易转内销额(万$):	内销补税额:（万¥含利息）		来料加工(万$工缴费)
	内销主要原因:1. 国外市场方面 2. 国外企业方面 3. 国外法规调整 4. 客户 (可多项选择) 5. 国内市场方面 6. 国内企业方面 7. 国内法规调整 8. 产品质量			
	深加工结转总额(万$):	转出额(万$):		转进额(万$):
	本企业采购国产料件额(万¥):（不含深加工结转料件和出口后复进口的国产料件）			
	国内上游配套企业家数:		国内下游用户企业家数:	
	直接出口订单来源:□A 跨国公司统一采购 □B 进口料件供应商 □C 自有客户 □D 其他客户			

续表

上年度加工贸易主要进口商品(按以下分类序号选择"√",每类可多项选择)
大类：□1. 初级产品　□2. 工业制成品
中类：□A 机电　　　□B 高新技术　　□C 纺织品　　□D 工业品　　□E 农产品　　□F 化工产品
小类：□a 电子信息　□b 机械设备　　□c 纺织服装　□d 鞋类　　　□e 旅行品、箱包　□f 玩具
　　　□g 家具　　　□h 塑料制品　　□i 金属制品　□j 其他　　　□k 化工产品

上年度加工贸易主要出口商品(按以下分类序号选择"√",每类可多项选择)
大类：□1. 初级产品　□2. 工业制成品
中类：□A 机电　　　□B 高新技术　　□C 纺织品　　□D 工业品　　□E 农产品　　□F 化工产品
小类：□a 电子信息　□b 机械设备　　□c 纺织服装　□d 鞋类　　　□e 旅行品、箱包　□f 玩具
　　　□g 家具　　　□h 塑料制品　　□i 金属制品　□j 其他　　　□k 化工产品

企业承诺：以上情况真实无讹并承担法律责任	法人代表签字：	企业盖章 　　年　　月　　日
商务部门审核意见：	审核人：	审核部门签章 　　年　　月　　日
备注：		

说明：1. 有关数据如无特殊说明均填写上年度数据；
2. 如无特别说明,金额最小单位为"万美元"和"万元"；
3. 涉及数值、年月均填写阿拉伯数字；
4. 进出口额、深加工结转额以海关统计或实际发生额为准；
5. 此证明自填报之日起有效期为 1 年。

表 8-13　加工贸易企业经营情况及生产能力证明

[由各类有进出口经营权的生产型企业(含外商投资企业)填写]

企业名称：			
进出口企业代码：	海关注册编码：		法人代表：
外汇登记号：	联系电话：		联系传真：
税务登记号：	邮政编码：		工商注册日期：　年　月　日
基本账号及开户银行：			
经营企业地址：			
加工企业地址：			
企业类型(选中画"√")：□1. 国有企业　□2. 外商投资企业　□3. 其他企业			
海关分类评定级别(选中画"√")：□A 类　□B 类　□C 类　□D 类　(以填表时为准)			
(外商投资企业填写)(万$)	注册资本	累计实际投资总额（截至填表时）：	实际投资来源地(按投资额度或控股顺序填写前五位国别/地区及累计金额)： 1. 2. 3. 4. 5.	外商本年度拟投资额： 外商下年度拟投资额：

续表

(非外商投资企业填写)(万￥)	注册资本：	资产总额(截至填表时)：	净资产额(截至填表时)：	本年度拟投资额：
				下年度拟投资额：

研发机构数量： □改进型　□自主型　□核心　□外围	是□　否□　世界500强公司投资(选择"√") (根据美国《财富》杂志年评结果，主要考察投资主体)
研发机构投资总额(万＄)：	

产品技术水平：□A 世界先进水平　　□B 国内先进水平　　□C 行业先进水平

累计获得专利情况：1. 国外(　　个)　　2. 国内(　　个)

企业员工总数：	文化程度：1. 本科以上(　　)　2. 高中、大专(　　)　3. 初中及以下(　　) (在括号内填入人数)

经营范围：(按营业执照)

上年度	营业额(万￥)：	利润总额(万￥)：	
	纳税总额(万￥)：	企业所得税(万￥)：	
	工资总额(万￥)：	个人所得税总计(万￥)：	
	加工贸易进出口额(万＄)：	出口额(万＄)：	进口额(万＄)：
	进料加工进出口额(万＄)：	出口额(万＄)：	进口额(万＄)：
	来料加工进出口额(万＄)：	出口额(万＄)：	进口额(万＄)：
	加工贸易合同份数：	进料加工合同份数：	来料加工合同份数：
	进出口结售汇差额(万＄)：	出口结汇额(万＄)：	进口售汇额(万＄)：
	进料加工结售汇差额(万＄)：	进料加工结汇(万＄)：	进料加工售汇(万＄)：
	加工贸易转内销额(万￥)：	内销补税额：(万￥含利息)	来料加工(万＄工缴费)：
	内销主要原因：□1. 国外市场方面　□2. 国外企业方面　□3. 国外法规调整　□4. 客户 (可多项选择)　□5. 国内市场方面　□6. 国内企业方面　□7. 国内法规调整　□8. 产品质量		
	深加工结转总额(万＄)：	转出额(万＄)：	转进额(万＄)：
	本企业采购国产料件额(万￥)：(不含深加工结转料件和出口后复进口的国产料件)		
	国内上游配套企业家数：	国内下游用户企业家数：	
	直接出口订单来源：□A 跨国公司统一采购　□B 进口料件供应商　□C 自有客户　□D 其他客户		

上年度加工贸易主要进口商品(按以下分类序号选择"√"，每类可多项选择)
大类：□1. 初级产品　□2. 工业制成品
中类：□A 机电　　　□B 高新技术　　□C 纺织品　　□D 工业品　　□E 农产品　　□F 化工产品
小类：□a 电子信息　□b 机械设备　　□c 纺织服装　□d 鞋类　　　□e 旅行品、箱包　□f 玩具
　　　□g 家具　　　□h 塑料制品　　□i 金属制品　□j 其他　　　□f 化工产品

上年度加工贸易主要出口商品(按以下分类序号选择"√"，每类可多项选择)
大类：□1. 初级产品　□2. 工业制成品
中类：□A 机电　　　□B 高新技术　　□C 纺织品　　□D 工业品　　□E 农产品　　□F 化工产品
小类：□a 电子信息　□b 机械设备　　□c 纺织服装　□d 鞋类　　　□e 旅行品、箱包　□f 玩具
　　　□g 家具　　　□h 塑料制品　　□i 金属制品　□j 其他　　　□f 化工产品

续表

生产能力	厂房面积：（平方米）		仓库面积：（平方米）	生产性员工人数：
	生产加工范围：			
	生产规模：（主要产出成品数量及单位）			
	累计生产设备投资额（万$）：（截至填表时）			
	上年度生产设备投资额（万$）：			
	累计加工贸易进口不作价设备额（万$）：（截至填表时）			
企业承诺：以上情况真实无讹并承担法律责任		法人代表签字：		企业盖章 年　月　日
商务部门审核意见：		审核人：		审核部门签章 年　月　日
备注：				

说明：1. 有关数据如无特殊说明均填写上年度数据；
　　　2. 如无特别说明，金额最小单位为"万美元"和"万元"；
　　　3. 涉及数值、年月均填写阿拉伯数字；
　　　4. 只统计本企业既为经营企业又为加工企业的加工贸易业务，受委托的从事加工贸易业务由相关经营企业统计；
　　　5. 进出口额、深加工结转额以海关统计或实际发生额为准；
　　　6. 此证明自填报之日起有效期为1年。

表8-14　加工贸易企业经营情况及生产能力证明
（由无进出口经营权、承接委托加工贸易业务的企业填写）

企业名称：			
企业代码：	海关代码：		法人代表或企业负责人：
税务登记号：	外汇登记号：		注册时间：
基本账号及开户银行：			
联系电话/传真：			
通信地址及邮编：			
企业类型(选中画"√")：□1. 国有企业　　□2. 外商投资企业　　□3. 其他企业			
海关分类评定级别(选中画"√")：□A类　　□B类　　□C类　　□D类　（以填表时为准）			
是否对外加工装配服务公司或外经发展公司的加工企业　　□是　□否			
注册资本(万¥)：	资产总额(万¥)：（截至填表时）	净资产额(万¥)：（截至填表时）	本年度拟投资额(万¥)：
			下年度拟投资额(万¥)：
研发机构数量：□改进型　　□自主型　　□核心　　□外围			
研发机构投资总额(万$)：			
产品技术水平：　　□A 世界先进水平　　□B 国内先进水平　　□C 行业先进水平			
累计获得专利情况：　1. 国外（　　个）　　2. 国内（　　个）			
企业员工总数：	文化程度：1. 本科以上（　　）　2. 高中、大专（　　）　3. 初中及以下（　　） （在括号内填入人数）		

续表

经营范围：（按营业执照）

上年度	总产值（万¥）：（进料加工企业填写）		出口额（万$）：（来料加工企业填写）
	营业额（万¥）：（进料加工企业填写）		工缴费（万$）：（来料加工企业填写）
	利润总额（万¥）：		
	纳税总额（万¥）：		企业所得税（万¥）：
	工资总额（万¥）：		个人所得税总计（万¥）：
	加工贸易进口料件总值（万$）：		加工贸易出口成品总值（万$）：
	进料加工合同份数：		来料加工合同份数：
	进料加工进口料件总值（万$）：		进料加工出口成品总值（万$）：
	加工贸易转内销额（万$）：		内销补税额：（万¥，含利息）
	内销主要原因：□1. 国外市场方面　□2. 国外企业方面　□3. 国外法规调整（可多项选择） 　　　　　　　□4. 国内市场方面　□5. 国内企业方面　□6. 国内法规调整 　　　　　　　□7. 客户　　　　　□8. 产品质量		
	深加工结转转入料件总值（万$）：		深加工结转转出料件总值（万$）：
国内上游配套企业家数：		国内下游用户企业家数：	
本企业采购国产料件额（万$）：			

上年度加工贸易主要投入商品（按以下分类序号选择"√"，每类可多项选择）
大类：□1. 初级产品　　□2. 工业制成品
中类：□A 机电　　　□B 高新技术　　□C 纺织品　　□D 工业品　　□E 农产品　　□F 化工产品
小类：□a 电子信息　□b 机械设备　　□c 纺织服装　□d 鞋类　　　□e 旅行品、箱包　□f 玩具
　　　□g 家具　　　□h 塑料制品　　□i 金属制品　□j 其他　　　□k 化工产品

上年度加工贸易主要产出商品（按以下分类序号选择"√"，每类可多项选择）
大类：□1. 初级产品　　□2. 工业制成品
中类：□A 机电　　　□B 高新技术　　□C 纺织品　　□D 工业品　　□E 农产品　　□F 化工产品
小类：□a 电子信息　□b 机械设备　　□c 纺织服装　□d 鞋类　　　□e 旅行品、箱包　□f 玩具
　　　□g 家具　　　□h 塑料制品　　□i 金属制品　□j 其他　　　□k 化工产品

生产能力	厂房面积：		仓库面积：
	生产规模：（主要产出成品数量及单位）		
	累计生产设备投资额（万$）：（截至填表时）		
	累计加工贸易进口不作价设备额（万$）：（截至填表时）		
企业承诺：以上情况真实无讹并愿承担法律责任		法人代表签字：	企业盖章 　　年　　月　　日
商务部门审核意见：		审核人：	审核部门签章 　　年　　月　　日
备注：			

说明：1. 有关数据如无特殊说明均填写上年度数据；
　　　2. 如无特殊说明，金额最小单位为"万美元"和"万元"；
　　　3. 涉及数值、年月均填写阿拉伯数字；
　　　4. 进出口额、深加工结转额以海关统计或实际发生额为准；
　　　5. 此证明自填报之日起有效期为1年。

表 8-15　加工合同备案申请表

备案申报编号：	主管地海关：
1. 经营单位名称	2. 经营单位编码
3. 经营单位地址	
4. 联系人	5. 联系电话
6. 加工企业名称	7. 加工企业编码
8. 加工企业地址	
9. 联系人	10. 联系电话
11. 外商公司名称	12. 外商经理
13. 贸易方式	14. 征免性质
15. 贸易国(地区)	16. 加工种类
17. 内销比例	18. 批准文号
19. 协议号	
20. 进口合同号	21. 进口总值
22. 币制	
23. 出口合同号	24. 出口总值
25. 币制	
26. 投资总额	27. 进口设备总额
28. 币制	
29. 进出口岸	30. 进口期限
31. 出口期限	
32. 申请人	33. 申请日期
34. 备注	

有关说明(不进电脑)

填表说明：

备案申报编号和主管地海关二栏免填。

1. 经营单位名称(即经营企业,以下同)：经营加工贸易的加工贸易合同对外签约单位；
2. 经营单位编码：经海关核准的经营单位十位数编码；
3. 经营单位地址：经营单位的法定地址；
4. 联系人：经营单位的经办人；
5. 联系电话：经营单位的经办人联系电话；
6. 加工企业名称：实际承接加工生产的厂家或企业；
7. 加工企业编码：海关核准的加工单位十位数编码；
8. 加工企业地址：加工企业的法定地址；
9. 联系人：加工生产单位的经办人；
10. 联系电话：加工生产单位经办人电话；
11. 外商公司名称：是指进口料件售予方的公司名称；
12. 外商经理：是指进口料件售予方公司的法人姓名；
13. 贸易方式：按加工贸易合同填制,如进料对口、进料非对口、来料加工；
14. 征免性质：同上；
15. 贸易国(地区)：货物的售予国；
16. 加工种类：是指加工出口商品按行业种类的划分,如食品加工类、制衣类、机电产品类等；
17. 内销比例：是指本合同进口料件以制成品计算的内销比例；

18. 批准文号：商务主管部门加工贸易业务批准证号；
19. 协议号：如对外签订协议的则填，无则免填；
20. 进口合同号：是指成交进口料件的合同号；
21. 进口总值：是指合同进口料件的总值；
22. 币制：进口料件的币制；
23. 出口合同号：指加工出口的合同号；
24. 出口总值：加工出口商品的总值；
25. 币制：出口商品的币制；
26. 投资总额：暂免填；
27. 进口设备总额：免填；
28. 币制：进口设备的币制；
29. 进出口岸：是指加工贸易进口料件的进口口岸和加工成品的出口口岸（最多限五个口岸）；
30. 进口期限：进口合同规定的料件最后的到港期；
31. 出口期限：出口成品的离港期，也是合同有效期；
32. 申请人：加工贸易经营单位的法定代表人；
33. 申请日期：是指填表日期；
34. 备注：属来料加工的将工缴费填写在此栏内，并写明币制。

表 8-16　来料加工和来件装配合同（示例）
Contract for Processing With Supplied Materials and Assembling With Supplied Parts

订约人：
_____有限公司（以下简称甲方）
_____有限公司（以下简称乙方）
Undersigned Parties：
_____ Co. Ltd.（hereinafter called Party A）
_____ Co. Ltd.（hereinafter called Party B）
　　兹经双方同意甲方委托乙方在_____加工标准磁罗经，一切所需的零件与原料由甲方提供，其条款如下：
　　The undersigned parties agree that Party A entrust Party B to manufacture Standard Magnetic Compasses in _____ with all necessary parts and materials provided by Party A under the following terms and conditions：
1. 来料加工和来件装配的商品和数量
　(1) 商品名称：标准磁罗经
　(2) 数量：共计_____台
1. Commodity and quantity for processing with provided materials and parts
　(1) Name of Commodit：Standard Magnetic Compasses
　(2) Quantity：_____ sets in total
2. 一切所需用的零件和原料由甲方提供，或乙方在_____或_____购买，清单附于本合同内；
2. All necessary parts and materials listed in the contract shall be provided by Party A or purchased by Party B in _____ or _____；
3. 每种型号的加工费如下：
　(1) GLC-1 型标准磁罗经：_____ U. S. D.（大写：_____美元）；
　(2) GLC-2 型标准磁罗经：_____ U. S. D.（大写：_____美元）；
　(3) GLC-3 型标准磁罗经：_____ U. S. D.（大写：_____美元）；
3. Processing Charge for each model is as follows：
　(1) Standard Magnetic Compass GLC-1：$_____ U. S.（SAY：_____ U. S. D.）each；
　(2) Standard Magnetic Compass GLC-2：$_____ U. S.（SAY：_____ U. S. D.）each；
　(3) Standard Magnetic Compass GLC-3：$_____ U. S.（SAY：_____ U. S. D.）each；
4. 加工所需的主要零件、消耗品及原料由甲方运至_____，若有短少或破损，甲方应负责补充供应；

4. The main parts and consumables and materials required for processing shall be shipped to _____ by Party A. In case of any shortage or deterioration, Party A shall be held responsible for supplying replacement;

5. 甲方应于成品交运前一个月,开立信用证或电汇全部加工费用及由乙方在_____或_____购买零配件、消耗品及原料费用;

5. Party A shall pay Party B by L/C or T/T covering the full amount of processing charges and costs of parts, consumables and materials purchased by Party B in _____ or _____ one month in prior to the shipment of finished products;

6. 乙方应在双方同意的时间内完成 GLC-1 型标准磁罗经的加工和交运,不得延迟,凡发生无法控制的和不可预见的情况例外;

6. Party B shall finish the manufacturing of Standard Magnetic Compass GLC-1 and effect shipment within the date both parties agree on, excluding the occurrence of uncontrollable or unforeseeable events;

7. 零件及原料的损耗率:
加工时零件及原料损耗率为_____%,其损耗率由甲方免费供应,如损耗率超过_____%,应由乙方补充加工所需之零件和原料;

7. Attrition Rate of Parts and Materials:
Attrition rate of parts and materials in processing is _____% and shall be provided by Party A for free. In case attrition rate exceeds _____%, Party B shall supplement the additional parts and materials required for processing;

8. 若甲方误运原料及零件,或因大意而将原料及零件超运,乙方将超运部分退回,其费用由甲方承担,若遇有短缺,应由甲方补充;

8. In case the shipment of parts and materials by Party A is wrong or in excess, Party B shall return the excessive portion at Party A's expenses. In case of short shipment, Party A shall make up the shortage;

9. 甲方提供加工 GLC-1 型标准磁罗经的零件及原料,乙方应严格按规定的设计加工,不得变更;

9. Parts and materials provided by Party A for Standard Magnetic Compasses GLC-1 shall be manufactured by Party B in strict accordance with design without modification;

10. 技术服务:甲方同意乙方随时提出派遣技术人员到_____的要求,协助培训乙方的技术人员,并允许所派技术人员留在乙方检验成品。为此,乙方同意支付每人日薪_____美元,其他一切费用(包括来回旅费)概由甲方负责;

10. Technical Service: Party A agrees to send technicians to _____ to help training Party B's technicians at the request of Party B at any time, and allows the technicians sent by Party A to remain with Party B for inspection of the finished products. As such, Party B agrees to pay a daily wage of $ _____ U.S. for each person, all other expenses (including round trip tickets) will be borne by Party A;

11. 与本合同有关的一切进出口手续应由乙方予以办理;

11. All import and export formalities concerning this contract shall be effected by Party B;

12. 加工后的标准磁罗经,乙方应运交给甲方随时指定的国外买方;

12. All Standard Magnetic Compasses processed shall be shipped by Party A to the foreign purchasers appointed by Party A at any time;

13. 其他条件
(1) 标准磁罗经的商标应由甲方提供,若出现法律纠纷,甲方应负完全责任;
(2) 若必要时乙方在_____或_____购买加工标准磁罗经的零件及原料,其品质必须符合标准并事先需甲方核准;
(3) 为促进出口业务,乙方应储备标准磁罗经样品,随时可寄往甲方所指定的国外买主,所需的零件和原料,由甲方所运来的零件及原料地报销。

13. Other Terms and Conditions:
(1) Party A shall provide the trademark of Standard Magnetic Compasses and shall be held fully responsible for legal disputes if any;

(2) The quality of parts and materials purchased by Party B in _____ or _____ for processing Standard Magnetic Compasses, if necessary, shall be in conformity with the standard and approved by Party A in advance;

(3) For promotion of export, Party B shall prepare and store samples of Standard Magnetic Compasses and send them to foreign purchasers appointed by Party A. All parts and materials required shall be provided out of the stock provided by Party A.

14. 本合同一式三份,甲方与乙方在签字后各执一份,另一份呈送_____有关部门备案。

14. This contract is made out in triplicate. Party A and Party B shall retain one copy after signing all copies, and submit one to the authorities concerned in _____ (place) for registration.

_____有限公司	_____有限公司
签章	签章
代理人	代理人
_____ Co. Ltd.	_____ Co. Ltd.
(Signature)	(Signature)
Manager:	Manager:

表 8-17 加工贸易单耗申报单

_____:
根据《中华人民共和国加工贸易单耗管理办法》的规定,现向贵关(处)申报我公司(工厂)_____ _____手册在正常生产条件下加工生产单位出口成品所耗用的进口保税料件的数量情况,详见附件《加工贸易出口成品单耗申报表》。

我公司声明所申报数据真实无讹并承担法律责任。在生产过程中的实际成品单耗发生变化及新增出口成品时,我司将及时向贵关变更和申报。

其他有关情况说明:
附:加工贸易出口成品单耗申报表

申报单位:(签章)
申报日期:

表 8-18 加工贸易出口成品单耗申报表

出口成品基本情况

规范名称		其他俗称			
规格型号		商品编码		计量单位	

单位成品耗料情况

原材料				耗料			
序号	名称	单位	商品编码	规格型号	净耗	工艺损耗	单耗

申报说明:

1. 单耗是指加工贸易企业在正常生产条件下加工生产单位出口成品(包括深加工结转的成品和半成品)所耗用的进口保税料件的数量。单耗包括净耗和工艺损耗。

2. 净耗是指加工生产中物化在单位出口成品(包括深加工结转的成品和半成品)中的加工贸易进口保税料件的数量。

3. 工艺损耗是指因加工生产工艺要求,在生产过程中除净耗外所必需耗用,且不能完全物化在成品(包括深加工结转的成品和半成品)中的加工贸易进口保税料件的数量。

下列情况不列入工艺损耗范围:

(1) 因生产过程中突发停电、停水、停气或人为原因等造成保税料件、半成品、成品的损耗;

(2) 对加工贸易企业未经加工或组装的保税料件、半成品、成品在运输移动和仓储放置过程中发生的各种损耗(遗洒、蒸发、挥发、沾罐、沾管、挂壁、挂仓等);

(3) 因失窃、丢失、破损等原因造成的保税料件、半成品、成品的损耗;

(4) 因不可抗力等客观因素引起的保税料件、半成品、成品的损毁、灭失或短少等损耗;

(5) 因进口保税料件或出口成品(包括深加工结转)的品质、数量不符合合同要求或约定,以致造成加工用料增加或成品短少的损耗;

(6) 加工生产过程中被检测出的不合格进口保税料件以及因工艺性配料所用的非进口料件所产生的损耗；

(7) 加工生产过程中完全不物化在成品中的消耗性材料的损耗；

(8) 经海关认定，其他不属于工艺损耗的情况。

4．应随附的有关说明文件（其中黑体字部分为必须提供的材料）：

(1) 原材料、成品样品或其影像图片、图样及其品质、成分、规格、型号等相关数据和资料；

(2) 企业内部用于成本控制的原材料消耗定额表、工艺流程图、排料图、工料单、配料表，质量检测标准等能反映成品加工的质量技术要求、加工工艺过程及相应耗料的有关资料；

(3) 加工合同、生产报表、成本核算等有关账册；

(4) 财政、税务、审计部门对企业稽查审计的结果和报告资料等；

(5) 净耗或单耗数值的来源及工艺性损耗的组成、比例及影响因素的说明；

(6) 其他能反映单耗、净耗和工艺损耗情况的资料。

表 8-19 进口料件备案申请表

序号	商品编号	商品名称	规格型号	数量	单位	单价	总价	原产国
1	2	3	4	5	6	7	8	9

填制说明：

1．序号是指进口料件的顺序号，每一个料件对应一个序号（进口报关时要调用该序号）。

2．商品编号为商品的 H.S. 编号。

3．商品名称处填写备案商品具体、明确、规范的中文品名，不能以一类商品的统称备案，如"钢材""塑料粒子""服装辅料""手机散件"等；进料加工合同中外商免费提供的料件在商品名称后加注"（客供免费）"。

4．规格型号为进口料件的规格型号。

5．数量为进口料件的数量或重量。

6．单位为上述进口料件的计量单位。计量单位应有确定的计量标准，如"千克""个""件"等，"一批"等单位不能备案。计量单位应满足海关对加工贸易进口料件监管和核销的需要。

7．单价为上述进口料件的合同单价。

8．总价为上述进口料件的合同总价。

9．原产国处填写进口货物生产、开采或制造的国家（地区）。货物经过其他国家加工复制，以最后加工的国家为原产国。

10．根据以上要求，10 位商品编号、商品名称、计量单位任一项不同的料件不得归并成一项，必须逐一申报。以上三项相同，规格型号不同的，可视情归并，但幅宽不同的服装面料不得归并。

表 8-20 加工出口成品备案申请表

序号	商品编号	商品名称	规格型号	数量	单位	单价	总价	消费国
1	2	3	4	5	6	7	8	9

填制说明：

1．序号是指出口成品的顺序号，每一个成品对应一个序号（出口报关时要调用该序号）；

2. 商品编号为出口商品的 H.S. 编号;
3. 商品名称填写出口商品具体、明确、规范的中文品名。进料加工出口成品如有使用外商免费提供的进口料件的,在商品名称后加注"(含客供料件)";
4. 规格型号为出口商品的规格型号;
5. 数量为出口商品的数量或重量;
6. 单位为上述出口商品的计量单位;
7. 单价为上述出口商品的合同单价(来料加工应包括料件费和工缴费);
8. 总价为上述出口商品的合同总价;
9. 消费国为出口货物最终消费国别(地区);
10. 单损耗不同的成品应分项填制;
11. 加工贸易副产品也应在本表中申报。

表 8-21　加工贸易保税货物外发加工申请表

关[20　]年第　号

_____海关：

我公司(厂)因_____,申请将_____手册项下的_____等保税货物外发至公司(工厂)外进行_____加工,加工完毕后的货物将全部按海关规定运回我公司(厂)。外发加工的期限从_____至_____。

以上申报真实无讹。

(企业印章)

年　月　日

业务联系人：
联系电话：　　　　　　　　　传真：

关员意见：	科长意见：
(签名)　年 月 日	(签名)　年 月 日

备注：
企业签领：

表 8-22　加工贸易外发加工货物外发清单

序号	项目 \ 外发货物						单耗
	货物名称	规格型号	数量	重量	价值		
					单价	总值	
1							
2							
3							
4							
5							
6							

续表

项目 序号	外发货物							单耗
	货物名称	规格型号	数量	重量	价值 ||	
					单价	总值	
7							
8							
9							
10							
11							

表 8-23　加工贸易企业合同备案审批表

企业编码：　　　　　　　　　　　　　　　　　　　　　　　合同号：

企业名称					
企业管理类别		企业人数		电话	
投产日期		已进口设备总值		币别	联系人
申请生产计划合同备案情况	进口料件总值			出口成品价值	
	内外销比例			计划(合同)执行期	
	主要进口料件名称、数量、重量			出口成品名称、数量、重量	

合 同 执 行 情 况								
序号	合同号	手册号	进口金额			出口金额			有效期
			备案金额	实际进口金额	比例	备案金额	实际出口金额	比例	
1									
2									
3									
4									

企业现有主要生产设备(名称、台数)		企业现有租赁设备(名称、台数)	
不同加工品种每月加工估量			签名： 　年　月　日 (企业盖章)

以 上 情 况 由 企 业 填 写

主管海关意见	经办关员意见： 签名 年　月　日	科长意见： 签名 年　月　日	关长意见： 签名 年　月　日

表 8-24 中华人民共和国海关加工贸易保税货物深加工结转申请表

申请表编号：

_____海关：

　　我_____公司（企业）需与_____公司（企业）结转保税货物，特向你关申请，并保证遵守海关法律和有关监管规定。

结转出口货物情况	项号	商品编号	品　名	规格型号	数量	单位	转出手册号
	1						
	2						
	3						
	4						

说明

结转进口货物情况	项号	商品编号	品　名	规格型号	数量	单位	转入手册号
	1						
	2						
	3						
	4						

转出企业法定代表：	电话：	转入企业法定代表：	电话：
报关员：	电话：	报关员：	电话：
	（企业盖章） 年　月　日		（企业盖章） 年　月　日

转出地海关：		转入地海关：	
	（海关盖章） 年　月　日		（海关盖章） 年　月　日

海关批注	

注：①本表一式四联，第一、二联海关留存，第三、四联企业办理报关手续；②企业须经双方海关同意后，方可进行实际收发货；③结转双方的商品编号必须一致；④企业必须按申请表内容进行实际收发货后，方可办理结转报关手续；⑤结转进出报关单对应的商品项号顺序必须一致；⑥每批收发货后应在90天内办结该批货物的报关手续。

表 8-25　结转货物收发货单

收发货单编号：　　　　　对应结转申请表号：

转出企业名称		转入企业名称							
发货日期	商品名称	规格型号	数量	单位	发货人签名	发货人盖章	收货日期	收货人签名	收货人盖章

购销合同号、订单号或发票号	运输工具类别及编号

（企业根据各自需要自行设计的栏目和内容）

表 8-26　加工贸易货物内销申请表

_____关(处)　　　　　　　　　　　　　　　　　　　　　　　内销[2012]　号

经营企业名称											
					加工企业名称				加工贸易手册号		
序号	商品编码	货物名称	规格型号	原产地	单位	数量	单价 币制：	海关审价 币制：	总价	料件进口日期	备注

办理内销业务类别：
料件或成品内销(　)　　边角料内销(　)　　残次品内销(　)　　副产品内销(　)
加工设备内销(　)　　后续补税(　)　　其他补税(　)
　　　　　　　　　　　　　　　　　　　经营企业签名：　　　　(盖章)

征税统计部门审核意见：
　　　　　　　　　　　　　　　　　　初审：　　年　月　日
　　　　　　　　　　　　　　　　　　复核：　　年　月　日

核销部门审核意见：
　　　　　　　　　　　　　　　　　　初审：　　年　月　日
　　　　　　　　　　　　　　　　　　复核：　　年　月　日

下厂验核处理意见：
　　　　　　　　　　　　　　　　　　签名：　　　年　月　日

填表说明：
1. "加工贸易货物内销申请表编号""海关审价""审核意见""下厂验核处理意见"由海关负责填写，其余部分由经营企业负责如实填写；
2. "料件进口日期"栏应填写料件进口日期或成品、残次品对应料件首次进口的日期，边角料、副产品内销的无须填写此栏。
3. 此表可由企业自行印制，如货物内销数量多而不够填写，可随附清表(内容格式应参照此表)，并加盖企业骑缝章，一并交海关审核。

表 8-27　加工贸易保税进口料件内销批准证

　　　　　　　　　　　　　　　　　　　　内销批准证号：[20　]第　　号

1. 加工贸易经营企业名称：	2. 经营企业代码：
3. 加工贸易业务批准证号：	4. 海关加工贸易登记手册号：
5. 主管海关：	6. 贸易方式：
7. 批准内销的进口料件清单	

续表

序号	商品编码	商品名称	规格	单位	数量	金额
					合计(折合美元)	

8. 备注：

9. 审批机关签章：

10. 批准日期：　　年　　月　　日

注：本表一式三份（审批机关、海关、企业各一份）。

表8-28　进口料件料号与海关备案序号归并对照表

备案序号	料件名称	规格型号	商品编码	计量单位		企业货号	企业计量单位	单品重量	单价	币别	原产国别	金额	备注
				法定	申报								

注：本表一式两份，加盖企业印章后递交海关，海关审核后留存一份，另一份交回企业保存。

表 8-29 中华人民共和国海关出口加工区货物出区深加工结转申请表

申请表编号：_____

_____海关：

我_____公司（企业）需与_____公司（企业）结转保税货物，特向你关申请，并保证遵守海关法律和有关监管规定。

结转出口货物情况	项号	商品编号	品　名	规格型号	数量	单位	转出电子账册号
	1						
	2						
	3						
	4						

说明	

结转进口货物情况	项号	商品编号	品　名	规格型号	数量	单位	转入手册（电子账册）号
	1						
	2						
	3						

转出企业法定代表： 报关员：	电话： 电话： （企业盖章） 年　月　日	转入企业法定代表： 报关员：	电话： 电话： （企业盖章） 年　月　日
转出地海关：	（海关盖章） 年　月　日	转入地海关：	（海关盖章） 年　月　日
海关批注			

表 8-30　出口加工区货物实际结转情况登记表

（转入/出）企业名称：_____　　转出企业电子账册号：_____　　对应结转申请表编号：_____

日期	结转商品内容						转入企业手册（电子账册）号	（转入/出）企业签章	备注
	序号	商品编号	品名	规格、型号	数量	单位			

购销合同号、订单号或发票号：		运输工具类别及编号：	

海关批注（签章）：

注：①本表一式三联，第一联转出地卡口留存，第二联转出企业留存，第三联转入企业留存，与对应的《申请表》一起使用；②海关批注栏盖转出地海关卡口印章；③企业按照《申请表》内容实际收发货和登记后，方可办理进出口结转报关手续；④序号填顺序号；⑤本表不够填写的可续表。

精选习题

一、单选题

1. 海关对加工贸易联网企业(电子账册模式)进行盘库核对后,发现企业实际库存量少于电子底账核算结果,但企业提供了短缺的正当理由,对短缺部分,海关应(　　)。
   A. 通过正式报核审核
   B. 按照实际库存量调整电子底账的当期结余数量
   C. 按照内销处理
   D. 移交缉私部门处理

2. 某加工贸易企业从事 A 商品的加工生产,净耗为 2,单耗为 2.5,则 A 商品的工艺耗损率为(　　)。
   A. 10%　　　　B. 20%　　　　C. 2.5%　　　　D. 40%

二、多选题

1. 下列属于现场海关已经放行但尚未结关的进境货物的有(　　)。
   A. 保税加工货物　　　　　　　　B. 特定减免税货物
   C. 暂准进境货物　　　　　　　　D. 无代价抵偿货物

2. 下列关于加工贸易保证金台账制度的表述,错误的有(　　)。
   A. 海南省、广西壮族自治区、河北省属于西部地区
   B. 加工贸易企业为 AA 类、A 类、B 类、C 类、D 类 5 个管理类别
   C. 商品分为禁止类、限制类、允许类、鼓励类 4 类
   D. 中西两部地区 C 类企业进口允许类商品,按应该税款的 50% 征收保证金

3. 加工贸易余料如做(　　)处理,必须填制报关单报关。
   A. 内销　　　　B. 结转　　　　C. 退运　　　　D. 放弃

三、判断题

1. 外发加工的成品必须运回本企业。(　　)
2. 加工贸易工艺损耗是指因加工工艺原因,料件在正常加工过程中除净耗外所必需耗用,但不能存在或者转化到成品中的无形损耗的量。(　　)
3. 电子化手册管理是海关以企业为单元,对加工贸易进行联网监管的一种方式。(　　)

四、综合实务题

1. 浙江富达桅灯有限公司(加工贸易 A 类管理企业)2018 年从境外购进一批价值 30 万美元的不锈钢材料(加工贸易限制类商品),用于加工出口桅灯。该企业为此向海关申领了加工贸易手册。在生产过程中,由于富达公司没有电镀设备,经海关批准将半成品运至安徽海印电镀公司加工后,运回富达公司继续加工成桅灯成品。加工完毕后桅灯全部出口,剩余部分不锈钢原料与生产过程中产生的不锈钢废碎料(属数量合理的公益性损耗)一起做内销处理,内销价格分别为 55 000 元和 8 800 元人民币。

根据上述案例,回答下列问题。

(1) 富达公司在办理登记备案手续时,下列关于银行保证金台账选项,正确的是(　　)。
　　A. 无须设立银行保证金台账

B. 设立银行保证金台账,无须缴付保证金
C. 设立银行保证金台账,按不锈钢原料应征税款的 50% 缴付保证金
D. 设立银行保证金台账,按不锈钢原料应征税款的 100% 缴付保证金

(2) 关于富达公司将半成品交海印公司加工,下列表述正确的是(   )。
A. 海印公司应作为"加工企业"事先办理加工贸易合同备案
B. 交海印公司加工前,富达公司应向海关提交海印公司经营状况和生产能力证明及与海印公司签订的加工合同
C. 交海印公司加工前,富达公司应向海关提交半成品应缴税款金额的保证金或银行保函
D. 富达公司和海印公司实际发货后,应分别填制进、出口报关单向所在地海关申报

(3) 下列关于出口桅灯报关手续的表述,正确的是(   )。
A. 富达公司或其代理人在出口报关时必须持有加工贸易手册
B. 出口报关单贸易方式代码"0615",征免性质代码"503"
C. 向海关提交不锈钢材料原进口报关单
D. 货物出口后,应向海关领取出口报关单加工贸易核销联

(4) 下列关于不锈钢原料内销手续的表述,正确的是(   )。
A. 免领进口许可证件和内销批准证件
B. 按"进料料件内销"贸易方式填制进口报关单向海关申报
C. 按不锈钢材料的原进口成交价格为基础确定完税价计征税款
D. 应征缓税利息=应征税款×计息期限(天数)×缓税利息率÷360

(5) 下列关于不锈钢废碎料内销手续的表述,正确的是(   )。
A. 应与内销不锈钢原料分单填报
B. 直接按 8 800 元作为完税价格计征进口税
C. 适用海关接受内销申报办理纳税手续之日实施的税率计征进口税
D. 免征缓税利息

2. 无锡长弓电子科技有限公司办理加工贸易纸质手册,进口集成电路芯片,加工生产存储集成电路,加工生产完毕后,成品深加工结转至纪元电子(苏州)有限公司。生产过程中产生的存储集成电路残次品经海关批准后做销毁处理。

纪元电子苏州有限公司是一家经海关批准,采用电子账册模式管理的加工贸易联网企业,该企业为承揽该笔加工贸易业务,对"便捷通关电子账册"的最大周转金额以及成品品种进行了变更,但未超过经营范围和加工能力。纪元公司共进口存储集成电路 10 000 个,出口激光视盘机 5 000 台,每台激光视盘机用 1 个存储集成电路。但其中的 1 000 台由于质量问题退运。经海关批准内销存储集成电路 1 000 个,激光视盘机 1 000 台。剩余部分存储集成电路(生产过程中无损耗)。

根据以上案例,回答下列问题。

(1) 长弓公司和纪元公司办理深加工结转手续的正确程序是(   )。
A. 计划备案—结转报关—收发货登记
B. 计划备案—收发货登记—结转报关

C. 结转报关—计划备案—收发货登记
D. 收发货登记—计划备案—结转报关

(2) 关于长弓公司销毁处理存储集成电路残次品,以下表述正确的是( )。
A. 销毁的存储集成电路残次品须办理纳税手续
B. 销毁的存储集成电路残次品应填制报关单报关
C. 由长弓公司按规定销毁,海关可派员监督
D. 长弓公司应当收取有关部门出具的销毁证明材料,以备报核

(3) 下列关于纪元公司变更"便捷通关电子账册"的表述,正确的是( )。
A. 变更最大周转金额以及成品品种都须经商务主管部门审批
B. 变更最大周转金额以及成品品种不须经商务主管部门审批
C. 变更最大周转金额不须经商务主管部门审批,变更成品品种须经商务主管部门审批
D. 变更最大周转金额须经商务主管部门审批,变更成品品种不须经商务主管部门审批

(4) 纪元公司向海关报核时,账册上的料件量为( )个。
A. 4 000   B. 6 000   C. 3 000   D. 5 000

3. 申海工业有限公司(上海松江出口加工区内 A 类独资企业)于 2011 年 7 月至 2012 年 3 月期间先后从新加坡、马来西亚、日本等国购进橡胶磨床、粉末集尘器、制胶机、自动送料机等多批用于生产的设备及模具。

2013—2014 年,该公司曾将其中部分设备运往区外进行维修。

2017 年 6 月该公司因对生产线进行调整,决定将原进口的橡胶磨床、粉末集尘器等 5 台设备(原值 USD63 453.00,属于自动进口许可证管理)转售给深圳鹏海科技有限公司,并按规定向海关办理出区报关手续。

申海公司报关员在出区报关时以设备转让金额向海关申报,被海关退回要求修改。

根据以上案例,回答下列问题。

(1) 2011—2012 年,设备进口时( )。
A. 适用海关保税制度管理
B. 应在出口加工区海关办理进口报关手续
C. 应交验自动进口许可证
D. 应填写出口加工区进境货物备案清单向海关申报

(2) 2013—2014 年检时,申海公司将设备运往区外维修,应( )。
A. 先报经主管海关核准
B. 按照修理货物的管理规定办理出区手续
C. 自运往区外维修出之日起 60 天内运回区内
D. 在运回区内时,将更换的零部件等一并运回区内

(3) 2017 年 6 月设备转售鹏海公司,以下关于出区报关手续的表述,正确的是( )。
A. 应由鹏海公司按进口货物的有关规定办理报关手续
B. 鹏海公司办理报关手续时,免予交验自动进口许可证
C. 进口报关结束后,由申海公司填写"出口加工区出境货物备案清单"办理出区手续
D. 设备转售区外,免予缴纳进口税

第9章

减免税货物通关

根据我国《海关法》规定,减免税包括法定减免税、特定减免税和临时减免税。其中,特定减免税和临时减免税都属于政策性减免税范围,两者并无明显区别。自2009年1月1日起,大部分进口减免税货物免进口关税,但不免增值税。

9.1 特定减免税货物海关监管概述

9.1.1 特定减免税货物概述

（一）含义

特定减免税货物是指海关根据国家的政策规定准予减免税进口使用于特定地区、特定企业、特定用途的货物。

特定地区是指我国关境内由行政法规规定的某一特别限定区域（如保税区、出口加工区等），享受减免税优惠的进口货物只能在这一特别限定的区域内使用。

特定企业是指由国务院制定的行政法规专门规定的企业（如外商投资企业），享受减免税优惠的进口货物只能由这些专门规定的企业使用。

特定用途是指国家规定可以享受减免税优惠的进口货物只能用于行政法规专门规定的用途（如科教用品、残疾人专用品等）。

（二）特征

特定减免税货物具有以下特征。

1. 特定条件下减免进口关税

特定减免税是我国关税优惠政策的重要组成部分,是国家无偿向符合条件的进口货物使用企业提供的关税优惠,其目的是优先发展特定地区的经济,鼓励外商在我国的直接投资,促进国有大中型企业和科学、教育、文化、卫生事业的发展。因而,这种关税优惠具有鲜明的特定性,只能在国家行政法规规定的特定条件下使用。

2. 进口申报应当提交进口许可证件

特定减免税货物是实际进口货物。按照外贸管制规定,凡属于进口需要交验许可证件的货物,收货人或其代理人都应当在进口申报时向海关提交进口许可证件（除免证情况之外）。

3. 进口后在特定的海关监管期限内接受海关监管

进口货物享受特定减免税的条件之一就是在规定的期限，适用于规定的地区、企业和用途，并接受海关的监管。特定减免税进口货物的海关监管期限按照货物的种类各有不同。以下是特定减免税货物的海关监管期限：

（1）船舶、飞机为 8 年；

（2）机动车辆为 6 年；

（3）其他货物为 5 年。

监管期限自货物进口之日起计算。

（三）主要范围

特定减免税货物大体有以下三大类：

（1）特定区域减免税货物；

（2）特定企业减免税货物；

（3）特定用途减免税货物。

9.1.2　特定减免税货物海关监管

（1）减免税申请人可以自行向海关申请办理减免税备案、审批、税款担保和后续管理业务等相关手续，也可以委托他人办理前述手续。

已经在海关办理注册登记并取得报关注册登记证书的报关企业或者进出口货物收发货人，可以接受减免税申请人的委托，代为办理减免税相关事宜。

减免税备案、审批、税款担保和后续管理业务等相关手续，应当由进口货物减免税申请人或其代理人办理。

（2）在海关监管年限内，减免税申请人应当自进口减免税货物放行之日起，在每年的第一季度向主管海关递交减免税货物使用状况报告书，报告减免税货物使用状况。在海关监管年限及其后 3 年内，海关依照有关规定可以对减免税申请人进口和使用减免税货物情况实施稽查。

（3）在海关监管年限内，减免税货物转让给进口同一货物享受同等减免税优惠待遇的其他单位的，不予恢复减免税货物转出申请人的减免税额度，减免税货物转入申请人的减免税额度按照海关审定的货物结转时的价格、数量或者应缴税款予以扣减。

减免税货物因品质或者规格原因原状退运出境，减免税申请人以无代价抵偿方式进口同一类型货物的，不予恢复其减免税额度。

未以无代价抵偿方式进口同一类型货物的，减免税申请人在原减免税货物退运出境之日起 3 个月内向海关提出申请，经海关批准，可以恢复其减免税额度。

对于其他提前解除监管的情形，不予恢复减免税额度。

9.2　特定减免税货物报关程序

特定减免税货物的报关程序包括减免税备案申请和海关审批、进口报关和解除监管（见图 9-1）。

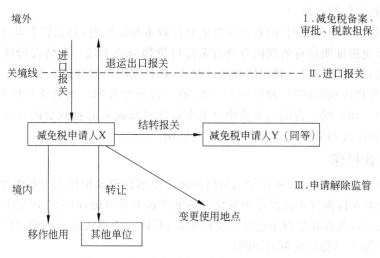

图 9-1 进口特定减免税货物报关程序示意

9.2.1 前期阶段

特定减免税申请人在报关前期阶段应当向其所在地海关申请办理减免税备案、减免税审批和税款担保手续。

特定减免税货物一般用于各类投资项目,投资项目所在地海关与减免税申请人所在地海关不是同一海关的,减免税申请人应当向投资项目所在地海关申请办理上述手续。

投资项目所在地涉及多个海关的,减免税申请人可以向其所在地海关或者有关海关的共同上级海关办理上述手续。

(一) 减免税备案申请

减免税申请人向主管海关申请办理减免税备案手续,并同时提交下列材料:

(1)《进出口货物减免税备案申请表》;
(2) 营业执照、事业单位法人证书、国家机关设立文件、社团登记证书;
(3) 相关政策规定的享受进出口税收优惠政策的证明。

海关应当自受理之日起 10 个工作日内作出是否准予备案的决定。

(二) 减免税审批

减免税备案后,申请人应当在货物申报进口前,向主管海关申请办理进口货物减免税审批,并同时提交下列主要材料:

(1)《进出口货物征免税申请表》;
(2) 营业执照、事业单位法人证书、国家机关设立文件、社团登记证书;
(3) 进出口合同、发票及相关货物的产品情况资料;
(4) 相关政策规定的享受进出口税收优惠政策的证明。

减免税申请人按照本条规定提交证明材料后,应当交验原件,同时提交加盖申请人有效印章的复印件。

海关按照相关规定,审核通过的签发《中华人民共和国进出口货物征免税证明》(以下简称《进出口货物征免税证明》)。

《进出口货物征免税证明》的有效期按照具体政策规定签发,但最长不得超过6个月,持证人应当在征免税证明的有效期内办理有关进口货物通关手续。如情况特殊,可以向海关申请延长一次,延期时间自有效期届满之日起算,延长期限不得超过6个月。

《进出口货物征免税证明》使用一次有效,即一份征免证明上的货物只能在一个进口口岸一次性进口。如果同一合同项下货物分多个口岸进口或者分批到货的,应向审批海关申明,并按到货口岸或到货日期分别申请征免税证明。

(三) 税款担保

有下列情形之一的,减免税申请人可以向海关申请凭税款担保先予办理货物放行手续:

(1) 主管海关按照规定已经受理减免税备案或者审批申请,尚未办理完毕的;

(2) 有关进口税收优惠政策已经国务院批准,具体实施措施尚未明确,海关总署已确认减免税申请人属于享受该政策范围的;

(3) 其他经海关总署核准的情况。

国家对进出口货物有限制性规定,应当提供许可证件而不能提供的,以及法律、行政法规规定不得担保的其他情形,不得办理减免税货物凭税款担保放行手续。

减免税申请人在货物申报进口前向主管海关提出申请,主管海关准予担保的,出具《中华人民共和国海关准予办理减免税货物税款担保证明》,进口地海关凭主管海关出具的准予担保证明,办理货物的税款担保和验放手续。税款担保期限不超过6个月,经直属海关关长或者其授权人批准可予以延期,延期时间自税款担保期限届满之日起算,延长期限不超过6个月。海关依照规定延长减免税备案、审批手续办理时限的,减免税货物税款担保时限可以相应延长。

减免税申请人在税款担保期限届满前取得《进出口货物征免税证明》的,海关应当解除税款担保,办理征免税进出口通关手续。担保期限届满,减免税申请人未按照规定申请办理减免税货物税款担保延期手续的,海关应当要求担保人履行相应的担保责任或者将税款保证金转为税款。

9.2.2 进出口阶段

政策性减免税货物进口报关程序,可参见一般进出口货物的报关程序中的有关内容。但是,有些具体手续有所不同:

(1) 减免税货物进口报关时,进口货物收货人或其代理人除了向海关提交报关单及随附单据以外,还应当向海关提交《进出口货物征免税证明》。海关在审单时从计算机查阅征免证明的电子数据,核对纸质的《进出口货物征免税证明》。

(2) 减免税货物进口填制报关单时,报关员应当特别注意报关单上"备案号"栏目的填写。"备案号"栏内填写《进出口货物征免税证明》上的12位编号,12位编号写错将不能通过海关计算机逻辑审核,或者在提交纸质报关单时无法顺利通过海关审单。具体填写规范参照进出口货物报关单填制一章。

9.2.3 后续阶段

减免税货物报关的后续阶段包括减免税货物的处置和申请解除监管。监管期间,货主定期或不定期呈报使用报表,海关抽查账册和实存。

(一) 减免税货物的处置

在进口减免税货物的海关监管年限内,经海关许可,减免税申请可以将减免税货物转让、抵押、质押、移作他用或者进行其他处置。

1. 结转

在海关监管年限内,减免税申请人将进口减免税货物结转给进口同一货物享受同等减免税优惠待遇的其他单位的,应当按照下列规定办理减免税货物结转手续:

(1) 减免税货物的转出申请人持有关单证向转出地主管海关提出申请,转出地主管海关审核同意后,通知转入地主管海关。

(2) 减免税货物的转入申请人向转入地主管海关申请办理减免税审批手续。转入地主管海关审核无误后签发《进出口货物征免税证明》。

(3) 转出、转入减免税货物的申请人应当分别向各自的主管海关申请办理减免税货物的出口、进口报关手续。

(4) 转出地主管海关办理转出减免税货物的解除监管手续。结转减免税货物的监管年限应当连续计算,转入地主管海关在剩余监管年限内对结转减免税货物继续实施后续监管。

(5) 转入地海关和转出地海关为同一海关的,按照相关规定办理。

2. 转让

在海关监管年限内,减免税申请人将进口减免税货物转让给不享受进口税收优惠政策或者进口同一货物不享受同等减免税优惠待遇的其他单位的,应当事先向减免税申请人主管海关申请办理减免税货物补缴税款和解除监管手续。

补税的完税价格以海关审定的货物原进口时的价格为基础,按照减免税货物已进口时间与监管年限的比例进行折旧,其计算公式为

$$补税的完税价格 = 货物原进口时的价格 \times \left(1 - \frac{已进口时间}{监管年限 \times 12}\right) \quad (9-1)$$

$$补缴税额 = 补税的完税价格 \times 适用税率 \quad (9-2)$$

上述计算公式中,"已进口时间"自减免税货物的放行之日起按"月"计算,不足1个月但超过15天的,按照1个月计算;不超过15天,不予计算。如果以"年"来计算,则分母中要去除12这个数字。

已进口时间的截止日期确定方法如下:

(1) 经海关批准,转让减免税货物的,应当以海关接受减免税申请人申请办理补税手续之日作为截止日。

(2) 未经海关批准,擅自转让减免税货物的,以货物实际转让之日作为截止日;转让之日不能确定的,应当以海关发现之日作为截止日。

(3) 在海关监管年限内,申请人发生破产、撤销、解散或者其他依法终止经营情形的,已进口时间的截止日期应当为申请人破产清算之日或者被依法认定终止生产经营活动的日期。

3. 变更使用地点

在海关监管年限内,减免税货物应当在主管海关核准的地点使用。需要变更使用地点

的,减免税申请人应当向主管海关提出申请,说明理由,经海关批准后方可变更使用地点。减免税货物需要移出主管海关管辖地使用的,减免税申请人应当事先持有关单证及需要异地使用的说明材料向主管海关申请办理异地监管手续,经主管海关审核同意并通知转入地海关后,减免税申请人可以将减免税货物运至转入地海关管辖地,转入地海关确认减免税货物情况后进行异地监管。

减免税货物在异地使用结束后,减免税申请人应当及时向转入地海关申请办结异地监管手续,经转入地海关审核同意并通知主管海关后,减免税申请人应当将减免税货物运回主管海关管辖地。

4. 移作他用

在海关监管年限内,减免税申请人需要将减免税货物移作他用的,应当事先向主管海关提出申请。经海关批准,减免税申请人可以按照海关批准的使用地区、用途、企业将减免税货物移作他用。主要包括以下情形:

(1) 将减免税货物交给减免税申请人以外的其他单位使用;

(2) 未按照原定用途、地区使用减免税货物;

(3) 未按照特定地区、特定企业或者特定用途使用减免税货物的其他情形。

将减免税货物移作他用,减免税申请人应当按照移作他用的时间补缴相应税款。移作他用时间不能确定的,应当提交相应的税款担保,税款担保不得低于剩余监管年限应补缴税款总额。补缴税款的计算公式为

$$补缴税款 = 货物原进口时的价格 \times \frac{需补缴税款的时间}{监管年限 \times 30 \times 12} \times 税率 \quad (9-3)$$

上述计算公式中的税率,应当适用海关接受申报办理纳税手续之日实施的税率;需补缴税款的时间是指减免税货物移作他用的实际时间,按日计算,每日实际生产不满 8 小时或者超过 8 小时的均按 1 日计算。

5. 变更、终止

(1) 变更。在海关监管年限内,减免税申请人发生分立、合并、股东变更、改制等变更情形的,权利义务承受人应当自营业执照颁发之日起 30 日内,向原减免税申请人的主管海关报告主体变更情况及原减免税申请人进口减免税货物的情况。

经海关审核,需要补征税款的,承受人应当向原减免税申请人主管海关办理补税手续;可以继续享受减免税待遇的,承受人应当按照规定申请办理减免税备案变更或者减免税货物结转手续。

(2) 终止。在海关监管年限内,因破产、改制或者其他情形导致减免税申请人终止,没有承受人的,原减免税申请人或者其他依法应当承担关税及进口环节海关代征税缴纳义务的主体应当自资产清算之日起 30 日内向主管海关申请办理减免税货物的补缴税款和解除监管手续。

6. 退运、出口

在海关监管年限内,减免税申请人要求将进口减免税货物退运出境或者出口的,应当报主管海关核准。

减免税货物退运出境或者出口后,减免税申请人应当持出口报关单向主管海关办理原

进口减免税货物的解除监管手续。

减免税货物退运出境或者出口的,海关不再对退运出境或者出口的减免税货物补征相关税款。

7. 贷款抵押

在海关监管年限内,减免税申请人要求以减免税货物向金融机构办理贷款抵押的,应当向主管海关提出书面申请。经审核符合有关规定的,主管海关可以批准其办理贷款抵押手续。

减免税申请人不得以减免税货物向金融机构以外的公民、法人或者其他组织办理贷款抵押。

减免税申请人以减免税货物向境内金融机构办理贷款抵押的,应当向海关提供下列形式的担保:

(1) 与货物应缴税款等值的保证金;
(2) 境内金融机构提供的相当于货物应缴税款的保函;
(3) 减免税申请人、境内金融机构共同向海关提交"进口减免税货物贷款抵押承诺保证书",书面承诺当减免税申请人抵押贷款无法清偿需要以抵押物抵偿时,抵押人或者抵押权人先补缴海关税款,或者从抵押物的折(变)价款中优先偿付海关税款。

减免税申请人以减免税货物向境外金融机构办理贷款抵押的,应当向海关提交与货物应缴税款等值的保证金或者境内金融机构提供的相当于货物应缴税款的保函。

(二) 解除监管

1. 监管年限届满

特定减免税进口货物监管期届满时,减免税申请人不必向海关申请领取《中华人民共和国进口减免税货物解除监管证明》(以下简称《减免税货物解除监管证明》),有关减免税货物自动解除监管。申请人需要证明的,可以自办结补缴税款和解除监管等相关手续之日或者自海关监管年限届满之日起1年日,向海关申领《减免税货物解除监管证明》。

2. 监管年限内

在海关监管期限内,减免税申请人书面申请提前解除监管的,应当向主管海关申请办理补缴税款和解除监管手续。按照国家有关规定在进口时免予提交许可证件的,申请人应补交有关许可证件。

精 选 习 题

一、单选题

1. 某公司免税进口造船设备一套,进口1年后开始使用,使用2年后转让给享有同等免税优惠待遇的另一公司,办理结转手续后,海关继续对该设备进行监管的期限为(　　)年。
  A. 8　　　　　　B. 5　　　　　　C. 3　　　　　　D. 2

2. 北京某外资企业从美国购进大型机器成套设备,分三批运输进口,其中两批从天津进口,另一批从青岛进口。该企业在向海关申请办理该套设备的减免税手续时,下列做法正确的是(　　)。

A. 向北京海关分别申领两份征免税证明
B. 向北京海关分别申领三份征免税证明
C. 向天津海关申领一份征免税证明,向青岛海关申领一份征免税证明
D. 向天津海关申领两份征免税证明,向青岛海关申领一份征免税证明

二、多选题

1. 在海关监管期限内(　　),不能按照"结转"办理海关手续。
   A. 将减免税货物转让给不享受进口税收优惠政策的其他单位的
   B. 将减免税货物转让给进口同一货物不享受同等减免税优惠待遇的其他单位的
   C. 将减免税货物转让给进口同一货物享受同等减免税优惠待遇的其他单位的
   D. 减免税申请人未按照原定用途、地区使用减免税货物的
2. 以下不予恢复减免税额度的情况有(　　)。
   A. 在监管年限内,将进口减免税货物转让给进口同一货物享受同等减免税优惠待遇的其他单位
   B. 因品质或者规格原因原状退运出境,以无代价抵偿方式进口同一类型货物
   C. 因品质或者规格原因原状退运出境,未以无代价抵偿方式进口同一类型货物
   D. 其他提前解除监管

三、判断题

1. 如果一批特定减免税货物从不同口岸进口,可以只办理一份"进出口货物征免税证明"。(　　)
2. 特定减免税货物在同一口岸分三批进口,需要向入境口岸海关申请三张征免税证明。(　　)
3. 外国援赠物资属于特定减免税货物。(　　)

第10章

暂准进出境货物通关

10.1 暂准进出境货物海关监管概述

10.1.1 暂准进出境货物概述

（一）含义

暂准进境货物是指为了特定的目的，经海关批准暂时进境，按规定的期限原状复运出境的货物。

暂准出境货物是指为了特定的目的，经海关批准暂时出境，按规定的期限原状复运进境的货物。

（二）范围

暂准进出境货物分为两大类。

第一类是指经海关批准暂时进境，在进境时纳税义务人向海关缴纳相当于应纳税款的保证金或者提供其他担保可以暂不缴纳税款，并按规定的期限复运出境的货物，以及经海关批准暂时出境，在出境时纳税义务人向海关缴纳相当于应纳税款的保证金或者提供其他担保可以暂不缴纳税款，并按规定的期限复运进境的货物。

第一类暂准进出境货物的范围如下：

(1) 在展览会、交易会、会议及类似活动中展示或者使用的货物；
(2) 文化、体育交流活动中使用的表演、比赛用品；
(3) 进行新闻报道或者摄制电影、电视节目使用的仪器、设备及用品；
(4) 开展科研、教学、医疗活动使用的仪器、设备和用品；
(5) 上述4项活动中使用的交通工具及特种车辆；
(6) 货样；
(7) 供安装、调试、检测、修理设备时使用的仪器及工具；
(8) 盛装货物的容器；
(9) 其他用于非商业目的的货物。

第二类是指第一类以外的暂准进出境货物，如工程施工中使用的设备、仪器及用品。

10.1.2 暂准进出境货物海关监管

(一) 暂时免予缴纳税费

第一类暂准进出境货物,在进境或者出境时向海关缴纳相当于应纳税款的保证金或者提供其他担保的,暂时免予缴纳全部税费;第二类暂准进出境货物,应当按照该货物的完税价格和其在境内滞留时间与折旧时间的比例计算征收进口关税。

(二) 免予提交进出口许可证件

暂准进出境货物不是实际进出口货物,只要按照暂准进出境货物的有关法律、行政法规办理进出境手续,可免予交验进出口许可证件。但是,涉及公共道德、公共安全、公共卫生所实施的进出境管制制度的暂准进出境货物,应当凭许可证件进出境。

(三) 规定期限内按原状复运进出境

暂准进出境货物应当自进境或者出境之日起 6 个月内复运出境或者复运进境;经收发货人申请,海关可以根据规定延长复运出境或者复运进境的期限。

(四) 按货物实际流向情况办结海关手续

暂准进出境货物都必须在规定期限内,由货物的收发货人根据货物不同的情况向海关办理核销结关手续。

10.2 暂准进出境货物报关

10.2.1 使用 ATA 单证册报关的暂准进出境货物

(一) ATA 单证册概述

1. 含义

ATA 单证册是《暂准进口单证册》的简称,是指世界海关组织(W.C.O.)通过的《货物暂准进口公约》及其附约 A 和《关于货物暂准进口的 ATA 单证册海关公约》(以下简称《ATA 公约》)中规定使用的,用于替代各缔约方海关暂准进出口货物报关单和税费担保的国际性通关文件(俗称"货物通关护照")。

2. 格式

一份 ATA 单证册一般由 8 页 ATA 单证组成:一页绿色封面单证、一页黄色出口单证、一页白色进口单证、一页白色复出口单证、两页蓝色过境单证、一页黄色复进口单证、一页绿色封底。

我国海关只接受用中文或者英文填写的 ATA 单证册。

3. 适用

在我国,使用 ATA 单证册的范围仅限于展览会、交易会、会议及类似活动项下的货物。除此以外的货物,我国海关不接受持 ATA 单证册办理进出口申报手续。ATA 单证册本身既是一种货物进出口的报关单,同时也是一份国际担保书。

4. 管理

(1) 出证担保机构。中国国际商会是我国 ATA 单证册的出证和担保机构,负责签发

《出境 ATA 单证册》,向海关报送所签发单证册的中文电子文本,协助海关确认 ATA 单证册的真伪,并且向海关承担 ATA 单证册持证人因违反暂准进出境规定而产生的相关税费、罚款。

(2)管理机构。海关总署在北京海关设立 ATA 核销中心。ATA 核销中心对 ATA 单证册的进出境凭证进行核销、统计及追索,应成员方担保人的要求,依据有关原始凭证,提供 ATA 单证册项下暂准进出境货物已经进境或者从我国复运出境的证明,并且对全国海关 ATA 单证册的有关核销业务进行协调和管理。

(3)暂准进出境期限规定。使用 ATA 单证册报关的货物暂准进出境期限为自货物进出境之日起 6 个月。超过 6 个月的,持证人可以向海关申请延期。延期最多不超过 3 次,每次延长期限不超过 6 个月。延长期届满,应当复运出境、进境或者办理进出口手续。

ATA 单证册项下货物延长复运出境、进境期限的,持证人应当在规定期限届满 30 个工作日前向海关提出延期申请,并提交《货物暂时进/出境延期申请书》及相关申请材料。

直属海关受理的,应当于受理申请之日起 20 个工作日内制发《货物暂时进/出境延期申请批准决定书》。

参加展期在 24 个月以上展览会的展览品,在 18 个月延长期届满后仍需要延期的,由主管地直属海关报海关总署审批。

(4)追索。ATA 单证册项下暂时进境货物未能按照规定复运出境或者过境的,ATA 核销中心向中国国际商会提出追索。自提出追索之日起 9 个月内,中国国际商会向海关提供货物已经在规定期限内复运出境或者已经办理进口手续证明的,ATA 核销中心可以撤销追索;9 个月期满后未能提供上述证明的,中国国际商会应当向海关支付税款和罚款。

(二)报关程序

1. 进出口申报

持 ATA 单证册向海关申报进出境货物,不需向海关提交进出口许可证件,也不需另外再提供担保。但如果进出境货物受公共道德、公共安全、公共卫生、动植物检疫、濒危野生动植物保护、知识产权保护等限制的,展览品收发货人或其代理人应当向海关提交相关的进出口许可证件。

(1)进境申报(进口白色联)。进境货物收货人或其代理人持 ATA 单证册向海关申报进境展览品时,先在海关核准的出证协会中国国际商会及其他商会,将 ATA 单证册上的内容预录进海关与商会联网的 ATA 单证册电子核销系统,然后向展览会主管海关提交纸质 ATA 单证册、提货单等单证。

海关在白色进口单证上签注,并留存白色进口单证(正联),将存根联和 ATA 单证册其他各联退还给货物收货人或其代理人。

(2)出境申报(出口黄色联)。出境货物发货人或其代理人持 ATA 单证册向海关申报出境展览品时,向出境地海关提交国家主管部门的批准文件、纸质 ATA 单证册、装货单等单证。

海关在绿色封面单证和黄色出口单证上签注,并留存黄色出口单证(正联),将存根联和 ATA 单证册其他各联退还给发货人或其代理人。

(3)异地复运出境、进境申报。使用 ATA 单证册进出境的货物异地复运出境、进境申报,ATA 单证册持证人应当持主管地海关签章的海关单证向复运出境、进境地海关办理手续。货物复运出境、进境后,主管地海关凭复运出境、进境地海关签章的海关单证办理核销结案手续。

(4) 过境申报(过境蓝色联)。过境货物承运人或其代理人持 ATA 单证册向海关申报将货物通过我国转运至第三国参加展览会的,不必填制过境货物报关单。海关在两份蓝色过境单证上分别签注后,留存蓝色过境单证(正联),将存根联和 ATA 单证册其他各联退还给运输工具承运人或其代理人。

2. 结关(白色复出口联和黄色复进口联)

(1) 正常结关。持证人在规定期限内将进境展览品和出境展览品复运进出境,海关在白色复出口单证和黄色复进口单证上分别签注,留存单证(正联),将存根联和 ATA 单证册其他各联退还给持证人,正式核销结关。

(2) 非正常结关。ATA 单证册项下暂时进境货物复运出境时,因故未经我国海关核销、签注的,ATA 核销中心凭由另一缔约国海关在 ATA 单证上签注的该批货物从该国进境或者复运进境的证明,或者我国海关认可的能够证明该批货物已经实际离开我国境内的其他文件,作为已经从我国复运出境的证明,对 ATA 单证册予以核销。

发生上述情形的,持证人应当向海关缴纳调整费。在我国海关尚未发出《ATA 单证册追索通知书》前,如果持证人凭其他国海关出具的货物已经运离我国关境的证明要求予以核销单证册的,免予收取调整费。

10.2.2 不使用 ATA 单证册报关的进出境展览品

以上介绍了使用 ATA 单证册报关的暂准进出境货物,其中包括用于展览会、交易会、会议及类似活动项下的货物。

对于展览品,还可以使用《进出口货物报关单》办理报关手续,具体介绍如下。

(一) 使用报关单报关的展览品的范围

1. 进境展览品

进境展览品包含在展览会中展示或示范用的货物、物品,为示范展出的机器或器具所需用的物品,展览者设置临时展台的建筑材料及装饰材料,供展览品做示范宣传用的电影片、幻灯片、录像带、录音带、说明书、广告、光盘、显示器材等。

展览用品是指在境内展览会期间供消耗、散发的用品,海关将根据展览会性质、参展商规模、观众人数等情况,对其数量和总值进行核定,在合理范围内的,按照有关规定免征进口关税和进口环节税。

展览用品的范围如下:

(1) 在展览活动中的小件样品,包括原装进口的或者在展览期间用进口的散装原料制成的食品或者饮料的样品;

(2) 为展出的机器或者器件进行操作示范被消耗或者损坏的物料;

(3) 布置、装饰临时展台消耗的低值货物;

(4) 展览期间免费向观众散发的有关宣传品;

(5) 供展览会使用的档案、表格及其他文件。

上述货物、物品应当符合下列条件:

(1)由参展人免费提供并在展览期间专供免费分送给观众使用或者消费的;
(2)单价较低,做广告样品用的;
(3)不适用于商业用途,并且单位容量明显小于最小零售包装容量的;
(4)食品及饮料的样品虽未包装分发,但确实在活动中消耗掉。
但是,展览用品中的酒精饮料、烟草制品及燃料不适用有关免税的规定。
另外,展览会期间出售的小卖品,属于一般进口货物范围,进口时应当缴纳进口关税和进口环节海关代征税;属于许可证件管理的商品,应当交验许可证件。

2. 出境展览品

出境展览品包含国内单位赴国外举办展览会或参加外国博览会、展览会而运出的展览品,以及与展览活动有关的宣传品、布置品、招待品、其他公用物品。

与展览活动有关的小卖品、展卖品,可以按展览品报关出境,不按规定期限复运进境的办理一般出口手续,交验出口许可证件,缴纳出口关税。

(二)使用报关单报关的展览品的暂准进出境期限

使用报关单报关的展览品的暂准进出境期限参照使用 ATA 单证册报关的货物暂准进出境期限的相关规定。

(三)展览品的报关程序

使用报关单报关的进出境展览品的报关程序见表10-1。

表 10-1 展览品报关程序总结

报关程序		进 境	出 境
前期阶段		办展人、参展人应当在展览品进出境20个工作日前,向主管地海关办理备案手续	
进出口阶段	申报	进境申报向展出地海关办理,涉及检验检疫的,应提交有关进口许可证件	出境申报向出境地海关办理,属于核用品、核两用品的,应提交出口许可证
	查验	开箱查验,核对展览品清单。查验完毕,海关留存一份清单,另一份封入"关封"交还收发货人,凭以办理展览品复运进出境申报手续	
	征税	免税,但要缴纳相当于税款的保证金	
	放行	放行未结关,应在规定期限内按原状复运进出境	
后续阶段		按规定期限复运进出境,海关分别签发报关单证明联,凭以办理核销结案手续	

(四)展览品核销结关特殊情况处理

1. 转为正式进出口

进境展览品在展览期间被人购买的,由展览会主办单位或其代理人向海关办理进口申报、纳税手续;其中属于许可证件管理的,还应当提交进口许可证件。出口展览品在境外参加展览会后被销售的,由海关核对展览品清单后,要求企业补办有关正式出口手续。

2. 展览品放弃或赠送

展览会结束后,进口展览品的所有人决定将展览品放弃交由海关处理的,由海关依法变卖后将款项上缴国库。

3. 展览品毁坏、丢失、被窃

因毁坏、丢失、被窃等原因不能复运出境的,展览会主办单位或其代理人应当向海关报告。对于毁坏的展览品,海关根据毁坏程度估价征税;对于丢失或被窃的展览品,海关按照进口同类货物征收进口税。

因不可抗力的原因受损,无法原状复运出境、进境的,进出境展览品的收发货人应当及时向主管地海关报告,可以凭有关部门出具的证明材料办理复运出境、进境手续。

因不可抗力的原因灭失或者失去使用价值的,经海关核实后可以视为该货物已经复运出境、进境。

进出境展览品因不可抗力以外其他原因灭失或者受损的,进出境展览品的收发货人应当按照货物进出口的有关规定办理海关手续。

精选习题

一、单选题

1. 在我国,使用 ATA 单证册的范围仅限于(　　)。
   A. 展览会、交易会、会议及类似活动项下的货物
   B. 进行新闻报道或者摄制电影、电视节目使用的仪器、设备及用品
   C. 货样
   D. 其他用于非商业目的的货物

2. 我国 ATA 单证册的出证和担保机构是(　　)。
   A. 海关总署北京 ATA 核销中心　　B. 中国国际商会
   C. 商务部　　　　　　　　　　　　D. 国际展览局

3. 展览会期间出售的小卖品,属于(　　)。
   A. 暂准进境货物　B. 展览品　　C. 展览用品　　D. 一般进口货物

二、多选题

1. 已进境的展览品在某些情形下不需要缴纳进口税,这些情形包括(　　)。
   A. 展览品复运出境的　　　　　　B. 展览品放弃交由海关处理的
   C. 展览品被窃的　　　　　　　　D. 展览品因不可抗力原因灭失的

2. 属于现场海关已经放行但尚未结关的进境货物有(　　)。
   A. 保税加工货物　　　　　　　　B. 特定减免税货物
   C. 暂准进境货物　　　　　　　　D. 无代价抵偿货物

三、判断题

1. 暂准进出境货物在向海关申报进出境时,暂不缴纳进出口税费,但收发货人须向海关提供担保。(　　)

2. 与展览活动有关的小卖品、展卖品,可以按展览品报关出境,不按规定期限复运进境的办理一般出口手续,交验出口许可证件,缴纳出口关税。(　　)

3. 进境展览品在展览期间被人购买的,由展览会主办单位或其代理人向海关办理进口申报、纳税手续,其中属于许可证件管理的,还应当提交进口许可证件。(　　)

4. 对期限在 6 个月以内临时进口的加工贸易生产所需不作价模具,按暂准进境货物办理进口手续。(　　)

第11章

其他进出境货物通关

11.1 过境、转运、通运货物通关

11.1.1 过境、转运、通运货物海关监管

(一) 含义

过境、转运、通运货物在含义上的异同见表11-1。

表11-1 过境、转运、通运货物含义归纳表

异同	过境货物	转运货物	通运货物
相同点	从境外起运,通过我国境内,继续运往境外的货物		
不同点	与中转无关＋陆路运输	中转＋不通过陆路运输	未中转＋不通过陆路运输

(二) 范围

过境、转运、通运货物的范围见表11-2。

表11-2 过境、转运、通运货物范围归纳表

准予过境货物	转运货物	通运货物
① 与我国签有过境货物协定的国家的过境货物; ② 在同我国签有铁路联运协定的国家收、发货的过境货物; ③ 未与我国签有过境货物协定但经国家商务、运输主管部门批准,并向入境地海关备案后准予过境的货物	① 持有转运或联运提货单的; ② 进口载货清单上注明是转运货物的; ③ 持有普通提货单,但在卸货前向海关声明转运的; ④ 误卸下的进口货物,经运输工具经理人提供确实证件的	满足通运货物定义的

注:禁止过境的货物包括以下三类。
① 来自或运往我国停止或禁止贸易的国家和地区的货物;
② 各种武器、弹药、爆炸品及军需品(通过军事途径运输的除外);
③ 各种烈性毒药、麻醉品和鸦片、吗啡、海洛因、可卡因等毒品。

(三) 管理

过境、转运、通运货物的管理见表11-3。

表 11-3 过境、转运、通运货物海关监管归纳表

过境货物	转运货物	通运货物
① 民用爆炸品、医用麻醉品，应经海关总署批准； ② 有伪报货名和国别，借以运输我国禁止过境货物的，海关可以扣留； ③ 海关可以对过境货物实施查验，经营人或承运人应当到场配合查验； ④ 过境货物在境内发生损毁或者灭失的（除不可抗力原因造成的外），经营人应当向出境地海关补办进口纳税手续	① 外国转运货物在中国口岸存放期间，不得开拆、改换包装或进行加工； ② 转运货物必须在 3 个月之内办理海关有关手续并转运出境，超出规定期限 3 个月仍未转运出境，海关将提取依法变卖处理； ③ 海关对转运的外国货物有权进行查验	满足通运货物定义的

注：禁止过境的货物包括以下三类。
① 来自或运往我国停止或禁止贸易的国家和地区的货物；
② 各种武器、弹药、爆炸品及军需品（通过军事途径运输的除外）；
③ 各种烈性毒药、麻醉品和鸦片、吗啡、海洛因、可卡因等毒品。

11.1.2 过境、转运、通运货物报关

过境、转运、通运货物的报关程序见表 11-4。

表 11-4 过境、转运、通运货物报关程序归纳表

类别	报关程序
过境货物	① 过境货物进境时，应当向进境地海关递交《过境货物报关单》和运单、转载清单、载货清单，以及发票、装箱清单等，办理过境手续； ② 进境地海关审核无误后，在提运单上加盖"海关监管货物"戳记，并将过境货物报关单和过境货物清单制作"关封"后加盖"海关监管货物"专用章，连同上述提运单一并交经营人或报关企业； ③ 过境货物出境时，应向出境地海关申报，并递交进境地海关签发的"关封"和其他单证； ④ 出境地海关审核确认无误后，加盖放行章，监管货物出境
转运货物	① 载有转运货物的运输工具进境后，承运人应当在进口载货清单上列明转运货物的名称、数量、起运地和到达地，并向主管海关申报进境； ② 申报经海关同意后，在海关指定的地点换装运输工具； ③ 在规定时间内运送出境
通运货物	① 运输工具进境时，承运人应凭注明通运货物名称和数量的《船舶进口报告书》或民航机《进口载货清单》向进境地海关申报； ② 进境地海关在接受申报后，在运输工具抵、离境时对申报的货物予以核查，并监管货物实际离境

11.2 货样、广告品通关

11.2.1 货样、广告品概述

（一）含义

货样是指专供订货参考的进出口货物样品。广告品是指用以宣传有关商品的进出口广告宣传品。

（二）分类

有进出口经营权的企业代购或售出货样、广告品为"货样广告品A"。

没有进出口经营权的企业进出口及免费提供进出口的货样、广告品为"货样广告品B"。

11.2.2 货样、广告品海关监管及报关程序

（一）证件管理

货样、广告品证件管理分类见表11-5。

表11-5 货样、广告品证件管理分类表

证件类别	适用条件	报关规范
非许可证件	进口货样广告品A	凭经营权申报
	进口货样广告品B（数量合理且价值<1 000元人民币）	凭局级以上单位证明申报
	进口货样广告品B、广告品（数量不合理或价值>1 000元人民币）	凭省级商务主管部门的批件申报
《进口许可证》*1	货样广告品A、货样广告品B	凭《进口许可证》申报
《自动进口许可证》*7、*O	货样广告品A、货样广告品B（机电产品和一般商品），每批次价值<5 000元人民币	免证
	货样广告品A、货样广告品B（属旧机电产品）	按程序审批并按有关旧机电产品进口的规定申报
《出口许可证》*4	出口货样广告品A、货样广告品B（每批次货值<3万元人民币）	免证
《两用物项和技术出口许可证》*3	属两用物项和技术的货样或实验用样品出口到境外的	交证
《出入境货物通关单》*A、*B	列入《法检目录》的进出口货样、广告品	交证

（二）税收管理

进出口货物、广告品，除法定减免税外，一律照章征税。

（三）报关程序

进出口货样、广告品的报关程序除暂准进出境的货样、广告品外，只有进出口报关阶段的4个环节，即申报、配合查验、缴纳税费、提取或装运货物。

11.3 租赁进口货物通关

11.3.1 租赁进口货物概述

（一）含义

租赁是指所有权和使用权之间的一种借贷关系，即由资产所有者（出租人）按契约规定，将租赁物件租给使用人（承租人），使用人在规定期限内支付租金并享有租赁物件使用权的一种经济行为。

跨越国（地区）境的租赁就是国际租赁，而以国际租赁方式进出境的货物，即为租赁进出

口货物。

以下介绍的主要是租赁进口货物。

(二) 分类

国际租赁大体上有两种：一种是金融租赁，带有融资性质；另一种是经营租赁，带有服务性质。因此，租赁进口货物包含金融租赁进口货物和经营租赁进口货物两类。

金融租赁进口货物一般是不复运出境的，租赁期满，以很低的名义价格转让给承租人，承租人按合同规定分期支付租金，租金的总额一般都大于货价。

经营租赁进口的货物一般是暂时性质的，按合同规定的期限复运出境，承租人按合同规定支付租金，租金总额一般都小于货价。

11.3.2 租赁进口货物海关监管及报关程序

根据《关税条例》的规定，租赁进口货物的纳税义务人对租赁进口货物应当按照海关审查确定的租金作为完税价格缴纳进口税款，租金分期支付的可以选择一次性缴纳税款或者分期缴纳税款。选择一次性缴纳税款的，可以按照海关审查确定的货物的价格作为完税价格，也可以按照海关审查确定的租金总额作为完税价格。

(一) 进口阶段

租赁进口货物没有前期阶段，有进口阶段，主要完成进口申报、配合查验、缴纳税费、提取货物四个环节。其中，关于税收和证件管理的要点见表11-6。

表11-6 进口租赁货物报关要点总结表

纳税方式	分 类	税收管理	证件管理	监管
一次性缴纳税款	金融租赁（租金＞货价）	一次性按货价缴纳税款（进口关税＋代征税）		放行即结关
分期缴纳税款	金融租赁	按第一期租金缴纳税款，在每次支付租金后15日，按支付的租金额缴纳税款，直至最后一期租金支付完毕。	提供租赁合同、交证	放行未结关
	经营租赁（租金＜货价）	按第一期租金或租金总额缴纳税款，在每次支付租金后15日，按支付的租金额缴纳税款，直至最后一期租金支付完毕。		

注：对于放行未结关的租赁进口货物，进口时须按照第一期租金和货物实际价格分别填制两张进口报关单，一张报关单的贸易方式为"租赁贸易"，海关按货价只作为统计用；另一张报关单的贸易方式为"租赁征税"，海关按租金金额确定完税价格，计征进口税费。详细参见第14章"进出口货物报关单填制"。

(二) 后续阶段

对于部分租赁货物（放行未结关）的后续阶段，海关现场放行后，对货物继续进行监管。具体分为以下两种情况。

1. 金融租赁

需要后续监管的金融租赁进口货物租期届满之日起30日内，纳税义务人应当申请办结海关手续。金融租赁货物一般不复运出境，如以残值转让的，则应当按照转让的价格审查确定完税价格计征进口关税和进口环节海关代征税。

2. 经营租赁

经营租赁进口货物租期届满之日起 30 日内,纳税义务人应当申请办结海关手续。经营租赁货物一般要复运出境,或者申请办理留购、续租的申报纳税手续。

11.4 加工贸易不作价设备通关

11.4.1 加工贸易不作价设备概述

(一) 含义

加工贸易不作价设备是指与加工贸易经营企业开展加工贸易(包括来料加工、进料加工及外商投资企业履行产品出口合同)的境外厂商、免费(不需境内加工贸易经营企业付汇,也不需要用加工费或差价偿还)向经营企业提供的加工生产所需设备。

加工贸易进口设备必须是不作价的,可以是由境外厂商免费提供,也可以是向境外厂商免费借用(临时进口不超过半年的单件的模具、机器除外),进口设备的一方不能以任何方式、任何途径,包括用加工费扣付、出口产品减价等方式来偿付提供设备一方的设备价款或租金。

(二) 范围

加工贸易境外厂商免费提供的不作价设备,如果属于国家禁止进口商品和《外商投资项目不予免税的进口商品目录》所列商品,海关不能受理加工贸易不作价设备申请。除此以外的其他商品,加工贸易企业可以向海关提出加工贸易不作价设备免税进口的申请。

国家禁止进口商品范围参见对外贸易管制一章。《外商投资项目不予免税的进口商品目录》参见进出口税费一章。

(三) 特征

加工贸易不作价设备和保税加工货物、特定减免税设备之间的异同见表 11-7。

表 11-7 加工贸易不作价设备、保税加工货物、特定减免税设备异同总结表

类 型	相 同 点	不 同 点
保税加工货物	都用于加工贸易生产	进境后使用时一般改变形态,国家政策强调复运出境
加工贸易不作价设备		进境后使用时不改变形态,国家政策不强调复运出境
加工贸易不作价设备	都是免税进境的生产设备,在进口放行后都需接受海关监管,监管年限都是 5 年	按保税货物监管
特定减免税设备		按特定减免税货物监管

11.4.2 加工贸易不作价设备海关监管及报关程序

加工贸易不作价设备的报关程序,与保税货物、特定减免税货物的报关程序一样,包括备案、进口报关、申请解除监管 3 个阶段。

(一) 备案

加工贸易不作价设备的备案合同应当是订有加工贸易不作价设备条款的加工贸易合同

或者加工贸易协议,单独的进口设备合同不能办理加工贸易不作价设备的合同备案。

加工贸易设备备案的加工贸易经营企业应当符合下列条件之一:

(1) 设立独立专门从事加工贸易(不从事内销产品加工生产)的工厂或车间,并且不作价设备仅限在该工厂或车间使用。

(2) 对未设立独立专门从事加工贸易的工厂或车间、以现有加工生产能力为基础开展加工贸易的项目,使用不作价设备的加工生产企业,在加工贸易合同期限内,其每年加工产品必须70%以上属出口产品。

备案手续如下:

(1) 凭商务主管部门批准的加工贸易合同和批准件及《加工贸易不作价设备申请备案清单》到加工贸易合同备案地主管海关办理备案申请手续。

(2) 主管海关根据上述提交文件及其他有关单证,对照《外商投资项目不予免税的进口商品目录》,审核准予备案后,核发《加工贸易不作价登记手册》(首位标记码为D,以下简称登记手册)。

海关核发的登记手册有效期为1年,1年到期前,加工贸易经营企业应向海关提出延期申请。

加工贸易不作价设备不纳入加工贸易银行保证金台账管理的范围,不需要设立台账。

海关可以根据情况对加工贸易不作价设备收取相当于进口设备应纳进口关税和进口代征税税款的保证金或者银行或非银行金融机构的保函。

不在加工贸易合同里订明的单独进口的不作价设备及其零配件、零部件,海关不予备案。

(二) 进口报关

企业凭登记手册向口岸海关办理进口报关手续,口岸海关凭登记手册验放。

加工贸易不作价设备,除国家另有规定的外,进境时免进口关税,不免进口环节增值税。如有涉及许可证件管理的,可免交进口许可证件。

加工贸易不作价设备进口申报时,报关单的填制参见第14章"进出口货物报关单填制"。

对临时进口(期限为6个月以内)加工贸易生产所需的不作价模具、单台设备,按暂准进境货物办理进口手续。

(三) 申请解除监管

加工贸易不作价设备自进口之日起至按海关规定解除监管止,属海关监管货物,企业应按海关的规定保管、使用。加工贸易不作价设备的海关监管期限是根据特定减免税货物的海关监管期限来规定的。加工贸易不作价设备的海关监管期限一般是5年。

申请解除海关监管有以下两种情况。

1. 监管期内

监管期内,企业申请提前解除监管的,主要有5种情况。

(1) 结转。加工贸易不作价设备在享受同等待遇的不同企业之间结转,以及加工贸易不作价设备转为减免税设备,转入和转出企业分别填制进、出口货物报关单,报关单"贸易方式"栏根据经营企业所持加工贸易登记手册或征免税证明,分别选择填报"加工贸易设备结转""减免税设备结转";报关单"备案号"栏分别填报加工贸易登记手册编号、征免税证明编号或为空;报关单其他栏目按现行《报关单填制规范》关于结转货物的要求填报。具体参见第 14 章"进出口货物报关单填制"。

(2) 转让。转让给不能享受减免税优惠或者不能进口加工贸易不作价设备的企业,必须由原备案加工贸易合同的商务主管部门审批,填制《进口货物报关单》,提供相关许可证件,并按照以下计算公式确定完税价格,计算进口关税。

$$进口关税 = 转让设备进口完税价格 \times \left(1 - \frac{按规定条件使用的月数}{12 \times 5}\right) \times 税率$$

其中,对于使用时间不足 15 天的,不计月数,超过或者等于 15 天的作为 1 个月计算。

(3) 留用。在监管期内,企业将加工贸易不作价设备移作他用或者加工贸易合同已经履约、企业留用的,必须由原备案合同的商务主管部门审批,填制《进口货物报关单》,提供相关许可证件,并按照上述计算公式确定完税价格,缴纳进口关税。

(4) 修理、替换。加工贸易不作价设备需要出境修理或者由于质量或规格不符需要出境替换的,可以使用登记手册申报出境和进境,也可以按照出境修理货物或者无代价抵偿货物办理进出境报关手续。

(5) 退运。监管期内退运,应当由原备案合同的商务主管部门审批,凭批准件和登记手册到海关办理退运出境报关手续。

2. 监管期届满

加工贸易不作价设备 5 年监管期届满,如不退运出境,可以留用,也可以向海关申请放弃。

(1) 留用。监管期限已满的不作价设备,要求留在境内继续使用的,企业可以向海关申请解除监管,也可以自动解除海关监管。

(2) 放弃。监管期限已满不退运也不留用的,可以向海关申请放弃,海关比照放弃货物办理有关手续,企业需要填制《进口货物报关单》。

11.5 出料加工货物通关

11.5.1 出料加工货物概述

(一) 含义

出料加工货物是指我国境内企业运到境外进行技术加工后复运进境的货物,即境内企业将原材料、零部件、元器件或半成品,出口交由境外厂商按我方要求进行加工或装配,成品复运进口,我方支付工缴费。

(二) 特征

出料加工的目的是借助国外先进的加工技术提高产品的质量和档次,因此只有在国内现有的技术手段无法或难以达到产品质量要求而必须运到境外进行某项工序加工的情况下,才可开展出料加工业务。

出料加工原则上不能改变原出口货物的物理形态。对完全改变原出口货物物理形态的出境加工,如出口废钢加工后进口钢材、出口废铝加工后进口铝合金板材等,则不属于出料加工,应按一般进出口货物办理报关手续。

(三) 期限

出料加工货物自运出境之日起6个月内应当复运进境;因正当理由不能在海关规定期限内将出料加工货物复运进境的,应当在到期之前书面向海关说明情况,申请延期。经海关批准可以延期,延长的期限最长不得超过3个月。

11.5.2 出料加工货物海关监管及报关程序

(一) 合同备案

开展出料加工的经营企业应当到主管海关办理出料加工合同的备案申请手续。海关根据出料加工的有关规定审核决定是否受理备案,受理备案的收取税款保证金并核发《出料加工手册》。

(二) 进出口报关

1. 出境申报

出料加工货物出境,发货人或其代理人应当向海关提交手册、出口货物报关单、货运单据及其他海关需要的单证,申报出口;属于许可证件管理的商品,免交许可证件;属于应征出口税的,应提供担保。

为实现有效监管,海关可以对出料加工出口货物附加标志、标记或留取货样。

2. 进境申报

出料加工货物复运进口,收货人或其代理人应当向海关提交手册、进口货物报关单、货运单据及其他海关需要的单证,申报进口。海关对出料加工复进口货物,以境外加工费、材料费、复运进境的运输及其相关费用和保险费审查确定完税价格,征收进口关税和进口环节海关代征税。

(三) 报核

出料加工货物全部复运进境后,经营人应当向海关报核,海关进行核销。提供担保的,海关应当退还保证金或者撤销担保。

出料加工货物未按海关允许期限复运进境的,海关按照一般进出口货物办理,将货物出境时收取的税款担保金转为税款,货物进境时按一般进口货物征收进口关税和进口环节海关代征税。

11.6 无代价抵偿货物通关

11.6.1 无代价抵偿货物概述

(一) 含义

无代价抵偿货物是指进出口货物在海关放行后,因残损、短少、品质不良或者规格不符,由进出口货物的发货人、承运人或者保险公司免费补偿或者更换的与原货物相同或者与合同规定相符的货物。

收发货人申报进出口的无代价抵偿货物,与退运出境或者退运进境的原货物不完全相同或者与合同规定不完全相符的,经收发货人说明理由,海关审核认为理由正当且税则号列未发生改变的,仍属于无代价抵偿货物范围。

收发货人申报进出口的免费补偿或者更换的货物,其税则号列与原出口货物的税则号列不一致的,不属于无代价抵偿货物范围,属于一般进出口货物范围。

（二）特征

无代价抵偿货物海关监管的基本特征如下：

(1) 进出口无代价抵偿货物免予交验进出口许可证件。

(2) 进口无代价抵偿货物,不征收进口关税和进口环节海关代征税;出口无代价抵偿货物,不征收出口关税。

但是,进出口与原货物或合同规定不完全相符的无代价抵偿货物,应当按规定计算与原进出口货物的税款差额,高出原征收税款数额的,应当征收超出部分的税款;低于原征收税款,原进出口货物的发货人、承运人或者保险公司同时补偿货款的,海关退还补偿货款部分的税款（如原进货物是一般进口货物,海关征收了税费）。未补偿货款的,海关不予退还税费。

(3) 现场放行后,海关不再按照无代价抵偿货物进行监管。

11.6.2 无代价抵偿货物海关监管及报关程序

进出口无代价抵偿货物的报关程序见图11-1。

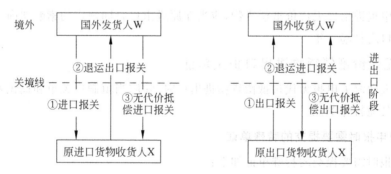

图 11-1 进出口无代价抵偿货物报关程序示意图

无代价抵偿的原因大体上可以分为两种：一种是短少抵偿；另一种是残损、品质不良或规格不符抵偿。对两种抵偿引起的两类进出口无代价抵偿货物在报关程序上有所区别。

（一）因短少抵偿引起的无代价抵偿货物进出口报关规定

由于货物数量短少引起的无代价抵偿货物的报关规定,可参照溢卸货物中的溢短相补。

（二）因货物残损、品质不良或规格不符引起的无代价抵偿货物进出口报关规定

因货物残损、品质不良或规格不符引起的无代价抵偿货物,进出口前应当先办理被更换的原进出口货物中残损、品质不良或规格不符货物的有关海关手续。

1. 原进口货物退运出境，以及原出口货物退运进境

原进口货物的收货人或其代理人应当办理原进口货物中残损、品质不良或规格不符货物的退运出境的报关手续。被更换的原进口货物退运出境时不征收出口关税。

原出口货物的发货人或其代理人应当办理原出口货物中残损、品质不良或规格不符货物的退运进境的报关手续。退运进境时不征收进口关税和进口环节海关代征税。

2. 原进口货物不退运出境，放弃交由海关处理

因货物残损、品质不良或规格不符货物不退运出境，但原进口货物的收货人愿意放弃，交由海关处理的，海关应当依法处理并向收货人提供依据，凭以申报进口无代价抵偿货物。

3. 原进口货物不退运出境也不放弃，以及原出口货物不退运进境

因货物残损、品质不良或规格不符货物不退运出境且不放弃交由海关处理的，原进口货物的收货人应当按照海关接受无代价抵偿货物申报进口之日适用的有关规定申报进口，并按照海关对原进口货物重新估定的价格计算的税额缴纳进口关税和进口环节海关代征税，属于许可证件管理的商品还应当交验相应的许可证件。

因货物残损、品质不良或规格不符的货物不退运进境，原出口货物的发货人应当按照海关接受无代价抵偿货物申报出口之日适用的有关规定申报出口，并按照海关对原出口货物重新估定的价格计算的税额缴纳出口关税，属于许可证件管理的商品还应当交验相应的许可证件。

（三）向海关申报办理无代价抵偿货物进出口手续的期限

向海关申报进出口无代价抵偿货物，应当在原进出口合同规定的索赔期内，而且不超过原货物进出口之日起3年。

（四）无代价抵偿货物进出口报关单证

收发货人向海关申报无代价抵偿货物进出口时，除应当填制报关单和提供基本单证外，还应当提供其他特殊单证。

1. 进口申报时需要提交的特殊单证

进口申报时需要提交的特殊单证如下：

(1) 原《进口货物报关单》；

(2) 原进口货物退运出境的《出口货物报关单》，或者原进口货物交由海关处理的货物放弃处理证明，或者已经办理纳税手续的单证（短少抵偿的除外）；

(3) 原《进口货物税款缴纳书》或者《进出口货物征免税证明》；

(4) 买卖双方签订的索赔协议。

海关认为需要时，纳税义务人还应当提交具有资质的商品检验机构出具的原进口货物残损、短少、品质不良或者规格不符的检验证明书或者其他有关证明文件。

2. 出口申报时需要提交的特殊单证

出口申报时需要提交的特殊单证如下：

(1) 原《出口货物报关单》；

(2) 原出口货物退运进境的《进口货物报关单》或者已经办理纳税手续的单证（短少抵

偿的除外）；

(3) 原《出口货物税款缴纳书》；

(4) 买卖双方签订的索赔协议。

海关认为需要时，纳税义务人还应当提交具有资质的商品检验机构出具的原出口货物残损、短少、品质不良或者规格不符的检验证明书或者其他有关证明文件。

11.7 进出境修理货物通关

11.7.1 进出境修理货物概述

（一）含义

进境修理货物是指运进境进行维护修理后复运出境的机械器具、运输工具或者其他货物，以及为维修这些货物需要进口的原材料、零部件。

进境修理包括原出口货物运进境修理和其他货物运进境修理。

出境修理货物是指运出境进行维护修理后复运进境的机械器具、运输工具或者其他货物，以及为维修这些货物需要出口的原材料、零部件。

出境修理包括原进口货物运出境修理和其他货物运出境修理。其中，原进口货物运出境修理包括原进口货物在保修期内运出境修理和原进口货物在保修期外运出境修理。

（二）特征

进出境修理货物的海关监管特征如下：

(1) 进境维修货物免予缴纳进口关税和进口环节海关代征税，但要向海关提供担保，并接受海关后续监管。对于一些进境维修的货物，也可以申请按照保税货物办理进境手续。

(2) 出境修理货物进境时，在保修期内并由境外免费维修的，可以免征进口关税和进口环节海关代征税；在保修期外或者在保修期内境外收取维修费用的，应当按照境外修理费和材料费审定完税价格计征进口关税和进口环节海关代征税。

(3) 进出境修理货物免予交验许可证件。

11.7.2 进出境修理货物海关监管及报关程序

进境修理货物报关程序包括进出口阶段的进出口报关和后续阶段的销案，没有前期阶段。

出境修理货物报关程序只有进出口阶段的进出口报关，没有前期阶段，也没有后续阶段。

（一）进境修理货物

1. 进出口报关

货物进境后，收货人或其代理人持维修合同或者含有保修条款的原出口合同及申报进口需要的所有单证办理货物进口申报手续，并提供进口税款担保。

货物进口后在境内维修的期限为进口之日起6个月，可以申请延长，延长的期限最长不超过6个月。在境内维修期间受海关监管。

修理货物复出境申报时，应当提供原修理货物进口申报时的报关单（留存联或复印件）。

2. 销案

修理货物复出境后应当申请销案，正常销案的，海关应当退还保证金或撤销担保。未复出境部分货物，应当办理进口申报纳税手续。

（二）出境修理货物

发货人在货物出境时，向海关提交维修合同或含有保修条款的原进口合同，以及申报出口需要的所有单证，办理出境申报手续。

货物出境后，在境外维修的期限为出境之日起6个月，可以申请延长，延长的期限最长不超过6个月。

货物复运进境申报时应当向海关申报在境外实际支付的修理费和材料费，由海关审查确定完税价格，计征进口关税和进口环节海关代征税。

超过海关规定期限复运进境的，海关按一般进口货物计征进口关税和进口环节海关代征税。

11.8 溢卸货物和误卸货物通关

11.8.1 溢卸货物和误卸货物概述

（一）含义

溢卸货物是指未列入进口载货清单、提单或运单的货物，或者多于进口载货清单、提单或运单所列数量的货物。

误卸货物是指将运境外港口、车站或境内其他港口、车站而在本港（站）卸下的货物。

（二）海关监管

经海关核实的溢卸货物和误卸货物，由载运该货物的原运输工具负责人，自运输工具卸货之日起3个月内，向海关申请办理退运出境手续；或者由该货物的收发货人，自运输工具卸货之日起3个月内，向海关申请办理退运或者申报进口手续。

经载运该货物的原运输工具负责人或者该货物的收发货人申请，海关批准，可以延期3个月办理退运出境或者申报进口手续。

超出上述规定的期限，未向海关办理退运或者申报进口手续的，由海关提取依法变卖处理。

溢卸货物、误卸货物属于危险品或者鲜活、易腐、易烂、易失效、易变质、易贬值等不宜长期保存的货物的，海关可以根据实际情况，提前提取依法变卖处理，变卖所得价款按有关规定处理。

11.8.2 溢卸货物和误卸货物报关程序

溢卸货物和误卸货物的报关程序只有进出口报关阶段，根据该货物的处理方法确定适用的报关程序，大体情况见表11-8。

表 11-8　溢卸货物和误卸货物的报关程序

处理方法	适用的报关程序
溢卸货物抵补短卸货物	① 由短卸货物原收货人或其代理人按照无代价抵偿货物的报关程序办理进口手续,但限于同一运输工具、同一航次、同一品种的货物; ② 非同一运输工具或同一运输工具非同一航次之间抵补的,只限于同一运输公司、同一发货人、同一品种的进口货物
溢卸货物就地进口的	溢卸货物由原收货人接收的,原收货人或其代理人应按一般进口货物报关程序办理进口手续
溢卸货物在境内转售的	运输工具负责人或其代理人可以要求在国内进行销售,由购货单位向海关办理相应的进口手续
误卸货物退给原收货人的	① 应该运往境外港口、车站的误卸货物,可按转运货物的报关程序办理海关手续,转运至境外; ② 应该运往境内其他港口、车站的误卸货物,可由原收货人或其代理人就地向进境地海关办理进口申报手续,也可办理转关运输手续
溢卸、误卸货物直接退运	能够提供发货人或者承运人书面证明文书的,当事人可以向海关申请办理直接退运手续

11.9　退运货物通关

退运货物是指原出口货物或进口货物因各种原因造成退运进口或者退运出口的货物。退运货物包括一般退运进出口货物和进口直接退运货物。

11.9.1　一般退运进出口货物海关监管及报关程序

一般退运进出口货物是指已办理申报手续且海关已放行出口或进口,因各种原因造成退运进口或退运出口的货物,其报关程序见图 11-2。

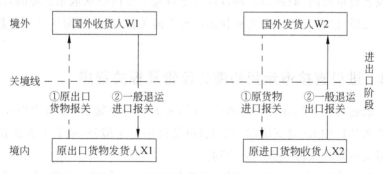

图 11-2　一般退运进出口货物报关程序

一般退运进出口货物不包括加工贸易退运货物。加工贸易退运货物,若手册已核销的,按进境修理货物报关;若手册未核销的,按加工贸易退运货物报关。

（一）一般退运进口货物海关监管及报关程序

1. 报关管理

一般退运进口货物的报关分以下两种情况:

(1) 原出口货物已收汇的。原出口货物退运进境时,若该批出口货物已收汇、已核销,原发货人或其代理人应填写《进口货物报关单》,向进境地海关申报,并提供原货物出口时的《出口货物报关单》,现场海关应凭加盖有已核销专用章的《出口收汇核销单出口退税专用联》(正本),或税务部门出具的《出口商品退运已补税证明》,保险公司证明或承运人溢装、漏卸的证明等有关资料,办理退运进口手续。

(2) 原出口货物未收汇的。原出口货物退运进口时,若出口未收汇,原发货人或其代理人在办理退运手续时,提交原《出口货物报关单》《出口收汇核销单》《出口报关单退税证明联》,向进境地海关申报退运进口,同时填制一份《进口货物报关单》。

若出口货物部分退运进口,海关应在原出口货物报关单上批注退运的实际数量、金额后退回企业并留存复印件,海关核实无误后,验放有关货物进境。

2. 税收管理

因品质或者规格原因,原出口货物自出口之日起1年内原状退运进境的,经海关核实后不予征收进口税。

原出口时已经征收出口关税的,只要重新缴纳因出口而退还的国内环节税,自缴纳出口税款之日起1年内准予退还。

(二) 一般退运出口货物海关监管及报关程序

1. 报关管理

因故退运出口的原进口货物,原收货人或其代理人应填写《出口货物报关单》,申报出境,并提供原货物进口时的《进口货物报关单》,保险公司证明或承运人溢装、漏卸的证明等有关资料,经海关核实无误后,验放有关货物出境。

2. 税收管理

因品质或者规格原因,原进口货物自进口之日起1年内原状退运出境的,经海关核实后可以免征出口关税;已征收的进口关税和进口环节海关代征税,自缴纳进口税款之日起1年内准予退还。

11.9.2 进口直接退运货物海关监管及报关程序

进口直接退运货物是指在货物进境后、办结海关放行手续前,进口货物收货人、原运输工具负责人或者其代理人(以下统称当事人)申请直接退运境外,或者海关根据国家有关规定责令直接退运境外的全部或者部分货物。

进口直接退运货物不包括加工贸易退运货物。加工贸易退运货物,若手册已核销的,按进境修理货物报关;若手册未核销的,按加工贸易退运货物报关。

进口转关货物在进境地海关放行后,当事人申请办理退运手续的,不属于直接退运货物,应当按照一般退运货物办理退运手续。

进口直接退运货物的报关规定见表11-9。

表 11-9 进口直接退运货物报关规定

项目	当事人申请直接退运的货物	海关责令直接退运的货物
适用情况	① 因国家贸易管理政策调整,收货人无法提供相关证件的; ② 属于错发、误卸或者溢卸货物,能够提供发货人或者承运人书面证明文书的; ③ 收发货人双方协商一致同意退运,能够提供双方同意退运的书面证明文书的; ④ 有关贸易发生纠纷,能够提供法院判决书、仲裁机构仲裁决定书或者无争议的有效货物所有权凭证的; ⑤ 货物残损或者国家检验检疫不合格,能够提供国家检验检疫部门根据收货人申请而出具的相关检验证明文书的 注:对在当事人申请直接退运前,海关已经确定查验或者认为有走私违规嫌疑的货物,不予办理直接退运,待查验或者案件处理完毕后,按照海关有关规定处理	① 进口国家禁止进口的货物,经海关依法处理后的; ② 经 CIQ 施检不合格,出具《检验检疫处理通知书》或者其他证明文书后的; ③ 未经许可擅自进口属于限制进口用作原料的固体废物,经海关依法处理后的
报关程序	1. 申请直接退运及提交材料 ① 《进口货物直接退运申请书》 ② 合同、发票、装箱单、提运单、载货清单 ③ 已报关货物的原进口报关单等其他文件 2. 海关审核通过,制发《准予直接退运决定书》 3. 新填《出口货物报关单》和《进口货物报关单》	① 海关制发《海关责令进口货物直接退运通知书》 ② 当事人新填《出口货物报关单》和《进口货物报关单》
	注:先填写《出口货物报关单》,后填写《进口货物报关单》 ① "贸易方式"栏填"直接退运"(4500) ② 《出口报关单》备注栏填《准予直接退运决定书》编号或《责令直接退运通知书》编号 ③ 《进口报关单》备注栏填关联报关单(出口报关单)号 ④ 其他栏目填写参见进出口货物报关单填制规范	
其他规定	① 因进口货物发货人或者承运人的责任造成货物错发、误卸或者溢卸,经海关批准直接退运的,当事人免予填制报关单,凭《准予直接退运决定书》或《责令直接退运通知书》向海关办理直接退运手续; ② 对当事人申请直接退运前,海关已经确定查验或者认为有走私违规嫌疑的货物,不予办理直接退运; ③ 经海关批准直接退运的货物,不需要交验进出口许可证或者其他监管证件,免予征收各种税费及滞报金,不列入海关统计; ④ 对货物进境申报后经海关批准直接退运的,在办理进口货物直接退运出境申报手续前,海关应当将原进口货物报关单或者转关单电子数据予以撤销; ⑤ 进口货物直接退运应当从原进境地口岸退运出境。对因运输原因需要改变运输方式或者由另一口岸退运出境的,应当经由原进境地海关批准后,以转关运输方式出境	

11.10 进口放弃货物通关

11.10.1 进口放弃货物概述

(一) 含义

进口放弃货物是指进口货物的收货人或其所有人声明放弃,由海关提取依法变卖处理的货物。

（二）范围

放弃交由海关处理的货物的范围如下：
(1) 没有办结海关手续的一般进口货物；
(2) 保税货物；
(3) 在监管期内的特定减免税货物；
(4) 暂准进境货物；
(5) 其他没有办结海关手续的进境货物。

国家禁止或限制进口的废物、对环境造成污染的货物，不得声明放弃。

11.10.2　进口放弃货物海关监管

放弃进口货物由海关提取依法变卖处理。

由海关提取依法变卖处理的进口放弃货物的所得价款，优先拨付变卖处理实际支出的费用后，再扣除运输、装卸、储存等费用。所得价款不足以支付运输、装卸、储存等费用的，按比例支付。

变卖价款扣除相关费用后尚有余款的，上缴国库。

11.11　超期未报关货物通关

11.11.1　超期未报关货物概述

（一）含义

超期未报关货物是指在规定的期限内未办结海关手续的进口海关监管货物。

（二）范围

超期未报关货物的范围如下：
(1) 自运输工具申报进境之日起，超过3个月未向海关申报的进口货物；
(2) 在海关批准的延长期满仍未办结海关手续的溢卸货物、误卸货物；
(3) 超过规定期限3个月未向海关办理复运出境或者其他海关手续的保税货物；
(4) 超过规定期限3个月未向海关办理复运出境或者其他海关手续的暂准进境货物；
(5) 超过规定期限3个月未运输出境的过境、转运和通运货物。

11.11.2　超期未报关货物海关监管

超期未报关进口货物由海关提取依法变卖处理。

(1) 被决定变卖处理的货物如属于《法检目录》范围的，由海关在变卖前提请出入境检验检疫机构进行检验检疫，检验检疫的费用与其他变卖处理实际支出的费用从变卖款中支付。

(2) 变卖所得价款，在优先拨付变卖处理实际支出的费用后，按照以下顺序扣除相关费用和税款，所得价款不足以支付同一顺序的相关费用的，按照比例支付：

① 运输、装卸、储存等费用；
② 进口关税；

③ 进口环节海关代征税；

④ 滞报金。

(3) 按照规定扣除相关费用和税款后，尚有余款的，自货物依法变卖之日起1年内，经进口货物收货人申请，予以发还。

其中被变卖货物属于许可证件管理商品的，应当提交许可证件；不能提供的，不予发还。不符合进口货物收货人资格、不能证明其对进口货物享有权利的，申请不予受理。

逾期无进口货物收货人申请、申请不予受理或者不予发还的，余款上缴国库。

(4) 经海关审核符合被变卖进口货物的收货人资格的发还余款的申请人，应当按照海关对进口货物的申报规定，补办进口申报手续。

精选习题

一、单选题

1. 运输工具负责人要求以溢卸货物抵补短卸货物的，应由（　　）按照（　　）的报关程序办理进口手续。

　　A. 短卸货物原收货人　一般进口货物

　　B. 溢卸货物所有人　一般进口货物

　　C. 短卸货物原收货人　无代价抵偿货物

　　D. 溢卸货物所有人　无代价抵偿货物

2. 贸易方式"退运货物"适用于（　　）。

　　A. 一般退运进出口货物　　　　B. 直接退运货物

　　C. 保税加工料件退运　　　　　D. 报数加工成品复出

二、多选题

1. 下列关于直接退运货物报关手续的表述，正确的有（　　）。

　　A. 先报出口，再报进口　　　　B. 因发货人错发的，免填报关单

　　C. 不需要交验进出口许可证件　D. 免予征收各种税费及滞报金

2. 短少抵偿的进口货物，收货人按照无代价抵偿货物向海关申报时，除填制报关单并提供基本单证外，还需要提交（　　）等特殊单证。

　　A. 原进口货物报关单

　　B. 原进口货物税款缴纳书或者进出口货物征免税证明

　　C. 买卖双方签订的索赔协议

　　D. 商品检验机构出具的原进口货物短少检验说明书

三、判断题

1. 按租金支付进口税的租赁货物进口时，收货人应当填制两份进口报关单向海关申报。　　　　　　　　　　　　　　　　　　　　　　　　　　　　（　　）

2. 直接退运货物发生滞报的，应当征收滞报金。　　　　　　　　　（　　）

3. 对环境造成污染的货物，不得声明放弃。　　　　　　　　　　　（　　）

第12章

海关监管货物特殊通关

12.1 进出境快件通关

12.1.1 进出境快件海关监管

（一）含义

进出境快件是指进出境快件运营人,以向客户承诺的快速商业运作方式承揽、承运的进出境的货物、物品。

进出境快件运营人（以下简称运营人）是指在中华人民共和国境内依法注册,在海关登记备案的从事进出境快件运营业务的国际货物运输代理企业。

进出境快件申报采用的是间接代理报关形式,因此报关企业为进出境快件的营运人。

（二）分类

进出境快件分为文件类、个人物品类和货物类3类。

(1) 文件类进出境快件是指法律、行政法规规定予以免税且无商业价值的文件、单证、单据及资料。

(2) 个人物品类进出境快件是指海关法规规定自用、合理数量范围内的进出境的旅客分离运输行李物品、亲友间相互馈赠物品和其他个人物品。

(3) 货物类进出境快件是指文件类、个人物品类进出境快件以外的进出境快件。

12.1.2 进出境快件报关程序

（一）申报

1. 申报时间

进出境快件通关应当在海关正常办公时间内进行,如需在海关正常办公时间以外进行的,需事先征得所在地海关同意。

2. 申报方式

运营人应当按照海关的要求采用纸质文件方式或电子数据交换方式向海关办理进出境快件的报关手续。

3. 申报期限

进境快件应当自运输工具申报进境之日起14日内,出境快件在运输工具离境3小时之前,向海关申报。

4. 申报单证

进出境快件申报单证见表12-1。

表12-1 进出境快件申报单证总结表

快件类型	适用情况	申报单证
文件类	进境＋出境	《进出境KJ1报关单》
个人物品类	进境＋出境	《进出境个人物品报关单》
进境货物类	① 关税税额小于50元的免税货物； ② 免税的货样、广告品	《进出境KJ2报关单》
	征税的货样、广告品	《进出境KJ3报关单》
出境货物类	免税的货样、广告品	《进出境KJ2报关单》
进出境货样、广告品快件如涉及许可证件、进口付汇、出口收汇、出口征税、出口退税的及其他关税税额大于50元的征税货物类快件		《进出口货物报关单》

(二)配合查验

海关查验进出境快件时,运营人应派员到场,并负责进出境快件的搬移、开拆、封装。

海关对进出境快件中的个人物品实施开拆查验时,运营人应通知进境快件的收件人或出境快件的发件人到场,收件人或发件人不能到场的,运营人应向海关提交其委托书,代理其履行义务,并承担相应的法律责任。海关认为必要时,可对进出境快件径行开验、复验或者提取货样。

12.2 进出境货物集中申报通关

12.2.1 集中申报概述

(一)含义

集中申报是指经海关备案,进出口货物收发货人在同一口岸多批次进出口规定范围内货物,可以先以集中申报清单申报货物进出口,再以报关单集中办理海关手续的特殊通关方式。集中申报只适用于B类及以上的收发货人或报关企业。

(二)范围

集中申报方式适用的进出口货物的范围见表12-2。

表12-2 集中申报适用范围总结表

适 用	不 适 用	停止适用
① 图书、报纸、期刊类出版物等时效性较强的货物； ② 危险品或者鲜活、易腐、易失效等不宜长期保存的货物； ③ 公路口岸进出境的保税货物	① 涉嫌走私或者违规,正在被海关立案调查的收发货人进出口货物； ② 因进出口侵犯知识产权货物被海关依法给予行政处罚的收发货人进出口货物； ③ 适用C类或者D类管理类别的收发货人进出口货物	① 担保情况发生变更,不能继续提供有效担保的； ② 涉嫌走私或者违规,正在被海关立案调查的； ③ 进出口侵犯知识产权货物,被海关依法给予行政处罚的； ④ 海关分类管理类别被降为C类或者D类的； ⑤ 收发货人在备案有效期内主动申请终止适用集中申报通关方式的

(三) 海关监管

1. 备案管理

(1) 备案地点。收发货人应当在货物所在地海关办理集中申报备案手续。加工贸易企业应当在主管地海关办理集中申报备案手续。

(2) 备案单证。收发货人申请办理集中申报备案手续的,应当向海关提交《适用集中申报通关方式备案表》。

(3) 备案担保。收发货人申请办理集中申报备案手续的,应当提供符合海关要求的担保,担保有效期最短不得少于3个月。

(4) 备案有效期。备案有效期限按照收发货人提交的担保有效期核定。在备案有效期内,收发货人可以适用集中申报通关方式。

(5) 备案变更、延期和终止。申请适用集中申报通关方式的货物,担保情况等发生变更时,收发货人应当向原备案地海关书面申请变更。

备案有效期届满可以延续。收发货人需要继续适用集中申报方式办理通关手续的,应当在备案有效期届满10日前向原备案地海关书面申请延期。

收发货人在备案有效期届满前未向原备案地海关申请延期的,备案表效力终止。收发货人需要继续按照集中申报方式办理通关手续的,应当重新申请备案。

2. 报关管理

进出口货物收发货人可以委托B类及以上管理类别的报关企业办理集中申报有关手续。

12.2.2 集中申报报关程序

进出口货物的集中申报分为两步,首先是以进出口货物集中申报清单申报,然后以进出口货物报关单集中申报。

(一) 清单申报

1. 申报时间

(1) 进口。进口申报时间为载运进口货物的运输工具申报进境之日起14日内。收货人在运输工具申报进境之日起14日后向海关申报进口的,不适用集中申报通关方式。

(2) 出口。出口申报时间为运抵海关监管区后、装货的24小时前。

2. 申报单证

(1) 进口。根据货运单据填制《中华人民共和国海关进口货物集中申报清单》,按清单格式录入电子数据,向海关申报。

(2) 出口。根据货运单据填制《中华人民共和国海关出口货物集中申报清单》,按清单格式录入电子数据,向海关申报。

3. 退单

海关审核集中申报清单电子数据,对保税货物核对加工贸易电子化手册或电子账册数据;对一般贸易货物核对集中申报备案数据。经审核,海关发现集中申报清单电子数据与集中申报备案数据不一致的,应当予以退单。

凡被退单的,收发货人应当以报关单方式向海关申报。

4. 提交集中申报清单及随附单证

(1) 提交纸质单证的期限。收发货人应当自海关审结集中申报清单电子数据之日起3日内,持集中申报清单及随附单证到货物所在地海关办理交单验放手续。属于许可证件管理的,收发货人还应当提交相应的许可证件,由海关在相关证件上批注并留存复印件。

收发货人未在规定期限办理相关海关手续的,海关删除集中申报清单电子数据,收发货人应当重新向海关申报。重新申报日期超过运输工具申报进境之日起14日的,应当以报关单申报。

(2) 修改或撤销集中申报清单。收发货人在清单申报后申请修改或者撤销集中申报清单的,按报关单修改和撤销的规定办理。具体办法参照有关报关单修改和撤销的相关内容。

(二) 报关单集中申报

1. 集中申报的期限

收发货人应当对一个月内以集中申报清单申报的数据进行归并,填制《进出口货物报关单》,一般贸易货物在次月10日之前、保税货物在次月底之前到海关办理集中申报手续。

一般贸易货物集中申报手续不得跨年度办理。

2. 报关单填制要求

集中申报清单归并为同一份报关单的,各清单中的进出境口岸、经营单位、境内收发货人、贸易方式(监管方式)、起运国(地区)、装货港、运抵国(地区)、运输方式栏目及适用的税率、汇率必须一致。

各清单中规定项目不一致的,收发货人应当分别归并为不同的报关单进行申报。对确实不能归并的,应当填写单独的报关单进行申报。

各清单归并为同一份报关单时,各清单中载明的商品项在商品编号、商品名称、规格型号、单位、原产国(地区)、单价和币制均一致的情况下可以进行数量和总价归并。

3. 办理相应的手续

收发货人对集中申报清单申报的货物以报关单方式办理海关手续时,应当按照海关规定对涉税的货物办理税款缴纳手续。涉及许可证件管理的,应当提交海关批注过的相应许可证件。

对适用集中申报通关方式的货物,海关按照接受清单申报之日实施的税率、汇率计征税费。

4. 申领报关单证明联

收发货人办结集中申报海关手续后,海关按集中申报进出口货物报关单签发报关单证明联。"进出口日期"以海关接受报关单申报的日期为准。

12.3 进出口转关货物通关

12.3.1 转关概述

(一) 转关含义

转关是指海关监管货物从一个海关运至另一个海关办理某项海关手续的行为,具体包括:

(1) 货物由进境地入境,向海关申请转关,运往另一个设关地点进口报关;
(2) 货物在起运地出口报关运往出境地,由出境地海关监管出境;
(3) 已经办理入境手续的海关监管货物从境内一个设关地点运往境内另一个设关地点报关。

转关示意图见图 12-1。

图 12-1 转关示意图

(二) 转关条件

1. 申请转关应符合的条件

申请转关应符合的条件有:
(1) 转关的指运地和起运地必须设有海关;
(2) 转关的指运地和起运地应当设有经海关批准的监管场所;
(3) 转关运输承运人应当在海关注册登记,承运车辆符合海关监管要求,并承诺按海关对转关路线范围和途中运输时间所作的限定将货物运往指定的场所。

2. 不得申请转关的货物

下列货物不得申请转关:
(1) 进口固体废物(废纸除外);
(2) 进口易制毒化学品、监控化学品、消耗臭氧层物质;
(3) 进口汽车整车,包括成套散件和二类底盘;
(4) 国家检验检疫部门规定必须在口岸检验检疫的商品(如活动物)。

12.3.2 转关方式及程序

转关方式分为提前报关转关、直转转关和中转转关 3 种,如表 12-3 所示。

表 12-3 转关方式归类表

转关方式	进口转关	出口转关
提前报关转关	报关单位先向指运地海关办理报关手续,后向进境地海关办理转关手续	报关单位向起运地海关办理出口报关手续和转关手续
直转转关	报关单位先向进境地海关办理报关手续,后向指运地海关办理报关手续	报关单位先向起运地海关办理报关手续,后向出境地海关办理转关手续
中转转关	报关单位先向指运地海关办理报关手续,后由转关运输承运人向进境地海关办理转关手续	报关单位先向起运地海关办理报关手续,后由转关运输承运人向起运地海关办理转关手续

12.3.3 转关管理

（一）转关运输的期限

1. 直转转关的期限

直转转关的进口货物应当自运输工具申报进境之日起 14 日内向进境地海关办理转关手续，在海关限定期限内运抵指运地之日起 14 日内，向指运地海关办理报关手续。

逾期按规定征收滞报金。在进境地办理转关手续逾期的，以自载运进口货物的运输工具申报进境之日起第 15 日为征收滞报金的起始日；在指运地申报逾期的，以自货物运抵指运地之日起第 15 日为征收滞报金的起始日。

2. 提前报关转关的期限

进口转关货物应在电子数据申报之日起的 5 日内，向进境地海关办理转关手续，超过期限仍未到进境地海关办理转关手续的，指运地海关撤销提前报关的电子数据。

出口转关货物应于电子数据申报之日起 5 日内，运抵起运地海关监管场所，办理转关和验放等手续；超过期限的，起运地海关撤销提前报关的电子数据。

（二）转关申报单证

转关货物申报的电子数据与书面单证具有同等的法律效力，对确实因为填报或传输错误的数据，有正当的理由并经海关同意，可做适当的修改或者撤销。对海关已决定查验的转关货物，则不再允许修改或撤销申报内容。

办理转关运输手续，应向海关提交的单证见表 12-4。

表 12-4 转关货物通关申报单证列表

转关方式	进口货物	出口货物转关	出口转关货物出境
提前报关转关	① 进口转关货物核放单； ② 汽车载货登记簿； ③ 提货单	① 出口货物报关单； ② 汽车载货登记簿； ③ 广东省内公路运输的，提交出境汽车载货清单	① 出口货物报关单； ② 出口转关货物申报单或出境汽车载货清单； ③ 汽车载货登记簿
直转转关	① 进口转关货物申报单； ② 汽车载货登记簿	① 出口货物报关单； ② 汽车载货清单； ③ 广东省内公路运输的，提交出境汽车载货清单	① 出口货物报关单； ② 汽车载货清单； ③ 广东省内公路运输的，提交出境汽车载货清单
中转转关	① 进口转关货物申报单； ② 进口货物中转通知书； ③ 按指运地目的港分列的纸质舱单(空运为联程运单)	① 出口转关货物申报单； ② 按出境运输分列的电子或纸质舱单； ③ 汽车载货登记簿	出口货物中转通知书

（三）境内监管货物的转关

境内监管货物的转关运输，即关区间的转关，除加工贸易深加工结转按有关规定办理外，其余均应按进口转关方式办理，但只有提前报关转关和直转转关两种方式，无中转转关方式。

精选习题

一、单选题

1. 进口货物在进境地海关办理转关手续,货物运抵指运地海关办理申报手续,这种转关方式是( )。
   A. 提前报关转关　　　　　　　　B. 直接转关
   C. 转运货物　　　　　　　　　　D. 中转转关

2. 下列货物可以申请转关的是( )。
   A. 固体废物　　B. 废纸　　C. 废特种纸　　D. 进口汽车

二、多选题

1. 进境的加工贸易货物类快件,不论金额大小,数量多少,均不能使用( )申报。
   A. KJ1 报关单　　　　　　　　　B. KJ2 报关单
   C. KJ3 报关单　　　　　　　　　D. 进出口货物报关单

2. 集中申报是集中办理海关手续的特殊通关方式,下列货物适用集中申报方式通关的有( )。
   A. 期刊　　B. 危险品　　C. 鲜活品　　D. 易腐货物

3. 境内监管货物的转关运输可以选择的方式有( )。
   A. 进口提前报关转关　　　　　　B. 出口提前报关转关
   C. 进口直转转关　　　　　　　　D. 出口直转转关

三、判断题

1. 收货人在运输工具申报进境之日起 14 日后向海关申报进口的,不适用集中申报通关方式。( )

2. 进出口直转转关均为先向进境地海关办理转关手续,货物运抵指运地再向指运地海关办理申报手续。( )

3. 进口提前报关转关的转关期限是自运输工具申报进境之日起 14 日内。( )

四、综合实务题

湖南湘水铜业有限公司以 CIF 黄埔 USD2 000/吨的条款从美国进口委内瑞拉(享受最惠国待遇)产的 10 吨黄铜废料,货物由黄埔海关区老港口进口,该公司持有关单证到海关申请转关至长沙海关办理进口纳税验放手续。接受申报的海关在审价时认为货价偏低,确定按 CIF 黄埔 USD2 500/吨征税,该公司对此提出异议。

已知:黄铜废料的监管条件为 7AP,进口关税最惠国税率为 15%,普通税率为 11%,暂定税率为 0,进口增值税为 17%。

根据以上案例,回答下列问题。

1. 该企业提出转关申请后,海关( )。
   A. 不同意转关,货物在老港办理进口报关验放手续
   B. 同意转关,货物在长沙海关办理进口报关验放手续
   C. 同意转关,货物由老港海关初验后加封运至长沙海关办理复核放行手续
   D. 同意转关,货物由老港海关员押运至长沙海关办理报关验放手续

2. 该企业办理货物进口报关手续时,应向海关提交( )。
　　A. 入境货物通关单　　　　　　　B. 进口许可证
　　C. 自动进口许可证　　　　　　　D. 固体废物进口许可证
3. 假设 USD100＝CNY700,根据海关的估计 CIF 黄埔 USD2 500/吨,该货物应向海关缴纳的进口税款为( )元人民币。
　　A. 23 800　　　　B. 32 821.25　　　　C. 29 750　　　　D. 52 272.5
4. 该企业对海关审定的完税价格有异议,可以采取的救济措施有( )。
　　A. 直接向人民法院提起行政诉讼　　B. 向老港海关申请行政复议
　　C. 向黄埔海关申请行政复议　　　　D. 向长沙海关申请行政复议

第13章

进出口税费

13.1 进出口税费概述

进出口税费是指在进出口环节中由海关依法征收的关税、消费税、增值税等税费。依法征收税费是海关的任务之一,依法缴纳税费是有关纳税义务人的基本义务。

进出口税费征收的法律依据主要是《海关法》《关税条例》以及其他有关法律、行政法规。

另外,按规定船舶吨税也由海关代征,但不属于进口环节海关代征税,本章一并介绍。

13.1.1 关税

关税(Customs Duty)是国家税收的重要组成部分,是由海关代表国家按照国家制定的关税政策和有关法律、行政法规的规定,对准许进出关境的货物和物品向纳税义务人征收的一种流转税。

关税是一种国家税收,其征收主体是国家,由海关代表国家向纳税义务人征收;课税对象是进出关境的货物和物品。

关税纳税义务人又称关税纳税人或关税纳税主体,是指依法负有直接向国家缴纳关税义务的法人或自然人。我国关税的纳税义务人是进口货物的收货人、出口货物的发货人、进(出)境物品的所有人。

关税是国家保护国内经济、实施财政政策、调整产业结构、发展进出口贸易的重要手段,也是世界贸易组织允许各缔约方保护其境内经济的一种手段。

(一)进口关税

1. 含义

进口关税(Import Duty)是指一国海关以进境货物和物品为课税对象所征收的关税。在国际贸易中,它一直被各国公认为是一种重要的经济保护手段。

2. 计征方法

进口关税计征方法包括从价税、从量税、复合税、滑准税等。

(1)从价税。从价税是以货物、物品的价格作为计税标准,以应征税额占货物价格的百分比为税率,价格和税额成正比例关系的关税。从价税是包括中国在内的大多数国家使用的主要计税标准。

我国对进口货物征收进口关税主要采用从价税计税标准,具体税目税率见表13-1。

表13-1　从价税进口税目税率表(摘要)

税则号列	海关商品名称	法定单位	最惠国税率/%	普通税率/%	增值税/%	监管条件
8517623500	集线器	台	0	40	17	A
8517623610	非光通信加密路由器	台	0	40	17	M
8517623690	其他路由器	台	0	40	17	
8517623700	有线网络接口卡	台	0	30	17	
8517623900	其他有线数字通信设备	台	0	30	17	O
8517629200	无线网络接口卡	台	0	14	17	
8517629300	无线接入固定台	台	0	14	17	
8517629400	无线耳机	台	0	14	17	
8517691090	其他无线通信设备	台	9	14	17	ABO
8517699000	其他有线通信设备	台	0	30	17	

从价税的优点主要有:

① 从价税的征收比较简单,对于同种商品,可以不必因其品质的不同再详加分类;

② 税率明确,便于比较各国税率;

③ 税收负担较为公平,因从价税税额随商品价格与品质的高低而增减,比较符合税收的公平原则;

④ 在税率不变时,税额随商品价格上涨而增加,这样既可增加财政收入,又可起到保护关税的作用。

(2) 从量税。从量税是以货物和物品的计量单位(如重量、数量、容量等)作为计税标准,按每一计量单位的应征税额征收的关税。

我国目前对冻鸡、石油原油、啤酒、胶卷等类进口商品征收从量税,从量税进口税目税率见表13-2。

表13-2　从量税进口税目税率表(摘要)

税则号列	海关商品名称	普通税率	最惠国税率
02071200	冻的整只鸡	5.6元/千克	1.3元/千克
02071411	冻的带骨鸡块(包括鸡胸脯、鸡大腿等)	4.2元/千克	0.6元/千克
02071419	冻的不带骨鸡块(包括鸡胸脯、鸡大腿等)	9.5元/千克	1.0元/千克
02071421	冻的鸡翼(不包括翼尖)	8.1元/千克	0.9元/千克
02071422	冻的鸡爪	3.2元/千克	0.5元/千克
02071429	冻的其他鸡杂碎(包括鸡翼尖、鸡爪、鸡肝等)	3.2元/千克	0.5元/千克
05040021	冷、冻的鸡肫(即鸡胃)	7.7元/千克	1.4元/千克
22030000	麦芽酿造的啤酒	7.5元/升	0
27090000	石油原油(包括从沥青矿物提取的原油)	85元/吨	0

征收从量关税的特点是手续简便,可以无须审定货物的规格、品质、价格,便于计算。因

单位税额固定,对质量次、价格廉的低档商品进口与高档商品征收同样的关税,因此,抑制进出口的作用较大,各国经常用它来抵制廉价商品的进口和限制资源类商品的出口。为此,有的国家大量使用从量关税,尤其被广泛适用于食品、饮料和动、植物油的进口方面。但近些年来由于各国物价变动加快,从量计征的缺点显现出来。因此,目前绝大多数国家都把从量税改为从价税,从量税计算变成辅助地位。

(3) 复合税。复合税是在《进出口税则》中,一个税目中的商品同时使用从价、从量两种标准计税,计税时按两者之和作为应征税额征收的关税。

我国目前对录像机、放像机、摄像机、非家用型摄录一体机、部分数字照相机等进口商品征收复合关税。

(4) 滑准税。滑准税是在《进出口税则》中预先按产品的价格高低分档制定若干不同的税率,然后根据进口商品价格的变动而增减进口税率的一种关税。当商品价格上涨时采用较低税率,当商品价格下跌时则采用较高税率,其目的是使该种商品的国内市场价格保持稳定。

目前,我国对关税配额外进口的一定数量的棉花(税号 5201.0000)实行滑准税。

3. 进口关税的种类

进口关税分为进口正税和进口附加税。

进口正税即按《进出口税则》中的进口税率征收的关税。

进口附加税是指国家由于特定需要对进口货物除征收关税正税之外另行征收的一种进口税。进口附加税一般具有临时性,包括反倾销税、反补贴税、保障措施关税、报复性关税等特别关税在内。

(二) 出口关税

出口关税(Export Duty)是指海关以出境货物、物品为课税对象所征收的关税。征收出口关税的主要目的是限制、调控某些商品的过度、无序出口,特别是防止本国一些重要自然资源和原材料的无序出口。为鼓励出口,世界各国一般不征收出口税或仅对少数商品征收出口税。

我国出口关税主要以从价税为计征标准。

根据实际情况,我国还在一定时期内对部分出口商品临时开征出口暂定关税,或者在不同阶段实行不同的出口暂定关税税率,或者加征特别出口关税。

根据《关税条例》的规定,适用出口税率的出口货物有暂定税率的,应当适用暂定税率。除法律法规有明确规定可以免征出口关税外,对外商投资企业出口的应税商品,一律照章征收出口关税。

(三) 暂准进出境货物进出口关税

第二类暂准进出境货物(即《关税条例》第四十二条第一款所列范围以外的其他暂准进出境货物),海关按照审定进出口货物完税价格的有关规定和海关接受该货物申报进出境之日适用的计征汇率、税率,审核确定其完税价格,按月征收税款,或者在规定期限内货物复运出境或者复运进境时征收税款。暂准进出境货物在规定期限届满后不再复运出境或者复运进境的,纳税义务人应当在规定期限届满前向海关申报办理进出口及纳税手续,缴纳剩余税款。

计征税款的期限为 60 个月。不足 1 个月但超过 15 天的,按 1 个月计征;不超过 15 天的,免予计征。计征税款的期限自货物放行之日起计算。

按月征收税款的计算公式为

$$每月关税税额 = 关税总额 \times (1 \div 60) \tag{13-1}$$

$$每月进口环节代征税税额 = 进口环节代征税总额 \times (1 \div 60) \tag{13-2}$$

(四) 关税征收的工作程序

关税征收的工作程序为:

(1) 确定完税价格;

(2) 选择关税税率;

(3) 计算关税税额;

(4) 申报缴税;

(5) 强制纳税。

13.1.2 进口环节海关代征税

进口货物、物品在办理海关手续放行后,进入国内流通领域,与国内货物同等对待,所以应缴纳国内税。进口货物、物品的一些国内税依法由海关在进口环节征收。目前,进口环节海关代征税(简称进口环节代征税)主要有消费税、增值税两种。

(一) 消费税

1. 含义

消费税是以消费品或消费行为的流转额作为课税对象而征收的一种流转税。我国开征消费税的目的是调节我国的消费结构,引导消费方向,确保国家财政收入,它是在对货物普遍征收增值税的基础上,选择少数消费品再予征收的税。

2. 征纳

在中华人民共和国境内生产、委托加工和进口《消费税暂行条例》规定的消费品(以下简称应税消费品)的单位和个人,以及国务院确定的销售《消费税暂行条例》规定的消费品的其他单位和个人,为消费税的纳税义务人。我国的消费税由税务机关征收,进口的应税消费品的消费税由海关代征,由纳税义务人(进口人或者其代理人)在报关进口时向报关地海关申报纳税。

我国进口的应税消费品的消费税采用从价、从量和复合计税的方法计征。消费税的税目、税率,依照《消费税暂行条例》所附的《消费税税目税率表》执行。

消费税税目、税率的调整,由国务院决定。进口环节消费税的起征点为 50 元人民币,低于 50 元的免征。进口环节消费税的征收管理,适用关税征收管理的规定。

3. 征收范围

消费税的征税范围,主要是根据我国经济社会发展现状和现行消费政策、人民群众的消费结构以及财政需要,并借鉴国外的通行做法确定的。

消费税的征收范围,仅限于少数消费品。应税消费品大体可分为以下四种类型。

(1) 一些过度消费会对人的身体健康、社会秩序、生态环境等方面造成危害的特殊消费品,如烟、酒、酒精、鞭炮、焰火等。

(2) 奢侈品、非生活必需品,如贵重首饰及珠宝玉石、化妆品等。
(3) 高能耗的高档消费品,如小轿车、摩托车、汽车轮胎等。
(4) 不可再生和替代的资源类消费品,如汽油、柴油等。

消费税税目税率见表13-3。

表13-3 消费税税目税率表(摘要)

税则号列	海关商品名称	税率	备 注
2106.9020	制造饮料用的复合酒精制品	5%	
2203.0000	麦芽酿造的啤酒,进口完税价格≥370美元/吨	250元/吨	1千克=0.988升
	麦芽酿造的啤酒,进口完税价格<370美元/吨	220元/吨	
2204.1000	葡萄汽酒	10%	
2206.0010	黄酒	240元/吨	1千克=0.962升
2206.0090	其他发酵饮料	10%	
2207.1000	浓度在80%及以上的未改性乙醇	5%	
2207.2000	任何浓度的改性乙醇及其他酒精	5%	
2208.2000	蒸馏葡萄酒制得的烈性酒	20%+1元/千克	1升=0.912千克
2208.3000	威士忌酒	20%+1元/千克	

(二) 增值税

1. 含义

增值税是以商品的生产、流通和劳务服务各个环节所创造的新增价值为课税对象的一种流转税。进口环节增值税是在货物、物品进口时,由海关依法向进口货物的法人或自然人征收的一种增值税。

采用并全面推行国际通行的增值税制,有利于促进专业分工与协作,体现税负的公平合理,稳定国家财政收入,同时也有利于出口退税的规范操作。

2. 征纳

进口环节增值税由海关依法向进口货物的法人或自然人征收,其他环节的增值税由税务机关征收。

进口环节增值税以组成价格作为计税价格,征税时不得抵扣任何税额。进口环节的增值税组成价格由关税完税价格加上关税税额组成,应征消费税的增值税组成价格要另加上消费税税额。

进口环节增值税税率的调整以及增值税的免税、减税项目由国务院规定,任何地区、部门均不得规定免税、减税项目。进口环节增值税的起征点为50元人民币,低于50元的免征。

在中华人民共和国境内销售货物或者提供加工、修理修配劳务以及进口货物的单位和个人,为增值税的纳税义务人,应当依照增值税条例缴纳增值税。进口货物由纳税义务人(进口人或者其代理人)向海关办理进口申报纳税手续。

进口环节增值税的征收管理,适用关税征收管理的规定。

3. 征收范围和税率

在我国境内销售货物(销售不动产或免征的除外)或提供加工、修理修配劳务以及进口货物的单位和个人,都要依法缴纳增值税。在我国境内销售货物,是指所销售的货物的起运地和所在地都在我国境内。

我国增值税的征收原则是中性、简便、规范,采取基本税率再加一档低税率的征收模式。适用基本税率(17%)的范围包括:纳税人销售或者进口除适用低税率的货物以外的货物,以及提供加工、修理修配劳务。适用低税率(13%)的范围是指纳税人销售或者进口下列货物。

(1) 粮食、食用植物油;
(2) 自来水、暖气、冷气、热水、煤气、石油液化气、天然气、沼气、居民用煤炭制品;
(3) 图书、报纸、杂志;
(4) 饲料、化肥、农药、农机、农膜;
(5) 国务院规定的其他货物。

13.1.3 船舶吨税

(一) 含义

船舶吨税(Tonnage Dues)简称吨税,是由海关在设关口岸对进入我国境内港口的船舶(简称应税船舶)征收的一种使用税,是对船舶使用港口助航设施征收的税款,征收船舶吨税的目的是用于航道设施的建设。

(二) 征纳

船舶吨税分为优惠税率和普通税率两种。中华人民共和国籍的应税船舶,船籍国(地区)与中华人民共和国签订含有相互给予船舶税费最惠国待遇条款的条约的应税船舶,适用优惠税率。其他应税船舶,适用普通税率。

船舶吨税按照船舶净吨位和吨税执照期限征收,船舶吨税税目税率见表13-4。

表13-4 船舶吨税税目税率表

税目 (按船舶净吨位划分)	税率/(元/净吨)					
	普通税率(按执照期限划分)			优惠税率(按执照期限划分)		
	1年	90日	30日	1年	90日	30日
不超过2 000净吨	12.6	4.2	2.1	9.0	3.0	1.5
超过2 000净吨,但不超过10 000净吨	24.0	8.0	4.0	17.4	5.8	2.9
超过10 000净吨,但不超过50 000净吨	27.6	9.2	4.6	19.8	6.6	3.3
超过50 000净吨	31.8	10.6	5.3	22.8	7.6	3.8
备注	拖船和非机动驳船分别按相同净吨位船舶税率的50%计征税款					

船舶吨税分1年期缴纳、90天期缴纳与30天期缴纳三种。缴纳期限由应税船舶负责人或其代理人自行选择。

船舶吨税的缴款期限为自海关填发船舶吨税专用缴款书之日起15日。缴款期限届满日遇节假日的,顺延至节假日之后的第一个工作日。未按期缴纳税款的,从滞纳税款之日起,按日加收滞纳税款0.5‰的滞纳金。

船舶吨税税款、滞纳金以人民币计算至"分"后四舍五入。

(三) 免征船舶吨税的情况

免征船舶吨税的情况如下：
(1) 应纳税额在50元人民币以下的船舶；
(2) 自境外购买、受赠、继承等方式取得船舶所有权的初次进口到港的空载船舶；
(3) 吨税执照期满后24小时内不上下客货的船舶；
(4) 非机动船舶(不包括非机动驳船)；
(5) 捕捞、养殖渔船；
(6) 避难、防疫隔离、修理、终止运营或者拆解，并不上下客货的船舶；
(7) 军队、武警专用或者征用的船舶；
(8) 依照法律予以免税的外国驻华使领馆、国际组织驻华机构及其有关人员的船舶。

13.1.4 滞纳金

(一) 征收范围

征收滞纳金是税收管理中的一种行政强制措施。在海关管理中，滞纳金是指应纳税的单位或个人因逾期向海关缴纳税款而依法应缴纳的款项。按照规定，关税、进口环节增值税、进口环节消费税、船舶吨税等的纳税义务人或其代理人，应当自海关填发税款缴款书之日起15日内向指定银行缴纳税款，逾期缴纳的，海关依法在原应纳税款的基础上，按日加收滞纳税款0.5‰的滞纳金。

根据规定，对逾期缴纳税款应征收滞纳金的，还有以下几种情况。

(1) 进出口货物放行后，海关发现因纳税义务人违反规定造成少征或者漏征税款的，可以自缴纳税款或货物放行之日起3年内追征税款，并从缴纳税款或货物放行之日起至海关发现之日止，按日加收少征或者漏征税款0.5‰的滞纳金。

(2) 因纳税义务人违反规定造成海关监管货物少征或者漏征税款的，海关应当自纳税义务人应缴纳税款之日起3年内追征税款，并自应缴纳税款之日起至海关发现违规行为之日止，按日加收少征或者漏征税款0.5‰的滞纳金。

这里所述"应缴纳税款之日"是指纳税义务人违反规定的行为发生之日；该行为发生之日不能确定的，应当以海关发现该行为之日作为应缴纳税款之日。

(3) 租赁进口货物分期支付租金的，纳税义务人应当在每次支付租金后的15日内向海关申报办理纳税手续，逾期办理申报手续的，海关除了征收税款外，还应当自申报办理纳税手续期限届满之日起至纳税义务人申报纳税之日止，按日加收应缴纳税款0.5‰的滞纳金。

租赁进口货物自租期届满之日起30日内，应向海关申请办结海关手续，逾期办理手续的，海关除按照审定进口货物完税价格的有关规定和租期届满后第30日该货物适用的计征汇率、税率，审核确定其完税价格，计征应缴纳的税款外，还应当自租赁期限届满后30日起至纳税义务人申报纳税之日止，按日加收应缴纳税款0.5‰的滞纳金。

(4) 暂时进出境货物未在规定期限内复运出境或者复运进境，且纳税义务人未在规定期限届满前向海关申报办理进出口及纳税手续的，海关除按照规定征收应缴纳的税款外，还应当自规定期限届满之日起至纳税义务人申报纳税之日止，按日加收应缴纳税款0.5‰的滞纳金。

海关对滞纳天数的计算是自滞纳税款之日起至进出口货物的纳税义务人缴纳税费之日止,其中的法定节假日不予扣除。缴纳期限届满日遇星期六、星期日等休息日或者法定节假日的,应当顺延至休息日或法定节假日之后的第一个工作日。国务院临时调整休息日与工作日的,则按照调整后的情况计算缴款期限。例如,缴款期限的最后一天是9月30日,该日恰好是星期日,国务院决定将9月29日、30日与10月4日、5日互相调换,即9月29日、30日成为工作日,不适用节假日顺延。如果纳税义务人在9月30日仍未缴纳税款,则从10月1日开始即构成滞纳。

滞纳金应当自海关填发滞纳金缴款书之日起15内向指定银行缴纳。因纳税义务人违反规定需在征收税款的同时加收滞纳金的,如果纳税义务人未在规定的15天缴款期限内缴纳税款,另行加收自缴款期限届满之日起至缴清税款之日止所滞纳税款的0.5‰的滞纳金。

(二)征收标准

滞纳金按每票货物的关税、进口环节增值税、消费税单独计算,计算到人民币"分"后四舍五入。起征点为50元人民币,不足50元人民币的免予征收。

其计算公式为

$$关税滞纳金金额 = 滞纳关税税额 \times 0.5‰ \times 滞纳天数 \tag{13-3}$$

$$进口环节海关代征税滞纳金金额 = 滞纳进口环节海关代征税税额 \times 0.5‰ \\ \times 滞纳天数 \tag{13-4}$$

船舶吨税的滞纳金计算同理。

由于滞纳金的收入随同税款同一科目一并缴入中央金库,所以滞纳金的缴纳凭证与进出口税款缴纳凭证(即《海关专用缴款书》)相同。

13.2 进出口货物完税价格的确定

13.2.1 我国海关审价的法律依据

进出口货物完税价格是海关对进出口货物征收从价税时审查估定的应税价格,是凭以计征进出口货物关税及进口环节代征税税额的基础。审定进出口货物完税价格是贯彻关税政策的重要环节,也是海关依法行政的重要体现。我国已加入世界贸易组织,并已全面实施世界贸易组织估价协定,我国对进口货物海关审价的法律法规已与国际通行规则衔接。

目前,我国海关审价的法律依据可分为3个层次。第一个层次是法律层次,即《海关法》。《海关法》规定:"进出口货物的完税价格,由海关以该货物的成交价格为基础审查确定。成交价格不能确定时,完税价格由海关估定。"第二个层次是行政法规层次,即《关税条例》。第三个层次是部门规章,如海关总署颁布施行的《审价办法》《征管办法》等。

13.2.2 进口货物完税价格的审定

进口货物完税价格的审定包括一般进口货物完税价格的审定和特殊进口货物完税价格的审定两个方面。

(一)一般进口货物完税价格的审定

海关确定进口货物完税价格的方法有进口货物成交价格法、相同货物成交价格法、类似货物成交价格法、倒扣价格法、计算价格法、合理方法六种。上述估价方法应当依次采用,如果进口货物纳税义务人提出要求,并提供相关资料,经海关同意,可以颠倒倒扣价格法和计算价格法的适用次序。

1. 进口货物成交价格法

进口货物成交价格法是《关税条例》及《审价办法》规定的第一种估价方法,进口货物的完税价格应首先以成交价格估价方法审查确定。这里应注意进口货物成交价格法中的成交价格与完税价格两个概念的差异。

(1) 完税价格。《审价办法》规定:进口货物的完税价格,由海关以该货物的成交价格为基础审查确定,并应包括货物运抵中华人民共和国境内输入地点起卸前的运输及相关费用、保险费。"相关费用"主要是指与运输有关的费用,如装卸费、搬运费等属于广义的运费范围内的费用。成交价格需满足一定的条件才能被海关所接受。

(2) 成交价格。进口货物的成交价格是指卖方向中华人民共和国境内销售该货物时买方为进口该货物向卖方实付、应付的,并按有关规定调整后的价款总额,包括直接支付的价款和间接支付的价款。此处的"实付或应付"是指必须由买方支付,支付的目的是获得进口货物,支付的对象既包括卖方也包括与卖方有联系的第三方,且包括已经支付和将要支付两者的总额。此外,成交价格不完全等同于贸易中实际发生的发票价格,需要按有关规定进行调整。

(3) 关于"调整因素"。调整因素包括计入项目和扣除项目。

① 计入项目(又称加项)。下列项目若由买方支付,且尚未包括在国际贸易的发票价格中,必须计入完税价格,这些项目包括:

a. 销售佣金和经纪费。佣金通常可分为购货佣金和销售佣金。购货佣金是指买方向其采购代理人支付的佣金,按照规定购货佣金不应该计入进口货物的完税价格中。销售佣金是指卖方向其销售代理人支付的佣金,但上述佣金如果由买方直接付给卖方的代理人,按照规定应该计入完税价格中。

经纪费是指买方为购进进口货物向代表买卖双方利益的经纪人支付的劳务费用,根据规定应计入完税价格中。

b. 与进口货物作为一个整体的容器费。与有关货物归入同一个税号的容器与该货物视作一个整体,比如酒瓶与酒构成一个不可分割的整体,两者归入同一税号,如果没有包括在酒的完税价格中间,则应该计入。

c. 包装费。这里应注意包装费既包括材料费,也包括劳务费。按照现行商业惯例,包装费一般已经包含在货价中,这里所指的是在合同中明确规定,买方需要另付费或包装费由买方自行解决的进口货物。在此还须指出:集装箱租赁费不属于包装费和容器费,但是它也计入完税价格中,只不过是通过运输的相关费用计入的。

d. 协助的价值。在国际贸易中,买方向卖方提供的,供卖方在生产和出口销售货物过程中使用的有关货物或服务的价值,被称为协助的价值。

协助价值计入进口货物完税价格中应满足以下条件:由买方以免费或低于成本价的方式直接或间接提供;未包括在进口货物的实付或应付价格中;与进口货物的生产和向中华人民共和国境内销售有关;可按适当比例分摊。

协助费分为两类:一类为有形协助。如装置在进口货物的零部件及其有关货物,生产进口货物的工具和设备,以及消耗在进口货物生产过程中的原材料等硬件帮助。另一类为无形协助。主要是指买方向卖方提供的为进口货物生产所需的技术、开发、工艺、设计等方案和制图等软件帮助。关于无形协助在实际操作时,要注意它的两个执行条件:其一,技术、开发、工艺、设计等方案和制图必须在境外完成;其二,必须是生产进口货物所需的方案和制图,即生产所用的方案和制图,而不是备选的方案和制图。

e. 特许权使用费。特许权使用费是指进口货物的买方为取得知识产权权利人及权利人有效授权人关于专利权、商标权、专有技术、著作权、分销权或者销售权的许可或者转让而支付的费用。

以成交价格为基础审查确定进口货物的完税价格时,未包括在该货物实付、应付价格中的特许权使用费需计入完税价格,但是符合下列情形之一的除外:特许权使用费与该货物无关;特许权使用费的支付不构成该货物向中华人民共和国境内销售的条件。

f. 返回给卖方的转售收益(又称回归卖方利润)。如果买方在货物进口之后,把进口货物的转售、处理或使用的收益的一部分返还给卖方,这部分收益的价格应该计入完税价格中。譬如,我国音像公司如果从美国进口电影拷贝,向海关申报的成交价格除购买拷贝的合同价格外,还应包括合同规定需要支付给美国电影发行公司的票房收入的一部分利润。

上述所有项目的费用或价值计入完税价格中,必须同时满足3个条件:由买方负担;未包括在进口货物的实付或应付价格中;有客观量化的数据资料。

② 扣减项目(又称减项)。进口货物的价款中单独列明的下列税收、费用,不计入该货物的完税价格:

a. 厂房、机械或者设备等货物进口后发生的建设、安装、装配、维修或者技术援助费用,但是保修费用除外。例如,汽车生产线的进口合同,此类合同按国际惯例都是交钥匙工程合同(交给进口方是马上可以生产汽车的生产线),合同价格中含有厂房基建、设备安装和调试等费用,由于这些费用都是在进境后发生的,不计入完税价格中。

b. 货物运抵境内输入地点起卸后发生的运输及其相关费用、保险费。注意,这里的运保费以第一口岸或卸货口岸为界。

c. 进口关税、进口环节代征税及其他国内税。有时进口货物合同价格中含有进口关税等相关税费(如采用DDP贸易术语成交的进口货物),但是关税是价外税,计税价格不含关税本身。

d. 为在境内复制进口货物而支付的费用。此费用其实质是国内生产费用,与进口货物的价格没有必然联系。

e. 境内外技术培训及境外考察费用。此种费用应属于项目费用,而不是产品费用,尽管有时企业也将此费用计入产品成本中,但是并不是所有同类产品都含有此费用,所以为了公平起见,报关申报时,应予以扣除。

f. 同时符合下列条件的利息费用不计入完税价格:利息费用是买方为购买进口货物而融资所产生的;有书面的融资协议的;利息费用单独列明的;纳税义务人可以证明有关利率不高于在融资当时当地此类交易通常具有的利率水平,且没有融资安排的相同或者类似进口货物的价格与进口货物的实付、应付价格非常接近的。

g. 码头装卸费(Terminal Handling Charge,THC)是指货物从船舷到集装箱堆场间发生的费用,属于货物运抵中华人民共和国境内输入地点起卸后的运输相关费用,因此不应计入货物的完税价格。

（4）成交价格本身须满足的条件。成交价格必须满足一定的条件才能被海关所接受，否则不能适用成交价格法。根据规定，成交价格必须具备以下四个条件：

① 买方对进口货物的处置和使用不受限制。如果买方对进口货物的处置权或者使用权受到限制，则进口货物就不适用成交价格法。

有下列情形之一的，视为对买方处置或者使用进口货物进行了限制：进口货物只能用于展示或者免费赠送的；进口货物只能销售给指定第三方的；进口货物加工为成品后只能销售给卖方或者指定第三方的；其他经海关审查，认定买方对进口货物的处置或者使用受到限制的。

以下3种限制并不影响成交价格的成立：国内法律、行政法规规定的限制；对货物转售地域的限制；对货物价格无实质影响的限制。

② 进口货物的价格不应受到某些条件或因素的影响而导致该货物的价格无法确定。有下列情形之一的，视为进口货物的价格受到了使该货物成交价格无法确定的条件或者因素的影响：进口货物的价格是以买方向卖方购买一定数量的其他货物为条件而确定的；进口货物的价格是以买方向卖方销售其他货物为条件而确定的；其他经海关审查，认定货物的价格受到使该货物成交价格无法确定的条件或者因素影响的。

③ 卖方不得直接或间接从买方获得因转售、处置或使用进口货物而产生的任何收益，除非上述收益能够被合理确定。

④ 买卖双方之间没有特殊关系，或虽有特殊关系但不影响成交价格。

根据规定，有下列情形之一的，应当认定买卖双方有特殊关系：买卖双方为同一家族成员；买卖双方互为商业上的高级职员或董事；一方直接或间接地受另一方控制；买卖双方都直接或间接地受第三方控制；买卖双方共同直接或间接地控制第三方；一方直接或间接地拥有、控制或持有对方5%及以上公开发行的有表决权的股票或股份；一方是另一方的雇员、高级职员或董事；买卖双方是同一合伙的成员。

此外，买卖双方在经营上相互有联系，一方是另一方的独家代理、经销或受让人，若与以上规定相符，也应当视为有特殊关系。

买卖双方有特殊关系这个事实本身并不能构成海关拒绝成交价格的理由，买卖双方之间存在特殊关系，但是纳税义务人能证明其成交价格与同时或者大约同时发生的下列任何一款价格相近的，视为特殊关系没有对进口货物的成交价格产生影响：向境内无特殊关系的买方出售的相同或者类似进口货物的成交价格；按照倒扣价格估价方法所确定的相同或者类似进口货物的完税价格；按照计算价格估价方法所确定的相同或者类似进口货物的完税价格。

海关在使用上述价格进行比较时，需考虑商业水平和进口数量的不同，以及买卖双方有无特殊关系造成的费用差异。

进口货物成交价格法是海关估价中使用最多的一种估价方法，但是如果货物的进口非因销售引起或销售不能符合成交价格须满足的条件，就不能采用成交价格法，而应该依次采用下列方法审查确定货物的完税价格。

2．相同及类似货物成交价格法

相同及类似货物成交价格法，即以与被估货物同时或大约同时向中华人民共和国境内销售的相同货物及类似货物的成交价格为基础,审查确定进口货物完税价格的方法。

(1) 相同货物和类似货物。"相同货物"是指与进口货物在同一国家或者地区生产的,在物理性质、质量和信誉等所有方面都相同的货物,但是表面的微小差异允许存在。"类似货物"是指与进口货物在同一国家或者地区生产的,虽然不是在所有方面都相同,但是却具有相似的特征、相似的组成材料、相同的功能,并且在商业中可以互换的货物。

(2) 相同或类似货物的时间要素。时间要素是指相同或类似货物必须与进口货物同时或大约同时进口,其中的"同时或大约同时"是指在海关接受申报之日的前后各45天以内。

(3) 关于相同及类似货物成交价格法的运用。在运用这两种估价方法时,首先应使用和进口货物处于相同商业水平、大致相同数量的相同或类似货物的成交价格,只有在上述条件不满足时,才可采用以不同商业水平和不同数量销售的相同或类似进口货物的价格,但不能将上述价格直接作为进口货物的价格,还须对由此而产生的价格方面的差异作出调整。

此外,对进口货物与相同或类似货物之间由于运输距离和运输方式不同而在成本和其他费用方面产生的差异应进行调整。

上述调整都必须建立在客观量化的数据资料的基础上。

同时还应注意,在采用相同或类似货物成交价格法确定进口货物完税价格时,首先应使用同一生产商生产的相同或类似货物的成交价格,只有在没有同一生产商生产的相同或类似货物的成交价格的情况下,才可以使用同一生产国或地区不同生产商生产的相同或类似货物的成交价格。如果有多个相同或类似货物的成交价格,应当以最低的成交价格为基础估定进口货物的完税价格。

3. 倒扣价格法

倒扣价格法即以进口货物、相同或类似进口货物在境内第一环节的销售价格为基础,扣除境内发生的有关费用来估定完税价格。上述"第一环节"是指有关货物进口后进行的第一次转售,且转售者与境内买方之间不能有特殊关系。

(1) 用以倒扣的上述销售价格应同时符合下列条件:

① 在被估货物进口时或大约同时,将该货物、相同或类似进口货物在境内销售的价格;

② 按照该货物进口时的状态销售的价格;

③ 在境内第一环节销售的价格;

④ 向境内无特殊关系方销售的价格;

⑤ 按照该价格销售的货物合计销售总量最大。

(2) 倒扣价格法的核心要素包括:

① 按进口时的状态销售。必须首先以进口货物、相同或类似进口货物按进口时的状态销售的价格为基础。如果没有按进口时的状态销售的价格,应纳税义务人要求,可以使用经过加工后在境内销售的价格作为倒扣的基础。

② 时间要素。必须是在被估货物进口时或大约同时转售给国内无特殊关系方的价格,其中"进口时或大约同时"为在进口货物接受申报之日的前后各45天以内。如果进口货物、相同或者类似货物没有在海关接受进口货物申报之日前后45天内在境内销售,可以将在境内销售的时间延长至接受货物申报之日前后90天内。

③ 合计的货物销售总量最大。必须使用被估的进口货物、相同或类似进口货物售予境内无特殊关系方合计销售总量最大的价格为基础估定完税价格。

(3) 倒扣价格法的倒扣项目。确定销售价格以后,在使用倒扣价格法时,还必须扣除一些费用,这些倒扣项目根据规定有以下四项:

① 该货物的同级或同种类货物在境内第一环节销售时通常支付的佣金以及利润和一般费用;

② 货物运抵境内输入地点之后的运输及其相关费用、保险费;

③ 进口关税、进口环节代征税及其他国内税;

④ 加工增值额,如果以货物经过加工后在境内转售的价格作为倒扣价格的基础,则必须扣除上述加工增值部分。

4. 计算价格法

计算价格法既不是以成交价格,也不是以在境内的转售价格作为基础,而是以发生在生产国或地区的生产成本作为基础的价格,此处不再详述。

5. 合理方法

合理方法是指当海关不能根据成交价格估价法、相同货物成交价格估价法、类似货物成交价格估价法、倒扣价格估价法和计算价格估价法确定完税价格时,根据公平、统一、客观的估价原则,以客观量化的数据资料为基础审查确定进口货物完税价格的估价方法。

(二) 特殊进口货物完税价格的审定

1. 加工贸易进口料件或者其制成品的一般估价方法

由于种种原因,部分加工贸易进口料件或者其制成品不能按有关合同、协议约定复出口,经海关批准转为内销,需依法对其实施估价后征收进口税款。对加工贸易进口货物估价的核心问题有两个:一是按制成品征税还是按料件征税;二是征税的环节是在进口环节还是在内销环节。非物理围网企业内销进口料件或者制成品、物理围网(出口加工区)区内企业内销制成品、保税区内加工企业内销进口料件或者制成品的估价方法可以参照第 6 章的相关内容。

2. 从保税区、出口加工区、保税物流园区、保税物流中心等区域、场所进入境内需要征税的货物的估价方法

从保税区、出口加工区、保税物流园区、保税物流中心等区域、场所进入境内,需要征税的货物,海关参照一般进口货物完税价格审定的有关规定,以从上述区域、场所进入境内的销售价格为基础审查确定完税价格,加工贸易进口料件及其制成品除外。如果销售价格中未包括上述区域、场所发生的仓储、运输及其他相关费用的,按照客观量化的数据资料予以计入。

3. 出境修理复运进境货物的估价方法

运往境外修理的机械器具、运输工具或者其他货物,出境时已向海关报明,并在海关规定的期限内复运进境的,海关以境外修理费和料件费审查确定完税价格。

出境修理货物复运进境超过海关规定期限的,由海关按照本节审定一般进口货物完税价格的规定审查确定完税价格。

该项内容可以结合第 11 章中的"进出境修理货物通关"相关内容一并学习。

4. 出境加工复运进境货物的估价方法

运往境外加工的货物,出境时已向海关报明,并在海关规定期限内复运进境的,海关以

境外加工费和料件费以及该货物复运进境的运输及其相关费用、保险费审查确定完税价格。

出境加工货物复运进境超过海关规定期限的,由海关按照审定一般进口货物完税价格的规定审查确定完税价格。

该项内容可以结合第11章中的"出料加工货物通关"相关内容一并学习。

5. 暂时进境货物的估价方法

经海关批准的暂时进境货物,应当缴纳税款的,由海关按照审定一般进口货物完税价格的规定审查确定完税价格。经海关批准留购的暂时进境货物,以海关审查确定的留购价格作为完税价格。

该项内容可以结合第10章"暂准进出境货物通关"相关内容一并学习。

6. 租赁进口货物的估价方法

(1) 以租金方式对外支付的租赁货物,在租赁期间以海关审定的该货物的租金作为完税价格,利息予以计入。

(2) 留购的租赁货物以海关审定的留购价格作为完税价格。

(3) 纳税义务人申请一次性缴纳税款的,可以选择申请按照规定估价方法确定完税价格,或者按照海关审查确定的租金总额作为完税价格。

该项内容可以结合第11章中的"租赁进口货物通关"相关内容一并学习。

7. 减免税货物的估价方法

特定减免税货物在监管年限内不能擅自出售、转让、移作他用,如果有特殊情况,经过海关批准可以出售、转让、移作他用,须向海关办理纳税手续。减税或免税进口的货物需予征税时,海关以审定的该货物原进口时的价格,扣除折旧部分价值作为完税价格,其计算公式为

$$完税价格 = 海关审定的该货物进口时的价格 \times \left(1 - \frac{征税时实际已进口的月数}{监管年限 \times 12}\right)$$

(13-5)

上述计算公式中,征税时实际已进口的月数不足1个月但超过15日的,按照1个月计算;不超过15日的,不予计算。

该项内容可以结合第9章"减免税货物通关"相关内容一并学习。

8. 软件介质的估价方法

进口载有专供数据处理设备用软件的介质,具有下列情形之一的,以介质本身的价值或者成本为基础审查确定完税价格:

(1) 介质本身的价值或者成本与所载软件的价值分列;

(2) 介质本身的价值或者成本与所载软件的价值虽未分列,但是纳税义务人能够提供介质本身的价值或者成本的证明文件,或者能提供所载软件价值的证明文件。

含有美术、摄影、声音、录像、影视、游戏、电子出版物的介质不适用上述规定。

(三) 进口货物完税价格中运费、保险费的计算

1. 运费分类及计算标准

在国际物流中主要有海洋运输费用、陆路运输费用和航空运输费用。海洋运输中的班

轮运输费用又可分为杂货班轮运输费用和集装箱班轮运输费用,它们的运费计算方法都不一样。

(1) 杂货班轮运输费用计算标准大致有重量吨法(W 法)、体积吨法(M 法)、运费吨法(W/M 法)等。其基本运费计算公式为

$$总运费 = 基本运费 + 附加费 \qquad (13-6)$$

其中,

$$基本运费 = 基本运价 \times 计量总数$$

其中,基本运价可查询船公司或代理人公布的运价表。计量总数根据不同的计算标准确定。

(2) 集装箱班轮运输费用计算方法对于整箱货(FCL)一般采用包箱费率标准,拼箱货(LCL)一般采用杂货的运费吨法(W/M 法)或者进行运费分摊。

(3) 航空运费计算标准主要有普通货物运价(GCR)、指定商品运价(SCR)、等级货物运价(CCR)等。具体计算方法本书不做说明,可参考有关货运代理教材。

2. 保险费计算

保险费在报关中一般以保险费率的格式表示,也可以用保险费总价格式表示。

$$保险费 = 保险总金额 \times 保险费率 \qquad (13-7)$$

其中

$$保险总金额 = CIF 价 \times (1 + 10\%)$$

如果进口货物的保险费无法确定或者未实际发生,海关按照"货价加运费"两者总额的 3‰计算保险费,其计算公式为

$$保险费 = (货价 + 运费) \times 3‰ \qquad (13-8)$$

3. FOB、CFR、CIF 价格换算

$$CIF = FOB + 运费 + 保险费 \qquad (13-9)$$

其中

$$FOB + 运费 = CFR$$

以上内容可以参考国际贸易实务教材相关内容,本书不做详细说明。

(四)进口货物完税价格计算公式

$$进口货物完税价格 = CIF 价(通过汇率折算成本国货币)$$

13.2.3 出口货物完税价格的审定

(一)出口货物的完税价格

出口货物的完税价格由海关以该货物的成交价格为基础审查确定,包括货物运至中华人民共和国境内输出地点装载前的运输及其相关费用、保险费。

(二)出口货物的成交价格

出口货物的成交价格是指该货物出口销售时,卖方为出口该货物向买方直接收取和间接收取的价款总额。

(三)不计入出口货物完税价格的税收、费用

(1) 出口关税;

（2）在货物价款中单独列明的货物运至中华人民共和国境内输出地点装载后的运费及其相关费用、保险费；

（3）在货物价款中单独列明由卖方承担的佣金。

（四）出口货物完税价格计算公式

$$出口货物完税价格 = \frac{FOB 价}{1 + 出口税率}（通过汇率折算成本国货币） \quad (13\text{-}10)$$

13.2.4　海关估价中的价格质疑程序和价格磋商程序

（一）价格质疑程序

在确定完税价格过程中，海关对申报价格的真实性或准确性有疑问，或有理由认为买卖双方的特殊关系可能影响到成交价格时，向纳税义务人或者其代理人制发《中华人民共和国海关价格质疑通知书》，将质疑的理由书面告知纳税义务人或者其代理人。

纳税义务人或者其代理人应自收到价格质疑通知书之日起 5 个工作日内，以书面形式提供相关资料或者其他证据，证明其申报价格真实、准确或者双方之间的特殊关系未影响成交价格。纳税义务人或者其代理人确有正当理由无法在规定时间内提供资料或证据的，可以在规定期限届满前以书面形式向海关申请延期。除特殊情况外，延期不得超过 10 个工作日。

（二）价格磋商程序

价格磋商是指海关在使用除成交价格以外的估价方法时，在保守商业秘密的基础上，与纳税义务人交换彼此掌握的用于确定完税价格的数据资料的行为。海关按照《审价办法》规定通知纳税义务人进行价格磋商时，纳税义务人需自收到《中华人民共和国海关价格磋商通知书》之日起 5 个工作日内与海关进行价格磋商。

（三）不进行价格质疑与价格磋商的特殊情况

对符合下列情形之一的，经纳税义务人书面申请，海关可以不进行价格质疑或价格磋商，依法审查确定进出口货物的完税价格：

（1）同一合同项下分批进出口的货物，海关对其中一批货物已经实施估价的；

（2）进出口货物的完税价格在 10 万元人民币以下或者关税及进口环节代征税总额在 2 万元人民币以下的；

（3）进出口货物属于危险品、鲜活品、易腐品、易失效品、废品、旧品等的。

加工贸易进口料件或其制成品、出口加工区内加工企业内销制成品、保税区内加工企业内销进口料件或者其制成品估价，海关可以不进行价格质疑，经与纳税义务人进行价格磋商后，依法审查确定完税价格。

13.3　进出口货物原产地的确定

在国际贸易中，原产地这个概念是指货物生产的国家（地区），就是货物的"国籍"。

随着世界经济一体化和生产国际化的发展，准确认定进出口货物的"国籍"变得更为重要。因为确定了进口货物"国籍"，就直接确定了其依照进口国的贸易政策所适用的关税和非关税待遇。原产地的不同决定了进口商品所享受的待遇不同。

13.3.1 原产地规则的含义

各国为了适应国际贸易的需要,并为执行本国关税及非关税方面的国别歧视性贸易措施,必须对进出口商品的原产地进行认定。为此,各国以本国立法形式制定出其鉴别货物"国籍"的标准,这就是原产地规则。

世贸组织《原产地规则协议》将原产地规则定义为:一国(地区)为确定货物的原产地而实施的普遍适用的法律、法规和行政决定。

13.3.2 原产地规则的类别

从适用目的讲,原产地规则分为两大类:一类为优惠原产地规则;另一类为非优惠原产地规则。

(一)优惠原产地规则

优惠原产地规则是指一国为了实施国别优惠政策而制定的法律、法规,是以优惠贸易协定通过双边、多边协定形式或者是由本国自主形式制定的一些特殊原产地认定标准,因此也称为协定原产地规则。优惠原产地规则具有很强的排他性,优惠范围以原产地为受惠国(地区)的进口产品为限,其目的是促进协议方之间的贸易发展。优惠原产地规则主要有以下两种实施方式:

(1)通过自主方式授予,如欧盟普惠制(GSP)、中国对最不发达国家的特别优惠关税待遇;

(2)通过协定以互惠性方式授予,如北美自由贸易协定、中国-东盟自贸区协定等。

由于优惠原产地规则是用于认定进口货物有无资格享受比最惠国更优惠待遇的依据,因此其认定标准通常会与非优惠原产地规则不同,其宽或严完全取决于成员方。进口国(地区)为了防止此类优惠措施被滥用或规避,一般都制定了货物直接运输的条款。

我国加入WTO后,为了进一步改善所处的贸易环境,推进市场多元化进程,开创新的格局,先后签订了《亚太贸易协定》《中国-东盟合作框架协议》《香港CEPA》《澳门CEPA》《最不发达国家特别优惠关税待遇》等优惠贸易协定。上述优惠贸易协定中均包含有相应的优惠原产地规则。

上述贸易协定中,《亚太贸易协定》适用国家包括韩国、印度、斯里兰卡、孟加拉国和老挝;《中国-东盟合作框架协议》适用国家包括越南、泰国、新加坡、马来西亚、印度尼西亚、文莱、缅甸、老挝、柬埔寨和菲律宾。

(二)非优惠原产地规则

非优惠原产地规则是一国根据实施其海关税则和其他贸易措施的需要,由本国立法自主制定的,因此也称为自主原产地规则。按照WTO的规定,适用于非优惠性贸易政策措施的原产地规则,其实施必须遵守最惠国待遇原则,即必须普遍地、无差别地适用于所有原产地为最惠国的进口货物。它包括实施最惠国待遇、反倾销和反补贴税、保障措施、数量限制或关税配额、原产地标记或贸易统计、政府采购时所采用的原产地规则。《WTO协调非优惠原产地规则》正在统一协调中,完成后,WTO成员将实施统一的协调非优惠原产地规则,以取代各国自主制定的非优惠原产地规则。

13.3.3 原产地认定标准

在认定货物的原产地时,会出现以下两种情况:一种是货物完全是在一个国家(地区)获得或生产制造;另一种是货物由两个或两个以上国家(地区)生产或制造。无论是优惠原产地规则还是非优惠原产地规则,都要确定这两种货物的原产地认定标准。

对于完全在一国(地区)获得的产品,如农产品或矿产品,各国的原产地认定标准基本一致,即以产品的种植、开采或生产国为原产国,这一标准通常称为"完全获得标准"(Wholly Obtained Standard)。

对于经过几个国家(地区)加工、制造的产品,各国多以最后完成实质性加工的国家为原产国,这一标准通常称为"实质性改变标准"(Substantial Transformation Standard)。

实质性改变标准用于判定"非完全获得"货物的原产地,即含有进口成分、部分使用了进口的、包括来源不明的原材料或零部件制成的货物的原产地。

实质性改变标准包括税则归类改变标准、从价百分比标准(或称增值百分比标准、区域价值成分标准等)、加工工序标准、混合标准等。

税则归类改变标准是指在某一国家(地区)对非该国(地区)原产材料进行加工、制造后,所得货物在《协调制度》中的某位数级税目归类发生了变化。

从价百分比标准是指在某一国家(地区)对非该国(地区)原产材料进行加工、制造后的增值部分超过了所得货物价值的一定比例。

加工工序标准是指在某一国家(地区)进行的赋予制造、加工后所得货物基本特征的主要工序。

(一)优惠原产地认定标准

1. 完全获得标准

完全获得,即从优惠贸易协定成员国或者地区(以下简称成员国或者地区)直接运输进口的货物是完全在该成员国或者地区获得或者生产的,这些货物是指:

(1)在该成员国或者地区境内收获、采摘或者采集的植物产品;

(2)在该成员国或者地区境内出生并饲养的活动物;

(3)在该成员国或者地区领土或者领海开采、提取的矿产品;

(4)其他符合相应优惠贸易协定项下完全获得标准的货物。

原产于优惠贸易协定某一成员国或者地区的货物或者材料在同一优惠贸易协定另一成员国或者地区境内用于生产另一货物,并构成另一货物组成部分的,该货物或者材料应当视为原产于另一成员国或者地区境内。

为便于装载、运输、储存、销售进行的加工、包装、展示等微小加工或者处理,不影响货物原产地确定。在货物生产过程中使用,本身不构成货物物质成分,也不成为货物组成部件的材料或者物品,其原产地不影响货物原产地确定。

2. 税则归类改变标准

优惠原产地认定标准中的税则归类改变标准,是指原产于非成员国或者地区的材料在出口成员国或者地区境内进行制造、加工后,所得货物在《协调制度》中税则号列(一般为前

4位)发生了变化。如中国A公司与韩国B公司签订合同,进口一批纯棉机织物,适用《亚太贸易协定》,该批机织物所使用的棉纱线(供零售用)系越南C公司生产,机织物在韩国生产。由于棉纱线的税则号列前4位为5207,棉机织物的为5208,材料来自非成员国越南,在出口成员国韩国境内加工,所得货物(棉机织物)的税则号列前4位由5207变为5208,因此韩国为原产国。

3. 区域价值成分标准(优惠原产地标准)

区域价值成分标准中的百分比有两种表示方法:一种是对进口成分(非原产材料)规定了最高百分比,即小于规定的比率;另一种是对加工成分(增值部分)规定了最低百分比,即大于等于规定比率。本书建议采用后一种表示方法,即加工增值部分价值占FOB价的比率已超过规定比率及以上,其加工国为原产地。

不同协定框架下的优惠原产地规则中的区域价值成分标准各有不同,部分贸易协定的区域价值成分标准如下。

(1)《亚太贸易协定项下进出口货物原产地管理办法》规定,某一成员国非原产材料成分不超过55%,且最后生产工序在该国境内完成的货物,其原产地为该国。非原产材料包括在生产过程中所使用的进口非原产材料和不明原产地材料。

对孟加拉国只要求非原产材料成分不超过65%。

非原产材料成分计算公式为

$$\frac{\text{进口非原产材料价值}+\text{不明原产地材料价值}}{\text{FOB价}} \times 100\% \leqslant 55\% \qquad (13\text{-}11)$$

其中,进口非原产材料价值(也可称为"非受惠国原产材料价值")是指能够证实的原材料、零件或者产物进口时的成本、运费和保险费(CIF价格);不明原产地材料价值是指在生产或者加工货物的该成员国境内最早可以确定的为不明原产地原材料、零件或者产物所支付的价格。

由于

进口非原产材料价值 + 不明原产地材料价值 = 进口成分的价值

FOB价 = 进口成分的价值 + 加工增值价值

所以,上述公式可转换为

$$\frac{\text{加工增值价值}}{\text{FOB价}} \times 100\% \geqslant 45\%$$

(2)《中国-东盟合作框架协议项下原产地管理办法》规定,在东盟成员国非完全获得或者生产的货物,其生产过程中使用的原产于任一东盟成员国的中国-东盟自贸区成分不低于该货物船上交货价格(FOB)40%的,并且最后生产工序在东盟成员国境内完成,应当视为原产于东盟成员国境内,即

$$\frac{\text{加工增值价值}}{\text{FOB价}} \times 100\% \geqslant 40\% \qquad (13\text{-}12)$$

(3)港澳CEPA项下的原产地规则要求,在港澳获得的原料、组合零件、劳工价值和产品开发支出价值的合计,与在港澳生产或获得产品FOB价的比例应超过30%,并且产品最后的制造或加工工序在香港、澳门完成的,应视为原产地为中国香港、中国澳门。其计算公式与非优惠原产地的从价百分比标准相同,即

$$\frac{\text{加工增值价值}}{\text{FOB 价}} \times 100\% \geqslant 30\% \qquad (13\text{-}13)$$

(4)"特别优惠关税待遇"项下进口货物原产地规则的从价百分比标准是指在受惠国对非该国原产材料进行制造、加工后的增值部分不小于所得货物价值的40%,即

$$\frac{\text{加工增值价值}}{\text{FOB 价}} \times 100\% \geqslant 40\% \qquad (13\text{-}14)$$

(5)原产地累计。在确定原产地时,把几个国家作为一个经济区域,把这个区域内进行加工制造产生的增值合并计算,来确定原产地的方法,称为原产地累计,即

$$\frac{\text{加工增值价值}}{\text{FOB 价}} \times 100\% \geqslant 40\% \qquad (13\text{-}15)$$

4. 制造加工工序标准

制造加工工序标准是指赋予加工后所得货物基本特征的主要工序。

5. 其他标准

其他标准是指除上述标准之外,成员国或者地区一致同意采用的确定货物原产地的其他标准。

6. 直接运输规则

"直接运输"是指优惠贸易协定项下进口货物从该协定成员国或者地区直接运输至中国境内,途中未经过该协定成员国或者地区以外的其他国家或者地区。原产于优惠贸易协定成员国或者地区的货物,经过其他国家或者地区运输至中国境内,不论在运输途中是否转换运输工具或者做临时储存,同时符合下列条件的,视为"直接运输":

(1)该货物在经过其他国家或者地区时,未做除使货物保持良好状态所必须处理以外的其他处理;

(2)该货物在其他国家或者地区停留的时间未超过相应优惠贸易协定规定的期限;

(3)该货物在其他国家或者地区做临时储存时,处于该国家或者地区海关监管之下。

不同协定框架下的优惠原产地规则中的直接运输规则各有不同,部分贸易协定的直接运输规则如下:

(1)《亚太贸易协定项下原产地管理办法》中的直接运输规则。

① 货物运输未经任何非成员国境内;

② 货物运输途中经过非成员国,无论是否在这些国家或者地区转换运输工具或者做临时储存,同时符合由于地理原因或者仅出于运输需要,货物未在这些国家或者地区进入贸易或者消费领域,货物在经过这些国家或者地区时未做除装卸或者为使货物保持良好状态所必须处理以外的其他处理这三个条件。

(2)《中国-东盟合作框架协议项下原产地管理办法》中的直接运输规则。

该协议项下的进口货物从东盟成员国直接运输至我国境内,途中没有经过成员国以外的其他国家或者地区。原产于东盟成员国的货物,如经过其他国家或地区运输至我国境内的,不论在运输中是否转换过运输工具或者临时储存,同时符合下列条件的,仍视为"直接运输":

① 仅是由于地理原因或者运输需要;

② 产品经过上述国家时未进行贸易或者消费;

③ 该货物经过这些国家或地区时,未做除装卸或者为使货物保持良好状态所必须处理

以外的其他处理。

(3) 香港 CEPA 项下的香港原产进口货物应当从香港直接运输至内地口岸；澳门 CEPA 项下的进口货物不能从香港以外的地区或者国家转运。

(二) 非优惠原产地认定标准

目前，我国的非优惠原产地认定标准主要有完全获得标准和实质性改变标准。

1. 完全获得标准

完全在一个国家(地区)获得的货物，以该国(地区)为原产地；两个以上国家(地区)参与生产的货物，以最后完成实质性改变的国家(地区)为原产地。

以下货物视为在一国(地区)"完全获得"：

(1) 在该国(地区)出生并饲养的活的动物；

(2) 在该国(地区)野外捕捉、捕捞、搜集的动物；

(3) 从该国(地区)的活的动物获得的未经加工的物品；

(4) 在该国(地区)收获的植物和植物产品；

(5) 在该国(地区)采掘的矿物；

(6) 在该国(地区)获得的上述(1)~(5)项范围之外的其他天然生成的物品；

(7) 在该国(地区)生产过程中产生的只能弃置或者回收用作材料的废碎料；

(8) 在该国(地区)收集的不能修复或者修理的物品，或者从该物品中回收的零件或者材料；

(9) 由合法悬挂该国旗帜的船舶从其领海以外海域获得的海洋捕捞物和其他物品；

(10) 在合法悬挂该国旗帜的加工船上加工上述第(9)项所列物品获得的产品；

(11) 从该国领海以外享有专有开采权的海床或者海床底土获得的物品；

(12) 在该国(地区)完全从上述(1)~(11)项所列物品中生产的产品。

在确定货物是否在一个国家(地区)完全获得时，为运输、储存期间保存货物而做的加工或者处理，为货物便于装卸而进行的加工或者处理，为货物销售而进行的包装等加工或者处理等，不予考虑。

2. 实质性改变标准（非优惠原产地认定标准）

以税则归类改变为基本标准，税则归类改变不能反映实质性改变的，以从价百分比、制造或者加工工序等为补充标准。

税则归类改变是指在某一国家(地区)对非该国(地区)原产材料进行制造、加工后，所得货物在《进出口税则》税则号列前 2 位发生改变。

制造或者加工工序是指在某一国家(地区)进行的赋予制造、加工后所得货物基本特征的主要工序。

从价百分比是指在某一国家(地区)对非该国(地区)原产材料进行制造、加工后的增值部分，超过所得货物价值的 30%。用公式表示为

$$\frac{加工增值价值}{FOB 价} \times 100\% \geqslant 30\% \tag{13-16}$$

其中，

加工增值价值＝加工原料价值＋组合零件价值＋劳工价值＋产品开发支出价值

以上述"制造或者加工工序"和"从价百分比"作为标准来判定实质性改变的货物在有关的"适用制造或者加工工序及从价百分比标准的货物清单"中具体列明,并按列明的标准判定是否发生实质性改变。对未列入上述清单货物的,其实质性改变的判定,应当适用税则归类改变标准。上述清单由海关总署会同商务部、国家市场监督管理总局根据实施情况修订并公告。

上述实质性改变标准适用于非优惠性贸易措施项下两个及以上国家(地区)所参与生产的货物原产地的确定。

如果在两个或以上国家都进行实质性加工,应以最后加工国家为原产地。

13.3.4 原产地证明书

原产地证明书是证明产品原产于某地的书面文件。它是受惠国的产品出口到给惠国时享受关税优惠的凭证,同时也是进口货物是否适用反倾销、反补贴税率及保障措施等贸易政策的参考凭证。

(一)适用优惠原产地规则的原产地证明书

法律、行政法规规定的有权签发出口货物原产地证书的机构(以下简称签证机构)可以签发优惠贸易协定项下出口货物原产地证书。

1.《亚太贸易协定》原产地证明书

原产地证书应当同时符合以下三个条件:

(1)由该成员国政府指定机构以手工或者电子形式签发;

(2)符合《亚太贸易协定项下原产地管理办法》附件所列格式,用国际标准 A4 纸印制,所用文字为英文;

(3)证书印章与该成员国通知中国海关的印章印模相符。

原产地证书自签发之日起 1 年内有效,不得涂改和复印,所有未填空白之处应当予以划去,以防事后填写。

货物申报进口时,进口货物收货人未申明适用《亚太贸易协定》协定税率或者特惠税率,也未同时提交《亚太贸易协定》成员国政府指定机构签发的原产地证书正本的,其申报进口的货物不适用《亚太贸易协定》协定税率或者特惠税率,海关应当依法选择按照该货物适用的税率计征关税及进口环节海关代征税。

2.《中国-东盟合作框架协议》原产地证明书

进口货物收货人或其代理人向海关提交的原产地证书、流动证明应当同时符合下列条件:

(1)由东盟成员国签证机构签发;

(2)符合《中国-东盟合作框架协议项下原产地管理办法》附件所列格式,以英文填制并由出口商署名和盖章;

(3)原产地证书、流动证明的签证机构印章、签证人员签名,与东盟成员国通知中国海关的签证机构印章、签证人员签名样本相符;

(4)仅有一份正本,并且具有不重复的原产地证书编号;

(5)注明确定货物具有原产资格的依据。

该协议项下进口货物原产地证书应当由东盟成员国签证机构在货物装运前后装运时签发;因不可抗力未能及时签发的,可以在货物装运后 3 天内签发。

进口货物原产地证书自签发之日起 1 年内有效。

3. 港澳 CEPA 的原产地证明书

原产地证书应与海关总署发布的有关原产地证书及其签章的备案材料一致(其中,香港原产地证书签发机构包括香港工贸署、香港总商会、香港印度商会、香港工业总会、香港中华厂商联合会、香港中华总商会 6 家机构;澳门原产地证书签发机构为澳门经济局)。

原产地证书必须在有效期内使用,且证书编号和商品编码两项内容必须与报关单所报内容相符(应当注意的是,报关时商品编码可能有 10 位,而海关只要求前 8 位编码必须一致),申报数不得超出原产地证书上的数量,原产地证书的签证机构、签发地区、到货口岸等内容应与实际相符。原产地证书应与海关联网核对无误。一个原产地证书只适用于一批进口货物,不可多次使用。一份报关单不可涉及多份原产地证书或含非原产地证书商品。

海关因故无法进行联网核对时,应纳税义务人书面申请并经海关审批同意后,可以按照适用的最惠国税率或者暂定税率征收与应缴税款等值的保证金后先予放行货物,并按规定办理进口手续。海关应当自该货物放行之日起 90 天内核定其原产地证书的真实情况,根据核查结果办理退还保证金手续或者保证金转税手续。

4. ECFA 原产地证书

ECFA 原产地证书自签发之日起 12 个月内有效。进口货物收货人或其代理人向海关提交的原产地证书应当同时符合下列条件:

(1) 由我国台湾地区签证机构在货物申报出口前签发;

(2) 证书在有效期内;

(3) 以规定的格式正确填制、署名和盖章;

(4) 仅有一份正本,并且具有单一证书的编号;

(5) 所列的货物为同一批次的进口货物,项数不超过 20 项;

(6) 一份进口货报关单上所列货物对应一份原产地证书。

(二) 适用非优惠原产地规则的原产地证书

1. 对适用反倾销、反补贴措施的进口商品的要求

(1) 进口经营单位申报进口与实施反倾销措施的被诉倾销产品(以下简称被诉倾销产品)相同的货物时,应向海关提交原产地证书。

(2) 对于进口经营单位确实无法提交原产地证书的,海关可以通过实际查验确定货物的原产地,海关按与该货物相同的被诉倾销产品的最高反倾销税率或保证金征收比率征收反倾销税或现金保证金。

(3) 对于加工贸易保税进口与被诉倾销产品相同的货物,进口经营单位在有关货物实际进口申报时,也应向海关提交原产地证书。

(4) 对于在反倾销措施实施之前已经申报进口的加工贸易和其他保税进口货物,因故申报内销是在反倾销措施实施期间的,进口经营单位应在申报内销时向海关提交原产地证书。对于进口经营单位确实无法提交原产地证书,经海关实际查验不能确定货物的原产地的,海关按与该货物相同的被诉倾销产品的最高反倾销税率或保证金征收比率征收反倾销

税或现金保证金。

2. 对适用最终保障措施的进口商品的要求

自海关总署公告规定的加征关税之日起,进口企业申报进口涉案产品时,不能提供不适用最终保障措施的国家(地区)的原产地证书或尚不应加征关税的适用最终保障措施的国家(地区)的原产地证书,或者海关对其所提供的原产地证书的真实性有怀疑的,如经海关审核有关单证(包括合同、发票、提运单等)及对货物实际验估能够确定原产地的,应按照相关规定处理;如仍不能确定原产地,且进口企业也不能进一步提供能够证明原产地的其他材料的,应在现行适用的关税税率基础上,按照相应的涉案产品适用的加征关税税率加征关税。

在海关审核认定原产地期间,进口企业可在提供相当于全部税款的保证金担保后,要求先行验放货物。

原产地证书并不是确定货物原产地的唯一标准。若海关通过查验货物或审核单证认为所提供的原产地证书可能不真实,海关可以请求出口国(地区)的有关机构对该货物的原产地进行核查。

13.3.5 我国台湾农产品零关税措施

自2005年8月1日起,对原产于我国台湾地区的15种进口鲜(包括冷藏)水果实施零关税;自2007年3月20日起,对原产于我国台湾地区的19种进口农产品实施零关税。进口地海关凭经海关总署认可的我国台湾地区签发水果、农产品产地证明文件的有关机构和民间组织于实施日后签发的、能够证明水果或农产品原产于我国台湾地区的产地证明文件,办理享受零关税水果、农产品的征税验放手续。原产于我国台湾地区的水果、农产品的原产地标准为在我国台湾地区完全获得,即水果为在我国台湾地区收获、采摘或采集;水产品为在我国台湾地区养殖或由我国台湾籍渔船在远洋、近海捕捞;蔬菜为在我国台湾地区收获、采摘或采集。享受零关税的我国台湾地区水果、农产品,应符合如下运输要求:一是直接从我国台湾本岛、澎湖、金门或马祖运输到大陆关境口岸;二是经过我国香港、澳门或日本石垣岛转运到大陆关境口岸。经过上述地点转运到大陆关境口岸的,在进口申报时须向海关提交在我国台湾地区签发的,并以我国台湾地区为起运地的运输单证。

13.4 税率的适用

13.4.1 税率适用的规定

进口税则分设最惠国税率、协定税率、特惠税率、普通税率、关税配额税率等税率。对进口货物在一定期限内可以实行暂定税率。根据我国加入WTO时承诺的关税减让义务,2007年以来我国的进口关税总水平保持在9.8%。

出口税则按进口税则列目方式确定出口税则税目,对部分出口商品实行暂定出口税率。

(一)进口税率种类

(1)最惠国税率适用:原产于共同适用最惠国待遇条款的WTO成员的进口货物,原产于与中华人民共和国签订含有相互给予最惠国待遇条款的双边贸易协定的国家或者地区的进口货物,以及原产于中华人民共和国境内的进口货物。

(2) 协定税率适用：原产于与中华人民共和国签订含有关税优惠条款的区域性贸易协定的国家或者地区的进口货物。

(3) 特惠税率适用：原产于与中华人民共和国签订含有特殊关税优惠条款的贸易协定的国家或者地区的进口货物。

(4) 普通税率适用：上述之外的国家或者地区的进口货物，以及原产地不明的进口货物。

(二) 多种税率适用原则

(1) 对于同时适用多种税率的进口货物，在选择适用的税率时，基本的原则是"从低适用"，特殊情况除外，具体情况见表13-5。

表13-5 税率适用表

进口货物可选用的税率同时适用最惠国税率、进口暂定税率	适用暂定税率
同时适用协定税率、特惠税率、进口暂定税率	应当从低适用税率
同时适用国家优惠政策、进口暂定税率	按国家优惠政策进口优惠税率商品时，以优惠政策计算确定的税率与暂定税率两者取低计征关税，但不得在暂定税率基础上再进行减免
进口货物可选用的税率	税率适用的规定
适用普通税率的进口货物，存在进口暂定税率	适用普通税率的进口货物，不适用暂定税率
适用关税配额税率、其他税率	关税配额内的，适用关税配额税率；关税配额外的，适用其他税率
同时适用ITA税率、其他税率	适用ITA税率
反倾销税、反补贴税、保障措施关税、报复性关税	适用反倾销税率、反补贴税率、保障措施税率、报复性关税税率

① 适用最惠国税率的进口货物有暂定税率的，应当适用暂定税率。

② 适用协定税率、特惠税率的进口货物有暂定税率的，应当从低适用税率。

③ 适用普通税率的进口货物，不适用暂定税率。

④ 对于无法确定原产国（地区）的进口货物，按普通税率征税。

(2) 按照国家规定实行关税配额管理的进口货物，关税配额内的，适用关税配额税率；关税配额外的，其税率的适用按其所适用的其他相关规定执行。

(3) 按照有关法律、行政法规的规定对进口货物采取反倾销、反补贴、保障措施的，其税率的适用按照《反倾销条例》《反补贴条例》《保障措施条例》的有关规定执行。

(4) 任何国家或者地区违反与中华人民共和国签订或者共同参加的贸易协定及相关协定，对中华人民共和国在贸易方面采取禁止、限制、加征关税或者其他影响正常贸易的措施的，对原产于该国家或者地区的进口货物可以征收报复性关税，适用报复性关税税率。征收报复性关税的货物、适用国别、税率、期限和征收办法，由国务院关税税则委员会决定并公布。

(5) 凡进口原产于与我国达成优惠贸易协定的国家或地区并享受协定税率的商品，同时该商品又属于我国实施反倾销或反补贴措施范围内的，应按照优惠贸易协定税率计征进口关税；凡进口原产于与我国达成优惠贸易协定的国家或地区并享受协定税率的商品，同时该商品又属于我国采取保障措施范围内的，应在该商品全部或部分中止、撤销、修改关税减让义务后所确定的适用税率基础上计征进口关税。

(6) 执行国家有关进出口关税减征政策时,首先应当在最惠国税率基础上计算有关税目的减征税率,然后根据进口货物的原产地及各种税率形式的适用范围,将这一税率与同一税目的特惠税率、协定税率、进口暂定最惠国税率进行比较,税率从低执行,但不得在暂定最惠国税率基础上再进行减免。

(7) 从 2002 年起我国对部分非全税目信息技术产品的进口按 ITA 税率征税。

(三) 出口税率

对于出口货物,在计算出口关税时,出口暂定税率的执行优先于出口税率。

13.4.2 税率的实际运用

《关税条例》规定,进出口货物应当适用海关接受该货物申报进口或者出口之日实施的税率。

在实际运用时应区分以下不同情况:

(1) 进口货物到达前,经海关核准先行申报的,应当适用装载该货物的运输工具申报进境之日实施的税率。

(2) 进口转关运输货物,应当适用指运地海关接受该货物申报进口之日实施的税率;货物运抵指运地前,经海关核准先行申报的,应当适用装载该货物的运输工具抵达指运地之日实施的税率。

(3) 出口转关运输货物,应当适用起运地海关接受该货物申报出口之日实施的税率。

(4) 经海关批准,实行集中申报的进出口货物,应当适用每次货物进出口时海关接受该货物申报之日实施的税率。

(5) 因超过规定期限未申报而由海关依法变卖的进口货物,其税款计征应当适用装载该货物的运输工具申报进境之日实施的税率。

(6) 因纳税义务人违反规定需要追征税款的进出口货物,应当适用违反规定的行为发生之日实施的税率;行为发生之日不能确定的,适用海关发现该行为之日实施的税率。

(7) 已申报进境并放行的保税货物、减免税货物、租赁货物或者已申报进出境并放行的暂时进出境货物,有下列情形之一需缴纳税款的,应当适用海关接受纳税义务人再次填写报关单申报办理纳税及有关手续之日实施的税率:

① 保税货物经批准不复运出境的;
② 保税仓储货物转入国内市场销售的;
③ 减免税货物经批准转让或者移作他用的;
④ 可暂不缴纳税款的暂时进出境货物,经批准不复运出境或者进境的;
⑤ 租赁进口货物,分期缴纳税款的。

进出口货物关税的补征和退还,按照上述规定确定适用的税率。

13.5 进出口税费的计算

海关征收的关税、进口环节增值税、进口环节消费税、船舶吨税、滞纳金等税费一律以人民币计征,起征点为 50 元人民币。完税价格、税额采用四舍五入法计算至分。

进出口货物的成交价格及有关费用以外币计价的,计算税款前海关按照该货物适用税率之日所适用的计征汇率折合为人民币计算完税价格。

海关每月使用的计征汇率为上一个月第三个星期三(第三个星期三为法定节假日的,顺延采用第四个星期三)中国人民银行公布的外币对人民币的基准汇率。以基准汇率币种以外的外币计价的,采用同一时间中国银行公布的现汇买入价和现汇卖出价的中间值(人民币元后采用四舍五入法保留4位小数)。如果上述汇率发生重大波动,海关总署认为必要时,可另行规定计征汇率,并对外公布。

13.5.1 进出口关税税款的计算

(一) 进口关税税款的计算

1. 从价税

(1) 计算公式为

$$进口关税税额 = 进口货物完税价格 \times 进口从价税税率 \qquad (13-17)$$

其中,进口货物完税价格为 CIF 价(折算成人民币)。

(2) 计算程序

从价税的计算程序为:

① 按照归类原则确定税则归类,将应税货物归入适当的税号;

② 根据原产地规则和税率适用规定,确定应税货物所适用的税率;

③ 根据审定完税价格办法的有关规定,确定应税货物的 CIF 价格;

④ 根据汇率适用规定,将以外币计价的 CIF 价格折算成人民币(完税价格);

⑤ 按照计算公式正确计算应征税款。

(3) 计算实例:我国某公司购进韩国原产轿车一批,成交价格 FOB 釜山 120 000 美元,另付卖方佣金 3%(FOB 成交价格),运费 5 000 美元,保险费尚未实际支付。轿车规格:4 座、2000CC。当日银行外汇牌价美元汇率中间价 1∶6.37,如何计算进口关税税额?

① 经查阅《进出口税则》《进出口商品名称与编码》等,确定该轿车税则归类(海关编码)为 8703.2341.01(见表 13-6)。

表 13-6 进出口商品名称与编码(摘要)

海关编码	海关商品名称	海关商品备注	法定单位	惠税/%	普税/%	增值税/%	监管条件	商检标志
8703.2230.90	1＜排量≤1.5升带点燃往复式活塞内燃发动机小轿车的成套散件		辆	15	23	16	46Oxy	需商检
8703.2240.10	1＜排量≤1.5升带点燃往复式活塞内燃发动机四轮驱动越野车		辆	15	23	16	46AOxy	需商检
8703.2240.90	1＜排量≤1.5升带点燃往复式活塞内燃发动机四轮驱动越野车的成套散件		辆	15	23	16	46Oxy	需商检
8703.2250.10	1＜排量≤1.5升带点燃往复式活塞内燃发动机小客车	≤9座	辆	15	23	16	46AOxy	需商检
8703.2250.90	1＜排量≤1.5升带点燃往复式活塞内燃发动机小客车的成套散件	≤9座	辆	15	23	16	46Oxy	需商检

续表

海关编码	海关商品名称	海关商品备注	法定单位	惠税/%	普税/%	增值税/%	监管条件	商检标志
8703.2290.10	1＜排量≤1.5升带点燃往复式活塞内燃发动机其他载人车辆		辆	15	23	16	46AOxy	需商检
8703.2290.90	1＜排量≤1.5升带点燃往复式活塞内燃发动机其他车的成套散件		辆	15	23	16	46Oxy	需商检
8703.2341.10	1.5＜排量≤2升点装点燃往复式活塞内燃发动机小轿车		辆	15	23	16	46AOxy	需商检

② 由表13-6可知,此号列涉及3个税率:最惠国税率25％、普通税率23％,并结合《亚太贸易协定税率表》(以海关总署公告2006年第49号为例)中的协定税率22.5％,根据税率适用的基本原则,原产于韩国产品可适用于亚太协定税率和最惠国税率的,按"从低适用"原则,选税率22.5％。

注意:由于每年我国进出口税则及税率会进行调整,因此要根据最新的税则号列及商品编码进行查阅。

③ CIF价＝FOB价＋运费＋保险费＝120 000＋5 000＋(120 000＋5 000)×3‰＝125 375(美元)(保险费由于尚未实际支付,海关按(货价＋运费)×3‰计算)。

④ 进口完税价格＝CIF价×汇率＋卖方佣金×汇率＝125 375×6.37＋120 000×3‰×6.37＝821 570.75(元)

⑤ 进口关税税额＝进口完税价格×税率＝821 570.75×22.5％＝184 853.42(元)

2. 从量税

(1) 计算公式为

$$应征税额 = 进口货物数量 \times 单位税额 \tag{13-18}$$

(2) 计算程序。

从量税的计算程序为:

① 按照归类原则确定税则归类,将应税货物归入适当的税号;

② 根据原产地规则和税率适用规定,确定应税货物所适用的税率;

③ 确定其实际进口量;

④ 如计征进口环节增值税,根据审定完税价格的有关规定,确定应税货物的CIF价格;

⑤ 根据汇率适用规定,将外币折算成人民币(完税价格);

⑥ 按照计算公式正确计算应征税额。

(3) 计算实例:我国某公司分别从WTO成员和非成员进口税则号列为0207.1200的整只冻鸡各5吨,海关对该公司应征收多少关税?

① WTO成员适用最惠国税率,查《进出口税则》(见表13-7),税率为1.3元/千克。

进口关税税额＝5吨×1 000×1.3元/千克＝6 500元

② 非WTO成员适用普通税率,查《进出口税则》,税率为5.6元/千克。

进口关税税额＝5吨×1 000×5.6元/千克＝28 000元

表 13-7 进出口税则(部分)

税则号列 Tariff Item	商品名称及备注	出口退税	进口税率/% 最惠	进口税率/% 普通	进口税率/% 暂定	增值税率/%	计量单位	监管条件	Article Description
02.07	品目01.05所列家禽的鲜、冷、冻肉及食用杂碎：								Meat and edible offal, of the poultry of heading No. 01.05, fresh, chilled or frozen:
	-鸡：								-Of fowls of the species *Gallus domesticus*.
0207.1100	--整只,鲜或冷的	5	20.0	70.0		13	千克	4x7AB	--Not cut in pieces, fresh of chilled
0207.1200	--整只,冻的	5	CNY 1.3/kg	CNY 5.6/kg		13	千克	4x7AB	--Not cut in pieces, frozen
	--块及杂碎,鲜或冷的：								--Chicken cut and offal, frozen:
	---块：								---Cut:
0207.1311	----带骨的	13	20.0	70.0		13	千克	4x7AB	----With bone
0207.1319	----其他	13	20.0	70.0		13	千克	4x7AB	----Other
	---杂碎：								---Offal:
0207.1321	----翼(不包括翼尖)	13	20.0	70.0		13	千克	4x7AB	----Midjoint wing
0207.1329	----其他	5	20.0	70.0		13	千克	7AB4x	----Other
	--块及杂碎,冻的：								--Cuts and offal, frozen:
	---块：								---Cut:
0207.1411	----带骨的	13	CNY	CNY		13	千克	7AB4x	----With bone

(二) 出口关税税款的计算

1. 计算公式

$$出口关税税额 = \frac{FOB价}{1 + 出口关税税率} \times 出口关税税率 \tag{13-19}$$

即出口货物是以 FOB 价成交的,应以该价格扣除出口关税后作为完税价格;如果以其他价格成交的,应换算成 FOB 价后再按上述公式计算。

2. 计算程序

出口关税税款的计算程序为:
(1) 按照归类原则确定税则归类,将应税货物归入适当的税号;
(2) 根据审定完税价格的有关规定,确定应税货物的成交价格;
(3) 根据汇率适用规定,将外币折算成人民币;
(4) 按照计算公式正确计算应征出口关税税款。

3. 计算实例

国内某企业从广州出口硅铁一批,申报成交价格为 FOB 广州黄埔港 9 060.25 美元,假设 1 美元=6.571 8 元,计算出口关税。

(1) 确定税则归类,该批硅铁归入税号 7202.2100,出口税率为 25%;
(2) 审定 FOB 价为 9 060.25 美元;
(3) 将外币价格折算成人民币为 59 542.15 元;
(4) 计算应征税额。

$$出口关税税额 = \frac{59\,542.15}{1+25\%} \times 25\% = 11\,908.43(元)$$

13.5.2 进口环节海关代征税的计算

(一) 消费税税款的计算

1. 计算公式

(1) 实行从价定率办法计算纳税,采用价内税的计税方法,即计税价格的组成中包括消费税税额。其计算公式为

$$消费税税额 = \frac{进口完税价格 + 进口关税}{1 - 消费税税率} \times 消费税税率 \qquad (13\text{-}20)$$

(2) 从量征收的消费税的计算公式为

$$消费税税额 = 消费品数量 \times 消费税单位税额 \qquad (13\text{-}21)$$

2. 计算程序

消费税税款的计算程序为:
(1) 按照归类原则确定税则归类,将应税货物归入适当的税号;
(2) 根据有关规定,确定应税货物所适用的消费税税率;
(3) 根据审定完税价格的有关规定,确定应税货物的 CIF 价格;
(4) 根据汇率适用规定,将外币折算成人民币(完税价格);
(5) 按照计算公式正确计算消费税税款。

3. 计算实例

某公司向海关申报进口一批小轿车(排气量 1.8 升),价格为 FOB 横滨 1 000 万日元,运费为 20 万日元,保险费率为 5‰(保险费已支付)。消费税税率为 8%。假设 100 日元 = 8.5 元。请计算消费税税额。

(1) $CIF 价 = \dfrac{FOB 价 + 运费}{1 - 1.1 \times 保险费率} = \dfrac{1\,000 + 20}{1 - 1.1 \times 0.5\%} = 1\,025.64(万日元)$

(2) 进口完税价格 = 1 025.64 × 10 000 ÷ 100 × 8.5 = 871 794(元人民币)

(3) 查最新税则手册,该小轿车可归入税号 8703.2341,适用亚太贸易协定税率 22.5%。

$$进口关税税额 = 871\,794 \times 22.5\% = 196\,153.65(元人民币)$$

(4) $消费税税额 = \dfrac{871\,794 + 196\,153.65}{1 - 8\%} \times 8\% = 92\,865(元人民币)$

注: 复杂税费的计算可借助 Excel 的计算功能,进行列表自动计算,以防人为错误。

(二) 增值税税款的计算

1. 计算公式

增值税税额 = (进口完税价格 + 进口关税税额 + 消费税税额) × 增值税税率

(13-22)

2. 计算程序

增值税税款的计算程序为：
(1) 按照归类原则确定税则归类，将应税货物归入适当的税号；
(2) 根据有关规定，确定应税货物所适用的增值税税率；
(3) 根据审定完税价格的有关规定，确定应税货物的 CIF 价格；
(4) 根据汇率适用规定，将外币折算成人民币（完税价格）；
(5) 按照计算公式正确计算关税税款；
(6) 按照计算公式正确计算消费税税款、增值税税款。

3. 计算实例

广州某工厂从美国某公司购买 90 吨轻柴油，成交条件为 CIF 广州。该货物的发票总价为 USD500 000。发票还显示其中含国内运费 USD5 000，码头装卸费 USD2 000，进境后保险费 USD20 000。另支付卖方佣金 USD25 000。该货物适用最惠国税率 6%。请计算增值税税额。（假设汇率为 1 美元＝6.8 元人民币）

(1) 确定完税价格。按照我国《审价办法》的规定，国内运费、码头装卸费、进境后的运费和保险费是完税价格调整项目的减项，而且包含在发票价格中，应从发票总价中扣除；另支付卖方佣金是加项，而且未包含在发票价格中，应加入发票总价中。

进口完税价格＝(500 000－5 000－2 000－20 000＋25 000)×6.8＝3 386 400(元)

(2) 计算关税税额。

进口关税税额＝3 386 400×6%＝203 184(元)

(3) 计算消费税税额。

柴油属于成品油，需要征收消费税，采用从量法计征，根据消费税税率表（见表 13-8），轻柴油消费税税率为 0.8 元/升。

表 13-8 消费税税率表（部分）

商品编码	商品名称	税率	备注
2403.9100.90	均化烟草	30%	
2403.9900.90	其他烟草及烟草代用品的制品	30%	烟草精汁除外
2710.1110.01	车用汽油及航空汽油（铅含量每升不超过 0.013 克）	1.0 元/升	1 千克＝1.388 升
2710.1110.02	车用汽油及航空汽油（铅含量每升超过 0.013 克）	1.4 元/升	1 千克＝1.388 升
2710.1120.00	石脑油	1.0 元/升	1 千克＝1.385 升
2710.1130.00	橡胶溶剂油、油漆溶剂油、抽提溶剂油	1.0 元/升	1 千克＝1.282 升
2710.1921.00	轻柴油	0.8 元/升	1 千克＝1.176 升
2710.1922.00	5～7 号燃料油	0.8 元/升	1 千克＝1.015 升

按照备注栏计量单位的换算标准，轻柴油 1 千克＝1.176 升，90 吨可换算成 90×1 176＝105 840(升)，则消费税税额＝105 840×0.8＝84 672(元)。

(4) 计算增值税。查阅《进出口税则》（见表 13-9），可知轻柴油的增值税税率为 17%。

表 13-9 进出口税则(部分)

税则号列 Tariff Item	商品名称及备注	出口退税	进口税率/% 最惠	进口税率/% 普通	进口税率/% 暂定	增值税率/%	计量单位	监管条件	Article Description
	--其他:								--Other
	---煤油馏分:								----Kerosene distillate:
2710.1911	----航空煤油		9.0	14.0	6	17	千克/升	47ABvy	----Aviation kerosene
2710.1912	----灯用煤油		9.0	14.0		17	千克	47ABvy	----Lamp-kerosene
2710.1919	----其他		6.0	20.0		17	千克		----Other
2710.1919.10	正构烷烃(C9~C13)		6.0	20.0	2	17	千克	4y	Normal paraffin (C9~C13)
2710.1919.90	其他煤油馏分的油及制品		6.0	20.0		17	千克	4y	Other kerosene distillate oils and preparations
	---柴油及其他燃料油:								---Diesel oils and other fuel oils:
2710.1921	----轻柴油		6.0	11.0		17	千克/升	47ABvy	----Light diesel oil
2710.1922	----5~7号燃料油		6.0	20.0	3	17	千克/升	7ABv	----Fuel oils No.5~No.7
2710.1929	----其他		6.0	20.0		17	千克/升		----Other
2710.1929.10	蜡油(350℃以下馏出物体积<20%,550℃以下馏出物体积>80%)		6.0	20.0	0	17	千克/升	7ABv	Paraffin oils (which less than 20% by volume distils at below 350℃, which more than 80% by volume distils at below 550℃)
2710.1929.20	重柴油		6.0	20.0		17	千克/升	47ABvy	Heavy diesel fuel

增值税税额=(3 386 400+203 184+84 672)×17%=624 623.52(元人民币)

13.5.3 船舶吨税的计算

(一)计算公式

船舶吨税按《船舶吨位证书》中的净吨位计征,对申报为拖船的,应按照发动机功率每1千瓦折合净吨位0.67吨进行折算。计税公式为

$$船舶吨税税额 = 船舶净吨位 \times 适用税率(元/净吨) \tag{13-23}$$

(二)计算程序

船舶吨税的计算程序为:

(1) 根据《船舶吨税税率表》最新版确定适用的税率种类;
(2) 根据《船舶吨位证书》确定船舶净吨位和申报纳税期所适用的税率额;
(3) 按照计算公式计算应征税额。

(三)计算实例

一艘从美国长滩进入我境内上海口岸的日本籍船舶(船舶有效容积13 500立方米,净吨位4 770吨),船名为"川崎号"。船舶负责人申报纳税期30日,计算应征税额。

(1) 根据《船舶吨税税率表》，日本籍船舶在适用船舶吨税优惠税率的国家和地区名单之列，所以使用"优惠吨税税率"。

(2) 经查表得知，4 770 净吨船舶、30 日期限的优惠税率为 2.9 元/净吨。

(3) 代入上述计算公式得：船舶吨税税额＝4 770×2.9＝13 833(元)。

13.6　进出口税费减免

进出口税费减免是指海关按照国家政策、《海关法》和其他有关法律、行政法规的规定，对进出口货物的关税和进口环节海关代征税给予减征或免征。

税费减免可分为三大类，即法定减免税、特定减免税和临时减免税。

此外，国家还根据不同时期的需要制定专项的进口税收政策。这些政策在管理效果上具有替代或者部分替代某些进口免税政策的作用，所以也在本节一并介绍。

13.6.1　法定减免税

法定减免税是指按照《海关法》《关税条例》和其他法律、行政法规的规定，进出口货物可以享受的减免关税优惠。海关对法定减免税货物一般不进行后续管理。

下列进出口货物、进出境物品，减征或者免征关税：

(1) 关税税额在 50 元人民币以下的一票货物；

(2) 无商业价值的广告品和货样；

(3) 外国政府、国际组织无偿赠送的物资；

(4) 在海关放行前遭受损坏或者损失的货物；

(5) 进出境运输工具装载的途中必需的燃料、物料和饮食用品；

(6) 中华人民共和国缔结或者参加的国际条约规定减征、免征关税的货物、物品。

13.6.2　特定减免税

(一) 特定减免税的含义

特定减免税是指海关根据国家规定，对特定地区、特定用途和特定企业给予的减免关税和进口环节海关代征税的优惠，也称政策性减免税。特定减税或者免税的范围和办法由国务院规定，海关根据国务院的规定单独或会同国务院其他主管部门制定具体实施办法并加以贯彻执行。

(二) 特定减免税的范围

为配合全国增值税转型改革，规范税制，自 2009 年 1 月 1 日起，国家对部分进口税收优惠政策进行相应调整。目前实施特定减免税的项目主要有以下几类。

1. 外商投资项目投资额度内进口自用设备

根据对外商投资的法律法规规定，在中国境内依法设立，并领取中华人民共和国外商投资企业批准证书和外商投资企业营业执照等有关法律文件的中外合资经营企业、中外合作经营企业和外资企业(以下统称外商投资企业)，所投资的项目符合《外商投资产业指导目录》中鼓励类或《中西部地区外商投资优势产业目录》的产业条目，在投资总额内进口的自用设备及随设备进口的配套技术、配件、备件(以下简称自用设备),除《外商投资项目不予免税的进口商品目录》所列商品外,免征关税,进口环节增值税照章征收。

《外商投资项目不予免税的进口商品目录》主要有电视机、摄像机、录像机、放像机、音响设备、空调器、电冰箱(电冰柜)、洗衣机、照相机、复印机、程控电话交换机、微型计算机及外设、电话机、无线寻呼系统、传真机、电子计算器、打字机及文字处理机、汽车、摩托车及《进出口税则》中第1章至第83章、第91章至第97章的所有税号商品。

2. 外商投资企业自有资金项目

属于国家鼓励发展产业的外商投资企业(外国投资者的投资比例不低于25%)、外商研究开发中心、先进技术型、产品出口型的外商投资企业,在企业投资额以外的自有资金(指企业储备基金、发展基金、折旧、税后利润)内,对原有设备更新(不包括成套设备和生产线)和维修进口国内不能生产或性能不能满足需要的设备,以及与上述设备配套的技术、配件、备件,除《国内投资项目不予免税的进口商品目录》所列商品外,可以免征进口关税,进口环节增值税照章征收。

3. 国内投资项目进口自用设备

属国家重点鼓励发展产业的国内投资项目,在投资总额内进口的自用设备,以及按照合同随设备进口的技术及配套件、备件,除《国内投资项目不予免税的进口商品目录》《进口不予免税的重大技术装备和产品目录》所列商品外,免征进口关税,进口环节增值税照章征收。

4. 贷款项目进口物资

外国政府贷款和国际金融组织贷款项目,在项目额度或投资总额内进口的自用设备,以及按照合同随设备进口的技术及配套件、备件,除《外商投资项目不予免税的进口商品目录》《进口不予免税的重大技术装备和产品目录》所列商品外,免征进口关税。

对贷款项目进口自用设备,经确认按有关规定增值税进项税额无法抵扣的,除《外商投资项目不予免税的进口商品目录》《进口不予免税的重大技术装备和产品目录》所列商品外,同时免征进口环节增值税。

5. 特定区域物资

保税区、出口加工区等特定区域进口的区内生产性基础设施项目所需的机器、设备和基建物资可以免税;区内企业进口企业自用的生产、管理设备和自用合理数量的办公用品及其所需的维修零配件,生产用燃料,建设生产厂房、仓储设施所需的物资、设备可以免税;行政管理机构自用合理数量的管理设备和办公用品及其所需的维修零配件,可以免税。

6. 科教用品

为了促进科学研究和教育事业的发展,推动科教兴国战略的实施,国务院规定对国务院部门和省、自治区、直辖市、计划单列市所属专门从事科学研究工作的科学研究机构和国家承认学历的实施专科及以上高等学历教育学校,或财政部会同国务院有关部门核定的其他科学研究机构和学校,以科学研究和教学为目的,在合理数量范围内进口国内不能生产或者性能不能满足需要的科学研究和教学用品,免征进口关税和进口环节增值税、消费税。

7. 科技开发用品

为了鼓励科学研究和技术开发,促进科技进步,规范科技开发用品的免税进口行为,国务院规定对经国家有关部门核准从事科技开发的科学研究、技术开发机构，在一定时期内，进口国内不能生产或者性能不能满足需要的合理数量范围内的科技开发用品，免征进口关税和进口环节增值税、消费税。

8. 救灾捐赠物质

对外国民间团体、企业、友好人士和华侨、港澳居民和台湾同胞无偿向我境内受灾地区捐赠的直接用于救灾的物质，在合理数量范围内，免征关税和进口环节增值税、消费税。

9. 扶贫慈善捐赠物资

为促进公益事业的健康发展，经国务院批准下发了《扶贫、慈善性捐赠物资免征进口税收的暂行办法》，对境外捐赠人（指中华人民共和国关境外的自然人、法人或者其他组织）无偿向受赠人捐赠的直接用于扶贫、慈善事业（指非营利的扶贫济困、慈善救助等社会慈善和福利事业）的物资，免征进口关税和进口环节增值税。

10. 残疾人专用品

为支持残疾人的康复工作，国务院制定了《残疾人专用品免征进口税收暂行规定》，对民政部直属企事业单位和省、自治区、直辖市民政部门所属福利机构、假肢厂、荣誉军人康复医院等，中国残疾人联合会直属事业单位和省、自治区、直辖市残联所属福利机构和康复机构进口的残疾人专用物品，免征进口关税和进口环节增值税、消费税。

11. 远洋渔业项目进口自捕水产品

对经农业农村部批准获得《农业农村部远洋渔业企业资格证书》的远洋渔业企业运回的品种及产地符合要求的自捕水产品，执行不征进口关税和进口环节增值税的政策。

12. 集成电路项目进口物资

我国对集成电路生产企业进口自用生产性原材料及净化室专用建筑材料等实施税收优惠政策，对在中国境内设立的投资超过80亿元或集成电路线宽小于0.25微米的集成电路生产企业进口自用生产性原材料、消耗品、净化室专用建筑材料、配套系统，集成电路生产设备零、配件，免征进口关税，进口环节增值税照章征收。

13. 贷款中标项目进口零部件

为了鼓励国内机电制造企业积极参与利用国际金融组织贷款和外国政府贷款项目采购设备的国际招标活动，平衡国内外中标设备的税收负担，在利用世界银行贷款、亚洲开发银行贷款、日本国际协力银行贷款以及其赠款的国际招标中，国内中标单位为生产中标机电设备而进口国内不能生产或性能不能满足需要的零部件免征进口关税，照章征收进口环节增值税和消费税。

14. 无偿援助项目进口物资

无偿援助项目进口物资是指外国政府、国际组织无偿赠送及我国履行国际条约规定减免税进口的物资，其减免税范围包括根据中国与外国政府、国际组织间的协定或协议，由外国政府、国际组织直接无偿赠送的物资等。

无偿援助项目进口物资，性质上属于法定减免税范畴，但是按照特定减免税货物管理。

13.6.3 临时减免税

临时减免税是指法定减免税和特定减免税以外的其他减免税,国务院根据某个单位、某类商品、某个时期或某批货物的特殊情况和需要,给予特别的临时性减免税优惠,如汶川地震灾后重建进口物资,3年内免征进口关税和进口环节增值税。

13.7 进出口税费的缴纳与退补

13.7.1 税款缴纳

(一)缴纳地点与方式

纳税义务人应当在货物的进出境地向海关缴纳税款,经海关批准也可以在纳税义务人所在地向其主管海关缴纳税款(即"属地纳税")。

纳税义务人向海关缴纳税款的方式主要有两种:一种是持缴款书到指定银行营业柜台办理税费交付手续(即"柜台支付税费");另一种是向签有协议的银行办理电子交付税费(即"网上支付税费")手续。

网上支付税费是指纳税义务人、银行、中国电子口岸数据中心和海关按照网上支付项目管理规定,通过中国电子口岸数据平台办理进出口税费缴纳手续的付税方式。目前,实行网上支付的税费有:进出口关税、反倾销税及其他特别关税、进口增值税、进口消费税以及缓税利息。

网上支付税费银行担保是指根据进出口税费担保的有关规定,由银行对纳税义务人在一定时期内通过网上支付方式申请缴纳的进出口税费提供的总担保。

(二)缴纳凭证

1. 进出口关税和进口环节代征税的缴纳凭证

海关征收进出口关税和进口环节税时,应向纳税义务人或其代理人填发"海关专用缴款书"(含关税、进口环节税)。纳税义务人或其代理人持凭"海关专用缴款书"向银行缴纳税款。

海关填发的"海关专用缴款书"第一联为"收据",由国库收款签章后交缴款单位或缴纳人;第二联为"付款凭证",由缴库单位开户银行作付出凭证;第三联为"收款凭证",由收款国库作收入凭证;第四联为"回执",由国库盖章后退回海关财务部门;第五联为"报查",关税由国库收款后退回海关,进口环节代征税送当地税务机关;第六联为"存根",由填发单位存查。

进口货物收货人或其代理人缴纳税款后,应将"海关专用缴款书"第一联送签发海关验核,海关凭以办理有关手续。

2. 滞纳金的缴纳凭证

滞纳金缴款书的格式与税款缴款书相同。海关征收进出口货物的关税、进口环节增值税、进口环节消费税、船舶吨税等的滞纳金时,应向纳税义务人或其代理人填发《海关专用缴款书》。纳税义务人或其代理人应持凭《海关专用缴款书》向银行缴纳滞纳金。

13.7.2 税款退还

(一) 退税的范围

以下情况经海关核准可予以办理退税手续:

(1) 已缴纳进口关税和进口环节代征税税款的进口货物,因品质或者规格原因原状退货复运出境的;

(2) 已缴纳出口关税的出口货物,因品质或者规格原因原状退货复运进境,并已重新缴纳因出口而退还的国内环节有关税收的;

(3) 已缴纳出口关税的货物,因故未装运出口,已退关的;

(4) 已征税放行的散装进出口货物发生短卸、短装,如果该货物的发货人、承运人或者保险公司已对短卸、短装部分退还或者赔偿相应货款的,纳税义务人可以向海关申请退还进口或者出口短卸、短装部分的相应税款;

(5) 进出口货物因残损、品质不良、规格不符的原因,由进出口货物的发货人、承运人或者保险公司赔偿相应货款的,纳税义务人可以向海关申请退还赔偿货款部分的相应税款;

(6) 因海关误征,致使纳税义务人多缴税款的。

(二) 退税的期限及要求

海关发现多征税款的,应当立即通知纳税义务人办理退还手续。

纳税义务人发现多缴税款的,自缴纳税款之日起1年内,可以以书面形式要求海关退还多缴的税款并加算银行同期活期存款利息。所退利息按照海关填发收入退还书之日中国人民银行规定的活期储蓄存款利息计算,计算所退利息的期限自纳税义务人缴纳税款之日起至海关填发收入退还书之日止。

进口环节增值税已予抵缴的,除国家另有规定外不予退还。已征收的滞纳金不予退还。

海关应当自受理退税申请之日起30日内查实并通知纳税义务人办理退还手续。纳税义务人应当自收到通知之日起3个月内办理有关退税手续。

退税必须在原征税海关办理。办理退税时,纳税义务人应填写"退税申请表",并持凭原进口或出口报关单、原盖有银行收款章的税款缴纳收据正本及其他必要单证(合同、发票、协议、商检机构证明等),送海关审核。海关同意后,应按原征税或者补税之日所实施的税率计算退税额。

(三) 退税凭证

海关退还已征收的关税和进口环节代征税时,应填发"收入退还书"(海关专用),同时通知原纳税义务人或其代理人。海关将"收入退还书"(海关专用)送交指定银行划拨款。

"收入退还书"(海关专用)第一联为"收账通知",交收款单位;第二联为"付款凭证",由退款国库作付出凭证;第三联为"收款凭证",由收款单位开户银行作收入凭证;第四联为"付款通知",由国库随收入统计表送退库海关;第五联为"报查凭证",由国库将进口环节代征税的送当地税务机关,关税的送退库海关;第六联为"存根",由填发海关存查。

13.7.3 税款追征和补征

(一) 追征和补征税款的范围

追征和补征税款的范围为:
(1) 进出口货物放行后,海关发现少征或者漏征税款的;
(2) 因纳税义务人违反规定造成少征或者漏征税款的;
(3) 海关监管货物在海关监管期内因故改变用途按照规定需要补征税款的。

(二) 追征和补征税款的期限和要求

追征和补征税款的期限和要求为:
(1) 进出口货物放行后,海关发现少征或者漏征税款的,应当自缴纳税款或者货物放行之日起1年内,向纳税义务人补征税款;
(2) 因纳税义务人违反规定造成少征或者漏征税款的,海关可以自缴纳税款或者货物放行之日起3年内追征税款,并按规定加收滞纳金;
(3) 海关发现海关监管货物因纳税义务人违反规定造成少征或者漏征税款的,应当自纳税义务人应缴纳税款之日起3年内追征,并按规定加收滞纳金。

(三) 追征和补征税款的凭证

海关追征或补征进出口货物关税和进口环节代征税时,应当向纳税义务人填发《海关专用缴款书》(含关税、进口环节代征税)。纳税义务人持凭《海关专用缴款书》向指定银行或开户银行缴纳税款。进口货物收货人或其代理人缴纳税款后,应将盖有"收讫"章的《海关专用缴款书》第一联送签发海关验核,海关凭以办理有关手续。

13.7.4 延期纳税

纳税义务人因不可抗力或者国家税收政策调整不能按期缴纳税款的,应当在货物进出口前向办理进出口申报纳税手续所在地直属海关提出延期缴纳税款的书面申请并随附相关材料,同时还应当提供缴税计划。

货物实际进出口时,纳税义务人要求海关先放行货物的,应当向海关提供税款担保。

延期缴纳税款的期限,自货物放行之日起最长不超过6个月。

纳税义务人在批准的延期缴纳税款期限内缴纳税款的,不征收滞纳金;逾期缴纳税款的,自延期缴纳税款期限届满之日起至缴清税款之日止按日加收滞纳税款0.5‰的滞纳金。

13.7.5 加工贸易保税货物缓税利息

加工贸易保税货物在规定的有效期限内(包括经批准延长的期限)全部出口的,由海关通知中国银行将保证金及其活期存款利息全部退还;加工贸易保税料件或制成品内销的,海关除依法征收税款外,还应加征缓税利息。缓税利息缴纳方式、缴纳凭证、缴纳规定等与税款缴纳相同。

(一) 征收规定

(1) 缓税利息的利率为中国人民银行公布的活期存款利率,海关根据中国人民银行最新公布的活期存款利率随时调整并公布执行。

(2) 对于实行保证金台账实转(包括税款保付保函)管理的加工贸易手册项下的保税货物,在办理内销征税手续时,如果海关征收的缓税利息大于对应台账保证金的利息,应由中国银行在海关税款缴款书上签注后退单,由海关重新开具两份缴款书:一份将台账保证金利息全额转为缓税利息;另一份将台账保证金利息不足部分单开海关税款缴款书,企业另行缴纳。

(二) 计息期限

(1) 加工贸易保税料件或制成品经批准内销的,缓税利息计息期限的起始日期为内销料件或制成品所对应的加工贸易合同项下首批料件进口之日至海关填发税款缴款书之日;加工贸易 E 类电子账册项下的料件或制成品内销时,起始日期为内销料件或制成品所对应电子账册的最近一次核销之日(若没有核销日期的,则为电子账册的首批料件进口之日)至海关填发税款缴款书之日。

(2) 加工贸易保税料件或制成品未经批准擅自内销违反海关监管规定的,或加工贸易保税货物需要后续补税但海关未按违规处理的,缓税利息计息期限的起始日期为内销料件或制成品所对应的加工贸易合同项下首批料件进口之日至保税料件或制成品内销之日(内销之日无法确定的,终止日期为海关发现之日);若内销涉及多本合同,且内销料件或制成品与合同无法一一对应的,则计息的起始日期为最近一本合同项下首批料件进口之日至保税料件或制成品内销之日(内销之日无法确定的,终止日期为海关发现之日);若加工贸易 E 类电子账册项下的料件或制成品擅自内销的,则计息的起始日期为内销料件或制成品所对应电子账册的最近一次核销之日(若没有核销日期的,则为电子账册的首批料件进口之日)至保税料件或制成品内销之日(内销之日无法确定的,终止日期为海关发现之日)。按照前述方法仍无法确定计息的起始日期的,则不再征收缓税利息。

加工贸易保税料件或制成品等违规内销的,还应根据规定征收滞纳金。滞纳金是从应缴纳税款之日起至海关发现之日止按日计算,滞纳金征收比例为少征或漏征税款的 0.5‰。

(3) 加工贸易剩余料件、残次品、副产品和受灾保税货物等内销需征收缓税利息的,也应比照上述规定办理。

(三) 计算公式

加工贸易缓税利息应根据填发海关税款缴款书时海关总署调整的最新缓税利息率按日征收。

缓税利息的计算公式为

$$应征缓税利息 = 应征税额 \times \frac{计息期限}{360} \times 年缓税利息率 \qquad (13-24)$$

(四) 办理程序

具体办理程序为:

(1) 海关审核准予内销后向经营企业签发《加工贸易货物内销征税联系单》。

(2) 经营企业持该《加工贸易货物内销征税联系单》办理通关申报手续。在填制内销报关单时,经营企业需在备注栏注明"活期"字样。

(3) 海关核对确认无误后,按规定办理内销货物审单、征税、放行等海关手续。

13.7.6 税收保全和强制措施

(一) 保全措施

进出口货物的纳税义务人在规定的纳税期限内有明显的转移、藏匿其应税货物,以及其他财产迹象的,海关可以要求纳税义务人在海关规定的期限内提供海关认可的担保。纳税义务人不能提供担保的,经直属海关关长批准,海关可以采取以下税收保全措施:

(1) 暂停支付存款;

(2) 暂扣货物或财产。

(二) 强制措施

纳税义务人、担保人自纳税期限届满之日起超过3个月仍未缴纳税款的,海关可以依次采取强制措施:

(1) 书面通知金融机构从其存款中扣缴税款;

(2) 将应税货物依法变卖,以变卖所得抵缴税款;

(3) 扣留并依法变卖其价值相当于应纳税款的货物或者其他财产,以变卖所得抵缴税款。

咬文嚼字

1. 优惠原产地认定标准总结

优惠原产地认定标准中的区域价值成分标准见表13-10。

表13-10 优惠原产地认定标准中的区域价值成分总结表

优惠原产地协定	加工增值价值 Y	原产材料价值 X
《亚太贸易协定》	$\dfrac{Y}{FOB 价} \geqslant 45\%$ （孟加拉国$\geqslant 35\%$）	
《中国-东盟合作框架协议》	$\dfrac{Y}{FOB 价} \geqslant 40\%$	
《港澳CEPA》	$\dfrac{Y}{FOB 价} \geqslant 30\%$	
《中巴优惠贸易安排》		$\dfrac{X}{FOB 价} \geqslant 40\%$
《中国-智利自由贸易协定》		$\dfrac{X}{FOB 价} \geqslant 40\%$

注:原产材料价值=FOB价-进口材料价值(非原产材料价值)。

2. 对于原产地规则的理解

原产地规则是确定进出口货物原产国的标准和方法,是确定货物适用关税税率的重要依据。货物的原产地规则起源于20世纪70年代初期,是发达国家对发展中国家的出口货物给予普遍的关税优惠待遇,即在普惠制广泛实施下产生的,原产地规则是在普惠制的基础上确定的。原产地规则分为优惠原产地规则和非优惠原产地规则。

随着国际经济技术合作的领域不断拓展、程度不断加深,各国生产分工也越来越细,跨国生产制造产品越来越多。因此,需要制定出明确的、能够普遍适用的原产地规则和原产地认定标准。

3. 对于原产地证书作用的理解

在优惠贸易协定项下,某一国家进口某种货物,如果对方(受惠国)能够提供原产地证书来证明该货物的原产国是本国,就可以给予该进口货物优惠贸易协定项下的优惠税率(如协定税率、特惠税率)。同样,某一国家出口某种货物,如果能够提供原产地证书来证明该货物的原产国是本国,在他国进口时,也可以享受优惠税率,从而可以提高企业利润。

①普惠制原产地证书是具有法律效力的我国出口产品在给受惠国享受在最惠国税率基础上进一步减免进口关税的官方凭证;②由出入境检验检疫部门出具;③我国出口东盟货物在东盟通关时,凭检验检疫机构签发的《中国-东盟自由贸易区原产地证》可获得关税减免的优惠待遇。

4. 对于普惠制 GSP 的理解

普惠制又称普遍优惠制,是发达国家给予发展中国家出口制成品和半制成品的一种普遍的、非歧视的、非互惠的关税优惠制度。目前,世界上已有100多个发展中国家和地区享受普惠制待遇,给惠国也已达到30多个国家,包括美国、欧盟成员国、日本、加拿大、澳大利亚、新西兰等发达国家。随着中国经济发展和在加入WTO时的承诺,我国也加入给惠国行列。目前,在关税税率方面已经给予了40多个发展中国家特惠税率待遇。

普惠制具体实施方案由给惠国分别制定,给惠商品的范围是列入给惠商品清单的,包括工业制成品、半制成品和部分农产品。优惠关税幅度一般为最惠国税率与普惠制税率之间的差额。由于普惠制优惠幅度较大,范围较广,为了确保普惠制待遇只给予发展中国家和地区生产和制造的产品,各给惠国都把确定进口货物的原产国作为海关监管的一项重要内容。

5. 优惠贸易协定成员国

优惠贸易协定成员国见表13-11。

表13-11 优惠贸易协定成员国

《亚太贸易协定》	《中国-东盟合作框架协议》
中国、韩国、印度、斯里兰卡、孟加拉国、老挝	中国、越南、泰国、新加坡、马来西亚、印度尼西亚、文莱、缅甸、柬埔寨、菲律宾、老挝

6. 常用原产地证书中"原产地标准"栏目填制规范总结

常用原产地证书中"原产地标准"栏目填制规范见表13-12。

表13-12 常用原产地证书中"原产地标准"栏目填制规范总结表

证书种类	证书种类代码	目的国家	原产地标准及其填制
一般原产地证书	C	所有国家	以税则归类改变为基本标准,以从价百分比、制造或者加工工序为补充标准。证书上不体现原产地标准

续表

证书种类	证书种类代码	目的国家	原产地标准及其填制
普惠制原产地证书	G	欧盟、挪威、瑞士、土耳其、日本和列支敦士登	① 完全原产:"P"; ② 非完全原产:满足加工清单要求,未列入的满足品目号改变规则,填写"W"加产品 H.S.品目号,例如"W"94.05
		加拿大	① 完全原产:"P"; ② 非完全原产:进口成分价值不超过包装完毕待运加拿大的产品出厂价的40%,填写"F"; ③ 非完全原产:经多国加工的产品,进口成分价值不超过包装完毕待运加拿大的产品出厂价的40%,填写"G"
		白俄罗斯、俄罗斯联邦、哈萨克斯坦、乌克兰	① 完全原产:"P"; ② 非完全原产:进口成分价值不超过产品离岸价格的50%,填写"Y"加非原产成分价值占产品离岸价的百分比,例如Y50%; ③ 非完全原产:进口成分价值不超过产品离岸价格的50%,在一个受惠国生产而在另一个或数个其他受惠国制造或加工的产品,填写"PK"
		澳大利亚、新西兰	① 完全原产:"P"; ② 非完全原产:本国成分价值不小于产品出厂价的50%,留空
中国-东盟自贸区优惠原产地证书	E	东盟成员国	① 完全原产:"X"; ② 非完全原产:中国-东盟自贸区成分大于等于产品离岸价40%,填写中国-东盟自贸区成分占产品离岸价的百分比,例如40%; ③ 非完全原产:符合特定原产地标准的,填写"PSR"
《亚太贸易协定》原产地证书	B	孟加拉国、印度、韩国、斯里兰卡	① 完全原产:"A"; ② 非完全原产:非原产成分小于等于产品离岸价55%,填写"B"加非原产成分占产品离岸价的百分比,例如B55%; ③ 非完全原产:使用原产地累计的,成员国成分累计不低于产品离岸价的60%,填写"C"加累计原产成分占产品离岸价的百分比,例如C60%; ④ 非完全原产:最不发达成员国在以上②③基础上再享受10个百分点优惠,填写"D"
中国-智利自贸区原产地证书	F	智利	① 完全原产:"P"; ② 非完全原产:区域价值成分大于等于产品离岸价40%,填写"RVC"; ③ 非完全原产:符合特定原产地标准的,填写"PSR"
中国-新西兰自贸区原产地证书	N	新西兰	① 完全原产:"WO"; ② 非完全原产:完全由获得原产资格的材料制成,填写"WP"; ③ 非完全原产:符合特定原产地标准中税则归类改变、工序要求的,填写"PSR";符合特定原产地标准中区域价值成分(RVC)要求的,填写"PSR"并加注区域价值成分百分比

1. 扩展词汇

关税与贸易总协定 GATT　原产国 country of original　一般原产地证书 certificate of original　普惠制原产地证书 GSP FORM A　滞纳金 penalty　发票价格 invoice value　关税 customs duty

2. 短文阅读

No import permit is issued for foreign goods on which an import duty is imposed until the duty is paid. This procedure is required when the applicant desires to make the extension of the time limit for payment of a customs duty.

Details of the extension of the time limit for payment are as follows.

（1）Extension of the time limit for payment of an individual customs duty：Applicable to an individual import declaration.

（2）Extension of the time limit for payment of monthly customs duty：Applicable to all of the import declarations in a month for an importer.

（3）Extension of the time limit for payment of a special declaration：Applicable to a special declaration according to Article of the Customs Law.

课内热身

【例 13-1】 中国香港企业在韩国生产衬衫,再运到香港烫压、定型,挂香港企业品牌后运往内地销售。衬衫的生产成本 10 港元,香港加工人工成本 2 港元,每件品牌价值 3 港元。如果运往内地销售(离岸)价格 16 港元。请判定衬衫原产地。

【答案】 由于此题的税则归类没有发生变化,应采用从价百分比标准判定。其加工增值部分为 2+3=5(港元),离岸价格(FOB)16 港元,根据公式从价百分比=5/16=31.25%,大于 30%,其原产地为香港。

【例 13-2】 我国某进出口公司从香港购进一批平板电视机,其中 LED 显示屏为韩国生产,集成电路板由新加坡生产,其他零件均为马来西亚生产,最后由韩国三星公司组装成整机。该公司向海关申报进口该批电视机时,原产地为哪个国家或地区?

【答案】 本题由于赋予制造、加工后所得货物基本特征的主要工序是在韩国三星公司完成的,按照加工工序标准判定其原产地为韩国。

【例 13-3】 我国某公司进口一批马来西亚组装的美国 HP(惠普)牌计算机,FOB 价格是 600 美元,其中,CPU 和软件产自美国,价值 150 美元;主板产自新加坡,价值 90 美元;硬盘产自我国台湾地区,价值 110 美元;不明产地原件 20 美元。我国海关应如何确定该批计算机的原产地?为什么?

【答案】 此案例涉及原产地累计问题。根据《中国-东盟合作框架协议》规定,东盟各国作为一个经济区域,在这个区域内进行加工制造,产生的增值累计计算,如果累计加工增值部分占加工后产品总价值(FOB价格)的比例已达到40%及以上,其加工区域东盟为原产地。此题中的东盟成员国有马来西亚和新加坡,其累计加工增值价值为600－150(产自美国的CPU和软件)－110(产自我国台湾的硬盘)－20(原产地不明)＝320美元,占加工后产品总价值(600美元)的比例已超过40%,其原产地为东盟。

【例13-4】 为取得某国外品牌运动鞋的销售资格,某公司以10万美元的价格,购买该运动鞋商标使用权。同时该公司从其品牌运动鞋厂家分别进口生产运动鞋原料1 000千克,每千克售价200美元;该品牌运动鞋10 000双,每双20美元。按我国《审价办法》的规定,该公司如何申报成交价格才能符合价格准则的要求?

【答案】 此案例要从特许权使用费满足的条件入手。对于购进生产运动鞋原料,该货物进口与商标使用权没有直接关系,进一步说,商标使用权是品牌运动鞋的销售资格,而不是运动鞋原料的销售资格,不满足特许权使用费作为应计入项目的条件,所以,进口生产运动鞋原料向海关申报成交价格应是:1 000千克×200美元/千克＝2万美元。对于购进品牌运动鞋而言,向海关进口申报时要加上特许权使用费,其申报的成交价格是:10 000双×20美元/双＋10万美元＝30万美元。

【例13-5】 我国某机械制造公司从德国批发进口程控机床30台,采用类似货物成交价格法确定完税价格。该设备进口时间为2018年6月1日。合同采用CIF贸易术语。表13-13显示了经海关协助该公司查找的类似货物。请问该公司应如何确定完税价格?

表13-13 某公司查找的类似货物

类似货物	数量/件	价格	进口时间	产地	商业水平	贸易术语
A	30	600万美元	2018.06.16	德国	零售	CIF
B	30	650万美元	2018.08.16	德国	批发	FOB
C	32	620万美元	2018.05.19	法国	批发	FOB
D	32	690万美元	2018.05.19	法国	批发	CIF
E	32	550万美元	2018.06.19	美国	批发	CIF
F	55	520万美元	2018.06.19	德国	批发	CIF

【答案】 按照约束条件来分析:从时间要素同时或大约同时进口的要求,排除类似货物B;从出口国(产地)的规定,排除类似货物E;按照商业水平一致的要求,排除类似货物A;考虑相同贸易术语,排除类似货物C;从大致相同数量可确定该公司的完税价格是类似货物D的成交价格690万美元。

根据教师提供的信息,学习以下各类原产地证书的填制(见表13-14~表13-17)。

表13-14 亚太贸易协定原产地证书（英文文本）

1. Goods consigned from (Exporter's business name, address, country)	Reference No. **SAMPLE CERTIFICATE OF ORIGIN** **Asia-Pacific Trade Agreement** **(Combined Declaration and Certificate)** Issued in _____ (country)			
2. Goods consigned to (Consignee's name, address, country)	3. For official use			
4. Means of transport and route				
5. Tariff item number	6. Marks and number of Packages	7. Number and kind of packages/ description of goods	8. Origin criterion (see notes overleaf)	9. Gross weight or other quantity	10. Number and date of invoices
11. Declaration by the exporter The undersigned hereby declares that the above details and statements are correct, that all the goods were produced in .... (country) and that they comply with the origin requirements specified for these goods in the Asia-Pacific Trade Agreement for goods exported to .... (importing country) .... Place and date, signature of authorized Signatory	12. Certificate It is hereby certified on the basis of control carried out, that the declaration by the exporter is correct. .... Place and date, signature and Stamp of Certifying Authority			

表 13-15　亚太贸易协定原产地证书(中文文本)

1. 货物运自(出口人名称、地址、国家)	编号：_____ **原产地证书样本** **亚太贸易协定** (申请表格和证书合一) _____签发 (国家)			
2. 货物运至(收货人名称、地址、国家)	3. 官方使用			
4. 运输工具及路线				
5. 税则号列	6. 包装唛头及编号	7. 包装件数及种类/货物名称	8. 原产地标准(见背页填制说明)	9. 毛重或者其他数量	10. 发票编号及日期
11. 出口人声明 　　下列签字人证明上述资料及申明正确无讹,所有货物产自 _____ (国家) 且符合亚太贸易协定原产地规则的相关规定,该货物出口至 _____ (进口国) _____ 申报地点、日期及授权签字人的签字	12. 证明 　　根据所实施的监管,兹证明上述出口商的申报正确。 地点和日期,签字和签证机构印章			

表 13-16 一般原产地证书

1. Exporter	Certificate No.
	CERTIFICATE OF ORIGIN **OF** **THE PEOPLE'S REPUBLIC OF CHINA**
2. Consignee	
3. Means of transport and route	5. For certifying authority use only
4. Country / region of destination	

6. Marks and numbers	7. Number and kind of packages; description of goods	8. H. S. Code	9. Quantity	10. Number and date of invoices

11. Declaration by the exporter 　　The undersigned hereby declares that the above details and statements are correct, that all the goods were produced in China and that they comply with the Rules of Origin of the People's Republic of China.	12. Certification 　　It is hereby certified that the declaration by the exporter is correct.
Place and date, signature of authorized signatory	Place and date, signature and stamp of certifying authority

说明：一般原产地证书(CO)由各地贸促会(CCPIT)签发。

表 13-17 普惠制原产地证书

1. Goods consigned from (Exporter's business name, address, Country).	Reference No. **GENERALIZED SYSTEM OF PREFERENCES CERTIFICATE OF ORIGIN** (**Combined declaration and certificate**) **FORM A** Issued in **THE PEOPLE'S REPUBLIC OF CHINA** (country) See Notes Overleaf			
2. Goods consigned to (Consignee's name, address, country)				
3. Means of transport and route (as far as known)	4. For official use			
5. Item number	6. Marks and numbers of packages	7. Number and kind of packages; description of goods	8. Origin criterion (see Notes overleaf)	9. Gross weight or other quantity	10. Number and date of invoices

11. Certification It is hereby certified, on the basis of control carried out, that the declaration by the exporter is correct. Place and date, signature and stamp of certifying authority	12. Declaration by the exporter The undersigned hereby declares that the above details and statements are correct; that all the goods were produced in **CHINA** (Country) and that they comply with the origin requirement specified for those goods in the Generalized System of Preferences for goods exported to .... (Importing Country) .... Place and date, signature of authorized signatory

说明:1.普惠制原产地证书是具有法律效力的我国出口产品在给惠国享受在最惠国税率基础上进一步减免进口关税的官方凭证。

2.由出入境检验检疫部门出具。

精选习题

一、单选题

1. 采用价内税计税方法的税种是(　　)。
   A. 进口关税　　　　　　　　　　B. 进口环节增值税
   C. 进口环节消费税　　　　　　　D. 出口关税

2. 下列经纳税义务人书面申请,海关可以不进行价格质疑及价格磋商,依法审查确定进出口货物完税价格的商品是(　　)。
   A. 汽车　　　　B. 电梯　　　　C. 矿砂　　　　D. 废五金

3. 下列不属于非优惠原产地认定标准中的"实质性改变标准"的是(　　)。
   A. 完全获得标准　　　　　　　　B. 税则归类改变标准
   C. 从价百分比标准　　　　　　　D. 加工工序标准

4. 某企业从德国进口医疗检查设备一台,发票分别列明：CIF上海 50 000美元/台,境外培训费 3 000美元。此外,合同列明设备投入使用后买方从收益中另行支付卖方 20 000美元。该批货物经海关审定的成交价格应为(　　)。
   A. 73 000美元　　B. 50 000美元　　C. 70 000美元　　D. 53 000美元

5. 广西某公司从韩国进口绣花机1台,发票列明：交易单价为CIF南宁 100 000美元/台,商标使用费 10 000美元,经纪费 3 000美元,该批货物经海关审定的成交价格应为(　　)美元。
   A. 100 000　　　B. 103 000　　　C. 110 000　　　D. 113 000

6. 海关确定进口货物完税价格的方法有：①合理方法；②成交价格法；③倒扣价格法；④计算价格法；⑤类似货物成交价格法；⑥相同货物成交价格法。采用上述六种估计方法的正确顺序为(　　)。
   A. ①②③④⑤⑥　B. ②⑤⑥①③④　C. ②⑥⑤③④①　D. ①②⑥⑤④③

7. 下列进出口货物中,属于法定减免税范围的是(　　)。
   A. 关税完税价格在50元人民币以下的一票货物
   B. 无商业价值的货样、广告品
   C. 外国政府、国际组织、商业机构无偿赠送的物资
   D. 在海关放行后遭受损坏或损失的货物

8. 境内某公司与香港某公司签约进口韩国产的彩色超声波诊断仪1台,直接由韩国运抵上海,成交价格CIF上海 10 000美元/台。假设1美元=7元人民币,最惠国税率为5%,普通税率为17%,亚太贸易协定税率为4.5%,应征进口关税税额为(　　)元人民币。
   A. 0　　　　　　B. 3 150　　　　C. 3 500　　　　D. 11 900

9. 某企业从德国进口放映设备一台,发票分别列明：交易价格CIF上海 100 000美元,境外考察费为 2 500美元,销售佣金 1 500美元,合同另规定,该设备投入使用后买方应从票房收益中支付卖方 10 000美元,该批货物应向海关申报的成交价格为(　　)美元。
   A. 114 000　　　B. 112 500　　　C. 111 500　　　D. 104 000

10. 境内某公司从我国香港进口日本产的冷却肉切片机2台,成交价格为CIF广州

50 000美元/台,假设1美元=7元人民币,最惠国税率为7%,普通税率为30%,应征进口关税税额为( )元人民币。
  A. 24 500　　　　B. 49 000　　　　C. 105 000　　　　D. 210 000
11. 关税和进口环节增值税、消费税的纳税义务人,应当自海关填发税款缴款书之日起( )日内缴纳税款,逾期缴纳的,海关依法按日加收滞纳税款( )的滞纳金。
  A. 5　0.5%　　B. 5　0.5‰　　C. 15　0.5%　　D. 15　0.5‰
12. 以下国家不适用《中华人民共和国与东南亚国家联盟全面经济合作框架协议》的是( )。
  A. 老挝　　　　B. 越南　　　　C. 菲律宾　　　　D. 孟加拉国
13. 下列类别的特定减免税货物,免征进口关税同时免征进口环节增值税的是( )。
  A. 外商投资企业自有资金项目　　B. 国内投资项目进口自用设备
  C. 贷款中标项目进口零部件　　　D. 重大技术装备

二、多选题

1. 下列关于滑准税的表述正确的有( )。
  A. 当商品价格上涨时采用较低税率　　B. 当商品价格上涨时采用较高税率
  C. 当商品价格下跌时采用较高税率　　D. 当商品价格下跌时采用较低税率
2. 下列应计入出口货物完税价格的项目有( )。
  A. 出口关税
  B. 在货物价款中单独列明由卖方承担的佣金
  C. 境内生产货物的成本、利润和一般费用
  D. 货物运至境内输出地点装载前的运输及其相关费用、保险费
3. 下列进口货物中,应当适用装载货物的运输工具申报进境之日实施的税率的有( )。
  A. 到达前经海关核准先行申报的进口货物
  B. 货物运抵指运地前经海关核准先行申报的进口转关运输货物
  C. 因超过规定期限未申报而由海关依法变卖的进口货物
  D. 因纳税义务人违反规定需要追征税款的进口货物
4. 下列属于纳税义务人可以在货物进出口前向海关申请延期缴纳税款的情形有( )。
  A. 因企业分立不能按期缴纳税款的
  B. 因不可抗力不能按期缴纳税款的
  C. 因国家税收政策调整不能按期缴纳税款的
  D. 因企业资金紧张不能按期缴纳税款的
5. 从价计征进口货物税款时,应考虑( )等因素。
  A. 汇率　　　　B. 价格　　　　C. 税率　　　　D. 税则号列
6. 特许权使用费包括( )。
  A. 专利权使用费　　　　B. 商标权使用费
  C. 著作权使用费　　　　D. 专有技术使用费
7. 因品质或者规格的原因,出口货物自出口之日起1年内原状退货复运进境,纳税义务人在办理进口申报手续时,应当按照规定提交有关单证和证明文件,经海关确认后,对退运进境的原出口货物( )。

A. 不予征收进口关税　　　　　　　　B. 不予征收进口环节增值税
C. 不予征收进口环节消费税　　　　　D. 不予退还原征出口关税

8. 下列属于关税附加税的有（　　）。
A. 反倾销税　　B. 反补贴税　　C. 消费税　　D. 增值税

9. 关于各类优惠贸易协定项下的优惠原产地认定标准，以下表述正确的有（　　）。
A. 完全获得是指从成员国（地区）直接运输进口的货物是完全在该成员国（地区）获得或产生的
B. 税则归类改变是指原产于成员国（地区）的材料在非成员国（地区）境内进行制造、加工后，所得税则归类发生了变化
C. 区域价值成分是指出口货物FOB价格扣除生产过程中该成员国（地区）非原产材料价格后，所余价格在出口货物FOB价格中所占的百分比
D. 制造加工工序是指赋予加工后所得货物基本特征的主要工序

10. 货物运抵中华人民共和国境内输入地点起卸前的（　　）应计入进口货物完税价格。
A. 运输费　　B. 装卸费　　C. 搬运费　　D. 保险费

11. 非优惠原产地认定标准中的实质性改变标准包括（　　）。
A. 税则归类改变标准　　　　　　B. 完全获得标准
C. 从价百分比标准　　　　　　　D. 加工工序标准

12. 进口货物不适用协定税率的情形包括（　　）。
A. 在报关单上未申明适用协定税率的
B. 未提交符合规定的原产地证书、原产地声明的
C. 经查验员查核，确认货物原产地与申报内容不符的
D. 经查验或者核查，无法确认货物真实原产地的

13. 关税的纳税义务人包括（　　）。
A. 进口货物收货人　　　　　　　B. 出口货物发货人
C. 进出境物品所有人　　　　　　D. 运输工具的负责人

14. 纳税义务人自缴纳税期限届满之日起超过3个月未缴纳税款的，海关可以采取税收强制措施，包括（　　）。
A. 通知金融机构暂停向其支付存款
B. 书面通知金融机构从其存款中扣缴税款
C. 将应税货物依法变卖，以变卖所得抵缴税款
D. 暂扣其货物或者其他财产

三、判断题

1. 进口环节增值税的征收管理，适用关税征收管理的规定。（　　）
2. 公式定价的进口货物，由于销售合同是以约定的定价公式而不是以具体明确的数值约定货物价格，因此该类进口货物不存在成交价格。（　　）
3. 对于在反倾销措施实施之前已经申报进口的保税货物，进口经营单位在反倾销措施实施期间因故申报内销的，可免予提交原产地证明。（　　）

4. 海关发现多征税款的,应当立即通知纳税义务人办理退还手续,但滞纳金不予退还。
（　）

5. 海关对进口货物实施估价必须征得纳税义务人的同意。（　）

6. 进出口货物的价格及有关费用以外币计价的,海关按照该货物适用税率之日所适用的计征汇率折合为人民币计算完税价格,完税价格采用四舍五入法计算至元。（　）

7. 海关办理退税手续时,已征收的滞纳金一并予以退还。（　）

8. 非优惠原产地认定标准中的实质性改变标准,适用于非优惠贸易措施项下两个及两个以上国家（地区）所参与生产的货物原产地的确定。（　）

9. 关税是海关代表国家向纳税义务人征收的一种流转税,其征收的主体是国家,课税对象是纳税义务人。（　）

10. 关税是对准许进出关境的货物和物品向纳税义务人征收的一种流转税。（　）

11. 除国家政策调整等原因并经海关总署批准外,货物征税放行后,减免税申请人申请补办减免税审批手续的,海关不予受理。（　）

12. 进口享受协定税率的商品,同时该商品又属于我国实施反倾销措施范围内,按普通税率计征进口关税。（　）

第14章

进出口货物报关单填制

进出口货物报关单是报关员代表报关单位向海关办理货物进出境手续的主要单证。按照《中华人民共和国海关进出口货物申报管理规定》(以下简称《货物申报管理规定》)和《中华人民共和国海关进出口货物报关单填制规范》(以下简称《报关单填制规范》)的要求,完整、准确、有效地填制进出口货物报关单是报关员执业所必备的基本技能。本章主要介绍纸质进出口货物报关单各栏目填制的基本要求及应注意的事项。

14.1 进出口货物报关单概述

14.1.1 进出口货物报关单各联的用途

纸质进口货物报关单一式四联,分别是:海关作业联、企业留存联、海关核销联、进口付汇证明联;纸质出口货物报关单一式五联,分别是:海关作业联、企业留存联、海关核销联、出口收汇证明联、出口退税证明联。

(一)进出口货物报关单海关作业联

进出口货物报关单海关作业联是报关员配合海关查验、缴纳税费、提取或装运货物的重要单据,也是海关查验货物、征收税费、编制海关统计以及处理其他海关事务的重要凭证。

(二)进口货物报关单付汇证明联和出口货物报关单收汇证明联

进口货物报关单付汇证明联和出口货物报关单收汇证明联是海关对已实际进出境的货物所签发的证明文件,是银行和国家外汇管理部门办理售汇、付汇、收汇及核销手续的重要依据之一。

对需办理进口付汇核销或出口收汇核销的货物,进出口货物的收发货人或其代理人应当在海关放行货物或结关以后,向海关申领进口货物报关单进口付汇证明联或出口货物报关单出口收汇证明联,凭以向银行或国家外汇管理部门办理付汇、收汇核销手续。

(三)进出口货物报关单海关核销联

进出口货物报关单海关核销联是指接受申报的海关对已实际申报进口或出口的货物所

签发的证明文件,是海关办理加工贸易合同核销、结案手续的重要凭证。加工贸易的货物进出口后,申报人应向海关领取进出口货物报关单海关核销联,并凭以向主管海关办理加工贸易合同核销手续。该联在报关时与海关作业联一并提供。

(四) 出口货物报关单出口退税证明联

出口货物报关单出口退税证明联是海关对已实际申报出口并已装运离境的货物所签发的证明文件,是国家税务部门办理出口货物退税手续的重要凭证之一。

对可办理出口退税的货物,出口货物发货人或其代理人应当在载运货物的运输工具实际离境,海关办理结关手续后,向海关申领出口货物报关单出口退税证明联,有关出口货物发货人凭以向国家税务管理部门申请办理出口货物退税手续。对不属于退税范围的货物,海关均不予签发该联。

14.1.2 海关对进出口货物报关单填制的一般要求

(1) 进出口货物的收发货人或其代理人应按照《货物申报管理规定》《报关单填制规范》《统计商品目录》《规范申报目录》等有关规定向海关申报,并对申报内容的真实性、准确性、完整性和规范性承担相应的法律责任。

(2) 报关单的填报应做到"两个相符":一是单证相符,即所填报关单各栏目的内容必须与合同、发票、装箱单、提单以及批文等随附单据相符;二是单货相符,即所填报关单各栏目的内容必须与实际进出口货物的情况相符,不得伪报、瞒报、虚报。

(3) 不同运输工具、不同航次、不同提运单、不同贸易方式、不同备案号、不同征免性质的货物,均应分单填报。

同一份报关单上的商品不能同时享受协定税率和减免税。

一份原产地证书只能用于同一批次进口货物。含有原产地证书管理商品的一份报关单,只能对应一份原产地证书;同一批次货物中,实行原产地证书联网管理的,如涉及多份原产地证书或含有非原产地证书商品,也应分单填报。

(4) 一份报关单所申报的货物,须分项填报的情况主要有:商品编号不同的;商品名称不同的;计量单位不同的;原产国(地区)/最终目的国(地区)不同的;币制不同的;征免不同的。

进口货物报关单见表 14-1,出口货物报关单见表 14-2。

14.1.3 报关单结构的重大调整

为落实国家简政放权措施,促进贸易便利化,提升海关履职能力,根据海关全面深化改革总体部署和金关工程二期建设安排,海关总署于 2016 年决定对进出口货物报关单结构进行分期修改。涉及进出口货物报关单/进出境备案清单的预录入界面、展示界面以及打印模板,详见表 14-3。两年后,海关总署 2018 年第 60 号,对报关单填制规范再次修订,自 2018 年 8 月 1 日执行。

表 14-1 进口货物报关单

中华人民共和国海关进口货物报关单

预录入编号： 　　海关编号： 　　(××海关) 　　页码/页数：

境内发货人	进境关别		进口日期		申报日期		备案号	
境外发货人	运输方式		运输工具名称及航次号		提运单号		货物存放地点	
消费使用单位	监管方式		征免性质		许可证号		启运港	
合同协议号	贸易国(地区)		启运国(地区)		经停港		入境口岸	
包装种类	件数	毛重(千克)	净重(千克)	成交方式	运费	保费	杂费	

随附单证及编号
标记唛码及备注

项号	商品编号	商品名称及规格型号	数量及单位	单价/总价/币制	原产国(地区)	最终目的国(地区)	境内目的地	征免

报关人员　　报关人员证号　　电话　　　兹申明	海关批注及签章
对以上内容承担如实申报、依法纳税之责任 申报单位　　　　　　　　　　　申报单位(签章)	

表14-2 出口货物报关单

中华人民共和国海关出口货物报关单

预录入编号：　　　　海关编号：　　　　（××海关）　　　　　　　页码/页数：

境内发货人	出境关别		出口日期		申报日期	备案号
境外收货人	运输方式		运输工具名称及航次号		提运单号	
生产销售单位	监管方式		征免性质		许可证号	
合同协议号	贸易国(地区)		运抵国(地区)		指运港	离境口岸
包装种类	件数	毛重(千克)	净重(千克)	成交方式	运费	保费	杂费
随附单证及编号							
标记唛码及备注							

项号	商品编号	商品名称及规格型号	数量及单位	单价/总价/币制	原产国(地区)	最终目的国(地区)	境内货源地	征免

报关人员　　　报关人员证号　　　电话　　　兹申明　　　海关批注及签章
对以上内容承担如实申报、依法纳税之责任
申报单位　　　　　　　　　　　　　申报单位(签章)

表 14-3　新旧报关单变动对照表

修改类型	原报关单	改版后的报关单	出口	进口	修改原因及备注
删除	批准文号		√		
删除	结汇证号			√	随着国家外汇管理的改革失去意义
删除	结汇方式		√		
删除	用途			√	进口货物的用途不是海关管理的重点和主要职责
删除	生产厂家		√		出口货物的生产厂家不是海关管理的重点和主要职责
新增		特殊关系确认	√	√	完税价格审核前置,加强税收征管
新增		价格影响确认	√	√	
新增		支付特许权使用费确认	√	√	完税价格审核前置,加强税收征管,加强打击侵权
新增		原产国(地区)	√		为了完整掌握贸易走向,打击虚假贸易
新增		最终目的国(地区)		√	
新增		贸易国别(地区)	√	√	明确买方所属国(地区)掌握真实贸易
新增		申报单位的18位统一社会信用代码	√	√	响应"三证合一"改革
新增		收发货人的18位统一社会信用代码	√	√	
新增		生产销售单位的18位统一社会信用代码	√		
新增		消费使用单位的18位统一社会信用代码		√	
改名	经营单位	收发货人	√	√	更加一目了然
改名	收货单位	消费使用单位		√	消费使用单位可能与收发货人一样,也可能不一样
改名	发货单位	生产销售单位	√		生产销售单位可能与收发货人一样,也可能不一样
改名	区内经营单位	收发货人	√	√	进出境报关备案清单
改名	区内收货单位	消费使用单位		√	
改名	区内发货单位	生产销售单位	√		
改名	贸易国别	贸易国(地区)	√	√	加上"地区"更加明确,因为世界上有的地区不是国家如港澳台
改名	贸易方式	监管方式	√	√	强调监管,实质没变
改名	申报口岸	申报地海关	√	√	适应通关区域一体化的需要
改名	报关员	报关人员	√	√	响应国务院简政放权关于进一步减少资质资格类许可和认定的有关要求
改名	报关员代码	报关人员代码	√	√	
改名	保税仓库或者监管仓库编码	保税/监管场所	√	√	仓库改为场所,范围扩大
改名	商品项数:最多20项	商品项数:最多50项	√	√	减少拆分物流单据,贸易便利化

(一)报关单/备案清单删除部分指标

删除已失去法律依据或不具备监管意义的申报指标。包括"结汇证号/批准文号""结汇方式""征税比例""用途/生产厂家""税费征收情况""海关审单批注及放行日期""报关单打印日期""报关员联系方式"等指标。

(二)增加部分指标或指标组

(1)报关单录入界面表体增加"原产国/最终目的国(地区)"数据项,进出口均需填报。出口报关单"原产国(地区)"默认为中国,可修改;"最终目的国(地区)"由企业填报。进口报关单"最终目的国(地区)"默认为中国,可修改;"原产国(地区)"由企业填报。

(2)增加"贸易国(地区)"指标,该指标是与国内企业签订贸易合同的外方客户所属国别(地区)。未发生商业性交易的,该指标是指拥有货物所有权的外方所属国别(地区)。

(3)增加其他说明事项指标组,含"特殊关系确认""价格影响确认""支付特许权使用费确认"等项目。

(三)报关单/备案清单调整部分指标或指标组

1. 申报指标名称修改

(1)"经营单位"指标名称调整为"收发货人","收发货单位"指标名称调整为"消费使用单位/生产销售单位",连同"申报单位"统一使用18位统一社会信用代码申报。在统一社会信用代码推广过渡期内,原10位海关注册码可以继续使用。将原进出境备案清单中的"区内经营单位"改为"收发货人";将原进境备案清单中的"区内收货单位"改为"消费使用单位"。将原出境备案清单中的"区内发货单位"改为"生产销售单位"。

(2)"保税仓库或者出口监管仓库编码"指标名称调整为"保税/监管场所"。

(3)"报关员"指标名称调整为"报关人员"。

(4)将原"贸易国别"改为"贸易国(地区)"。

(5)将原"贸易方式"改为"监管方式"。

(6)"申报口岸"指标名称调整为"申报地海关"。

(7)报关单商品项指标组上限由20调整为50,解决部分因商品项数限制导致的物流凭证拆分。

(8)建立"规格型号指标组",完善商品申报要素参数,丰富商品申报内容,实现目前规范申报对"品牌"等要素申报的要求。

2. 报关单打印调整

(1)在报关单和清单打印模板中,"兹申明以上申报无讹并承担法律责任"的表述调整为"兹申明对以上内容承担如实申报、依法纳税之法律责任";"海关审单批注及签章"调整为"海关批注及签章"。

(2)在报关单和清单打印模板中,"运输方式""成交方式""包装种类""征免"栏目增加打印代码。

(3)报关单打印模板中,表体的单价和总价的数字保持右对齐。

14.2 进出口货物报关单表头各栏目的填报

进出口货物报关单上方的预录入编号是指预录入单位录入报关单的编号,用于申报单位与海关之间引用其申报后尚未接受申报的报关单。预录入编号由接受申报的海关决定编号规则,由计算机自动打印。

进出口货物报关单上方的海关编号是指海关接受申报时给予报关单的18位顺序编号,即报关单号。一份报关单对应一个海关编号。海关编号由各直属海关在接受申报时确定,并标示在报关单的每一联上。一般来说,海关编号就是预录入编号,由计算机自动打印,不需填写。

进口报关单和出口报关单分别编号,确保在用一公历年度内,能按进口和出口唯一标志本关区的每一份报关单。报关单海关编号由18位数组成,其中前4位表示接受申报海关的关区代码,第5~8位为海关接受申报的年份,第9位为进出口标志("1"表示进口,"0"表示出口;集中申报清单"I"表示进口,"E"表示出口),第10~18位为报关单顺序号。

例如:2202　　2017　0　027514049
　　　吴淞海关　年份　出口　报关单顺序号

进出口货物报关单表头部分包括30个栏目,表体部分包括9个栏目。本章对每个栏目的填报规范说明并不一定按照栏目的先后顺序,但进口货物报关单和出口货物报关单各个栏目并述,有些栏目名称相同,有些栏目名称不同。

14.2.1 进出境关别

(一)含义

根据货物实际进出境的口岸海关,填报海关规定的《关区代码表》中相应口岸海关的名称及代码。

(二)常规填制规范

本栏目应根据货物实际进出境的口岸海关,填报海关规定的《关区代码表》中相应口岸海关的中文名称及代码(见表14-4)。

表14-4　上海关区部分关区代码表

关区代码	关区简称	关区代码	关区简称
2200	上海海关	2208	宝山海关
2201	浦江海关	2216	浦机综保
2202	吴淞海关	2218	外高桥关
2203	沪机场关	2225	外港海关

"关区代码"由四位数字组成,前两位为直属海关关别代码,后两位为隶属海关或海关监管场所的代码;"关区简称"一般为四个汉字。隶属海关能确定的填隶属海关,不能确定的填直属海关。

例如,装载货物的运输工具从上海宝山吴淞码头进境,"进境关别"填"吴淞海关2202"。

(三) 特殊填制规范

(1) 进口转关运输货物应填报货物进境地海关名称及代码,出口转关运输货物应填报货物出境地海关名称及代码。按转关运输方式监管的跨关区深加工结转货物,出口报关单填报转出地海关名称及代码,进口报关单填报转入地海关名称及代码。

(2) 在不同海关特殊监管区域或保税监管场所之间调拨、转让的货物,填报对方特殊监管区域或保税监管场所所在的海关名称及代码。

(3) 其他无实际进出境的货物,填报接受申报的海关名称及代码。

(4) 无法确定进出口口岸的货物,填报接受货物申报的海关名称及代码。

(四) 限定口岸要求

(1) 国家对汽车整车、船舶、港机维修备件器材等商品限定口岸进口;对药品、麻醉药物、精神药品、蛋白同化制剂、胎类激素指定进口口岸,参见进出口药品管理。出口轻(重)烧镁、蚕丝、麻黄素、卷烟、红松子、松茸等要严格按许可证核准的口岸出口。相关商品应严格按照规定的口岸办理进出口申报。

(2) 加工贸易进出境货物,应填报主管海关备案时所限定或指定进出口岸的口岸海关名称及代码。限定或指定口岸与货物实际进出境口岸不符的,应向合同备案主管海关办理变更手续后填报。

14.2.2 备案号

(一) 含义

备案号是指进出口货物收发货人、消费使用单位、生产销售单位在海关办理加工贸易合同备案或征、减、免税备案审批等手续时,海关核发的《加工贸易手册》《征免税证明》或其他备案审批文件的编号。

备案号的长度为12位。第1位为标记代码,第2~5位为备案地海关关区代码,第6~12位为序列号。例如,"C22025711700"表示由吴淞海关签发的进料加工贸易电子化手册。

其中,常见的备案号第1位标记代码的含义见表14-5。

表14-5 备案号首位标记字母及含义

首位代码	备案审批文件	首位代码	备案审批文件
B	加工贸易手册(来料加工)	J	保税仓库记账式电子账册
C	加工贸易手册(进料加工)	K	保税仓库备案式电子账册
D	加工贸易不作价设备	Y	原产地证书
E	加工贸易电子账册	Z	征免税证明
F	加工贸易异地报关分册	RB	减免税进口货物补税通知书
G	加工贸易深加工结转异地报关分册	RT	减免税进口货物同意退运证明
H	出口加工区电子账册	RZ	减免税进口货物结转联系函

(二) 常规填制规范

(1) 一份报关单只允许填报一个备案号。非备案商品(如一般进出口货物),本栏目免予填报。

(2) 本栏目填报进出口货物收发货人在海关办理加工贸易合同备案或征、减、免税备案审批等手续时,海关核发的《中华人民共和国海关加工贸易手册》、电子账册及其分册(以下统称《加工贸易手册》)、《进出口货物征免税证明》(以下简称《征免税证明》)的编号、实行优惠贸易协定项下原产地证书联网管理的原产地证书编号、适用ITA税率的商品用途认定证明编号等。

(3) 对于保税加工货物,除少量低值辅料(5 000美元及以下客供服装辅料)按规定不使用《加工贸易手册》及以后续补税监管方式办理内销征税的外,填报《加工贸易手册》编号。

使用异地直接报关分册和异地深加工结转出口分册在异地口岸报关的,本栏目应填报分册号;本地直接报关分册和本地深加工结转分册限制在本地报关,本栏目应填报总册号。

(4) 进出口减免税审批货物填报《征免税证明》编号,不得为空。但对于正在办理减免税申请,而货物已进境,海关核准凭担保予以放行的,"备案号"栏可免予填报,同时在"标记唛码及备注"栏的"备注"项中注明"后补征免税证明"。事后可根据实际情况,删除或更正原报关单的相关栏目内容。

(5) 涉及优惠贸易协定项下实行原产地证书联网管理(香港CEPA、澳门CEPA,下同)的报关单,本栏填报Y+11位原产地证书编号(如Y3M03A000001),并在"随附单据"栏填报Y:〈优惠贸易协定代码〉,具体参见"随附单据"栏目填制规范。其他未实行原产地证书联网管理的优惠贸易协定项下进口货物,均不在本栏填报原产地证书编号。

(三) 特殊填制规范

(1) 加工贸易成品凭《征免税证明》转为减免税进口货物的,进口报关单填报《征免税证明》编号,并在"标记唛码及备注"栏填报加工贸易手册编号(如"转自C22025711700")。出口报关单填报《加工贸易手册》编号,并在"标记唛码及备注"栏填报征免税证明编号(如"转至Z22010870142")。

(2) 对加工贸易设备之间的结转,转入和转出企业分别填制进、出口报关单,在报关单"备案号"栏目填报各自《加工贸易手册》编号,并在"标记唛码及备注"栏填报对方的《加工贸易手册》编号。

(3) 减免税货物退运出口,备案号填报《减免税进口货物同意退运证明》RT的编号。"贸易方式"栏填报"退运货物"(4561)。

(4) 减免税货物补税进口,备案号填报《减免税货物补税通知书》RB的编号;"贸易方式"栏填报"后续补税"。

(5) 减免税货物结转进口(转入),备案号填报转入企业《征免税证明》的编号,并且在备注栏填报《减免税进口货物结转联系函》RZ的编号。贸易方式栏目按现行规范填报。相应的结转出口(转出),备案号填报《减免税进口货物结转联系函》RZ的编号,并且在"标记唛码及备注"栏填报"转入进口报关单号"及转入方《征免税证明》Z的编号。贸易方式填"减免税结转"。

(6) 进出特殊区域的保税货物,填报标记代码为"H"的电子账册的备案号(如H12345678901)。进出特殊区域的企业自用设备、基建物资、自用合理数量的办公用品,填报标记代码为"H",编号第6位为"D"的电子账册备案号(如H12345D78901)。

14.2.3 进口日期/出口日期

（一）含义

进口日期填报运载进口货物的运输工具申报进境的日期。出口日期指运载出口货物的运输工具办结出境手续的日期。

（二）常规填制规范

（1）进口日期。本栏目填写格式为 8 位数字，按年、月、日排序。例如，装载货物的运输工具 2018 年 5 月 31 日向海关申报进境（通过舱单申报），报关单位向海关办理货物申报，填制进口货物报关单，进口日期栏填写"20180531"。

（2）出口日期。出口日期以运载出口货物的运输工具实际离境日期为准，海关与承运人实行舱单数据联网管理的，出口日期可由海关系统自动生成。本栏目供海关签发打印报关单证明联用，在申报时免予填报。

（三）特殊填制规范

（1）进口日期。进口货物申报时无法确知运输工具的实际进境日期的，申报时可免予填报。海关与承运人实行舱单联网管理的，进口日期可由海关系统自动生成。

（2）对于集中申报的报关单，进出口日期以海关接受报关单申报的日期为准。

（3）无实际进出境的报关单，以海关接受申报的日期为准。

14.2.4 申报日期

（一）含义

申报日期是指海关接受进出口货物收发货人、受委托的报关企业申报数据的日期。

以电子数据报关单方式申报的，申报日期为海关计算机系统接受申报数据时记录的日期。以纸质报关单方式申报的，申报日期为海关接受纸质报关单并对报关单进行登记处理的日期。

（二）常规填制规范

本栏目填写格式为 8 位数字，按年、月、日排序（如 20180705）。申报日期一般晚于进口日期。

本栏目在申报时免予填报。

14.2.5 境内收货人/境内发货人

境内收发货人是指在海关注册的对外签订并执行进出口贸易合同的中国境内法人、其他组织或个人，在旧版报关单中该栏目名称为"经营单位"。

本栏目进口填报收货人单位名称及编码（两者缺一不可），出口填报发货人单位名称及编码。编码可选填 18 位法人和其他组织统一社会信用代码或 10 位海关注册编码的任一项。

特殊情况下填制要求如下：

（1）进出口货物合同的签订者和执行者非同一企业的，填报执行合同的企业。

（2）外商投资企业委托进出口企业进口投资设备、物品的，填报外商投资企业，并在标记唛码及备注栏注明"委托某进出口企业进口",同时注明被委托企业的18位法人和其他组织统一社会信用代码。

（3）有代理报关资格的报关企业代理其他进出口企业办理进出口报关手续时,填报委托的进出口企业。

（4）海关特殊监管区域收发货人填报该货物的实际经营单位或海关特殊监管区域内经营企业。

14.2.6 消费使用单位/生产销售单位

消费使用单位填报已知的进口货物在境内的最终消费、使用单位的名称,包括自行从境外进口货物的单位和委托进出口企业进口货物的单位。

生产销售单位填报出口货物在境内的生产或销售单位的名称,包括自行出口货物的单位和委托进出口企业出口货物的单位。

本栏目可选填18位法人和其他组织统一社会信用代码、10位海关注册编码及9位组织机构代码中的任一项。没有代码的应填报"NO"。

有10位海关注册编码或18位法人和其他组织统一社会信用代码或加工企业编码的消费使用单位/生产销售单位,本栏目应填报其中文名称及编码;没有编码的应填报其中文名称。

使用《加工贸易手册》管理的货物,消费使用单位/生产销售单位应与《加工贸易手册》中的"加工企业"一致；减免税货物报关单的消费使用单位/生产销售单位应与《中华人民共和国海关进出口货物征免税证明》（以下简称《征免税证明》）中的"减免税申请人"一致。

14.2.7 申报单位

（一）含义

申报单位是指向海关办理进出口货物报关手续的法人,主要有已在海关注册登记的进出口货物收发货人、报关企业。

（二）填制规范

本栏目填报格式为申报单位的中文名称及编码,并签印。

（1）自理报关的,本栏目填报进出口企业的名称及海关注册编码。

（2）委托代理报关的,本栏目填报经海关批准的报关企业名称及海关注册编码。

（3）本栏目还包括报关单左下方用于填报申报单位有关情况的相关栏目,包括报关员、申报单位签章。

（4）本栏目可选填18位法人和其他组织统一社会信用代码或10位海关注册编码任一项。

14.2.8 运输方式

（一）含义

运输方式包括实际运输方式和海关规定的特殊运输方式,前者是指货物实际进出境的运输方式,按进出境所使用的运输工具分类;后者是指货物无实际进出境的运输方式,按货物在境内的流向分类。

根据货物实际进出境的运输方式或货物在境内流向的类别,按照海关规定的《运输方式代码表》选择填报相应的运输方式。

(二)实际运输方式填制规范

"运输方式"栏应根据货物实际进出境的运输方式的类别,按海关规定的《运输方式代码表》选择填报相应的运输方式中文名称或代码(见表14-6)。

表14-6 实际运输方式代码表

代码	中文名称	代码	中文名称
2	水路运输	5	航空运输
3	铁路运输	6	邮件运输
4	公路运输	9	人扛、驮畜、输水管道、输油管道、输电网

(1)进境货物的运输方式,按货物运抵我国关境第一个口岸时的运输方式填报;出境货物的运输方式,按货物运离我国关境后最后一个口岸时的运输方式填报。

(2)进口转关运输货物,按载运货物抵达进境地的运输工具填报;出口转关运输货物,按载运货物运离出境地的运输工具填报。

(3)非邮件方式进出口的快件,按实际进出境运输方式填报。

(4)进出境旅客随身携带的货物,按旅客实际进出境时所承运运输工具填报。

(5)不复运出(入)境而留在境内(外)销售的进出境展览品、留赠转卖物品等,填报"其他运输"(9)。

(三)非实际运输方式填报规范

"运输方式"栏应根据境内流向的类别,按海关规定的《运输方式代码表》选择填报相应的运输方式中文名称或代码(见表14-7)。

表14-7 非实际运输方式代码表

代码	中文名称	备注	代码	中文名称	备注
0	非保税区	区外→区内;保税区退区	7	保税区	区内→区外
1	监管仓库	境内→出口监管仓库;出口监管仓库退仓	8	保税仓库	保税仓库转内销
9	其他运输	部分非实际进出境货物			
W	物流中心	物流中心↔境内中心外	X	物流园区	物流园区↔境内园区外
Y	保税港区	区内↔区外(区外企业填报)	Z	出口加工区	区外→区内(区外企业填报)

(1)境内非保税区运入保税区货物和保税区退区货物,填报"非保税区"(代码0)。

(2)保税区运往境内非保税区货物,填报"保税区"(代码7)。

(3)境内存入出口监管仓库和出口监管仓库退仓货物,填报"监管仓库"(代码1)。

(4)保税仓库转内销货物或转加工贸易货物,填报"保税仓库"(代码8)。

(5)从境内保税物流中心外运入中心或从中心运往境内中心外的货物,填报"物流中心"(代码 W)。

(6) 从境内保税物流园区外运入园区或从园区内运往境内园区外的货物,填报"物流园区"(代码 X)。

(7) 保税港区、综合保税区与境内(区外)(非海关特殊监管区域、保税监管场所)之间进出的货物,填报"保税港区/综合保税区"(代码 Y)。

(8) 出口加工区、珠澳跨境工业区(珠海园区)、中哈霍尔果斯边境合作区(中方配套区)与境内(区外)(非海关特殊监管区域、保税监管场所)之间进出的货物,填报"出口加工区"(代码 Z)。

(9) 境内运入深港西部通道港方口岸区的货物,填报"边境特殊海关作业区"(代码 H)。

(10) 经横琴新区和平潭综合实验区(以下简称综合试验区)二线指定申报通道运往境内区外或从境内经二线指定申报通道进入综合试验区的货物,以及综合试验区内按选择性征收关税申报的货物,填报"综合试验区"(代码 T)。

(11) 海关特殊监管区域内的流转、调拨货物,海关特殊监管区域、保税监管场所之间的流转货物,海关特殊监管区域与境内区外之间进出的货物,海关特殊监管区域外的加工贸易余料结转、深加工结转、内销货物,以及其他境内流转货物,填报"其他运输"(代码 9)。

14.2.9 运输工具名称及航次号

(一) 含义

"运输工具名称及航次号"栏目的填报需要考虑运输工具名称和航次号两部分。

运输工具名称是指载运货物进出境所使用的运输工具的名称或运输工具编号。

航次号是指载运货物进出境的运输工具的航次编号。

在纸质报关单中,"运输工具名称及航次号"栏根据不同的"运输方式"有不同的填报要求,且"航次号"合并填报在该栏目,在电子报关单中本栏目分两个字段填报。

一份报关单只允许填报一个运输工具名称及航次号。

(二) 常规填制规范

(1) 对于实际进出境的货物,直接在进出境地办理报关手续的(即非转关货物),"运输工具名称及航次号"栏与"运输方式"栏对应关系见表 14-8。

表 14-8 实际运输方式下的运输工具名称栏目填写规范(非转关)

运输方式	运输工具名称	航次号	格式样例
水路运输(2)	船舶英文名或船舶编号	船舶的航次号	MAPLE WOOD/433E
公路运输(3)	车牌号	车辆进出境日期	沪 A-513B5/20180723
铁路运输(4)	车厢编号或交接单号	进出境日期	3104129/20120809
航空运输(5)	航班号	免填	MU0713
邮件运输(6)	邮政包裹单号	进出境日期	XB71210931311/20080808
其他运输(9)	管道、驮畜等	免填	管道、驮畜等

(2) 对于实际进出境的货物,采用转关方式运输的,"运输工具名称及航次号"栏与"运输方式"栏对应关系见表14-9和表14-10。

表14-9 实际运输方式下的运输工具名称栏目填写规范(进口转关)

运输方式		转关方式	运输工具名称	航次号	格式样例
进口转关	水路运输	直转转关	@+16位转关单号	免填	@0731049999505171
		提前报关转关			
		中转转关	进境英文船名	@进境干线船舶航次	SUN STAR/@235S
	航空运输	直转转关	@+16位转关单号	免填	@0731049999505171
		提前报关转关			
		中转转关	@		@
	铁路运输	直转转关	@+16位转关单号	@进出境日期	@0631049999505171/@20120810
		提前报关转关			
		中转转关	车厢编号		3104129/@20120810
	公路及其他运输	直转转关	@16位转关单号	免填	@5631049999505171
		提前报关转关			
		中转转关			

注:广东地区的提前报关转关货物填报"@+13位载货清单号"。

表14-10 实际运输方式下的运输工具名称栏目填写规范(出口转关)

运输方式		转关方式	运输工具名称	航次号	格式样例
出口转关	水路运输	直转转关	@+16位转关单号	免填	@0731049999505171
		提前报关转关			
		*中转转关	境内水路的填驳船船名;境内铁路的填车名[主管海关4位关区码+TRAIN];境内公路的填车名[主管海关4位关区码+TRUCK]	境内水路的填驳船航次号;境内铁路、公路的填6位起运日期	HUANG HE/123; 0600TRAIN/090803; 0119TRUCK/090503
	航空运输	直转转关	@+16位转关单号	免填	@0731049999505171
		提前报关转关			
		*中转转关			
	铁路运输	直转转关	@+16位转关单号	免填	@0631049999505171/@20120810
		提前报关转关			
		*中转转关			
	公路及其他运输	直转转关	@16位转关单号	免填	@5631049999505171
		提前报关转关			
		中转转关			

注:①如多张报关单需要通过一张转关单转关的,运输工具名称栏填"@"。
② 带*的表示出口转关"运输工具名称"栏目与进口转关的不同之处,主要涉及出口中转转关。

(三) 特殊填制规范

(1) 非实际进出境货物,运输工具名称栏为空。
(2) 采用"集中申报"通关方式办理报关手续的,填报"集中申报"4个汉字。

14.2.10 提运单号

（一）含义

提运单号是指进出口货物提单或运单的编号，主要包括海运提单号、海运单号、铁路运单号、航空运单号。提运单号必须与运输工具舱单数据一致。

一份报关单只允许一个提单或运单号，一票货物对应多个提运单号时，应分单填报。

（二）常规填制规范

本栏目应填报实际最先进境或实际最后出境运输工具对应的提运单编号。

(1) 对于实际进出境的货物，直接在进出境地办理报关手续的（即非转关货物），"提运单号"栏与"运输方式"栏对应关系见表14-11。

表14-11 实际运输方式下的提运单号栏目填写规范（非转关）

运输方式	提运单号	格式样例
水路运输(2)	进出口提单号； 如有分提单的，填报"主提单号*分提单号"	KKLUUS0681814； KKLUUS0681814 * FWD1234567876
公路运输(3)	免填	
铁路运输(4)	铁路运单号	013705925
航空运输(5)	航空主运单号；（无分运单时） 航空主运单号_航空分运单号	781-51500083 781-51500083_NEC10539636
邮件运输(6)	邮政包裹单号	XB71210931311/20080808

(2) 对于实际进出境的货物，采用转关方式运输的，"提运单号"栏与"运输方式"栏对应关系见表14-12和表14-13，主要看报关是提运单号有没有生成。

表14-12 实际运输方式下的提运单号栏目填写规范（进口转关）

运输方式		转关方式	提运单号	格式样例
进口转关	水路运输	直转转关	提运单号	KKLUUS0681814
		中转转关		
		提前报关转关	免填	
	航空运输	直转转关	航空主运单号_航空分运单号	781-51500083_NEC10539636
		中转转关		
		提前报关转关	免填	
	铁路运输	直转转关	铁路运单号	013705925
		中转转关		
		提前报关转关	免填	
	其他运输	直转转关	免填	
		提前报关转关		
		中转转关		

注：①在广东省用公路运输转关的，填报车牌号。
②进口转关的提运单号栏填写基本和非转关货物一样，除了提前报关转关（免填）。

表 14-13　实际运输方式下的提运单号栏目填写规范（出口转关）

运输方式		转关方式	提运单号	格式样例
出口转关	水路运输	*直转转关	免填	
		中转转关	提运单号	KKLUUS0681814
		提前报关转关	免填	
	其他运输	直转转关	免填	
		提前报关转关		
		中转转关		

注：①在广东省用公路运输提前报关转关的，填报车牌号。
②带*的表示出口转关提运单号栏与进口转关的不同。

14.2.11　监管方式

（一）含义

监管方式是以国际贸易中进出口货物的交易方式为基础，结合海关对进出口货物的征税、统计及监管条件综合设定的海关对进出口货物的管理方式。其代码由四位数字构成，前两位是按照海关监管要求和计算机管理需要划分的分类代码，后两位是参照国际标准编制的贸易方式代码。

本栏目应根据实际对外贸易情况按海关规定的《监管方式代码》（见表14-14）选择填报相应的监管方式简称及代码。一份报关单只允许填报一种监管方式。特殊情况下加工贸易货物监管方式填报要求如下。

（1）进口少量低值辅料（即5 000美元以下，78种以内的低值辅料）按规定不使用《加工贸易手册》的，填报"低值辅料"。使用《加工贸易手册》的，按《加工贸易手册》上的监管方式填报。

（2）外商投资企业为加工内销产品而进口的料件，属非保税加工的，填报"一般贸易"；外商投资企业全部使用国内料件加工的出口成品，填报"一般贸易"。

（3）加工贸易料件结转或深加工结转货物，按批准的监管方式填报。

（4）加工贸易料件转内销货物以及按料件办理进口手续的转内销制成品、残次品、未完成品，应填制进口报关单，填报"来料料件内销"或"进料料件内销"；加工贸易成品凭《征免税证明》转为减免税进口货物的，应分别填制进、出口报关单，出口报关单本栏目填报"来料成品减免"或"进料成品减免"，进口报关单本栏目按照实际监管方式填报。

（5）加工贸易出口成品因故退运进口及复运出口的，填报"来料成品退换"或"进料成品退换"；加工贸易进口料件因换料退运出口及复运进口的，填报"来料料件退换"或"进料料件退换"；加工贸易过程中产生的剩余料件、边角料退运出口，以及进口料件因品质、规格等原因退运出口且不再更换同类货物进口的，分别填报"来料料件复出""来料边角料复出""进料料件复出""进料边角料复出"。

（6）备料《加工贸易手册》中的料件结转转入加工出口《加工贸易手册》的，填报"来料加工"或"进料加工"。

（7）保税工厂的加工贸易进出口货物，根据《加工贸易手册》填报"来料加工"或"进料加工"。

(8) 加工贸易边角料内销和副产品内销,应填制进口报关单,填报"来料边角料内销"或"进料边角料内销"。

(9) 企业销毁处置加工贸易货物未获得收入,销毁处置货物为料件、残次品的,填报"料件销毁";销毁处置货物为边角料、副产品的,填报"边角料销毁"。企业销毁处置加工贸易货物获得收入的,填报为"进料边角料内销"。

(二)填制规范

本栏目按代码表填报代码或中文简称,常见贸易方式的代码、中文简称、中文全称见表 14-14。

表 14-14　贸易方式(监管方式)代码表(部分)

代码	中文简称	中文全称
0110*	一般贸易	一般贸易
0130	易货贸易	易货贸易
0139	旅游购物商品	用于旅游者 5 万美元以下的出口小批盘订货
0200	料件放弃	主动放弃交由海关处理的来料或进料加工料件
0214*	来料加工	来料加工装配贸易进口料件及加工出口货物
0245*	来料料件内销	来料加工料件转内销
0255*	来料深加工	来料深加工结转货物
0258*	来料余料结转	来料加工余料结转
0265	来料料件复出	来料加工复运出境的原进口料件
0300	来料料件退换	来料加工料件退换
0314	加工专用油	国营贸易企业代理来料加工企业进口柴油
0320	不作价设备	加工贸易外商提供的不作价进口设备
0345	来料成品减免	来料加工成品凭征免税证明转减免税
0400	成品放弃	主动放弃交由海关处理的来料或进料加工成品
0420*	加工贸易设备	加工贸易项下外商提供的进口设备
0444	保区进料成品	按成品征税的保税区进料加工成品转内销货物
0445	保区来料成品	按成品征税的保税区来料加工成品转内销货物
0446	加工设备内销	加工贸易免税进口设备转内销
0456	加工设备结转	加工贸易免税进口设备结转
0466	加工设备退运	加工贸易免税进口设备退运出境
0500*	减免设备结转	用于监管年限内减免设备的结转
0513	补偿贸易	补偿贸易
0544	保区进料料件	按料件征税的保税区进料加工成品转内销货物
0545	保区来料料件	按料件征税的保税区来料加工成品转内销货物
0615*	进料对口	进料加工(对口合同)
0642	进料以产顶进	进料加工成品以产顶进
0644*	进料料件内销	进料加工料件转内销
0654*	进料深加工	进料深加工结转货物
0657*	进料余料结转	进料加工余料结转

续表

代码	中文简称	中文全称
0664	进料料件复出	进料加工复运出境的原进口料件
0700	进料料件退换	进料加工料件退换
0744	进料成品减免	进料加工成品凭征免税证明转减免税
0815	低值辅料	低值辅料
0844	进料边角料内销	进料加工项下边角料转内销
0845	来料边角料内销	来料加工项下边角料内销
0864	进料边角料复出	进料加工项下边角料复出口
0865	来料边角料复出	来料加工项下边角料复出口
1139	国轮油物料	中国籍运输工具境内添加的保税油料、物料
1200	保税间货物	海关保税场所及保税区域之间往来的货物
1233*	保税仓库货物	保税仓库进出境货物
1234	保税区仓储转口	保税区进出境仓储转口货物
1300*	修理物品	进出境修理物品
1427	出料加工	出料加工
1500*	租赁不满1年	租期不满1年的租赁贸易货物
1523	租赁贸易	租期在1年及以上的租赁贸易货物
1616	寄售代销	寄售、代销贸易
1741	免税品	免税品
1831	外汇商品	免税外汇商品
2025*	合资合作设备	合资合作企业作为投资进口设备物品
2225*	外资设备物品	外资企业作为投资进口的设备物品
2439	常驻机构公用	外国常驻机构进口办公用品
2600*	暂时进出货物	暂时进出口货物
2700*	展览品	进出境展览品
2939	陈列样品	驻华商业机构不复运出口的进口陈列样品
3010	货样广告品A	有经营权单位进出口的货样广告品
3100*	无代价抵偿	无代价抵偿进出口货物
3339*	其他进出口免费	其他进出口免费提供货物
3410	承包工程进口	对外承包工程进口物资
3422	对外承包出口	对外承包工程出口物资
3511	援助物资	国家和国际组织无偿援助物资
3612	捐赠物资	进出口捐赠物资
4019	边境小额	边境小额贸易（边民互市贸易除外）
4039	对台小额	对台小额贸易
4139	对台小额商品贸易市场	进入对台小额商品交易专用市场的货物
4200	驻外机构运回	我驻外机构运回旧公用物品
4239	驻外机构购进	我驻外机构境外购买运回国的公务用品
4400	来料成品退换	来料加工成品退换

续表

代码	中文简称	中文全称
4500*	直接退运	直接退运
4539	进口溢误卸	进口溢卸、误卸货物
4561*	退运货物	因质量不符、延误交货等原因退运进出境货物
4600	进料成品退换	进料成品退换
5000	料件进出区	料件进出海关特殊监管区域
5010	特殊区域研发货物	海关特殊监管区域与境外之间进出的研发货物
5014	区内来料加工	海关特殊监管区域与境外之间进出的来料加工货物
5015	区内进料加工货物	海关特殊监管区域与境外之间进出的进料加工货物
5034	区内物流货物	海关特殊监管区域与境外之间进出的物流货物
5100	成品进出区	成品进出海关特殊监管区域
5300	设备进出区	设备及物资进出海关特殊监管区域
5335	境外设备进区	海关特殊监管区域从境外进口的设备及物资
5361	区内设备退运	海关特殊监管区域设备及物资退运境外
6033	物流中心进出境货物	保税物流中心与境外之间进出仓储货物
9639	海关处理货物	海关变卖处理的超期未报货物、走私违规货物
9700	后续补税	无原始报关单的后续补税
9739	其他贸易	其他贸易
9800	租赁征税	租赁期1年及以上的租赁贸易货物的租金
9839	留赠转卖物品	外交机构转售境内或国际活动留赠放弃特批货物
9900	其他	其他

14.2.12 征免性质

(一) 含义

征免性质是指海关根据《海关法》《关税条例》及国家有关政策对进出口货物实施的征、减、免税管理的性质类别。它是海关对进出口货物进行分类统计分析的重要基础。

(二) 填制规范

本栏目按代码表填报代码或中文简称,常见征免性质的代码、中文简称、中文全称见表14-15。

表14-15 征免性质代码表(部分)

代码	中文简称	中文全称
101*	一般征税	一般征税进出口货物
201	无偿援助	无偿援助进出口物资
299*	其他法定	其他法定减免税进出口货物
301	特定区域	特定区域进口自用物资及出口货物
307	保税区	保税区进口自用物资
399	其他地区	其他执行特殊政策地区出口货物

续表

代码	中文简称	中文全称
401	科教用品	大专院校及科研机构进口科教用品
403	技术改造	企业技术改造进口货物
406	重大项目	国家重大项目进口货物
413	残疾人	残疾人组织和企业进出口货物
417	远洋渔业	远洋渔业自捕水产品
418	国产化	国家定点生产小轿车和摄录机企业进口散件
420	远洋船舶	远洋船舶及设备部件
421	内销设备	内销远洋船舶用设备及关键部件
422	集成电路	集成电路生产企业进口货物
499	ITA 产品	非全税号信息技术产品
501*	加工设备	加工贸易外商提供的不作价进口设备
502*	来料加工	来料加工装配和补偿贸易进口料件及出口成品
503*	进料加工	进料加工贸易进口料件及出口成品
506	边境小额	边境小额贸易进出口货物
510	港澳 OPA	港澳在内地加工的纺织品获证出口
601	中外合资	中外合资经营企业进出口货物
602	中外合作	中外合作经营企业进出口货物
603	外资企业	外商独资企业进出口货物
605	勘探开发煤层气	勘探开发煤层气
606	海洋石油	勘探、开发海上石油进口货物
608	陆上石油	勘探、开发陆地石油进口货物
609	贷款项目	利用贷款进口货物
611	贷款中标	国际金融组织贷款和外国政府贷款项目中标机电设备零部件
789*	鼓励项目	国家鼓励发展的内外资项目进口设备
799*	自有资金	外商投资额度外利用自有资金进口设备、备件、配件
801	救灾捐赠	救灾捐赠进口物资
802	扶贫慈善	境外向我境内无偿捐赠用于扶贫慈善的免税进口物资
888	航材减免	经核准的航空公司进口维修用航空器材
898	国批减免	国务院特准减免税的进出口货物
997	自贸协定	
998	内部暂定	享受内部暂定税率的进出口货物
999	例外减免	例外减免税进出口货物

14.2.13 用途/生产厂家

（一）含义

用途是指进口货物在境内实际应用的范围。

生产厂家是指出口货物的境内生产企业的名称，该栏仅供必要时填报。

（二）填制规范

（1）进口报关单的用途栏,应根据进口货物的实际用途,按海关规定的"用途代码表"（见表 14-16）选择填报相应的用途名称或代码。

（2）出口报关单的生产厂家栏,应根据出口商品在境内的生产企业的名称进行填报。

表 14-16 用途代码表

代码	名 称	代码	名 称	代码	名 称
01*	外贸自营内销	05*	加工返销	09	作价提供
02	特区内销	06	借用	10	货样,广告品
03*	其他内销	07	收保证金	11	其他
04*	企业自用	08	免费提供		

（三）常见用途的适用范围

进口货物的用途主要有以下几个方面。

（1）外贸自营内销(01)：有外贸进出口经营权的企业,在其经营范围内以正常方式成交的进口货物。

（2）其他内销(03)：进料加工转内销部分、来料加工转内销货物以及外商投资企业进口供加工内销产品的料件。

（3）企业自用(04)：进口供本单位（企业）自用的货物,如外商投资企业以及特殊区域内的企业、事业和机关单位进口自用的机器设备等。

（4）加工返销(05)：来料加工、进料加工、补偿贸易和外商投资企业为履行产品出口合同从国外进口料件,用于在国内加工后返销到境外。

（5）借用(06)：从境外租借进口,在规定的使用期满后退运出境外的进口货物,如租赁贸易进口货物。

（6）收保证金(07)：由担保人向海关缴纳现金的一种担保形式。

（7）免费提供(08)：免费提供的进口货物,如无偿援助、捐赠、礼品等进口货物。

（8）作价提供(09)：我方与外商签订合同协议,规定由外商作价提供进口的货物,事后由我方支付或从我方出口货物款中或出口加工成品的加工费中扣除,如来料加工贸易进口设备等。

14.2.14 许可证号

（一）含义

许可证号是指商务部配额许可证事务局、驻各地特派员办事处以及省、市商务厅、外经贸委签发的进出口许可证编号。

（二）填制规范

本栏目只能填报进出口许可证的编号（不需要填写代码）,包括进口许可证、出口许可证、出口许可证(加工贸易)、出口许可证(边境小额贸易)、两用物项和技术进出口许可证,详见"监管证件"代码表。

进出口许可证的编号格式为××—××—××××××,第1、2位代表年份,第3、4位代表发证机关（AA 代表商务部配额许可证事务局发证，AB、AC 等代表特派员办事处发证，01、02 等代表商务部授权各省、自治区、直辖市等主管部门发证），后 6 位为顺序号。

例如：09—AA—101888

两用物项和技术进（出）口许可证的编号长度、编排与进出口许可证的相同，但编号的第 5 位为字母。

14.2.15 启运国（地区）/运抵国（地区）

（一）含义

启运国（地区）填报进口货物启始发出直接运抵我国或者在运输中转国（地）未发生任何商业性交易的情况下运抵我国的国家（地区）。

运抵国（地区）填报出口货物离开我国关境直接运抵或者在运输中转国（地区）未发生任何商业性交易的情况下最后运抵的国家（地区）。国别（地区）为非中文名称时，应翻译成中文名称填报或填报其相应代码。

主要国别（地区）代码见表 14-17。

表 14-17 主要国别（地区）代码表

代码	中 文 名 称	代码	中 文 名 称
110*	香港	307	意大利
116*	日本	331	瑞士
121	中国澳门	344*	俄罗斯联邦
132	新加坡	501	加拿大
133*	韩国	502*	美国
142*	中国	601*	澳大利亚
143*	台湾省	609	新西兰
303*	英国	701	国（地）别不详的
304*	德国	702	联合国及其机构和国际组织
305*	法国		

（二）常规填制规范

（1）所谓中转（转运），是指船舶、飞机运输工具从装运港将货物装运后，不直接驶往目的港，而在中途的其他境外港口卸下后，再换装同一类型的其他船舶、飞机运输工具转运往目的港。

注：不同于已经进入境内，在境内转运的转运货物。

未经过第三国（地区）中转的直接进出口货物，以进口货物的装货港所在国（地区）为启运国（地区），以出口货物的指运港所在国（地区）为运抵国（地区）。

（2）有中转而未与中转地所在国（地区）存在买卖关系的，国别不受影响。

（3）有中转且与中转地所在国（地区）存在买卖关系的，国别变为中转地所在国（地区）。

（三）特殊填制规范

对于非实际进出境货物，如运输方式代码涉及 0、1、7、8、W、X、Y、Z、H 的，国别均为"中国"（142）。

14.2.16 经停港/指运港

(一) 含义

经停港填报进口货物在运抵我国关境前的最后一个境外装运港。

指运港填报出口货物运往境外的最终目的港;最终目的港不可预知的,按尽可能预知的目的港填报。

(二) 常规填制规范

根据实际情况,按海关规定的《港口代码表》(见表 14-18)选择填报相应的港口名称及代码。经停港/指运港在《港口代码表》中无港口名称及代码的,可选择填报相应的国家名称及代码。

表 14-18 港口代码表(部分)

港口中文名称	港口英文名称	港口代码	国家中文	港口中文名称	港口英文名称	港口代码	国家中文
香港	HONGKONG	1039	中国	杜塞尔多夫	DUSSELDORT	2107	德国
川崎	KAWASAKI	1252	日本	汉堡	HAMBURG	2110	德国
神户	KOBE	1259	日本	基尔	KIEL	2114	德国
长崎	NAGASAKI	1286	日本	波尔多	BORDEAUX	2141	法国
名古屋	NAGOYA	1287	日本	敦刻尔克	DUNKIRK	2154	法国
大阪	OSAKA	1303	日本	马赛	MARSEILLES	2170	法国
横滨	YOKOHAMA	1354	日本	巴黎	PARIS	2176	法国
釜山	BUSAN	1480	韩国	巴尔的摩	BALTIMORE	3103	美国
仁川	INCHON	1482	韩国	波士顿	BOSTON	3104	美国
高雄	KAOHSIUNG	1560	中国	长滩	LONG BEACH	3151	美国
基隆	KEELUNG	1561	中国	洛杉矶	LOS ANGELES	3154	美国
台中	TAICHUNG	3416	中国	纽约	NEW YORK	3166	美国
伯明翰	BERMINGHAM	1885	英国	奥克兰	OAKLAND	3170	美国
波士顿	BOSTON	1891	英国	波特兰	PORTLANG	3185	美国
伦敦	LONDON	2052	英国	堪培拉	CANBERRA	3219	澳大利亚
南安普敦	SOUTHAMPTON	2057	英国	达尔文	DARWIN	3224	澳大利亚
不来梅	BREMEN	2101	德国	悉尼	SYDNEY	3266	澳大利亚
科隆	COLOGNE	2104	德国				

(三) 特殊填制规范

无实际进出境的货物,填报"中国境内"及代码。

14.2.17 入境口岸/离境口岸

(一) 含义

入境口岸填报进境货物从跨境运输工具卸离的第一个境内口岸的中文名称及代码;采取多式联运跨境运输的,填报多式联运货物最终卸离的境内口岸中文名称及代码;过境货物填报货物进入境内的第一个口岸的中文名称及代码;从海关特殊监管区域或保税监管场所进境的,填报海关特殊监管区域或保税监管场所的中文名称及代码。其他无实际进境的货物,填报货物所在地的城市名称及代码。

出境口岸填报装运出境货物的跨境运输工具离境的第一个境内口岸的中文名称及代码;采取多式联运跨境运输的,填报多式联运货物最初离境的境内口岸中文名称及代码;过境货物填报货物离境的第一个境内口岸的中文名称及代码;从海关特殊监管区域或保税监管场所出境的,填报海关特殊监管区域或保税监管场所的中文名称及代码。其他无实际出境的货物,填报货物所在地的城市名称及代码。

(二)填制规范

入境口岸/离境口岸类型包括港口、码头、机场、机场货运通道、边境口岸、火车站、车辆装卸点、车检场、陆路港、坐落在口岸的海关特殊监管区域等。填报时,按海关规定的《国内口岸编码表》选择填报相应的境内口岸名称及代码。

14.2.18 成交方式

(一)含义

报关单中的成交方式应按照海关规定的"成交方式代码表"(见表14-19)选择填报相应的成交方式英文缩写或代码,它与贸易术语的内涵并非完全一致。

表14-19 成交方式代码表

成交方式代码	成交方式名称	成交方式代码	成交方式名称
1*	CIF	4	C&I
2*	CFR(C&F/CNF)	5	市场价
3*	FOB	6	垫仓

(二)常规填制规范

报关单中的成交方式应根据合同、发票中的贸易术语,依照下列关系进行转换,主要体现成本、运费、保险费等成交价格构成因素:

(1) E组和F组的贸易术语全部转换为FOB;

(2) C组中的CFR、CPT转换CFR;

(3) C组中的CIF、CPT和D组贸易术语全部转换为CIF。

(三)特殊填制规范

(1) 无实际进出境的货物,进口报关单成交方式填报"CIF"或其代码,出口报关单成交方式填报"FOB"或其代码。

(2) 采用集中申报的归并后的报关单,进口的成交方式填报"CIF"或其代码,出口的成交方式填报"FOB"或其代码。

14.2.19 运费

(一)含义

运费是指进口货物运抵我国境内输入地点起卸前的国际运费或者出口货物运至我国境

内输出地点装载后的国际运费。

(二) 常规填制规范

(1) 本栏首先要判断需不需要填报。具体方法见表14-20。

表14-20 成交方式与运保费栏判断方法

成交方式	运费	保费	成交方式	运费	保费
FOB（进口）	√	√	FOB（出口）	×	×
CFR（进口）	×	√	CFR（出口）	√	×
CIF（进口）	×	×	CIF（出口）	√	√

如果报关员填制的是进口报关单，成交方式已经确定为FOB，根据FOB的内涵，运费和保费均由买方支付，我方是买方，因此运费栏和保费栏均需填报。同理，只要是我方需要支付的费用，均应在报关单中填报。

(2) 本栏其次要根据具体情况选择适用的格式。
① 运费率格式：如运费率为8%，填报"8/1"。
② 运费单价格式：如每公吨80美元，填报"502/80/2"。
③ 运费总价格式：如总运费8 000美元，填报"502/8000/3"。

(三) 特殊填制规范

运保费合并计算时，运保费填报在运费栏。

14.2.20 保费

(一) 含义

保费是指进口货物运抵我国境内输入地点起卸前的国际保险费用或者出口货物运至我国境内输出地点装载后的国际保险费用。

(二) 常规填制规范

(1) 本栏首先要判断需不需要填报，具体方法见表14-20。
(2) 本栏其次要根据具体情况选择适用的格式。
① 保费率格式：如保险费率为0.3%，填报"0.3/1"（注意一定要化成百分比格式）。
② 保费总价格式：如总保险费3 000美元，填报"502/3000/3"。
注意保费没有单价格式。

(三) 特殊填制规范

进口货物保险费无法确定或指未实际发生的，按货价加运费的3‰计算保险费，计算公式为

$$保险费 = (货价 + 运费) \times 3‰$$

14.2.21 杂费

(一) 含义

杂费是指成交价格以外的，按照《关税条例》等相关规定应计入完税价格或应从完税价

格中扣除的费用,如手续费、佣金、折扣等费用。具体参见进出口税费中进口货物完税价格的审定。

(二) 常规填制规范

(1) 对于未计入完税价格,应由买方支付的,杂费栏填正值(应计入)。
(2) 对于已计入完税价格,不应由买方支付的,杂费栏填负值(应扣除)。
(3) 无以上情况时,本栏目免填。
(4) 杂费栏填写格式如下。
① 杂费率格式:如应计入杂费率为 0.3%,填报"0.3/1",应扣除时填报"-0.3/1"。
② 杂费总价格式:如应计入杂费总价为 300 美元,填报"502/300/3",应扣除时填报"502/-300/3"。

14.2.22 合同协议号

合同协议号是指在进出口贸易中,买卖双方或数方当事人根据国际贸易惯例或国家的法律、法规,自愿按照一定的条件买卖某种商品所签署的合同或协议的编号。一般表示为 Contract No.:×××××,S/C No.:×××××,P/O No.:×××××,本栏目填写×××××全部字头和号码。

对于以投资设备或加工贸易方式进出口的货物,本栏目填报的合同协议号应与征免税证明或加工贸易电子化手册上备案的合同号码一致。例如,某企业凭 ET090T 型电路板组立加工贸易合同(APE040201 号)备案取得 C××××登记手册,而发票上显示 P/O No.:SBA-0310B,此时报关单合同协议号填报"APE040201"。

进出口报关单所申报货物必须是在合同中列明的货物。

14.2.23 件数和包装种类

(一) 含义

件数是指有外包装的单件进出口货物的实际件数,货物可以单独计数的一个包装称为一件。本栏目应在包装种类的基础上确定数量。

包装种类是指进出口货物在运输过程中外表所呈现的状态,包括包装材料、包装方式等。一般情况下,应以装箱单或提运单据所反映的货物处于运输状态时的最外层包装或称运输包装作为"包装种类"向海关申报,并相应计算件数。

(二) 常规填制规范

(1) 常见的包装种类有木箱(WOOD CASE)、纸箱(CARTON)、铁桶(IRON DRUM)、散装(IN BULK)、裸装(UNPACKED)、托盘(PALLET)、包(BALE)、捆(BUNDLE)、袋(BAG)等。
(2) 有关单据仅列明托盘件数,或者既列明托盘件数,又列明单件包装件数的,本栏填报托盘件数。例如,"100 CTNS IN 2 PALLETS"的件数应填报"2"。
(3) 舱单件数为集装箱的,填报集装箱个数;舱单件数为托盘的,填报托盘数。
(4) 件数栏目不得为空,件数应大于或等于1,不得填报"0"。
(5) 件数与包装种类栏填报应与申报商品相吻合,如一批进出口货物中有部分货物是单独申报的,应填报单独申报货物件数与包装种类。

（三）特殊填制规范

(1) 散装、裸装货物填报"1"。

(2) 对于混合包装的,件数合计,包装种类填报"其他"。例如,装箱单显示"2 units & 4 cartons",表明共有2个计件单位（辆、台、件等）和4个纸箱,件数合计填报6,包装种类统报"其他"。

14.2.24 毛重

（一）含义

毛重是指商品重量加上商品的外包装物料的重量。

毛重应按合同、发票、提运单、装箱单等有关单证中的GROSS WEIGHT（G.W.）栏所显示的重量确定。

（二）填制规范

(1) 毛重栏填报进出口货物及其包装材料的重量之和,计量单位为千克,不足1千克的填报为1,如0.9千克填报为"1"。

(2) 如货物的毛重在1千克以上且非整数,对于海运货物,其小数点后保留4位,第5位及以后略去。如毛重9.567 89千克填报为"9.567 8"。对于空运货物,其小数点后大于0.5千克的,作为1千克;小于等于0.5千克的,作为0.5千克。如89.69千克填报90.00千克,89.32千克填报89.50千克。

(3) 毛重栏不得为空,毛重应大于或等于1。

(4) 填报的毛重一定是向海关申报货物本身的毛重。特别是在同批进出口,其中某货物单独申报的情况下,不要把同批货物的毛重作为单独申报货物的毛重。

14.2.25 净重

（一）含义

净重是指货物的毛重扣除外包装材料后所表示出来的纯商品重量。部分商品的净重还包括直接接触商品的销售包装物料的重量（如罐头装食品等）。

净重一般都按合同、发票、装箱单或提运单据中NET WEIGHT（缩写N.W.）栏所显示的重量确定。以上单证不能确定的,可以估重填报。

（二）填制规范

(1) 净重栏填报进出口货物的毛重减去外包装材料后的重量,即货物本身的实际重量,计量单位为千克,不足1千克的填报为"1"。

(2) 如货物的净重在1千克以上且非整数,处理方法同毛重。

(3) 净重栏不得为空,净重应大于或等于1。

(4) 以毛重作为净重计价的,（"以毛作净"）,可填毛重。

(5) 按照国际惯例以公量重计价的货物,如未脱脂羊毛、生丝、鸭绒等,填报公量重。计算公式为

$$公量 = 净重 \times \frac{1+标准回潮率}{1+实际回潮率}$$

(6) 对采用零售包装的酒类、饮料,应按照液体部分的重量填报。

(7) 填报的净重一定是向海关申报货物本身的净重。特别是在同批进出口,其中某货物单独申报的情况下,不要把同批货物的净重作为单独申报货物的净重。

14.2.26 集装箱号

(一) 含义

集装箱号是在每个集装箱箱门上标示的全球唯一的编号。它按照一定的规则进行编号,我们可以通过计算机软件查询集装箱号的正确性。

报关单中的集装箱号是指装载进出口货物(包括拼箱货物)的集装箱的箱体信息,包括集装箱箱体上标示的全球唯一编号、集装箱规格和自重。

(二) 填制规范

(1) 报关单中集装箱号填报格式为"集装箱号/规格/自重"。例如,EASU9809490/40/3400 表示箱号为 EASU9809490,规格为 40 英尺,自重为 3 400 千克的集装箱。

(2) 纸质报关单填报时涉及多个集装箱的,第一个集装箱号填报在"集装箱号"栏中,其余的依次填报在"标记唛码及备注"栏中的备注项。

(3) 非集装箱货物,填报为"0"。

(4) 非实际进出境货物采用集装箱运输的,本栏目为空。

(5) 本栏目填报的集装箱一定与申报的进出口货物有关。如果一批进出口货物分装多个集装箱,这批货物中有某货物单独向海关申报或者分批进口的,则本栏目填报的一定是装载这批货物的集装箱号。

14.2.27 随附单证及编号

(一) 含义

随附单证是指随进出口货物报关单一并向海关递交的,除商业、货运单据及在"许可证号"栏填报的进出口许可证以外的其他监管证件。

本栏目填报其代码及编号。

(二) 填制规范

(1) 本栏目填报根据《监管证件代码表》中的代码及编号,格式为"监管证件代码:监管证件编号"。

(2) 所申报货物涉及多个监管证件的,一个监管证件代码和编号填报在"随附单证及编号"栏,其余监管证件代码和编号填报在"标记唛码及备注"栏中的备注项。

(3) 合同、发票、装箱单、进出口许可证等随附单证不在"随附单据及编号"栏填报。

(4) 加工贸易内销征税报关单,本栏目填写内销征税联系单代码(c)及编号。

(5) 含预归类商品报关单,本栏目填写海关预归类决定书代码(r)及编号。

(6) 深加工结转报关单,本栏目填写深加工结转申请表代码(K)及编号。

(三) 监管证件代码表

在海关监管和报关实务中，为满足计算机管理和便捷通关的需要，海关对于每一商品编码下的商品，在通关系统中均应对应设置一定的监管条件，用以表示该商品是否可以进出口，或者进出口时是否需要提交监管证件，以及提交何种监管证件。例如，商品编号为8479.8999.10项下用于光盘生产的金属母盘生产设备（具有独立功能的），监管条件为"6ABO"，查阅《海关监管证件代码表》（见表14-21），6表示该商品的旧品禁止进口，A表示该商品进口时需要提交《入境货物通关单》，O表示需要提交《自动进口许可证》，B表示该商品出口时需要提交《出境货物通关单》。

表14-21 海关监管证件代码表

代码	监管证件名称	代码	监管证件名称
1*	进口许可证	X	有毒化学品环境管理放行通知单
2*	两用物项和技术进口许可证	P*	固体废物进口许可证
3*	两用物项和技术出口许可证	Z	音像制品进口批准单或节目提取单
G	两用物项和技术出口许可证（定向）	Y*	原产地证明
4*	出口许可证	M	密码产品和设备进口许可证
x	出口许可证（加工贸易）	6	旧机电产品禁止进口
y	出口许可证（边境小额贸易）	9	禁止进口商品
7*	自动进口许可证（非机电产品）	8	禁止出口商品
O*	自动进口许可证（新旧机电产品）	e	关税配额外优惠税率进口棉花配额证
v*	自动进口许可证（加工贸易）	t	关税配额证明
A*	入境货物通关单	q	国别关税配额证明
B*	出境货物通关单	T	银行调运现钞进出境许可证
D	出/入境货物通关单（毛坯钻石用）	5	纺织品临时出口许可证
F	濒危物种允许进口证明书	H	港澳OPA纺织品证明
E	濒危物种允许出口证明书	U	合法捕捞产品通关证明
J	黄金及其制品进出口准许证或批件	s	适用ITA税率的商品用途认定证明
I	精神药物进（出）口准许证	Q	进口药品通关单（一般药品）
W	麻醉药品进出口准许证	R	进口兽药通关单
L	药品进出口准许证（兴奋剂）		

除表14-21所示监管条件及主管部门签发的许可证件外，海关通关系统中还包含部分由海关设置的监管证件，如"内销征税联系单"（c）、"预归类标志"（r）、"深加工结转申请表"（K）等。

（四）优惠贸易协定项下原产地证书相关内容的填报

（1）实行原产地证书联网管理的，本栏目中填报"Y:〈优惠贸易协定代码〉"（查表14-22可知代码）；同时将原产地证编号填报在"备案号"栏，格式为："Y原产地证书编号"。

例如，香港CEPA项下进口商品，CEPA原产地证书编号为YL012356，本栏目应填报为："Y:〈03〉"，同时在备案号栏填报"YL012356"。

（2）未实行原产地证书联网管理的，本栏填报"Y:〈优惠贸易协定代码：需证商品序号〉"（查表14-22可知代码），但"备案号"栏免予填报。

例如，《亚太贸易协定》项下进口报关单中第1项到第3项和第5项为优惠贸易协定项下商品,应填报为:"Y:〈01:1—3,5〉"。

(3) 优惠贸易协定项下出口货物,本栏目填报原产地证书代码和编号。

(4) 一份原产地证书只能对应一份报关单,同一份报关单上的商品不能同时享受协定税率和减免税。在一票进口货物中,对于实行原产地证书联网管理的,如涉及多份原产地证书或含非原产地证书商品,应分单填报。报关单上申报商品的计量单位必须与原产地证书上对应商品的计量单位一致。

表 14-22 进口货物优惠贸易协定代码表

代码	优惠贸易协定	代码	优惠贸易协定
01	亚太贸易协定	11	中国-新加坡自贸协定
02	中国-东盟自贸区	12	中国-秘鲁自贸协定
03 联网	香港 CEPA	13	对最不发达国家的特别优惠关税待遇
04 联网	澳门 CEPA	14	海峡两岸经济合作框架协议(ECFA)
05	对非洲特别优惠关税待遇	15	中国-哥斯达黎加自贸协定
06	台湾农产品零关税措施	16	中国-冰岛自贸协定
07	中国-巴基斯坦自贸协定	17	中国-瑞士自贸协定
08	中国-智利自贸协定	18	中国-澳大利亚自贸协定
09	对也门等国特别优惠关税待遇	19	中国-韩国自贸协定
10	中国-新西兰自贸协定	20	中国-格鲁吉亚自贸协定

14.2.28 标记唛码及备注

(一) 含义

本栏目在纸质报关单中用于填报标记唛码、备注说明和集装箱号等与进出口货物有关的文字或数字。

(二) "标记唛码"项填制规范

标记唛码是运输标志的俗称。货物标记唛码中除图形以外的所有文字和数字,填报在本栏"标记唛码"项。无标记唛码的填报"N/M"。

标记唛码英文表示为 Marks、Marking、MKS、Mark&NO.、Shipping Marks 等。

(三) "备注"项填制规范

(1) 受外商投资企业委托代理其进口投资设备、物品的进出口企业名称。

(2) 与本报关单有关联关系的,同时在业务管理规范方面又要求填报的备案号,填报在电子数据报关单中"关联备案"栏。

保税间流转货物、加工贸易结转货物及凭《征免税证明》转内销货物,其对应的备案号填报在"关联备案"栏。

减免税货物结转进口(转入),"关联备案"栏填报本次减免税货物结转所申请的《中华人民共和国海关进口减免税货物结转联系函》的编号。

减免税货物结转出口(转出),"关联备案"栏填报与其相对应的进口(转入)报关单"备案号"栏中《征免税证明》的编号。

(3) 与本报关单有关联关系的,同时在业务管理规范方面又要求填报的报关单号,填报在电子数据报关单中"关联报关单"栏。

保税间流转、加工贸易结转类的报关单,应先办理进口报关,并将进口报关单号填入出口报关单的"关联报关单"栏。

办理进口货物直接退运手续的,除另有规定外,应先填制出口报关单,再填制进口报关单,并将出口报关单号填报在进口报关单的"关联报关单"栏。

减免税货物结转出口(转出),应先办理进口报关,并将进口(转入)报关单号填入出口(转出)报关单的"关联报关单"栏。

(4) 办理进口货物直接退运手续的,填报"〈ZT"+"海关审核联系单号或者《海关责令进口货物直接退运通知书》编号"+"〉"。

(5) 保税监管场所进出货物,在"保税/监管场所"栏填报本保税监管场所编码[保税物流中心(B型)填报本中心的国内地区代码],其中涉及货物在保税监管场所间流转的,在本栏填报对方保税监管场所代码。

(6) 涉及加工贸易货物销毁处置的,填报海关加工贸易货物销毁处置申报表编号。

(7) 当监管方式为"暂时进出货物"(2600)和"展览品"(2700)时,填报要求如下。

① 根据《中华人民共和国海关暂时进出境货物管理办法》(海关总署令第233号,以下简称《管理办法》)第三条第一款所列项目,填报暂时进出境货物类别,如暂进六,暂出九。

② 根据《管理办法》第十条规定,填报复运出境或者复运进境日期,期限应在货物进出境之日起6个月内,如 20180815 前复运进境,20181020 前复运出境。

③ 根据《管理办法》第七条,向海关申请对有关货物是否属于暂时进出境货物进行审核确认的,填报《中华人民共和国××海关暂时进出境货物审核确认书》编号,如〈ZS海关审核确认书编号〉,其中英文为大写字母;无此项目的,无须填报。

上述内容依次填报,项目间用"/"分隔,前后均不加空格。

④ 收发货人或其代理人申报货物复运进境或者复运出境的。

货物办理过延期的,根据《管理办法》填报《货物暂时进/出境延期办理单》的海关回执编号,如〈ZS海关回执编号〉,其中英文为大写字母;无此项目的,无须填报。

(8) 跨境电子商务进出口货物,填报"跨境电子商务"。

(9) 加工贸易副产品内销,填报"加工贸易副产品内销"。

(10) 服务外包货物进口,填报"国际服务外包进口货物"。

(11) 公式定价进口货物填报公式定价备案号,格式为"公式定价"+备案编号+"@"。对于同一报关单下有多项商品的,如某项或某几项商品为公式定价备案的,则备注栏内填报为:"公式定价"+备案编号+"♯"+商品序号+"@"。

(12) 进出口与《预裁定决定书》列明情形相同的货物时,按照《预裁定决定书》填报,格式为"预裁定+《预裁定决定书》编号"。例如,某份预裁定决定书编号为 R-2-0100-2018-0001,则填报为"预裁定 R-2-0100-2018-0001"。

(13) 含归类行政裁定报关单,填报归类行政裁定编号,格式为"c"+四位数字编号,例如 c0001。

(14) 已经在进入特殊监管区时完成检验的货物,在出区入境申报时,填报"预检验"字样,同时在"关联报检单"栏填报实施预检验的报关单号。

(15) 进口直接退运的货物,填报"直接退运"字样。

(16) 企业提供 ATA 单证册的货物,填报"ATA 单证册"字样。

(17) 不含动物源性低风险生物制品,填报"不含动物源性"字样。

(18) 货物自境外进入境内特殊监管区或者保税仓库的,填报"保税入库"或者"境外入区"字样。

(19) 海关特殊监管区域与境内区外之间采用分送集报方式进出的货物,填报"分送集报"字样。

(20) 军事装备出入境的,填报"军品"或"军事装备"字样。

(21) 申报 H.S. 为 3821.0000.00、3002.3000.00 的,属于下列情况的,填报要求为:属于培养基的,填报"培养基"字样;属于化学试剂的,填报"化学试剂"字样;不含动物源性成分的,填报"不含动物源性"字样。

(22) 属于修理物品的,填报"修理物品"字样。

(23) 属于下列情况的,填报"压力容器""成套设备""食品添加剂""成品退换""旧机电产品"等字样。

(24) H.S. 为 2903.8900.20(入境六溴环十二烷),用途为"其他(99)"的,填报具体用途。

(25) 集装箱体信息填报集装箱号(在集装箱箱体上标示的全球唯一编号)、集装箱规格、集装箱商品项号关系(单个集装箱对应的商品项号,半角逗号分隔)、集装箱货重(集装箱箱体自重+装载货物重量,千克)。

(26) 申报时其他必须说明的事项。

14.3 进出口货物报关单表体各栏目的填报

14.3.1 项号

(一) 含义

项号是指申报货物在报关单中的商品排列序号及该项商品在加工贸易手册、征免税证明等备案单证中的顺序编号。

(二) 常规填制规范

项号栏分两行填报:第一行填报货物在报关单中的商品排列序号;第二行专用于加工贸易、减免税和实行原产地证书联网管理等已备案、审批的货物,填报该项货物在加工贸易手册中的备案项号、征免税证明备案项号或原产地证书上的商品项号。

(三) 特殊填制规范(第二行填写)

(1) 深加工结转货物,分别按照《加工贸易手册》中的进口料件项号和出口成品项号填报。

(2) 料件结转货物(包括料件、成品和半成品折料),出口报关单按照转出加工贸易手册中进口料件的项号填报;进口报关单按照转入《加工贸易手册》中进口料件的项号填报。

(3) 料件转内销货物,以及按料件补办进口手续的转内销成品、半成品、残次品,应填制进口报关单,本栏目填报《加工贸易手册》进口料件的项号。加工贸易边角料、副产品内销,本栏目填报《加工贸易手册》中对应的料件项号。当边角料或副产品对应一个以上料件项号时，填报主要料件项号。

（4）料件复出货物（包括料件、边角料、来料加工半成品折料），出口报关单按照《加工贸易手册》中进口料件的项号填报；如边角料对应一个以上料件项号时，填报主要料件项号。料件退换货物（包括料件、不包括半成品），进出口报关单按照《加工贸易手册》中进口料件的项号填报。

（5）成品退运货物，退运进境报关单和复运出境报关单按照《加工贸易手册》原出口成品的项号填报。

（6）加工贸易成品凭征免税证明转为享受减免税进口货物的，应先办理进口报关手续。进口报关单填报《征免税证明》中的项号，出口报关单填报《加工贸易手册》原出口成品项号，进出口报关单货物的数量应一致。

（7）加工贸易料件、成品放弃，本栏目应填报《加工贸易手册》中进口料件或出口成品的项号。半成品放弃的应按单耗折回料件，以料件放弃申报，本栏目填报《加工贸易手册》中对应的料件项号。

（8）加工贸易副产品退运出口、结转出口或放弃，本栏目应填报《加工贸易手册》中新增的变更副产品的出口项号。

（9）经海关批准实行加工贸易联网监管的企业，按海关联网监管要求，企业需申报报关清单的，应在向海关申报货物进出口（包括形式进出口）报关单前，向海关申报清单。一份报关清单对应一份报关单，报关单商品由报关清单归并而得。

（10）加工贸易电子账册报关单中项号、品名、规格等栏目的填制规范比照加工贸易电子化手册。

（11）优惠贸易协定项下实行原产地证书联网管理的，填写对应的原产地证书上的"商品项号"。

14.3.2 商品编号

（一）含义

商品编号是指在《协调制度》的基础上，按商品归类规则确定的进出口货物的海关监管商品代码。

（二）填制规范

填报由13位数字组成的商品编号。前8位为《中华人民共和国进出口税则》和《中华人民共和国海关统计商品目录》确定的编码；9、10位为监管附加编号，11~13位为检验检疫附加编号。

14.3.3 商品名称及规格型号

（一）含义

商品名称是指国际贸易缔约双方同意买卖的商品名称。报关单中的商品名称是指进出口货物规范的中文名称。

规格型号是指反映商品性能、品质和规格的一系列指标，如品牌、等级、成分、含量、纯度、尺寸等。

(二) 填制规范

(1) 本栏目分两行填报：第一行填报货物的中文名称，如果发票中的商品名称为非中文名称的，则需要翻译成规范的中文名称填报，必要时加注原文；第二行填报规格型号。

(2) 商品名称应当规范，规格型号应当足够详细，以能满足海关归类、审价及许可证件管理要求为准。为了规范进出口企业申报行为，提高申报数据质量，海关制定了《规范申报目录》，报关单位在报关时应当严格按照《规范申报目录》中关于规范申报商品品名、规格的要求填制报关单并依法办理通关手续（见表14-23）。

表 14-23　商品名称及申报要素（部分）

第十六章　肉、鱼、甲壳动物、软体动物及其他水生无脊椎动物的制品

税则号列	商品名称	申报要素及说明举例
1601.0010	——用天然肠衣作外包装的香肠及类似产品	1.品名；2.是否野生；3.是否用天然肠衣作外包装；4.包装规格
1601.0020	——其他香肠及类似产品	1.品名；2.是否野生；3.包装规格
1601.0030	——用香肠制成的食品	1.品名；2.是否野生；3.包装规格
1602.1000	——均化食品	1.品名；2.是否野生；3.包装规格
1602.2000	——动物肝	1.品名；2.制作或保存方法（煮、蒸、烤、煎、炸、炒等）；3.包装规格。例如，不包括包馅面食（饺子等），以肉或食用杂碎做馅的（税目19.02）；不包括调味汁及其制品、混合调味品（税目21.03）；不包括汤料及其制品、均化混合食品（税目21.04）

(3) 同一商品编号、多种规格型号的商品，可归并为一项商品的，按照归并后的商品名称和规格型号填报。

(4) 减免税货物、加工贸易等已备案的货物，本栏目填报的内容须与海关备案登记中同项号下货物的名称与规格型号一致。

(5) 加工贸易边角料和副产品内销、边角料复出口，应填报其报验状态的名称和规格型号，并加注形态说明。

(6) 对需要海关签发《货物进口证明书》的车辆，商品名称应填报"车辆品牌＋排气量（注明CC）＋车型"。进口汽车底盘可不填报排气量。车辆品牌应按照《进口机动车辆制造厂名称和车辆品牌中英文对照表》中"签注名称"一栏的要求填报。规格型号可填报"汽油型"等。

(7) 由同一运输工具同时运抵同一口岸并且属于同一收货人、使用同一提单的多种进口货物，按照商品归类规则应当归入同一商品编号的，应当将有关商品一并归入该商品编号。商品名称填报一并归类后的商品名称；规格型号填报一并归类后商品的规格型号。

(8) 进口货物收货人以一般贸易方式申报进口属于《需要详细列名申报的汽车零部件清单》（海关总署2006年第64号公告）范围内的汽车生产件的，按以下要求填报。

① 商品名称填报进口汽车零部件的详细中文商品名称和品牌，中文商品名称与品牌之间用"/"相隔，必要时加注英文商业名称；进口的成套散件或者毛坯件应在品牌后加注"成套散件""毛坯"等字样，并与品牌之间用"/"相隔。

② 规格型号填报汽车零部件的完整编号。在零部件编号前应当加注"S"字样,并与零部件编号之间用"/"相隔,零部件编号之后应当依次加注该零部件适用的汽车品牌和车型。汽车零部件属于可以适用于多种汽车车型的通用零部件的,零部件编号后应当加注"TY"字样,并用"/"与零部件编号相隔。与进口汽车零部件规格型号相关的其他需要申报的要素,或者海关规定的其他需要申报的要素,如"功率""排气量"等,应当在车型或"TY"之后填报,并用"/"与之相隔。汽车零部件报验状态是成套散件的,应当在"标记唛码及备注"栏内填报该成套散件装配后的最终完整品的零部件编号。

(9) 进口货物收货人以一般贸易方式申报进口属于《需要详细列名申报的汽车零部件清单》(海关总署 2006 年第 64 号公告)范围内的汽车维修件的,填报规格型号时,应当在零部件编号前加注"W",并与零部件编号之间用"/"相隔;进口维修件的品牌与该零部件适用的整车厂牌不一致的,应当在零部件编号前加注"WF",并与零部件编号之间用"/"相隔。其余申报要求同上条执行。

(10) 品牌类型。品牌类型为必填项目。可选择"无品牌""境内自主品牌""境内收购品牌""境外品牌(贴牌生产)""境外品牌(其他)"如实填报。其中,"境内自主品牌"是指由境内企业自主开发、拥有自主知识产权的品牌;"境内收购品牌"是指境内企业收购的原境外品牌;"境外品牌(贴牌生产)"是指境内企业代工贴牌生产中使用的境外品牌;"境外品牌(其他)"是指除代工贴牌生产以外使用的境外品牌。

(11) 出口享惠情况。出口享惠情况为出口报关单必填项目。可选择"出口货物在最终目的国(地区)不享受优惠关税""出口货物在最终目的国(地区)享受优惠关税""出口货物不能确定在最终目的国(地区)享受优惠关税"如实填报。进口货物报关单不填报该申报项。

(12) 申报进口已获 3C 认证的机动车辆时,填报以下信息。
① 提运单日期。填报该项货物的提运单签发日期。
② 质量保质期。填报机动车的质量保证期。
③ 发动机号或电机号。填报机动车的发动机号或电机号,应与机动车上打刻的发动机号或电机号相符。纯电动汽车、插电式混合动力汽车、燃料电池汽车为电机号,其他机动车为发动机号。
④ 车辆识别代码(VIN)。填报机动车车辆识别代码,须符合国家强制性标准《道路车辆识别代号(VIN)》(GB 16735—2016)的要求。该项目一般与机动车的底盘(车架号)相同。
⑤ 发票所列数量。填报对应发票中所列进口机动车的数量。
⑥ 品名(中文名称)。填报机动车中文品名,按《进口机动车辆制造厂名称和车辆品牌中英文对照表》(原质检总局 2004 年 52 号公告)的要求填报。
⑦ 品名(英文名称)。填报机动车英文品名,按《进口机动车辆制造厂名称和车辆品牌中英文对照表》(原质检总局 2004 年 52 号公告)的要求填报。
⑧ 型号(英文)。填报机动车型号,与机动车产品标牌上整车型号一栏相符。

14.3.4 数量及单位

(一) 含义

报关单上的"数量及单位"栏是指进出口商品的成交数量及计量单位,以及海关法定计量单位和按照海关法定计量单位计算的数量。

海关法定计量单位又分为海关法定第一计量单位和海关法定第二计量单位。海关法定计量单位以《统计商品目录》中规定的计量单位为准（见表 14-24）。例如，矿泉水为升/千克，卷烟为千支/千克。

表 14-24　商品名称及计量单位

税则号列 Tariff Item	商品名称及备注	出口退税	进口税率 最惠	进口税率 普通	进口税率 暂定	增值税率	计量单位	监管条件
22.01	未加糖或其他甜物质及未加味的水，包括天然或人造矿泉水及汽水；冰及雪：							
	矿泉水及汽水：							
2201.1010	——矿泉水		20.0	90.0		17	升/千克	AB
2201.1020	——汽水	15	20.0	90.0		17	升/千克	AB
	——其他：							
2201.9010	——天然水		10.0	30.0		17	千升/吨	AB
2201.9090	——其他		10.0	30.0		17	千升/吨	AB

（二）常规填制规范

（1）本栏目分三行填报：第一行填报海关法定第一计量单位及数量；第二行填报海关法定第二计量单位及数量，无第二计量单位的，第二行为空；第三行填报成交计量单位及数量，成交计量单位和法定计量单位一致时，第三行为空。

（2）《统计商品目录》未列明计量单位的，按成交计量单位及数量填报。

（3）本栏目长度为 13 位整数及 5 位小数。超出上述范围的，允许合理修正实际计量单位，例如将克改为千克或吨。数量栏不得为空或填报"0"。

（三）特殊填制规范

（1）加工贸易备案的货物，成交计量单位必须与备案登记中同项号下货物的计量单位一致。加工贸易边角料和副产品内销、边角料复出口，填报其报验状态的计量单位。

加工贸易结转货物进出口报关单对应的数量、计量单位应当一致。

（2）优惠贸易协定项下进出口商品的成交计量单位必须与原产地证书上对应商品的计量单位一致，申报数量不得超出原产地证书批准数量。

（3）法定计量单位为"千克"的数量填报要求如下。

① 装入可重复使用的包装容器的货物，按货物的净重填报。

② 使用不可分割包装材料和包装容器的货物，按货物的净重填报，如采用零售包装的罐头、化妆品等。

③ 按照商业惯例以公量重计价的商品，应按公量填报，如羊毛、鸭绒等。

④ 以毛重作为净重计价的货物，可按毛重填报，如散装粮食、饲料等低价农副产品。

⑤ 采用零售包装的酒类、饮料，按照液体部分的重量填报。

（4）成套设备、减免税货物如需分批进口，货物实际进口时，应按照实际报验状态确定数量。

根据归类规则,零部件按整机或成品归类的,法定计量单位是非重量的,其对应的法定数量填报"0.1"。

具有完整品或制成品基本特征的不完整品、未制成品,根据归类总规则应按完整品归类的,申报数量按照构成完整品的实际数量申报。

(5) 法定计量单位为立方米的气体货物,应折算成标准状况(即摄氏零度及1个标准大气压)下的体积进行填报。

14.3.5 单价/总价/币制

(一) 含义

单价是指进出口货物实际成交的商品单位价格的金额部分。

总价是指进出口货物实际成交的商品总价的金额部分。总价是海关审定完税价格的重要依据,海关会根据成交方式、运费、保费、杂费和总价审定货物的完税价格,从而计征税费。

币制是指进出口货物实际成交价格的计价货币的名称。

(二) 填制规范

(1) "单价"栏填报同一项号下进出口货物实际成交的商品单位价格的数字部分。单价如非整数,其小数点后保留4位,第5位及以后略去。

(2) "总价"栏填报同一项号下进出口货物实际成交的商品总价的数字部分。总价如非整数,其小数点后保留4位,第5位及以后略去。

(3) 无实际成交价格的,填报货值。

(4) "币制"栏根据实际成交情况按海关规定的《货币代码表》(见表14-25)选择填报相应的货币名称或代码。如《货币代码表》中无实际成交币种,需将实际成交币种按照申报日外汇折算率折算成"货币代码表"列明的货币填报。

表14-25 常用货币代码表

货币代码	符号	货币名称	货币代码	符号	货币名称	货币代码	符号	货币名称
110*	HKD	港币	116*	JPY	日本元	132	SGD	新加坡元
142*	CNY	人民币	133	KRW	韩国元	300*	EUR	欧元
302	DKK	丹麦克朗	303*	GBP	英镑	330	SEK	瑞典克朗
331	CHF	瑞士法郎	344	RUB	俄罗斯卢布	501	CAD	加拿大元
502*	USD	美元	601	AUD	澳大利亚元	609	NZD	新西兰元

14.3.6 原产国(地区)/最终目的国(地区)

(一) 含义

原产国(地区)依据《中华人民共和国进出口货物原产地条例》《中华人民共和国海关关于执行〈非优惠原产地规则中实质性改变标准〉的规定》以及海关总署关于各项优惠贸易协定原产地管理规章规定的原产地确定标准填报。同一批进出口货物的原产地不同的,分别填报原产国(地区)。进出口货物原产国(地区)无法确定的,填报"国别不详"。最终目的国(地区)填报已知的进出口货物的最终实际消费、使用或进一步加工制造国家(地区)。不经过第三国(地区)转运的直接运输货物,以运抵国(地区)为最终目的国(地区);经过第三国(地区)转运的货物,以最后运往国(地区)为最终目的国(地区)。同一批进出口货物的最终目的国(地区)不同的,分别填报最终目的国(地区)。进出口货物不能确定最终目的国(地区)时,以尽可能预知的最后运往国(地区)为最终目的国(地区)。

(二)常规填制规范

(1)进口报关单"原产国(地区)"栏和出口报关单"最终目的国(地区)"栏均应按《国别(地区)代码表》选择填报相应的国家(地区)中文名称或代码。

(2)原产国应依据《原产地条例》《中华人民共和国海关关于执行〈非优惠原产地规则中实质性改变标准〉的规定》及海关总署关于优惠贸易协定原产地管理办法规定的原产地认定标准进行填报。

(3)同一批货物的原产地不同的,应当分别填报原产国(地区)。

(4)进口货物监管方式代码后两位为42、43、54、55的,原产国填报"中国"(142);出口货物监管方式代码后两位为42~46、54~58的,原产国填报"中国"(142)。

(5)进口货物原产国(地区)无法确定的,应填报"国别不详"(701)。

(6)中性包装进口货物,原产国(地区)确实不详的,原产国填报"国别不详"(701)。

(7)联合国及其所属机构或其他国际组织赠送的物质,应填报货物的实际生产国(地区)。

(8)同一批出口货物的最终目的国(地区)不同的,应分项填报最终目的地国(地区)。

(9)最终目的国(地区)可通过指运港所在国家(地区)来判断,不受中转影响。

(10)出口货物不能确定最终目的国(地区)时,以尽可能预知的最后运往国(地区)为最终目的国(地区)。

(三)特殊填制规范

(1)料件结转货物,进口报关单原产国(地区)为原进口料件生产国(地区),出口报关单最终目的国(地区)填报中国(142)。

(2)深加工结转货物,原产国(地区)和最终目的国(地区)都为中国。

(3)料件复运出境货物,填报实际最终目的国(地区);加工出口成品因故退运境内的,原产国(地区)填报中国,复运出境的货物填报实际最终目的国(地区)。

(4)海关特殊监管区域运往区外的货物,未经加工的进口货物,填报货物原进口时的原产国(地区);对于经加工的成品或半成品,按现行原产地规则确定原产国(地区);区外运入区内的货物,最终目的国(地区)为中国。

(5)加工贸易剩余料件转内销,应按以下情况填报:

① 加工贸易剩余料件内销,填报料件的原实际生产国(地区);

② 加工贸易成品(包括半成品、残次品、副产品)转内销,原产国均应填报"中国"。

14.3.7 境内目的地/境内货源地

(一)含义

境内目的地是指已知的进口货物在我国关境内的消费、使用地区或最终运抵的地点。

最终使用单位难以确定的,填报货物进口时预知的最终收货单位所在地。

境内货源地是指出口货物在我国关境内的生产地或原始发货地(包括供货地点)。出口货物产地难以确定的,填报最早发运该出口货物的单位所在地。

(二)填制规范

本栏目按海关规定的《国内地区代码表》选择填报相应的国内地区名称或代码。

本栏目格式为根据境内收货人/境内发货人的海关注册编码前5位编码或其表示的地区中文。

例如,中国电子进出口北京公司1102910036,前5位表示北京市西城区其他地区。

(1)海关特殊监管区域、保税物流中心(B型)与境外之间的进出境货物,境内目的地/境内货源地填报本海关特殊监管区域、保税物流中心(B型)所对应的国内地区名称及代码。

(2)按海关规定的《国内地区代码表》选择填报相应的国内地区名称及代码,并根据《中华人民共和国行政区划代码表》选择填报境内目的地对应的县级行政区名称及代码。无下属区县级行政区的,可选择填报地市级行政区。

14.3.8 征免

(一)含义

征免是指海关依照《海关法》《关税条例》及其他法律、行政法规,对进出口货物进行征税、减税、免税或特案处理的实际操作方式。

同一份报关单上可以有不同的征减免税方式。

(二)主要征减免税方式

1. 照章征税

照章征税是指对进出口货物依照法定税率计征各类税、费。

2. 折半征税

折半征税是指依照主管海关签发的《征免税证明》或海关总署的通知,对进出口货物依照法定税率折半计征关税和增值税,但照章征收消费税。

3. 全免

全免是指依照主管海关签发的《征免税证明》或海关总署的通知,对进出口货物免征关税和增值税,但消费税是否免征应按有关批文的规定办理。

4. 特案减免

特案减免是指依照主管海关签发的《征免税证明》或海关总署通知规定的税率或完税价格计征各类税、费。

5. 随征免性质

随征免性质是指对某些特定监管方式下进出口的货物按照征免性质规定的特殊计税公式或税率计征税、费。

6. 保证金

保证金是指经海关批准其保放行的货物,由担保人向海关缴纳现金的一种担保形式。

7. 保函

保函是指担保人根据海关的要求,向海关提交的订有明确权利义务的一种担保形式。

(三)填制规范

(1)根据海关核发的《征免税证明》或有关政策规定,对报关单所列每项商品选择填报海关规定的《征减免税方式代码表》中相应的征减免税方式的名称。

(2)加工贸易报关单应根据登记手册中备案的征免规定填报。《加工贸易手册》中备案的征免规定为"保金"或"保函"的,不能按备案的征免规定填报,而应填报"全免"。

14.3.9　特殊关系确认

根据《中华人民共和国海关审定进出口货物完税价格办法》(以下简称《审价办法》)第十六条,填报确认进出口行为中买卖双方是否存在特殊关系,有下列情形之一的,应当认为买卖双方存在特殊关系,应填报"是",反之则填报"否":

(1)买卖双方为同一家族成员的;
(2)买卖双方互为商业上的高级职员或者董事的;
(3)一方直接或者间接地受另一方控制的;
(4)买卖双方都直接或者间接地受第三方控制的;
(5)买卖双方共同直接或者间接地控制第三方的;
(6)一方直接或者间接地拥有、控制或者持有对方5%以上(含5%)公开发行的有表决权的股票或者股份的;
(7)一方是另一方的雇员、高级职员或者董事的;
(8)买卖双方是同一合伙的成员的。

买卖双方在经营上相互有联系,一方是另一方的独家代理、独家经销或者独家受让人,如果符合前款的规定,也应当视为存在特殊关系。

出口货物免予填报,加工贸易及保税监管货物(内销保税货物除外)免予填报。

14.3.10　价格影响确认

根据《审价办法》第十七条,填报确认纳税义务人是否可以证明特殊关系未对进口货物的成交价格产生影响,纳税义务人能证明其成交价格与同时或者大约同时发生的下列任何一款价格相近的,应视为特殊关系未对成交价格产生影响,填报"否",反之则填报"是":

(1)向境内无特殊关系的买方出售的相同或者类似进口货物的成交价格;
(2)按照《审价办法》第二十三条的规定所确定的相同或者类似进口货物的完税价格;
(3)按照《审价办法》第二十五条的规定所确定的相同或者类似进口货物的完税价格。

出口货物免予填报,加工贸易及保税监管货物(内销保税货物除外)免予填报。

14.3.11　支付特许权使用费确认

根据《审价办法》第十一条和第十三条,填报确认买方是否存在向卖方或者有关方直接或者间接支付与进口货物有关的特许权使用费,且未包括在进口货物的实付、应付价格中。

买方存在需向卖方或者有关方直接或者间接支付特许权使用费,且未包含在进口货物实付、应付价格中,并且符合《审价办法》第十三条的,在"支付特许权使用费确认"栏目填报"是"。

买方存在需向卖方或者有关方直接或者间接支付特许权使用费,且未包含在进口货物实付、应付价格中,但纳税义务人无法确认是否符合《审价办法》第十三条的,填报"是"。

买方存在需向卖方或者有关方直接或者间接支付特许权使用费且未包含在实付、应付价格中,纳税义务人根据《审价办法》第十三条,可以确认需支付的特许权使用费与进口货物无关的,填报"否"。

买方不存在向卖方或者有关方直接或者间接支付特许权使用费的,或者特许权使用费已经包含在进口货物实付、应付价格中的,填报"否"。

出口货物免予填报,加工贸易及保税监管货物(内销保税货物除外)免予填报。

14.3.12　自报自缴

进出口企业、单位采用"自主申报、自行缴税"(自报自缴)模式向海关申报时,填报"是";反之则填报"否"。

14.4　其他进出境申报单

其他进出境申报单是指除了报关单填制规范所规定的报关单格式以外,专用于特定地区、特定货物及特定运输方式的进出境申报单。

14.4.1　保税区进出境货物备案清单

保税区进出境货物备案清单(以下简称保税区备案清单)是由海关规定统一格式,由保税区内企业或其代理人填制并向保税区海关提交的申请货物进出保税区的法律文书。

保税区备案清单适用于保税区从境外进口的货物(包括加工贸易料件、转口货物、仓储货物)和保税区运往境外的出口货物。

保税区备案清单不适用于保税区与国内非保税区之间进出口的货物,区内企业从境外进口自用的机器设备、管理设备、办公用品,以及区内工作人员自用的应税物品。

保税区备案清单一式五联,分别为进(出)地海关存查联、海关统计联、主管海关存查联、备案单位存查联、进境付汇核销、出境结汇专用联。

保税区备案清单的填制格式、内容及填制要求与报关单基本相同。

14.4.2　出口加工区进出境货物备案清单

出口加工区进出境货物备案清单是由海关规定统一格式,由出口加工区内企业或代理人填制,并向出口加工区海关提交的申请货物运入或运离出口加工区的法律文书。

出口加工区进出境货物备案清单主要适用于出口加工区实际进出境货物、加工区与国内其他地区之间的非实际进出境货物、同一出口加工区或不同出口加工区之间的企业结转(调拨)货物。

14.4.3 暂准进口单证册

暂准进口单证册(以下简称 ATA 单证册)是指世界海关组织通过的《货物暂准进口公约》及其附约 A 和《ATA 公约》中规定的,用于替代各缔约国海关暂准进出口货物报关单和税费担保的国际统一通用的海关报关单证。

由于我国目前只加入了展览品暂准进口使用 ATA 单证册的有关国际公约,因此,我国目前只接受属于展览品范围的 ATA 单证册。有关单位向海关递交 ATA 单证册时,应递交中文或英文填报的 ATA 单证册。如递交英文时,应提供中文译本;用其他文字填写的,必须同时递交忠实于原文的中文或英文译本。相关内容可参见展览品通关程序。

14.4.4 集中申报清单

集中申报是指经向海关备案,进出口货物收发货人在用一口岸多批次进出口属于《中华人民共和国海关进出口货物集中申报管理办法》规定范围内的货物,可以先以《海关进(出)口货物集中申报清单》申报货物进出口,然后在海关规定的期限内再以进(出)口货物报关单集中办理海关申报手续的特殊通关方式。

1. 一票货物海关通关制度涉及报关单主要栏目之间的关系

(1) 货物范围:货物性质、监管方式、贸易目的(用途、原产国、生产厂家、最终目的国)。

(2) 许可证件管理:许可证号、批准文号、随附单据。

(3) 税收征管:备案号、征免性质、征免。

报关单中的一些重要栏目与许可证件管理、税费管理、报关程序有着密切的联系。

2. 杂费栏填报技巧

(1) 如何判断成交价格以外的杂费。成交价格以外的杂费仅为两种:一种是已计入发票总价,但不应是买方支付的;另一种是未计入发票总价,应是买方支付的。除上述两种杂费外,都不是成交价格以外的杂费,无须填报。

例如发票显示"Price term:CIF Dalian;Quantity:36 562KGS;Unit Price:0.805USD/KG;Value USD29 482.41;Internation Freight:USD2 450;Insurance USD99.34;FOB Value USD26 933.07;Fumigation(境外熏蒸费)USD50"。

可以看出,运费、保费已计入总价,且不应是买方再支付的,因此不是成交价格以外的杂费;境外熏蒸费未计入总价,应是买方支付的,是成交价格以外的杂费,需在杂费栏目填报。如果总价为 USD29 532.41,则境外熏蒸费已计入总价,且不应是买方再支付的,不是成交价格以外的杂费,本栏目则免填。

(2) 如何区别应计入杂费和应扣除杂费。属应计入杂费的,应同时满足两个条件:一是该笔杂费未计入发票总价;二是发票上列明的这笔杂费,须由买方支付给卖方。同时满足这两个条件的为计入杂费,填报正值或正率。只要其中一个条件不满足,杂费栏就免填。

属扣除杂费的,也应同时满足两个条件:一是这笔杂费已计入发票总价;二是发票上列明的杂费不应由买方支付。若同时满足这两个条件,则为应扣除杂费,填报时为负值或负率。只要其中一个条件不满足,杂费栏就免填。

例如,发票上列明销售佣金 USD200。销售佣金属于在成交价格以外需另行支付给卖方的佣金,属于应计入完税价格的杂费,如未计入总价,应填报位正值或正率,即 502/200/3。如果是购货佣金 USD200,即买方支付给代理人的佣金,如已计入总价,属应从完税价格中扣除的杂费,应填报位负值或负率,即 502/-200/3。

(3) 填报杂费栏首先应判断要不要填报。是否填报杂费栏与报关单"总价"栏的填报有着密切关系。若应计入杂费或应扣除杂费在"总价"中已计入或已扣除,在这种情况下,杂费栏免填。判断总价中是否已经计入或扣除杂费,主要通过发票中的价格明细判断。

3. 随附单据栏中涉及多个监管证件时存在免证的情况

随附单据栏中涉及多个监管证件时,存在免证的情况见表 14-26。

表 14-26 随附单据栏中涉及多个监管证件时存在免证的情况

货物类型		进出境环节	内销环节
一般进出口货物		属许可证件管理的,"交证"	
保税加工货物	料件进口	"免证"(除消耗臭氧层物质、易制毒化学品、监控化学品、原油、成品油外)	① 进境时免证的,内销时"交证"(除内销料件价值为原进口料件价值3%及以下,且不超过1万元人民币的货物外); ② 进境时交证的,内销时免证
	成品出口	属出口许可证件管理的,"交证"	
	不作价设备	"免证"	"交证"(除监管期满,企业留用的,免证)
	受灾保税货物		① 不可抗力造成的,"免证"; ② 非不可抗力造成的,"交证"
保税物流货物	保税仓库进仓	"免证"(除特殊商品外)	① 进境时免证的,内销时交证; ② 进境时交证的,内销时免证
	保税区境外进区		
	其他特殊区域、场所	"免证"	
特定减免税进口货物		属进口许可证件管理的,"交证"(除外企进口投资设备外)	① 进境时免证的,内销时交证; ② 进境时交证的,内销时免证
暂准进出境货物		"免证"(除法检货物及特殊货物外)	
货样、广告品进出口		①"交证",但进口属自动进口许可证管理的机电产品(旧机电除外)和一般商品,价值5 000元人民币及以下"免证"; ② 出口货值在3万元人民币及以下的"免证"(除两用物项外)	
溢装、溢卸货物		① 出口货物,溢装量在5%及以内(原油、成品油3%及以内),免出口许可证件; ② 进口货物,溢卸量在5%及以内(原油、成品油、化肥、钢材3%以内),免自动进口许可证	
废物进口、旧机电进口		交《废物进口许可证》《进口许可证》和《入境货物通关单》	
属法检货物		交《入境货物通关单》	免证

注:货样、广告品和溢装、溢卸货物不涉及内销问题。

4. 出口加工区进出境备案清单填制

《中华人民共和国海关进(出)境货物备案清单》原则上按《中华人民共和国海关进出口货物报关单填制规范》的要求填制,对部分栏目说明如下:

(1) 进口口岸/出口口岸。实际进出境货物填报实际进(出)境的口岸海关名称及关区代码。

特殊区域与区外之间进出的货物,填报本特殊区域海关名称及关区代码。

在特殊区域内流转的货物,填报本特殊区域海关名称及关区代码。

不同特殊区域之间、特殊区域与保税监管场所之间相互流转的货物,填报对方特殊区域或保税监管场所海关名称及关区代码。

(2) 备案号。进出特殊区域的保税货物,应填报标记代码为 H 的电子账册备案号。

进出特殊区域的企业自用设备、基建物资、自用合理数量的办公用品,应填报标记代码为 H 的电子账册(第六位为 D)备案号。

自 2010 年 7 月 1 日起,海关对进出综合保税区、保税港区的货物实行电子账册(电子账册第一位标记代码为"H",以下简称 H 账册;减免税货物对应电子账册第六位标记代码为"D",以下简称 HD 账册)管理。

(3) 运输方式。实际进出境货物应根据实际运输方式,按海关规定的《运输方式代码表》选择填报相应的运输方式。

同一特殊区域或不同特殊区域之间、特殊区域与保税监管场所之间流转的货物,区内企业填报"其他运输"(代码 9)。

特殊区域与境内(区外)(非特殊区域、保税监管场所)之间进出的货物,区内、区外企业应根据实际运输方式分别填报,"保税港区/综合保税区"(代码 Y),"出口加工区"(代码 Z)。

(4) 运输工具名称。同一特殊区域或不同特殊区域之间、特殊区域与保税监管场所之间流转的货物,在出口备案清单本栏目填报转入方关区代码(前两位)及进口报关单(备案清单)号,即转入××(关区代码)××××××××(报关单/备案清单号)。

(5) 贸易方式(监管方式):参见前述内容。

报关单证英语词汇见表 14-27。

表 14-27 报关单证英语词汇表

英 文	中 文	英 文	中 文
Commercial Invoice	商业发票	Invoice No.	发票号码
Port of loading	装货港	Port of unloading	卸货港
Port of shipment	装运港	Port of destination	目的港
Place of receipt	接货地	Port of delivery	交货地
Date of shipment	实际装运日	Marks & No.	唛头
Commodity code	商品编码	Quantity	数量
B/L	提单	L/C	信用证
D/P	付款交单	D/A	承兑交单
T/T	电汇	F.A.Q.	良好平均品质
FCL	整箱货	LCL	拼箱货
CY	堆场	CFS	货运站
N.W.	净重	G.W.	毛重

续表

英　　文	中　　文	英　　文	中　　文
MEAS.	尺码	PKG	包装
S/C No.	合同号	SPEC	规格
Case No.	箱号	Shipper	托运人
Consignee	收货人	Notify party	通知人
Transshipment	中转	Vessel	船名
Voyage No.	航次号	Manufacturer	生产商
Messrs.	买方	HC	高箱
RF	冷藏箱	DC	干货箱
CONTR No.	集装箱号	Flight No.	航班号
Airport of departure	始发站机场	Airport of destination	目的地机场
Rate class	运价类别	Chargeable weight	计费重量
Rate	运价	MAWB	主运单
HAWB	分运单	E/D	出口申报单

课内热身

【例 14-1】 上海某企业 310293××××委托苏州某进出口公司 310291××××进口投资设备 1 台，或者委托进口用于生产的黄铜丝一批。境内收货人和消费使用单位如何填报？

【答案】 第一种情况，境内收货人填报"上海某企业 310293××××"，且在备注栏填报"委托苏州某进出口公司进口，消费使用单位同境内收货人"；第二种情况，境内收货人填报"苏州某进出口公司 310291××××"，消费使用单位填报"上海某企业 310293××××"。

【例 14-2】 上海某公司 310191××××订购进口一台船用柴油发动机，委托上海某船厂 310721××××制造出口货轮，境内收货人、消费使用单位和境内目的地如何填报？

【答案】 此题为自营进口，境内收货人填报"上海某公司 310191××××"；消费使用单位填报"上海某船厂 310721××××"，境内目的填报："上海徐汇经济开发区"（根据收货单位前 5 位编码 31072 判断）。

课后实践

【实践】 请根据所提供的背景资料、发票和装箱单（见表 14-28）、提单（见表 14-29），按照报关单填制规范的要求，在报关单相对应的栏目选项中，选出最合适的答案。

背景资料：2017 年 5 月，杭州凌云文具有限公司（3301944018）出口自产打孔机铁件一批，出口报关单号 310420070546636188，出口收汇核销单号 039997791。货到目的地后客商检验发现货物存在质量问题，双方协商同意将货物退回凌云公司。2017 年 10 月，该批打孔机铁件与凌云公司自同一客商购买的旧点焊机同批进境（运费共计 3 300 美元），在向口岸海关办理转关手续（转关申报单编号@0731049999505171）后，运抵指运地海关办理正式进口报关手续。

点焊机属自动进口许可证管理商品，为凌云公司投资额内进口减免税货物。

表14-28 发票和装箱单

ACCO BRANDS Corporation
300 Tower Parkway
Lincolnshire, IL 60069-3604
www.accobrands.com

INVOICE & PACKING LIST

INVOICE No.: NGBAO7011 **DATE**: Sep. 1, 2017

CONSIGNED TO:	SHIPPING MARK:
HANGZHOU UNITOP STATIONERY CO., LTD. RIVER HILL ROAD HANGZHOU, ZHEJIANG, CHINA	

SHIPPED PER	SAILING ON OR ABOUT	
OCEAN VESSEL	Sep. 3, 2017	
FROM LONG BEACH, USA	**TO** NINGBO, CHINA	

DESCRIPTION	Qty	P'kg	G.W.	N.W.	UNIT PRICE	AMOUNT
					FCA NOGALES	
1. Welding machines (used)	8 set	16 pallets	16 000kg	15 600kg	@ $17,100.-	$136 800.-
2. Punch metal parts-Returned cargo, Price for customs declaration only	40 400pcs	2 cases	1 600kg	1 500kg	@ $0.15	$6 060.-

Country of Origin: USA

ACCO BRANDS Corporation
Authorized Signature

表 14-29 提单

Shipper ACCO Brands US LLC. 300 Tower Parkway Lincolnshire, IL		B/L No. KKLUUS0681814
Consignee Hangzhou Unitop Stationery Co., Ltd. River Hill Road, Hangzhou, China		**K" LINE** KAWASAKI KISEN KAISHA, LTD. **BILL OF LADING**
Notify Party Same as Consignee		Forwarding Agent References
Pre-carriage By	Place of Receipt NOGALES	Point and Country of Origin NOGALES, US
Vessel/Voyage ROTTERDAM BRIDGE v. 226w	Port of Loading LONG BEACH	
Port of Discharge NINGBO	Place of Delivery NINGBO	Type of Movement DOOR/CY

PARTICULARS FURNISHED BY SHIPPER

Container & Seal No.	Number & Kind of Packages	Description of Goods	Gross Weight (kg)	Measurement (m³)
KKFU7044043 6794		1×40' Container(6794) 12 pallets of used machinery XTN#265705100-NINGO-40FT	12 000	24.82
PRSU2208522 6531		1×20' Container(6531) 6 p'kg of used machinery and parts of other machines XTN#265705100-NINGO-20FT	5 600	9.75
		Shipper's Load Stow and Count		

Total No. of Containers Or Packages (In Words):
SIXTEEN PALLETS AND TWO WOODEN CASES

Date Laden on Board September 03, 2017	Place and Date of B(S)/L Issue RICHMOND, VA September 03, 2017
Freight and Charges FREIGHT PREPAID AS ARRANGED	No. of Original B/L Issued THREE(3)
	STAMP AND SIGNATURE OF THE CARRIER OR ITS AGENT "K" Line America, Inc.

按照《报关单填制规范》的要求,该批进口货物应分单申报。请分别对应打孔机铁件和点焊机的报关单,选择以下部分栏目应填报的内容。

(一)打孔机铁件的报关单

1. "运输方式"栏( )。
   A. 2　　　　　　　B. 3　　　　　　　C. 4　　　　　　　D. 5
2. "监管方式"栏( )。
   A. 无代价抵偿　　　B. 退运货物　　　C. 直接退运　　　D. 修理货物
3. "征免性质"栏( )。
   A. 外资企业　　　　B. 鼓励项目　　　C. 一般征税　　　D. 其他法定
4. "成交方式"栏( )。
   A. 1　　　　　　　B. 2　　　　　　　C. 3　　　　　　　D. 此栏为空
5. "件数"栏应填报( )。
   A. 2　　　　　　　B. 6　　　　　　　C. 12　　　　　　D. 16
6. "集装箱号"栏( )。
   A. KKFU7044043/40/××××
   B. PRSU2208522/20/××××
   C. KKFU7044043*2(3)
   D. PRSU2208522*2(3)
7. "标记唛码及备注"栏的"备注"项( )。
   A. A:×××××××××××
   B. O:×××××××××××
   C. 310420070546636188
   D. 039997791
8. "原产国(地区)"栏( )。
   A. 美国　　　　　　B. 中国　　　　　　C. 荷兰　　　　　　D. 国别不详

(二)点焊机的报关单

9. "备案号"栏( )。
   A. 310420070546636188
   B. Z××××××××××
   C. @0731049999505171
   D. 此栏为空
10. "运输工具名称"栏的"运输工具名称"项( )。
    A. ROTTERDAM BRIDGE　　　B. 鹿特丹
    C. @0731049999505171　　　D. @
11. "运输工具名称"栏的"航次号"项( )。
    A. 226W　　　　　B. @　　　　　　C. @226W　　　　D. 此项为空
12. "监管方式"栏( )。
    A. 一般贸易　　　　　　　　　　B. 合资合作设备
    C. 外资设备物品　　　　　　　　D. 无代价抵偿

13. "征免性质"栏（　　）。
    A. 鼓励项目　　B. 自有资金　　C. 一般征税　　D. 其他法定
14. "启运港"栏（　　）。
    A. 诺加莱斯　　B. 鹿特丹　　C. 长滩　　D. 中国境内
15. "运费"栏（　　）。
    A. 502/3300/3　　B. 502/3000/3　　C. 502/－300/3　　D. 此栏为空
16. "件数"栏（　　）。
    A. 2　　B. 6　　C. 12　　D. 16
17. "包装种类"栏（　　）。
    A. 木箱　　B. 托盘　　C. 集装箱　　D. 件
18. "毛重"栏（　　）。
    A. 17 600　　B. 16 000　　C. 15 600　　D. 12 000
19. "随附单证"栏（　　）。
    A. A：××××××××
    B. Z××××××××
    C. @0731049999505171
    D. 此栏为空
20. "标记唛码及备注"栏的"备注"项（　　）。
    A. 7：××××××××
       PRSU2208522/20/××××
    B. O：××××××××
       PRSU2208522/20/××××
    C. PRSU2208522/20/××××
    D. 此项为空

【答案】

1	2	3	4	5	6	7	8	9	10
A	B	D	C	A	B	C	B	B	C
11	12	13	14	15	16	17	18	19	20
D	C	A	C	B	D	B	B	A	B

精选习题

一、报关单查错题

杭州华云纸业有限公司（3301910221）从境外采购废纸（法定计量单位为千克）一批，拟加工成白卡纸后最终销往国内市场。货物进境后，华云公司自行向口岸海关办理报关手续。相关单据见表14-30～表14-32。表14-32所示的报关单中有20个已填（包括空填）项目（标号A～T），请指出其中的5处填制错误。

表 14-30 发票和装箱单

MACAO UNITED COMMERCIAL OFFSHORE CO., LTD.

INVOICE & PACKING LIST

Invoice No.: 19243
Contract No.: NBZH/06004LL/CN
Messrs: HANGZHOU HUAYUN PAPER CO., LTD.
801, DINGJIAO STREET, HANGZHOU, CHINA

Date: 10-Apr-2018

From: MINNEAPOLIS. USA   to   HANGZHOU, CHINA
Port of Loading: LOS ANGELES   Port of Discharge: NINGBO, CHINA
Shipped per: "XIN RI ZHAO" V. 0038W   Sailing on or about: 12-Apr-2018

Marks	Description	Quantity	Unit Price	Amount
	RECOVERD PAPER	200 BALES	US$ 213.00	CIP HANGZHOU 26 675.69
	No. 37 SORTED OFFICE PAPER	125.238M/T		

PACKING DETAILS:

CONTAINER No.	SIZE/TYPE	PKGS	NET WEIGHT	GROSS WEIGHT
CCLU6849804	40 HC	40 BALE	24 839.00kg	24 839.00kg
CCLU6191441	40 HC	40 BALE	24 694.00kg	24 694.00kg
CCLU6234965	40 HC	40 BALE	25 011.00kg	25 011.00kg
CCLU6451868	40 HC	40 BALE	25 819.00kg	25 819.00kg
GESU5127693	40 HC	40 BALE	24 875.00kg	24 875.00kg
Total:	5×40 HC	200 BALES	N.W. 125 238kg	G.W. 125 238kg

MACAO UNITED COMMERCIAL OFFSHORE CO., LTD.

Authorized Signature

表 14-31 提单

COMBINED TRANSPORT BILL OF LADING

1. Shipper NL FIBERS 132 TH AVE NE SUITE A302 BELLEVUE, WA USA	Booking No. HOU183382	Bill of Lading No. SEANGB000137
	Export References	
2. Consignee HANGZHOU HUAYUN PAPER CO., LTD. 801, DINGJIAO STREET, HANGZHOU, CHINA	Forwarding Agent and References	
	Point and Country of Origin U.S.A.	

3. Notify Party SAME AS CONSIGNEE		Also Notify Party-routing & Instructions MACAO UNITED COMMERCIAL OFFSHORE CO.,LTD.	
4. Pre-Carriage by	5. Place of Receipt MINNEAPOLIS		
6. Ocean Vessel Voy. No. XIN RI ZHAO 0038W	7. Port of Loading LOS ANGELES	Service Contract No. LOA 06502	Commodity Code
8. Port of Discharge NINGBO	9. Place of Delivery HANGZHOU,CHINA	Type of Movement FCL/FCL CY/CY	

Marks & Nos. Container/Seal No.	No. of Container or Packages	Description of Goods	Gross Weight	Measurement
	200	5×40HC CONTAINERS SLAC: 200 BALES 125.238 MT COMMODITY: RECOVERED PAPER No. 37 SORTED OFFICE PAPER COUNTRY OF ORIGIN: USA PACKED IN STANDARD NON-WOODEN EXPORT PACKING FREIGHT PREPAID INCLUDING DTHC 14 DAYS OF FREE TIME AT THE DESTINATION PORT	125 238.00kg	244.00m³

CONTAINER No.	SEAL No.	SIZE/TYPE	Pkg	WEIGHT	
CCLU6849804	0001655	40 HC	40BALE	24 839.00kg	48.80m³
CCLU6191441	0001641	40 HC	40BALE	24 694.00kg	48.80m³
CCLU6234965	0001654	40 HC	40BALE	25 011.00kg	48.80m³
CCLU6451868	0001642	40 HC	40BALE	25 819.00kg	48.80m³
GESU5127693	0001643	40 HC	40BALE	24 875.00kg	48.80m³

THESE COMMODITIES, TECHNOLOGY, OR SOFTWARE WERE EXPORTED FROM THE UNITED STATES IN ACCORDANCE WITH THE EXPORT ADMINISTRATION REGULATIONS. DIVERSION STATES IN ACCORDANCE WITH CONTRARY TO U.S. LAW PROHIBITED.

Declared Cargo Value US $

10. Total Number of Containers and/or Packages (in words)
SAY FIVE CONTAINERS TOTAL

11. Freight & Charges	Revenue Tons	Rate	Per	Amount	Prepaid	Collect	Freight & Charges Payable at/by
					PP		

Date Laden on Board: 12 APR 2018

China Shipping (North America) Agency Co., Inc

9805 Date of Issue 12 APR 2018   Place of Issue HOUSTON, TX

表14-32 进口货物报关单

中华人民共和国海关出口货物报关单

预录入编号：　　　　海关编号：　　　（××海关）　　　　　　　页码/页数：

境内收货人	进境关别(A) 杭州关区2900	进口日期	申报日期	备案号(B)
境外发货人	运输方式(C) 水路运输	运输工具名称及航次号(D) XIN RI ZHAO/0038W	提运单号(E) SEANGB000137	货物存放地点
消费使用单位	监管方式(F) 一般贸易	征免性质	许可证号(G)	启运港(H) 洛杉矶
合同协议号	贸易国(地区)(I)	启运国(地区)	经停港(J)	入境口岸
包装种类(K) 包	件数(L) 200	毛重(千克) (M)	净重(千克) (N)	成交方式(O) CIF	运费	保费	杂费

随附单证及编号

标记唛码及备注(P)
CCLU6191441/40/××××,CCLU6234965/40/××××,CCLU6451868/40/××××,GESU5127693/40/××××

项号 (Q)	商品 编号	商品名称及 规格型号	数量及 单位(R)	单价/总价/ 币制(S)	原产国 (地区)	最终目的国 (地区)	境内 目的地	征免 (T)
01			125 238 千克	213				全免

报关人员　　　报关人员证号　　　电话　　　兹申明对　　海关批注及签章
以上内容承担如实申报、依法纳税之责任
申报单位　　　　　　　　　　　申报单位(签章)

二、报关单选择填制题

厦门美视光学工业有限公司于 2017 年 4 月出口一批太阳眼镜。货物经香港运至最终目的地后,检验发现部分货物不符合质量要求。经协商,美视公司统一退换部分货物,由香港原收货方安排退回。相关单据见表 14-33～表 14-36。

表 14-33　发票和重量单

INVOICE & WEIGHT MEMO

No.: 07060501　　　　　　　　　　　　　　　　　　Date: 05-Jun-17
Invoice of: 3 CTNS SUNGLASSES
For account and risk of Messrs. XIAMEN MEI SHI OPTICAL CO., LTD.
Shipped By: CHUNG YING INTERNATIONAL LIMITED　　Per: SEA
Sailing on or about　2017/6/5　From　NEW ZEALAND　To　XIAMEN
L/C No.　　　　　　　　　　　Contract No.

Marks. Nos.	Description of Goods	Quantity	N.W.	G.W.	Unit Price	Amount
					FOB AUCKLAND	
	SUNGLASSES	818.00	35.00KGS	40.00KGS	USD1.70	FOB USD1 390.60
IPL-14	PRS					
						SEA FREIGHT & INSURANCE
						USD150.00
3 CTNS					TOTAL INVOICE VALUE	USD 1 540.60

××××(HONG KONG) CO., LTD.
Authorized Signature

表 14-34 提单

Shipper ×××××××CO.,LTD. AUCKLAND, NEW ZEALAND	B/L No. GBINXM20314540_08
Consignee XIAMEN MEISHI OPTICAL CO.,LTD. No. ××× FANGHU EAST ROAD, XIAMEN, CHINA TEL: 86-592-×××××× FAX: 86-592-××××××	**GLOBELINK MARINE PTE LTD** **BILL OF LADING**
Notify Party INFINITY CARGO LOGISTICS LIMITED XIAMEN BRANCH TEL: 86-592-×××××× FAX: 86-592-×××××× ATTN: ××××	Also Notify Party-Routing & Instructions

Pre-carriage By AIRPORT CITY	Place of Receipt HONG KONG CFS	Forwarding Agent References FMC No.
Vessel/Voy OOCL OSAKA V. 106N	Port of Loading HONG KONG CFS	
Port of Discharge XIAMEN CFS	Place of Delivery XIAMEN CFS	Type of Movement

PARTICULARS DECLARED BY SHIPPER BUT NOT ACKNOWLEDGED BY THE CARRIER

Marks & Nos.	Number & Kind of Packages	Description of Goods	Gross Weight (KGS)	Measurement (CBM)
	3 CARTON(S)	SHIPPER'S LOAD & COUNT & SEAL S.T.C. FAULTY VISUAL AIDES BEING RETURNED TO THE SHIPPER	40.00	0.250 0m³
CONTR No./SEAL No. OOLU3739054/OOLH182590 20GP		KINDLY RELEASE D/O TO CNEE WITHOUT PRESENTATION OF ORIGINAL THRU B/L No.: 820385-18 EX VSL: PROVIDER/184 (CONTR No.: NYKU6972919) ISSUED BY MONDIALE FREIGHT SERVICES LIMITED FROM PORT AUCKLAND TO PORT XIAMEN		

Total No. of Containers Or Packages (In Words): THREE CARTON(S) ONLY

Forwarding Agent References GLOBELINK-TRANS INT'L FORWARDERS COMPANY ROOM 404-406, HAITIAN LOGISTICS CENTER, No. 1 HAITIAN ROAD, XIAMEN, CHINA	Date Laden on Board 04/06/2017
	Place and Date of B(S)/L Issue HONG KONG 04/06/2017
Freight and Charges LOCAL CHARGES AT DESTINATION ARE FOR RECEIVERS ACCOUNT	No. of Original B/L Issued TELEX RELEASE
	STAMP AND SIGNATURE OF THE CARRIER OR ITS AGENT GLOBELINK MARINE(CHINA)PTE.LTD.

表14-35 出口货物报关单

中华人民共和国海关出口货物报关单

预录入编号：×××××××× 海关编号：371620071679711×× （××海关） 页码/页数：

境内发货人 厦门美视光学工业有限公司 3502141×××××	出境关别 皇岗海关 5301	出口日期 20170414	申报日期 20170412	备案号 E37106000014
境外收货人	运输方式 汽车运输	运输工具名称及航次号 @0737169001502628	提运单号	
生产销售单位 ××××××××	监管方式 进料对口	征免性质 进料加工	许可证号	
合同协议号	贸易国(地区) 中国香港	运抵国(地区) 新西兰	指运港 陶朗加	离境口岸
包装种类 托盘	件数 4	毛重(千克) 309	净重(千克) 202	成交方式 FOB	运费	保费	杂费
随附单证及编号							
标记唛码及备注							

项号	商品编号	商品名称及规格型号	数量及单位	单价/总价/币制	原产国(地区)	最终目的国(地区)	境内货源地	征免
01 16	90041000	太阳眼镜 1PL-1-14	818 副	1.33/1 087.94/USD		新西兰	×××××	全免
02 38	90041000	太阳眼镜 1PL-6-14	900 副	1.36/1 224.00/USD		新西兰	×××××	全免
03 28	90041000	太阳眼镜 1PL-14	2160 副	1.70/3 672.00/USD		新西兰	×××××	全免

报关人员　　报关人员证号　　　　电话 以上内容承担如实申报、依法纳税之责任 申报单位	兹申明对 申报单位(签章)	海关批注及签章

表 14-36 进口货物报关单

中华人民共和国海关进口货物报关单

预录入编号：　　　海关编号：　　　（××海关）　　　　　　　　页码/页数：

境内发货人	进境关别		进口日期		申报日期		备案号	
境外发货人	运输方式		运输工具名称及航次号		提运单号		货物存放地点	
消费使用单位	监管方式		征免性质		许可证号		启运港	
合同协议号	贸易国(地区)		启运国(地区)		经停港		入境口岸	
包装种类	件数	毛重(千克)	净重(千克)	成交方式	运费		保费	杂费
随附单证及编号								
标记唛码及备注								
项号	商品编号	商品名称及规格型号	数量及单位	单价/总价/币制	原产国(地区)	最终目的国(地区)	境内目的地	征免
报关人员　　报关人员证号　　电话　　兹申明 对以上内容承担如实申报、依法纳税之责任 申报单位					海关批注及签章 申报单位(签章)			

请根据以上资料，选择进口货物报关单下列栏目正确选项。

1. "备案号"栏（　　）。
    A. 此栏为空　　　　　　　　　B. 371620070167971149
    C. E37106000014　　　　　　　D. @0737169001502628
2. "运输方式"栏（　　）。
    A. 汽车运输　　B. 航空运输　　C. 水路运输　　D. 其他运输
3. "运输工具名称及航次号"栏（　　）。
    A. @0737169001502628　　　　　B. OOCL OSAKA/106N
    C. PROVIDER 184　　　　　　　D. 此栏为空

4. "提运单号"栏（　　）。
   A. GBINXM20314540_08　　　　　　B. 820385-18
   C. @0737169001502628　　　　　　D. GBINXM20314540＊08
5. "监管方式"栏（　　）。
   A. 一般贸易　　B. 退运货物　　C. 修理物品　　D. 进料成品退换
6. "启运国（地区）"栏（　　）。
   A. 中国香港　　B. 新加坡　　C. 新西兰　　D. 中国
7. "启运港"栏（　　）。
   A. 中国香港　　B. 新加坡　　C. 奥克兰　　D. 陶朗加
8. "许可证号"栏（　　）。
   A. E37106000014　　　　　　B. 070392703
   C. 371620070167971149　　　　　　D. 此栏为空
9. "成交方式"栏（　　）。
   A. 1　　B. 2　　C. 3　　D. 4
10. "运费"栏（　　）。
    A. 此栏为空　　B. 150　　C. 502/150/3　　D. 502/150/2
11. "件数"栏（　　）。
    A. 818　　B. 4　　C. 1　　D. 3
12. "包装种类"栏（　　）。
    A. 木箱　　B. 纸箱　　C. 托盘　　D. 其他
13. "毛重"栏（　　）。
    A. 40　　B. 35　　C. 309　　D. 202
14. "随附单据及编号"栏（　　）。
    A. 371620070167971149
    B. 070392703
    C. A：××××××××××××××××
    D. 此项为空
15. "标记唛码及备注"栏（　　）。
    A. 此项为空　　　　　　B. NYKU6972919/20/××××
    C. OOLU3739054/20/××××　　D. 371620070167971149
16. "项号"栏（　　）。
    A. 01　　　　　　B. 01（第一行）；16（第二行）
    C. 01（第一行）；38（第二行）　　D. 01（第一行）；28（第二行）
17. "原产国（地区）"栏（　　）。
    A. 新加坡　　B. 中国香港　　C. 新西兰　　D. 中国
18. "单价"栏（　　）。
    A. 1.33　　B. 1.36　　C. 1.7　　D. 1.8833
19. "征免"栏（　　）。
    A. 照章征税　　B. 全免　　C. 随征免性质　　D. 全额退税

参 考 文 献

[1] 海关总署报关员资格考试教材编写委员会.2012年报关员资格全国统一考试教材[M].北京：中国海关出版社,2012.
[2] 海关总署报关员资格考试教材编写委员会.2012年版历年试题标准答案及详解[M].北京：中国海关出版社,2012.
[3] 李齐.现代关税实务[M].北京：中国海关出版社,2012.
[4] 杨鹏强.报关实务[M].北京：中国海关出版社,2012.
[5] 谢国娥.海关报关实务[M].上海：华东理工大学出版社,2017.
[6] 中华人民共和国海关总署网站,http://www.customs.gov.cn/.
[7] 中华人民共和国上海海关网站,http://shanghai.customs.gov.cn/.
[8] 中华人民共和国杭州海关网站,http://hangzhou.customs.gov.cn/.
[9] 海关信息网,http://www.haiguan.info/.